高职高专旅游类专业精品教材

餐饮服务与管理

郑菊花　主编
金丽娟　傅志新　李　群　李　艳　副主编

清華大学出版社
北　京

内 容 简 介

本书遵循理论与实践相结合的原则，紧跟餐饮行业发展步伐，与时俱进，充分调查、研究酒店餐饮业发展现状和发展趋势，研究酒店餐饮服务与管理的典型工作任务和内容、业务操作规范和标准、从业人员的职业素养和能力要求，以酒店餐饮业实际的组织机构设置和业务操作流程为基础，全书分认识酒店餐饮、酒店餐饮服务、酒店餐饮管理三大模块，每个模块下设项目和任务，注重综合职业能力和综合素质的培养，突出技能训练，增强就业适应能力。

本书既可作为高职高专酒店管理专业、"3＋2"酒店管理专业及旅游类专业的教材，又可作为酒店及餐饮从业人员研究餐饮服务与管理的参考书。

图书在版编目(CIP)数据

餐饮服务与管理/郑菊花主编. —北京：清华大学出版社，2019 (2025.1重印)
(高职高专旅游类专业精品教材)
ISBN 978-7-302-50823-6

Ⅰ. ①餐… Ⅱ. ①郑… Ⅲ. ①饮食业－商业服务－高等职业教育－教材 ②饮食业－商业管理－高等职业教育－教材 Ⅳ. ①F719.3

中国版本图书馆 CIP 数据核字(2018)第 178553 号

责任编辑：左卫霞
封面设计：傅瑞学
责任校对：刘　静
责任印制：曹婉颖

出版发行：清华大学出版社
网　　址：https://www.tup.com.cn, https://www.wqxuetang.com
地　　址：北京清华大学学研大厦 A 座　　**邮　　编**：100084
社 总 机：010-83470000　　**邮　　购**：010-62786544
投稿与读者服务：010-62776969，c-service@tup. tsinghua. edu. cn
质量反馈：010-62772015，zhiliang@tup. tsinghua. edu. cn
课件下载：https://www.tup.com.cn，010-83470410
印 装 者：三河市君旺印务有限公司
经　　销：全国新华书店
开　　本：185mm×260mm　　**印　　张**：16.75　　**字　　数**：385 千字
版　　次：2019 年 1 月第 1 版　　**印　　次**：2025 年 1 月第6次印刷
定　　价：56.00 元

产品编号：065487-02

前言

FOREWORD

目前国内酒店业迅速发展，并与国际接轨，酒店的业务操作越来越规范化和标准化，提供的服务越来越个性化，对高素质技能型人才需求与日俱增。“餐饮服务与管理”作为酒店管理专业的核心课程，是高职高专酒店管理专业学生的必修课程之一。该课程要求学生具备餐饮服务与管理的基本素质和较强的职业技能水平。本教材注重理论与实践相结合，实用性、可操作性强，旨在突出学生的职业技能培养，提高学生分析问题、解决问题及实际操作的能力。本书在编写中，坚持科学性和创新性相结合的原则，在内容安排上做了大胆的改革，根据酒店业实际的业务流程和典型工作任务，设计模块化、项目化和任务化单元教学。为了培养学生的实践能力，扩展学生的知识面，提高学习兴趣，帮助学生自主学习，项目设计了针对性的“案例导入”“阅读链接”“能力训练”及相关插图以辅助教学内容。

本教材在内容组织上以模块化为课程体系，采用项目任务驱动教学的方式，以实际的工作流程分项目和任务组织教学内容。同时遵循学生职业能力成长规律，从服务到管理，强调职业素质培养、职业技能训练。本教材以酒店业人才需求为导向，突出职业性、实用性、针对性和可操作性，同时辅以大量酒店服务与管理案例、相关链接提高学生分析问题和解决问题的能力，拓展学生视野。

本教材由杭州科技职业技术学院郑菊花担任主编，鄂州职业大学金丽娟、千岛湖皇冠假日酒店人力资源总监傅志新、杭州科技职业技术学院李群、广州科技职业技术学院李艳担任副主编。具体编写分工如下：郑菊花负责拟定提纲和全书的统稿，同时编写模块一和模块三的项目一～项目三、项目六；金丽娟编写模块二的项目一～项目三；李艳编写模块二的项目四、项目五，傅志新编写模块三的项目四，李群编写模块二的项目五。

本教材在编写过程中，听取了有关专家、教师的意见，并得到有关酒店的支持和帮助，同时也参考并引用了相关的书籍、报纸和网络资料，借鉴了一些宝贵的观点和成果，在此一并表示衷心的感谢！

由于编者经验和水平有限，书中难免有不足之处，恳请各位专家和广大读者批评指正。

编者

2018 年 10 月

餐饮服务与管理

目录

CONTENTS

模块一

认识酒店餐饮

教学目标

- **知识目标**：了解餐饮业的发展趋势，熟悉餐饮部组织机构、岗位设置和职责、经营特点，理解餐饮管理的特点、目标和内容。
- **技能目标**：具备餐饮流行、餐饮发展趋势等信息收集能力与研究能力，能绘制酒店餐饮部组织机构图，能分析餐饮部各岗位职责，能解决餐饮服务与管理中的实际问题。
- **素质目标**：具备优秀餐饮服务与管理人员的必备素质、良好的职业意识和岗位意识。

项目一　认识酒店餐饮业

案例导入

有一对外地夫妇带着6岁的孩子来到杭州旅游一周，入住一家星级酒店，作为酒店餐饮服务与管理的工作人员，你会为他们提供怎样的用餐选择建议？

一、餐饮业的概念和类型

（一）餐饮业的概念

餐饮(food and beverage)，字面的意思是“饮食和饮料”。餐饮业(catering)，也称饮食业，是利用设备、场所和餐饮产品为外出就餐的客人提供社会生活服务的生产经营性服务行业。餐饮业基本上涵盖三个组成要素：①有餐食或饮料提供；②有足够令人放松精神的环境或气氛；③有固定场所，能满足顾客差异化的需求与期望，并使经营者实现特定的经营目标与利润。提供餐饮的场所，古今中外有很多称呼，如酒馆、餐馆、菜馆、饮食店、餐厅等，不一而足。在这里，客人可以选择他们所需要的食物和饮料，并在用餐中得到充分的休息，恢复精力。

（二）餐饮业的类型

餐饮业的类型十分复杂，饭店、宾馆、餐馆、酒家、饭庄以及快餐店等都从事餐饮经营。如今餐饮业主要包括以下三类。

(1) 宾馆、酒店、度假村、公寓等(英语中所称的 hotel，motel，guesthouse)场所内部的餐饮系统，包括各种风味的中西式餐厅、酒吧、咖啡厅和泳池茶座。

(2) 各类独立经营的餐饮服务机构，包括社会餐厅、餐馆、酒楼、餐饮店(英语中所称的 restaurant)、快餐店、小吃店、茶馆、酒吧和咖啡屋。

(3) 企事业单位的餐厅及一些社会保障与服务部门的餐饮服务机构，包括企事业单位食堂和餐厅、学校和幼儿园的餐厅、监狱餐厅、医院餐厅、军营的餐饮服务机构等。

二、餐饮业的特点

（一）餐饮生产特点

1. 产品种类多、批量少，且难以保存

餐饮业要为宾客提供的食品多达几十种甚至上百种，但宾客需要的品种较少，数量较小，使得餐饮企业大多数产品不可能成批生产，这就给餐饮产品质量的稳定带来很大困难。另外，菜肴等食品一经出炉，其色香味形等质量指标就会随着时间的延长而降低。因此，要想保证产品质量，满足宾客对食物的要求，餐饮产品应以现做现售，即刻食用为佳。除了餐饮产品成品的质量难以贮存外，制作餐饮产品所用的原材料也是不易保存的，如使用最多的鱼类、肉类、禽类、蔬菜类等各种鲜货原料。而原材料的质量会直接影响产品质量，所以原材料的购买一定要根据菜单，并结合其销售情况、成本和利润情况，避免浪费而造成成本增加。

2. 产品生产时间短，且属于一次性消费

餐饮生产在时间上尤其特殊，属于现点、现做、现消费。它必须在宾客进餐厅点菜后才开始进行，客人所要食品品种确定后，原则上要在 20～40min 必须送到客人餐桌上。而从宾客点菜到烹饪、消费、结账等一系列活动完成所花费的时间一般 1～2h。同时，客人的餐饮产品消费是一次性的。它既不像客房的家具可以反复使用，又不像整瓶酒水的销售，客人付账后一次消费不完，可以暂存留在日后继续饮用，因此，对餐厅厨师和服务人员要求较高，即要求在短时间内为客人提供满意的服务。

3. 产品生产产量不固定，且产品信息反馈快

餐饮产品生产的随机性很强，因为进餐的客人多少不一，消费品种各不相同，消费量也不相同，所以，其生产量一般很难预测，这给餐饮生产的计划性带来很大困难。要保证相对稳定的客源并不断吸引新客人，除了提供物美价廉的菜肴和优质服务外，还要进行积极的产品促销。另外，由于客人的消费时间短，所以餐饮业可以很容易在极短时间内

得到客人对餐饮产品的反馈信息。如有些餐馆的厨师都编号上岗,对客人的每一道菜都标上厨师的编号,客人对产品有什么意见,可以通过服务员将信息反馈给厨师,以及时掌握客人的喜好。同时,客人也可以通过编号了解厨师的烹饪技术和口味特点,再来就餐时,就可以选择适合自己口味的厨师为自己烹调,这种做法无形中提高了客人的归属感,同时也提高了厨师的责任感。

4. 产品生产过程手工操作,且管理困难

餐饮生产是厨师技术性操作的艺术展现,是饮食文化的重要组成部分。餐饮产品特别是在中餐产品的生产过程中,由于菜品多样、制作方法多样且复杂,因此以厨师手工操作为主。面点制作、拼盘造型等许多技术在相当长的一段时间内,不可能用机械化生产来代替。除了产品的制作过程复杂外,原料采购、服务及产品销售的过程同样环节众多,任何一环出现差错都会影响产品的质量,给餐饮生产过程的管理带来困难,只有不断改善生产、经营和服务状况,合理利用人、财、物等资源,进行有效的管理,才能提高质量、扩大收入、增加利润。

(二) 餐饮销售的特点

1. 餐饮产品销售受时间和空间的限制

餐饮产品的销售量要受时间的限制。一般在早、中、晚的就餐时间段,餐厅里客人人数较多,但就餐时间一过则餐厅中客人人数立刻下降,甚至没有客人,这就决定了餐饮销售时间的集中性。针对餐饮销售的这个特点,酒店餐饮可以通过增加服务项目(如送餐服务)、延长营业时间(如夜间供餐)等方法提高餐饮的销售量,增加收入。同时,餐厅空间的大小也会对产品的销售量产生影响。餐厅营业面积小、餐位少,销售量就小;餐厅营业面积大、餐位多,销售量相对就大。所以餐厅必须在已确定的硬件条件下,提高餐位周转率,做到领位快、上菜快、结账快,以令客人满意的服务吸引客人,从而提高销售量。

2. 餐饮销售毛利高,资金周转快

餐饮收入减去原料、调料成本即为毛利。餐饮企业的毛利率一般在50%~60%,但是餐饮收入可变性大,这个可变性是指销售额波动幅度大,销售额的波动会直接响餐厅的毛利收入。因此,餐饮企业必须采取积极措施保持销售额的稳定,来获得相应的稳定收益。另外,由于餐饮产品制作快,客人消费快,绝大多数用现金结账,因此资金周转快。用现金购买的原料当天就可收回现金,很快可将现金投入扩大再生产,以提高经济效益。

3. 固定成本高,开支比重较大

餐饮经营中除了有食品原料成本外,还有很多其他的成本费用,如设施设备.劳动力成本,以及水、电、气的消耗成本等,这就使得餐饮经营的日常开支比重较大。针对这一问题餐饮业可通过节能降耗、提高原料使用率、降低成本来增加收益。

(三) 餐饮服务的特点

1. 无形性

无形性是餐饮服务的重要特征。餐饮服务包括凝结在食品和酒水上的厨师技艺、餐厅的环境、餐前与餐后的服务工作等。任何种服务都不可能量化,餐饮服务也不例外,它只能在就餐宾客购买并享用餐饮产品后凭生理和心理满足程度来评价其质量的优劣。餐饮服务的无形性给餐饮经营带来了困难,所以服务员必须接受专业化与灵活性的服务训练,以有效应对不同类型的宾客,向他们提供最合适的服务,尽可能满足他们不同的消费需求。

2. 一次性

餐饮服务的一次性是指餐饮服务只能当次使用,当场享受,过时则不能再使用。所以,任何一次餐饮服务的生命周期都是短暂而有限的。客人用餐时间一过,服务对象就发生变化,而该服务也就结束了。这就意味着如果不能利用宾客来餐厅消费的时机提供令其满意的服务,那么餐厅失去的将是无法弥补的损失,所以要注意接待好每一位宾客,设身处地为宾客着想,给他们留下良好的印象,从而使宾客再次光顾,巩固原有客源市场,不断开拓新的客源市场。

3. 同步性

同步性又称直接性,指的是餐饮产品的生产、销售、消费几乎是同步进行的。餐饮产品的生产过程即是宾客的消费过程,即现生产、现销售。同步性决定了服务人员要在短时间内赢得客人,以优质服务促进餐饮产品的销售。

4. 差异性

一方面,餐饮服务是由餐饮部工作人员通过手工劳动来完成的,而每位工作人员由于年龄、性别、性格、所受教育程度及其职业培训程度等方面的不同,他们为宾客提供的服务也不尽相同;另一方面,同一服务员因在不同的场合、不同的情绪、不同的时间,其服务方式、服务态度等也会有一定的差异。在餐饮管理中,要尽量减少这种差异性,使餐厅服务质量趋于稳定。

三、餐饮业的发展趋势

进入21世纪以来,中国餐饮业进入了史无前例的大发展时期,从我国的餐饮收入发展变化来看,2011年为20 635亿元,产业规模首次突破2万亿元大关,同比增长16.99%,2012年回落3.3%,2015年达到32 310亿元,2016年达35 799亿元。现如今,全球经济普遍下行。在中国,甚至不少实体店被网络商城挤压得纷纷倒闭。在这种情况下,很多创业者都将目光转移到了餐饮行业,毕竟中国古语有云“民以食为天”,餐饮行业可以说是众多行业里较为稳定的创业项目了。我国经济的快速发展和居民收入水平的不断提高,给餐饮业的快速发展提供了前提条件,餐饮业进入了黄金发展时期。

(一)餐饮业态多样化

随着餐饮业的不断发展、人们生活及餐饮需求的日益变化,餐饮业也在变化中求发展,业态呈现全新格局,朝着多元化的方向发展。

1. 饭店餐饮

高星级酒店的餐饮经营突出精品战略,除传统的中餐外,咖啡厅、外国餐厅、风味餐厅随处可见,在餐厅装修、菜肴出品、服务水平、营销方式等方面精益求精,而低星级酒店和经济型酒店则纷纷弱化餐饮功能，只提供有限的餐饮服务，如提供早餐或只有一个餐厅，突出客房这一核心产品以降低管理费用。

2. 社会餐饮

社会餐饮蓬勃发展，各种主题餐厅争奇斗艳，满足了不同年龄层次、不同消费心理、不同消费目的的消费者的需求。除了传统的餐馆外，越来越多的餐饮业态呈现在消费者面前，包括会所餐饮、休闲餐饮、中西快餐、网购餐饮等。

（二）品牌竞争多元化

餐饮市场的竞争最终将归结于品牌的竞争，品牌将成为餐饮企业逐鹿市场的关键。品牌是给拥有者带来溢价、产生增值的一种无形资产，其载体是用以和其他竞争者的产品或劳务相区分的名称、术语、象征、记号或者设计及其组合，增值的源泉来自于消费者心中形成的关于其载体的印象。

品牌塑造必须明确目标市场，在市场细分的基础上，从满足顾客的需求出发，并依据餐饮企业自身条件选定一个或为数不多的几个特定市场。餐饮企业必须明确自己的竞争优势以及为哪类目标市场提供产品和服务，从而使目标市场获得最佳的服务和最大利益，形成企业独特的品牌特色，提高企业竞争力和经济效益。餐饮企业必须为消费者提供一种优于其他竞争产品品牌的独特性，使消费者很容易把这种品牌与其他品牌区分开来，从而增加企业对消费者的吸引力，并形成良好的口碑。

（三）餐饮顾客大众化

大众消费永久是餐饮业发展的基础。“旧时王谢堂前燕，飞进寻常百姓家。”随着经济的发展，社会保障体系的不断完善，群众的腰包鼓起来了，生活水平提高了，消费意愿增强，消费结构升级，消费需求多样化，整体上从寻求温饱型消费向寻求享受型消费转变，在经济发展新常态下，餐饮业进入理性回归、满足大众需求、适应市场变化、着力提升质量与效率的发展新常态。大众化餐饮由于刚性需求而增长比较稳定，成为推动整个行业趋稳回暖的最大动力。高端餐饮业转型发展，注重内涵式发展，以先进的经营理念、高水平的管理方式、鲜明的特点服务，满足消费者多样化的需求，引领文明健康的消费模式，体现高雅饮食文化的魅力，适当降低高级菜肴的价格，推出中低端餐饮品种等措施，积极开辟大众市场，达到经济效益和社会效益的共赢，实现可持续发展。

（四）管理技术信息化

在餐饮行业高速发展的同时，原材料成本升高、劳动力成本提升、租金成本上涨、管理人才匮乏、成本控制困难等多方面问题日益凸显，传统的管理、经营模式遭遇严峻挑战。如何迅速由传统的“粗放式、模糊式、经验式经营”向“精细化、流程化、规模化经营”转型，成为整个餐饮行业需要面对的问题。餐饮信息化管理系统，以网络作为传输渠道，以餐饮信息化管理软件作为管理平台，能够有效提高餐饮企业的运作效率和管理水平、降低运营成本和运营风险、提升服务水平和企业形象、增加营销渠道和经营效益，帮助餐饮企业走上做强、做大、持续发展之路。

(五) 企业经营特色化

餐饮业随着旅游业的发展而愈加个性化、精细化,同时,随着消费水平、文化修养以及生活质量的提高,人们对于餐饮的饮食需求从提供传统服务向健康的食材、新奇的环境、吸睛的装饰、个性化的体验、温馨的定制服务转变。要求菜肴有特色、原料有特色、烹饪有特色、餐饮文化有特色、就餐环境有特色,强化特色体验。

杭州开元名都酒店专门推出了针对年轻三口之家的“亲子宝宝宴”,分中式和西式两种。如澳大利亚悉尼的唐人街附近的全球首家拥有占星术的 Ultimo 星座酒店。对星座有兴趣的客人提供了更加个性化的体验。酒店与 Stars Like You 网站的创始人 Damian Rocks 合作推出了星座套餐(star charts)。每位客人都可以体验一次属于自己星座的早餐。

特色文化主题酒店更是富有特色,通过主题文化提炼,为客户创新体验度,为自身拓宽市场途径。浙江有很多特色文化主题酒店,推出很多的特色餐饮,如安吉有很多酒店隐藏在竹海中,推出百笋宴,学习竹编技术,体验归隐竹林的清新和愉悦。坐落在首批国家 5A 级旅游景区普陀山的雷迪森庄园是一家“禅文化”主题精品度假酒店,客人品尝到的是素斋禅茶。杭州钱塘江畔的天元大厦是一家通过引进“棋文化”的特色饭店,推出十八道棋文化菜肴以及棋茶、棋酒、棋饼等特色产品。

(六) 交易方式网络化

互联网的快速渗透和融合为餐饮企业提供了全新的销售渠道,也使得企业能够与消费者建立更加紧密的联系。餐饮业 O2O 在经历了过去几年的快速发展后,在整体餐饮市场中的渗透率已经达到了 5%,对餐饮行业的增长贡献变得不容忽视。同时,基于数字企业运营的数字化转型也大大提高了企业的经营效率。在线支付也已经成为餐饮支付的主要手段,中国烹饪协会的调研数据显示,第三方平台现场支付的比重从 2015 年的 9.9%跃升至 2016 年的 35.6%,同比增长超过 360%,以支付宝、微信为代表的第三方支付的快速渗透改变了传统的交易方式,也使得商家可以有新的方式和手段来与消费者对话,并且更加直接全面地收集利用消费者数据。

(七) 消费时段变化化

一般来说,人们的一日三餐具有相对固定的时段,但随着生活、工作节奏的加快以及工作时间的弹性和不确定性,人们固有的用餐时间和习惯也在悄然发生变化,因此,“想吃就吃”“随到随吃”的消费需求日趋明显。为此,餐饮企业可以根据自身的地理位置和产品结构,突破营业时间的限制,既充分利用企业的场地和设施,可满足不同时段顾客的消费需求,从而获取经济效益。根据消费者用餐时间的变化,部分餐饮企业将改变固定的营业时段,延长营业的时间,如早餐与午餐连续营业、午餐与晚餐之间开设下午茶、晚餐后供应夜宵等,也将会有一小部分餐饮企业变为全天候营业。在不同时段的营业中,餐饮企业也将根据消费需求的不同,提供不同内容的餐饮产品,除了传统的点菜、包餐之外,精彩纷呈的各种快餐、简餐、套餐、茶点、甜品等将各显特色。

（八）餐饮发展有序化

目前人们的餐饮消费理念发生了转变，越来越注重饮食健康和安全，提倡健康饮食、绿色消费。中央厨房将更好地保证餐饮行业有序发展。专家提出，餐饮食品安全监管成果和力度并不成正比，一个重要的原因是餐饮行业的上下游整个链条存在着小、散、杂、乱的特点，政府的监管很难面面俱到。在这样一个产业链的结构下，中央厨房作为一种新的业态，涉及基地、食材、加工、供应链体系，统一采购、统一加工、统一配送，实现标准化、规模化、集约化和信息化，是产业结构今后调整的一个重要环节。

2017—2022年中国餐饮行业市场竞争格局及发展前景预测报告表明，餐饮行业已经到了结构调整的新时期，中央厨房体系的建设不仅可以极大地推动我国传统中餐产业的结构调整和中餐企业的规模化、国际化发展，更有助于我国餐饮食材的安全管理和食品安全的全过程监管，成为改善我国餐饮食品安全的重要突破口。

我国中小学生在校人数已经达到2.3亿，60岁以上的老人也达到了2.2亿，这两个人群加在一起已超过了我国整体人口的1/3。推进中央厨房体系建设，可建立起全球最大的科学营养配餐的工业化平台体系，实现大基数，为特殊人群供餐，涉及全民健康。业内人士建议，国家要提出鼓励中央厨房新业态产业体系发展的相关政策，引导产业规范发展。以市场为导向，纳入我国新城镇建设基础设施配套的必要内容，国家应该给予适当引导。

阅读链接

韩明："十三五"中国饭店餐饮业的新趋势

中国饭店协会会长韩明指出，"十三五"期间住宿餐饮行业将从以星级饭店单一业态为主、高端餐饮为投资焦点的单一产品期进入以大众化为主体，多业态、精细化、品质化、特色化的发展新时期。同时，老年消费、"90&00"后消费、女性消费、亲子消费、品质消费、健康养生消费等追求功能化、特色化、精品化、科技化、消费安全、食品安全、心理安全等住宿餐饮消费升级的消费市场也在崛起，对住宿餐饮行业的业态细分和产品升级提出新要求。在住宿业方面，绿色饭店将作为国家绿色发展的重要内容，文化主题饭店成为众多单体酒店转型方向，中档酒店市场连锁化、品牌化、细分化发展成为趋势，客栈民宿成为住宿消费升级的新亮点，长租公寓、短租公寓成为行业去产能的突破口。在餐饮业方面，餐饮小型化、单品连锁成为趋势，快餐、团餐、火锅、自助餐饮、商场餐饮、商务餐饮、小吃、社区餐饮、商场餐饮、外卖外送、健康养生等餐饮新型业态快速发展。在产品和服务升级方面，主要体现在五个方面：消费需求的进一步细化，产品和服务性价比的进一步提高，产品和服务特色的进一步挖掘，科技产品的进一步应用，工匠精神的进一步体现。

"十三五"期间，消费升级、市场细分给住宿餐饮业带来新的机遇和挑战。为引导行业向精细化和高品质转型发展，韩明会长还介绍了中国饭店协会重点推进的八大行动计划。

1. 推进消费升级行动

加快制定星级住宿行业标准，提升住宿业特别是非标住宿业的服务品质。推进长短租公寓、民宿客栈、主题饭店、特色餐饮、快餐、团餐、自助餐饮、休闲餐饮、有机餐饮等多种业态协调发展，满足市场个性化、特色化、体验化、多样化新需求。开发针对女性、儿童、老年人、中产阶级、社区居民等特定消费群体的特色服务，满足不同层次的住宿餐饮服务需求，促进消费升级。

2. 提升质量品牌行动

中国饭店协会将每年发布中国酒店集团五十强、中国连锁酒店集团三十强、中国餐饮品牌百强等，推动大型住宿餐饮综合性产业集团品牌化进程。每年举办中国饭店文化节、中国美食节、中国丝绸之路饭店产业大会、中国国际饭店业大会，通过现场交流、产业对接、新技术推广等，鼓励全产业链跨界整合，帮助民族品牌走向海外。

3. 推动"互联网＋"行动。

中国饭店协会每年举办"互联网＋酒店"大会、"互联网＋餐饮"大会，支持品牌住宿餐饮企业开展网上直销、在线订餐、电子支付外卖外送等服务功能，创新服务方式和营销模式。鼓励住宿餐饮企业采用自助式、智慧化、智能化设施设备，增强产品和服务中的自动化和半自动化，提升服务、降低成本。

4. 开展"放心消费、品质服务"承诺行动

加快推动服务业优质高效发展，推动住宿餐饮业向精细和高品质服务转变，组织企业参与住宿餐饮业"放心消费、品质服务"行动计划，在本次活动推出首批百家企业参与的基础上，在各省市逐步推广。鼓励引导企业为消费者提供符合食品安全、舒适健康、人身安全的产品和服务，保证客人入住、就餐环境洁净、卫生、安全。积极培育精益求精的工匠精神，提升产品服务的精细化水平。

5. 推动企业降本行动

积极推进"营改增"的实操培训，积极推广众美联平台通过互联网源头采购降低食材成本，通过冷链物流新技术降低仓储配送成本，通过免费提供云采购降低信息化成本，并形成创新管理模式，并向行业推广。

6. 促进新三板资产证券化行动

与全国中小企业股份转让系统合作，帮助企业对接金融机构，做好市值管理、股权激励方案、并购和重组，为企业上新三板提供全方位服务。

7. 推动绿色发展行动

积极宣贯《绿色饭店》国家标准，建成一批示范性的绿色饭店，构建绿色饭店供应链，减少一次性用品使用，反对过度包装、过度消费。制定有机餐饮行业标准，创建一批聚集式发展的美食街、美食之乡、环保典型示范企业，大力倡导绿色消费。

8. 推动"万人计划"提升行动

传承发展精益求精的工匠精神，发展一批中国饭店协会培训基地，创建十个中国饭店协会大师工作室，推出一批在商业模式、服务模式、管理模式、市场营销、"互联网＋"应用等方面成果显著的企业，挖掘一批具有前瞻眼光、战略思维、创新精神的行业导师，培养一批精通经营管理、市场营销、产品开发、服务创新等专业知识的企业经营管理人才。

（资料来源：中国饭店协会，http://www.chinahotel.org.cn/forward/enterSecondDary.do?id=4a41851c14184c9495f3aad314fc4290&childMId1=c8e3a6a76dd445dea72b2dead7f082ae&childMId2=&childMId3=&contentId=a89c27d3ab6346b7aadd067712073dea）

项目二　认识酒店餐饮部

案例导入

一个实习生眼中的餐饮部

我在一家酒店的餐饮部实习，从餐饮部经理的介绍中得知该餐饮部的收入仅次于客房部，占酒店总收入的35%。餐饮部向客人提供三种需要：食物、饮料、服务。首先，美味佳肴是酒店最好的宣传品，物美价廉、优惠宾客，能使客人络绎不绝；其次，服务质量也是吸引宾客的主要因素，甜美的微笑、热情周到的服务，能在客人心理上产生美好的回味。因此，与酒店的其他营业部门相比，餐饮部在竞争中更具有灵活性、多变性和可塑性。它可以根据自身的优势和环境的状况，举办各种美食节、餐饮推广活动和义卖活动，同时也可以与酒店的客房、商品或娱乐服务以捆绑式配套促销，不仅可以强化酒店的市场形象，还可大大提升酒店的综合营业收入。餐饮部是酒店工种最多、用工量最大的部门，而餐饮部的业务环节多而复杂。从菜单筹划、原料采购，到厨房的初步加工、切配、精调，再到餐厅的各项服务工作，需大量的工作人员……

这是我从餐饮部经理处得到的对餐饮部的初步了解，我所在的餐饮部大致分成三个部门：中餐部、西餐部和酒水部。我们实习生10人被分成了3个组，分别在不同的部门，并且30天换一个部门，这样能让我们比较全面地了解整个餐饮部的服务、销售与管理。酒店的这一做法让我们十分满意。

思考：(1) 你认为餐饮部在酒店中的地位是重要还是不重要？为什么？

(2) 餐饮部应向客人提供哪三种需要？

一、餐饮部在酒店中的地位和作用

酒店餐饮部是整个酒店组织机构中的重要组成部分、在酒店中有特殊的地位和作用。

1. 餐饮部是满足客人需求的主要服务部门

酒店作为顾客的“家外之家”，其餐饮场所是他们主要的膳食消费地点。现代酒店的餐饮部拥有众多的餐厅、宴会厅、房内用餐服务等餐饮设施与服务项目，这些都为酒店所在地的各行各业、各种阶层、各种消费层次的人们提供了良好的餐饮消费环境。因此，拥有一个完善的、与酒店经营定位和客人消费要求相适应的餐饮部，是搞好酒店经营的基本要求。可以说，离开了餐饮部门的酒店就不是健全的酒店。

2. 酒店餐饮收入是酒店营业收入的主要来源

餐饮收入与客房收入、康乐收入一起被称为酒店营业收入的三大经济支柱。由此可见，餐饮部是酒店创造收入的重要部门之一。

3. 餐饮部在酒店参与市场营销竞争中往往充当排头兵的角色

现代酒店的客房标准相对接近，竞争余地小，而其餐饮则具有灵活、多变的能力。两家条件等级相似的酒店，餐饮水平决胜负的案例屡见不鲜。餐饮部门在竞争中的地位和作用有时会决定整个酒店的兴衰。

4. 餐饮部的服务场所是社交集会的理想场所

酒店餐饮部的服务场所日夜不停地和住店宾客及店外宾客发生频繁接触。许多宾客常常以点看面，把对餐厅、酒吧的印象看成是对整个酒店的印象。餐饮部门经营管理得好坏、服务质量的优劣，直接关系到酒店的声誉和形象，进而影响客源。

5. 餐饮服务代表饭店的管理水平和声誉

餐饮服务人员的仪容仪表、行为举止、服务技能等直接反映了一个酒店服务质量和管理水平的高低。从经营角度看，餐饮经营好，不仅能留住本店客人，还会吸引本地居民，同时带动其他部门如娱乐部、会议部、商场部等的销售。因此，餐饮服务的好坏，会直接影响酒店的形象和声誉。

6. 餐饮产品是一项宝贵的旅游资源

食、住、行、游、购、娱是旅游的六要素，其中以“食”为首。好的餐饮及其服务不仅是酒店的产品，而且是一种旅游产品，是一种无形的资源。

广大国内外旅游者在品尝各种菜肴的同时，可领略各地方的食文化、酒文化、茶文化（如北京烤鸭、青岛啤酒节、西湖龙井），还可了解有关饮食方面的趣闻轶事、文献典籍、文学艺术、历史典故、诗文佳作等，既增长了阅历，又陶冶了情操。此外，各种餐饮旅游，如美食旅游、减肥旅游、食疗旅游，逐渐成为一种时尚。

二、餐饮部的组织机构

作为酒店经营部门中最重要的部门之一，其所辖面很广，各营业点分散于酒店的不同区域、楼面；作为酒店唯一生产实物产品的部门，其集生产加工、销售服务于一身，管理过程全、环节多；从人员结构讲，其拥有的员工数居酒店首位，且工种多、文化程度差异大。在酒店业盛行这样说法：餐饮部是酒店最难管理的一个部门。要将复杂的部门管好，必须建立合理、科学、有效的组织机构，进行科学分工，使各部门各司其职，保证部门整体的正常运转，并出色完成本部门的各项职责。

（一）餐饮组织机构概念

组织机构是为完成组织机构任务而集合集体力量，在人群分工和职能分工的基础上，运用不同职位的权力和职责来协调人们的行动，发挥集体优势的一种组织形式。

餐饮组织机构是针对企业餐饮管理经营目标，为筹划和组织餐饮产品的供、产、销活动而设立的专业性业务管理机构。

（二）餐饮组织机构的设置原则

1. 精简与效率相统一的原则

配备的人员数量与所承担的任务要相适应；机构内部分工粗细得当、职责明确，不应因人设事，避免机构臃肿、人浮于事；组织结构要简单，指挥幅度要适当。指挥幅度是指一位管理人员所直接地、有效地指挥的下层职工数，合适的指挥幅度一般以指挥 6～10 人为宜。

2. 专业化和自动调节相结合的原则

餐饮管理是一项专业性很强的工作，必须保持其组织机构和工作内容的专业性和正规性。管理人员还要能够在不断变化的客观环境中主动处理问题，具有自动调节的功能。

3. 权利和责任相适应的原则

组织机构的等级层次应合理，各级管理人员的责任明确，权力大小能够保证所承担任务的顺利完成，责权分配不影响管理人员之间的协调与配合，做到统一指挥、分层负责、职权相当、权责分明。每个人只有一个上司，上级不能越级指挥，只能越级指导；员工不能越级汇报，只能越级申诉。

（三）餐饮部的功能区块构成

餐饮部一般由四大功能区块组成：采购与库存；厨房；营业点，如餐厅、宴会厅、酒吧、咖啡厅等；管事，如餐饮部的后勤保障部门，负责洗涤、消毒餐具保管等。

（四）不同规模的酒店餐饮部组织机构

酒店的餐饮部的规模、大小不同，其组织机构也不尽相同。

1. 小型酒店

小型酒店餐饮部的组织机构，其结构应比较简单，分工也不宜过细，通常只设餐饮部经理，主厨、领班、厨师，餐厅主管、领班、服务员，清洗主管、领班、杂工，如图 1 1 所示。

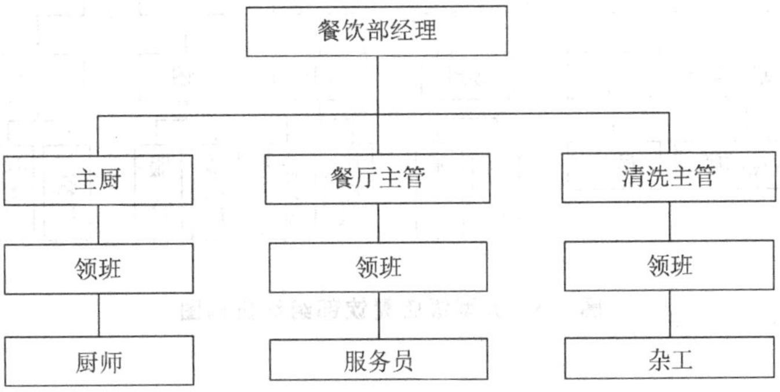

图 1-1　小型饭店餐饮部组织机构图

2. 中型饭店

中型饭店餐饮部的组织机构相对于小型饭店，分工更加细致，功能也较全面，一般设有餐饮部经理（经理助理）、送餐部主管、厨师长、餐厅主管、宴会主管、酒吧主管、管理部主管，如图 1-2 所示。

3. 大型饭店

大型饭店餐饮部的组织机构复杂，层次多，分工明确细致，一般设有餐饮总监（餐饮总监助理）、采购经理、行政总厨、餐厅经理、酒吧经理、管理部经理等，如图 1-3 所示。

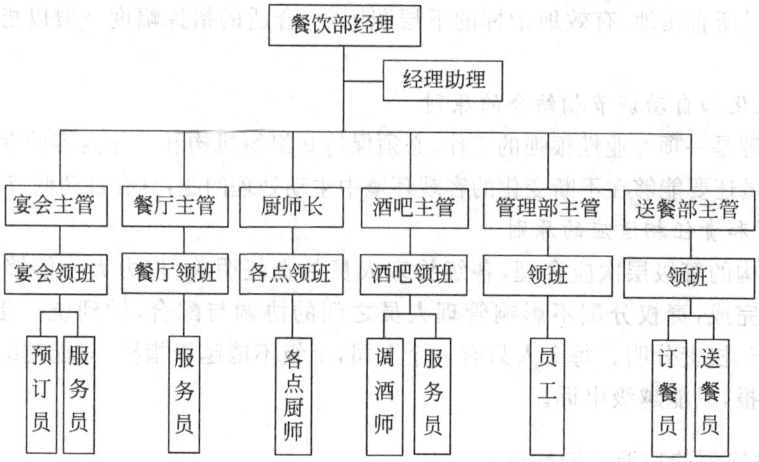

图 1-2　中型饭店餐饮部组织机构图

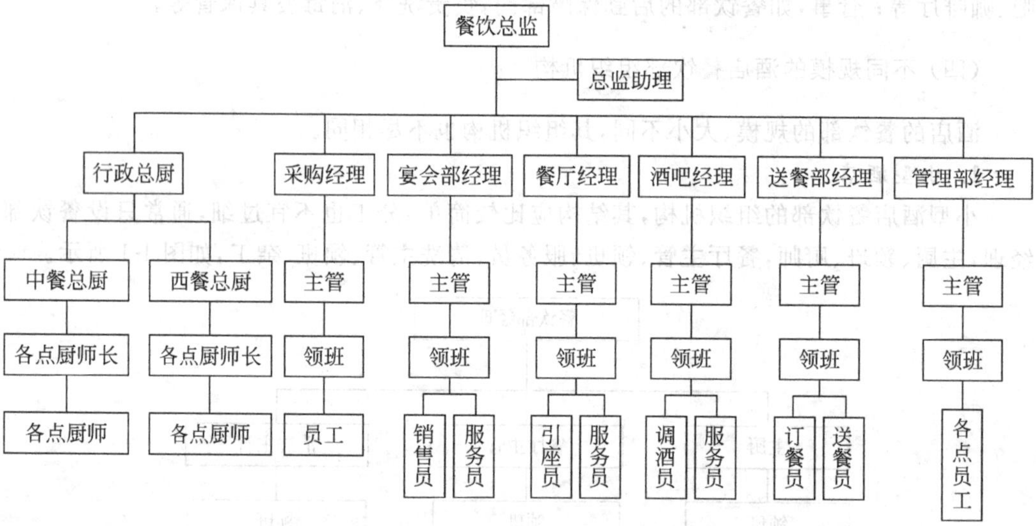

图 1-3　大型饭店餐饮部组织机构图

三、餐饮部主要岗位及其职责

（一）餐饮部岗位分类

1. 前台岗位

前台管理岗位主要有餐饮部经理、餐厅经理、宴会部经理、宴会销售部经理、餐厅主管、餐厅领班、餐厅传菜领班、餐厅送餐领班。

前台服务岗位主要有预订员、迎宾员、餐厅服务员（值台员）、收银员、酒吧服务员、传菜员、送餐服务员。

2. 后台岗位

后台管理岗位主要有管理部经理、管理部主管、清洁部领班、行政总厨师长、采购部领班、各点厨师长。

后台服务岗位主要有清洁员、洗碗工、宴会厅仓库保管员、食品验收保管员、各点厨师。

(二) 主要岗位及其职责

1. 餐饮部经理

直接上级：餐饮总监。

直接下级：餐厅经理。

联系：酒店内其他部门经理。

岗位职责：

(1) 全面负责食品饮料生产和服务的计划、组织和管理工作，确保日常业务顺利展开。

(2) 研究餐饮市场动态和顾客需求的变化，针对市场开发和改善餐饮产品和服务。

(3) 指挥主厨师长对厨房生产做好周密的计划，组织厨房生产，提高菜肴质量，减少生产中的浪费。

(4) 与主厨师长一起进行菜单的筹划和确定菜肴的价格，改善和创新菜单。

(5) 督导餐厅、酒吧和宴会部经理组织好餐厅服务工作，逐步提高餐饮服务质量。

(6) 加强对膳务管理的领导，做好餐饮生产、服务的后勤工作，每周与厨师长、采购员一起巡视市场，检查库存物资，掌握存货和市场行情，对餐饮物资和设备的采购、验收和储存进行严格的控制。

(7) 全面负责餐饮成本分析和费用的控制。每周定时召开餐饮成本分析会，审查菜肴和酒水成本情况。

(8) 计划和组织餐饮的推销活动，扩大餐饮销售渠道，增加餐饮收入。

(9) 监督餐饮区的环境卫生管理、餐具和食品卫生管理及安全防火管理工作。

(10) 全面负责餐饮部人员的劳动组织和安排，对本部门职工的工作表现进行综合评估，监督本部门培训计划的执行，采取有效的激励手段。

2. 餐厅经理

直接上级：餐饮部经理。

直接下级：管辖部的主管、领班。

联系：厨师长、管事部及酒店内其他部门。

岗位职责：

(1) 全面负责餐厅服务管理工作，包括制订和执行人员招聘、培训计划，负责餐厅分配和劳力安排。

(2) 协调餐厅的餐饮服务与厨房的生产活动。反映客人的意见，帮助厨房提高菜肴的质量，指导厨师长改进菜单。

(3) 管理和检查餐厅的环境卫生，检查餐厅服务人员的仪表仪容状况和服务状况。

(4) 负责召开班前例会，监督营业期间服务工作的正常开展，处理营业中的突发事件以及客人的投诉和纠纷。

(5) 负责餐厅设备和器具的管理，检查设备和器具的保养及维修状况。

3. 餐厅前台主管

直接上级：餐厅经理。

直接下级：领班。

岗位职责：

(1) 主持班前会，协助经理布置任务，完成上传下达工作。

(2) 根据实际工作情况，安排领班和服务员班次。

(3) 检查员工的仪表仪容、服务程序、操作规范、劳动纪律，并根据情况做出纠正和处理。

(4) 对重点宴会给予特殊关注，对 VIP 客人亲自参与服务，以确保服务的高水准。

(5) 加强与客人的沟通，妥善处理客人投诉，并及时向经理汇报。

(6) 定期检查设施和清点餐具，制定使用保管制度。

(7) 负责组织领班、服务员参加各种培训、竞赛活动，不断提高自身和属下的服务水平。

(8) 积极完成经理指派的其他工作。

4. 餐厅领班

直接上级：餐厅主管。

直接下级：领位员、服务员、传菜员。

岗位职责：

(1) 配合餐厅主管的工作，掌握服务员的出勤情况和平时工作表现，负责所属服务员的培训与考核。

(2) 负责检查服务人员的仪容仪表，主持班前会，带领并督导服务员做好各项准备工作；同时分别与前台和厨房沟通，以了解当日客情与菜肴供应情况，向服务员详细布置当班任务。

(3) 确保按规格布置餐厅和摆台，检查餐厅环境、服务柜里的用品及调味品的准备情况。

(4) 开餐时参加监督食品和饮料的服务，与厨房协调，保证按时、按质上菜。

(5) 负责点菜、推销菜肴的工作，亲自为重要宾客服务。

(6) 了解客人对餐饮的意见，接受客人的投诉，并向经理汇报。

(7) 检查账单是否正确无误。

(8) 定期检查、清点餐厅设施、餐具，检查设备维修保养情况，发现问题及时上报有关部门。

(9) 完成上级下达的临时性任务。

5. 迎宾员

直接上级：餐厅领班。

岗位职责：

(1) 负责接收并记录宾客的预订，同时记录宾客的相关资料及所有意见和投诉，并及时上报领导。

(2) 熟悉餐厅的最大容量，了解桌椅的数量及摆设方位，做好开餐迎宾时的准备工作。

(3) 在餐厅入口处礼貌地问候宾客，迎领宾客到适当的餐桌，协助拉椅让座，递上菜单，进行餐前酒的推销，同时协助宾客存放衣帽、雨具等物品。

(4) 在餐厅满座时，要安排好候餐的宾客，并做好宣传促销工作。

(5) 搞好区域环境卫生。

(6) 负责将就餐完毕的宾客满意地送出餐厅，并向其致谢、道别。

6. 值台员

直接上级：餐厅领班。

岗位职责：

(1) 负责擦净餐具、服务用具，搞好餐厅的清洁卫生，补充工作台，摆好桌椅，做好服务前的一切准备工作。

(2) 负责备用货品的申领及储存工作，并且要做好餐厅所有脏棉织品的清点、送洗以及干净棉织品的领用和记录工作。

(3) 熟悉餐厅供应的所有菜点、酒水的服务方式，各种用具、器皿的使用方法，完整的服务流程；掌握恰当的服务技巧及正确的餐饮服务知识，按照餐厅制定的标准为宾客提供尽善尽美的服务。

(4) 在标准化服务的过程中，要关注宾客的个性化需求，积极主动地做好预测性服务；同时抓住客人的消费心理，做好适当的推销工作。

(5) 负责将所有脏餐具、杯具送到洗涤间，并擦拭所有洗净的餐具、杯具，分类摆放于餐具柜中。

(6) 负责宾客就餐完毕后的翻台或为下一餐摆位，做好餐厅的营业结束工作。

7. 传菜员

直接上级：餐厅领班。

岗位职责：

(1) 开餐前负责准备好各种菜式的配料及传菜用具，并主动配合厨师做好出菜前的准备工作。

(2) 积极配合餐厅服务工作，做到落单迅速，传菜准确及时。

(3) 负责小毛巾的洗涤、消毒工作或去洗衣房领取洗好的小毛巾。

(4) 协助服务员将脏餐具撤回洗涤间，并分类摆放。

(5) 负责传菜间及规定地段的清洁卫生。

(6) 妥善保管出菜单，以备核查。

8. 收银员

直接上级：餐厅领班。

岗位职责：

(1) 提前到岗，做好开餐前收款的一切准备工作。

(2) 遵守财务制度，按时上缴收款，按规定时间做好上报报表。

(3) 熟悉收款业务,掌握结账的方法和程序(如菜点、酒水、饮料等价格和现金、支票、信用卡等的使用方法)。

(4) 保存所有的账单,并交规定的检查人员以备检查。

(5) 做好规定地段的卫生。

(6) 完成上级交派的其他工作。

9. 预订员

直接上级:餐厅领班。

岗位职责:

(1) 按照工作程序与标准接受客人的电话订餐,对大型团体、宴会主动约客人面谈。

(2) 了解餐厅创新菜肴及每日特荐食品并积极推销。

(3) 按照标准准确记录所有信息,积极与客人及有关部门沟通。

(4) 及时反馈客人的意见和建议,主动走访重要客户。

(5) 当班结束前与下一班做好交接工作,确保所有信息无误。

(6) 完成上级交派的其他工作。

四、餐饮部优秀从业人员的职业素养

(一) 良好的仪表仪容

1. 仪表仪容的概念

仪表主要是指一个人的精神面貌的外观体现,主要包括人的容貌、服饰、个人卫生等,着重在精神面貌和着装方面。仪容主要是指人的容貌,着重在修饰方面。

2. 对餐饮服务人员仪表仪容的基本要求

(1) 餐饮服务人员的精神面貌。应该是表情自然、面带微笑、亲切和蔼、端庄稳重、落落大方、不卑不亢,给人以亲切而可信赖的印象。

(2) 服饰。餐饮服务人员在岗位上要着工作制服。要求保持整齐清洁,熨烫笔挺;衬衣必须扎在裤内、裙内;领带、领结要按规定系好,而且随时检查,有污渍和破损的要及时清洗和更换。

(3) 佩戴。一是指工号牌;二是指首饰。工号牌要求统一印制,并佩戴在规定的部位(一般戴在左胸);首饰一般不用,用则求简,不戴手镯、戒指(婚戒除外)等装饰物品,可戴手表。

(4) 鞋袜。一般穿黑色的皮鞋或者布鞋。皮鞋要经常擦拭光亮,布鞋要无破损。袜子颜色一般与裤子、鞋颜色相同或者相近。注意袜口不要露在裤子或者裙子之外。袜子要每天换洗,穿着时无破损。

(二) 规范的服务仪态

1. 仪态的概念

仪态是指人在行为中的姿态和风度,着重在举止方面。人在行为中的姿势通常是指身体在站立、就座、行走的样子,以及各种手势、面部表情等。

2. 对餐饮服务人员仪态的基本要求

(1) 站姿。站立是餐饮服务人员的基本功。其基本要求为：头正、肩平、颈直，两眼平视前方，口微闭，面带微笑；两肩自然下垂或在腹前交叉，或双手背后交叉，右手放在左手上，以保持随时可以提供服务的姿态。站立时两腿平直，女服务员呈“V”字形，膝和脚后跟要靠紧，不能双腿叉开；男服务员两脚平行于两肩而略窄于两肩。

(2) 走姿。行走时，上体要直，身体重心可稍向前，头正、肩平、颈直，双目平视，面带微笑，收腹、挺胸，两臂自然前后摆动；脚步既轻且稳，有鲜明的节奏感，切忌晃肩摇头，上体因懒于立腰而在行进间扭来摇去；两脚行走线路应是正对前方成直线。遇有急事可加快步伐，但不可奔跑；行走步距不可过大，步速不要过快。

(3) 坐姿。入座时，要轻要稳，不要赶步，以免给人以“抢座”之感。走到座位前，左脚向后退半步，轻稳坐下。女子入座时，若是裙装，应用手将裙稍稍向前拢一下，不要落座后再起来整理。

坐下后，头正、肩平，面带微笑，口微闭，两臂自然弯曲，双手放在膝上，掌心朝下。女性也可一手略握另一手腕，置于身前。两腿自然弯曲，双膝并拢，两腿正放(男士坐时双腿可略张开)，双腿平落于地，可并拢也可交叠。坐在椅子或者沙发上时，不要前俯后仰，或抖动腿脚，更不要将脚放在椅子或沙发扶手上和茶几上，不要翘二郎腿。

(4) 表情。表情是一种无声的语言。适度的表情，可向客人传递对他们的热诚、敬重、宽容和理解，给客人带来亲切和温暖。对餐厅服务人员表情的基本要求是：温文尔雅，彬彬有礼；稳重端庄，不卑不亢；笑脸常开，和蔼可亲，毫无做作。

(5) 手势。手势是最有表现力的“体态语言”，是餐饮服务人员向客人作介绍、谈话、指示方向等常用的一种形态语言。

(6) 其他动作。餐饮服务人员在工作场所经常处于动态之中，注意养成得体大方的动作习惯，也为工作所必需。上下楼梯时，腰要挺、背要直、头要正、胸要微挺、臀部要微收，不要手扶楼梯栏杆。取低处物品时，不要低头、弯腰、翘臀，而是借助蹲和屈膝的动作，以一膝微屈作为支撑点，将身体重心下移，另一腿呈半跪式蹲下拿取物品。客人从对面走来时，服务人员要向客人行礼，同时注意：放慢脚步，在离客人1～2米处，目视客人，面带微笑，轻轻点头致意，并以礼貌用语问候客人；如行鞠躬礼时，应停步，躬身15°～30°，眼随着向下，并致问候。切忌边看边鞠躬，这是十分不雅的。员工在工作中，可以边工作边敬礼；如果能暂停手中的工作行礼，更会让客人感到满意。

(三) 优雅的礼貌礼节

1. 礼貌用语的基本要求

(1) 语言要文雅、简洁、明确。文雅就是彬彬有礼；简洁就是要简单明了，一句话能说清楚的，不要用两句话；明确就是要交代清楚，使人一听就懂。

(2) 要讲究语言艺术。据不同的接待对象，用好敬语、问候语、称呼语等。敬语的最大特点是彬彬有礼，热情而庄重。问候语是表示关切问候的语句，但一定要牢记自己是餐饮服务人员，因而不可以使用处于平等地位的熟人之间的词语。称呼语体现在用词的恰当、准确上。在一般称呼的前面，可冠以姓名、职称、官衔等。

(3) 说话要有尊称，声调要平稳。凡对就餐客人说话，都应用“您”等尊称，言辞上要加“请”字，如“您请坐”“请等一下”。对客人的要求无法满足时，应加“对不起”等抱歉语。说话声调要平稳、和蔼，这样使人感到热情。如刚进餐厅的客人，服务人员的用语声调应当略高而有朝气，若声音太小，客人会觉得你不冷不热，态度傲慢。

2. 餐饮服务中的礼貌用语

餐饮服务人员常用礼貌用语包括欢迎用语、问候用语、应答用语、征询用语、道歉用语、告别用语、称呼用语、婉转推托语等。

3. 服务礼节

(1) 宴会酒会礼节。在宴会、酒会服务过程中应注意掌握好以下环节。

① 服务态度要热情、周到、细致，一视同仁，敏捷机灵。

② 要熟悉各种食物、酒类的特点，如客人问及应实事求是地给予简明扼要的回答。

③ 宴会前服务员要进行自我卫生检查，不要吃葱、蒜之类的食品。

④ 宾主落座后，即可斟酒、饮料，要从主人右侧给主宾先斟，斟酒倒水适度满即可。

⑤ 上、撤菜要从副主人的右面进行，也可从陪客旁上撤菜。

⑥ 凡是上菜点都应将最具观赏面朝主位。

⑦ 当主人、主宾祝酒讲话时，服务员应停止一切活动，要精神饱满地站在适当位置上，在讲话即将结束时，要迅速把主人、主宾的酒送上，把所有来宾的酒斟上，供主人和主宾祝酒。

⑧ 当来宾餐毕起身离厅时，目送或随送至餐厅门口，礼貌话别。餐厅的结束工作都应在来宾离去后进行。

⑨ 当收款结账时，应站在客人的右边，将计算好的账单放在客人面前，使用收银盘，不可直接交到客人手里，并说道：“这是您的账单……”找回零钱时应该说：“这是找回您的……元”，并说：“谢谢，欢迎下次光临。”

(2) 服务操作礼节。主要是指餐厅服务员在日常服务中的礼节。具体如下。

① 当客人进入餐厅时，迎宾员要主动开门问好。

② 引领客人时，要按先女宾后男宾、先主宾后一般来宾的顺序进行。如遇较高级别的宴会，餐厅经理应带领一定数量的服务人员在客人到来之前站在餐厅门口迎接；遇有年老体弱的客人，要主动上前搀扶；遇雨天时，要主动收放客人的雨具。

③ 服务客人时，神情要专注，要有问必答，百问不厌。

④ 给客人斟酒、出菜时，均须按主宾、主人、一般来宾的顺序进行。如果有两个服务员值台时，一个从主宾开始，一个从副主宾开始，按顺时针依次绕台进行。

⑤ 当席间上菜时，须将上一道菜移向副主人一边，新上的菜放在主宾面前，以示对来宾的尊重。

⑥ 主人、主宾在祝酒或发表讲话时，应停止上菜，但要及时斟酒，以便客人讲话结束后祝酒。

⑦ 值台时要坚守岗位，站姿规范，不倚墙靠桌，不串岗闲聊。

⑧ 当客人要求帮助而服务员正在给其他客人服务时，应对客人点头微笑或以手势示意，表示自己已经知道，马上就能去服务，使客人放心，恢复他们的谈话。

4. 其他礼节

其他礼节包括握手礼节、介绍礼节、谈话礼节、次序礼节、迎送礼节等。

（四）优秀的职业道德

1. 职业道德概念

道德是调整人与人、人与社会、人与集体之间相互关系的行为准则。职业是指人们在社会生活中对社会承担的特定职责和从事的专门业务，并以此作为主要生活来源的社会活动。

职业道德是人们在职业活动中必然要与他人和社会发生各种各样的关系。为了保证职业活动的正常进行和其社会职能的正常发挥，人们必须规范好这些职业关系。餐饮职业道德是指从事餐饮行业的人，在职业活动的整个过程中，应该遵守的行为规范和行为准则（如员工守则、操作规程等）。

2. 餐饮职业道德的作用

（1）餐饮职业道德是推动餐饮企业物质文明建设的重要力量。

（2）餐饮职业道德是形成餐饮企业良好形象的重要因素。

（3）餐饮职业道德促使员工在工作和生活中不断地自我完善。

3. 餐饮职业道德的主要规范

（1）热情友好，宾客至上。这是餐饮服务员最有特色、最根本的职业道德规范。

（2）真诚公道，信誉第一。这是处理主客关系实际利益的重要准则。

（3）文明礼貌，优质服务。这是餐饮从业人员实施职业道德规范最重要的准则。

（4）相互协作，顾全大局。这是正确处理同事之间、部门之间、企业之间、行业之间以及局部利益和整体利益、眼前利益和长远利益等相互关系的重要准则。

（5）遵纪守法，廉洁奉公。这是正确处理公私关系的一种行为准则。

（6）钻研业务，提高技能。这是各种职业道德的共同性规范。

（五）牢固的职业意识

1. 思想品质

餐饮从业人员应确立正确的政治立场，在服务工作中，严格遵守工作纪律，讲原则、讲团结、识大体、顾大局，不做有损国格、人格的事。

2. 敬业意识

餐饮从业人员必须树立牢固的敬业观念，充分认识到餐饮服务的重要作用，热爱本职工作，爱岗敬业、诚实守信、开拓创新，养成良好的职业行为习惯。敬业意识是餐饮工作人员最基本的职业意识，也是对一个合格的餐饮工作人员的基本要求。“敬业”就是敬重自己所从事的事业，即职业荣誉感。要树立以业为荣的从业观念。

（1）工作态度。餐饮从业人员在服务过程中体现出来的主观意向和心理状态，其好坏直接影响宾客的心理感受。工作态度取决于员工的主动性、创造性、积极性、责任感和素质高低，要求做到主动、热情、耐心和周到。

(2) 提高技能。餐饮服务既是一门科学，又是一门艺术。技术能力是指餐厅服务人员在为客人提供服务时显示的技巧和能力，它不仅可以提高工作效率，保证餐厅服务的规格标准，而且可给宾客带来赏心悦目的感受。因此，要想做好餐厅服务工作，就必须掌握娴熟的服务技能，并灵活地加以运用。

3. 服务意识

服务是企业的产品，服务质量对企业竞争具有决定性作用。对餐饮企业来说，经营是前提，管理是关键，服务是支柱。服务质量决定着餐饮企业对客人的吸引程度。因此，服务不仅仅是产品，也是赢得客人的关键。换句话说，餐饮企业是服务性企业，靠接待客人、为客人服务而赢得合理的利润。企业要为客人提供多功能的服务，使客人有一种“宾至如归”之感，客人才会多次光顾消费，把“财”源不断送到企业。

“客人至上”必须体现在员工的服务工作中，形成一种服务意识。这种意识就是企业员工要以客人为核心开展工作，以满足客人需求、让客人满意为标准。

(六) 出色的职业心理素质

职业心理素质是指服务人员从事服务工作所必需的各种心理素养品质的总和。要做一个优秀的餐饮服务人员，必须努力提高自己的心理素质。养成乐观自信、礼貌热情、真诚友善、豁达宽容的良好性格，并具有崇高向上、深厚持久、注重实效的积极情感。具备坚强的意志品格：自觉性、果断性、坚韧性、自制力。拥有出色的服务能力：语言表达能力、灵活应变能力、积极推销能力、专业技术能力、敏锐的观察力、良好的记忆力、较强的自律能力、服从与协作能力、自我学习能力、较强的交际能力。

餐饮服务就是主客之间以各种方式进行交际，交际是实现服务工作的主要途径。餐饮服务人员在与客人交往的过程中要注意以下方面：①应重视给客人的第一印象。②要有简洁流畅的表达能力。③要有妥善处理各种矛盾的能力。④要有招徕客人的能力，即吸引客人，促其消费。

此外，餐饮服务工作的完成需要发挥团队精神，餐饮服务质量的提高需要全体员工的参与和投入。在餐饮服务工作中，服务人员在做好本职工作的同时，应与其他员工密切配合，共同努力满足宾客需求。

(七) 良好的身体素质

良好的身体素质是做好酒店服务工作的基本保证。身体素质要求体现在两个各面。

(1) 身体健康。餐饮从业人员必须身体健康，为此应定期体检，并取得卫生防疫部门合法的健康证，如患有不适宜从事餐饮服务工作的疾病，应调离岗位。

(2) 体格健壮。餐饮服务工作劳动强度大，餐厅服务人员在服务期间必须保持站立姿态，并不断行走，加之餐饮服务技能的完成均需要一定的腿力、臂力和腰力等。因此，餐饮从业人员必须有健壮的体格才能胜任工作。

阅读链接

餐饮服务员的职业素养

迎宾员引领着几位客人进入餐厅。其中有一位爱挑剔的老夫人，当服务员为她斟上红茶时，她却生硬地说："你怎么知道我要红茶，告诉你，我喜欢喝绿茶。"

服务员不易为人察觉地一愣，随即客气而又礼貌地说："这是餐厅特意为你们准备的，餐前喝红茶能消食开胃，尤其适合老年人，如果您喜欢绿茶，我马上为您送来。"

老夫人脸色缓解下来，矜持地点点头，顺手接过菜单开始点菜。"喂，水晶虾仁怎么这么贵？"老夫人斜着眼看着服务员，"有什么特点吗？"

服务员面带微笑，平静而胸有成竹地解释道："我们采购的虾仁都有严格的规定，一斤120粒。水晶虾仁有四个特点：亮度高，透明度强，脆度大，弹性足。其实我们这道菜利润并不高，主要是用来为酒店创牌子的拳头产品。"

"有什么蔬菜啊？"刚说完，老夫人又说，"算了，现在蔬菜太老了，我不要。"

服务员马上顺水推舟道："对，现在的蔬菜是咬不动，不过我们餐厅今天有炸得很软的油焖茄子，菜单上没有，是今天的新菜，您运气真好，要不尝一尝吧？"服务员和颜悦色地说道。

"你很会讲话啊。"老夫人动心了。

"请问喝什么饮料？"服务小姐问道。老夫人犹豫不决地露出沉思状。"我们这里有椰汁、果粒橙、芒果汁、可口可乐……"老夫人打断服务员的话："来几罐果粒橙吧。"

评析：

餐厅接待的客人性格各异，他们对餐饮服务的要求也各不相同，因此，要做好餐厅服务工作，赢得更多的客人，餐厅服务人员就应有意识地培训自己成为人际交往的行家。首先，餐厅服务员应明确自己的社会角色要求，认识到自己所从事的服务工作与其他工作一样，既是自食其力和谋生的手段，也是为社会做贡献的机会；同时还应认识到客人是餐厅生存发展的基础，只有满足客人的需要，餐厅才有可能获得良好的经济效益与社会效益，从而自己才有发展的机会。其次，餐厅服务人员要善于控制自己的情绪和情感，保持良好的心境，为客人提供热情的服务。再次，餐厅服务人员不仅应为客人提供规范化服务，还要提供情感服务。

最后，在服务过程中，服务人员应灵活应变，要掌领与客人交流及和谐相处的技巧。本例中，服务员面对老夫人的挑剔，临场不乱，灵活应变，既顾及了老夫人的需要，又体现了餐厅的优质服务，最终使客人感到满意。

此外，服务员需要掌握诸多技巧，在客人点菜时，将菜的形象、特点用生动的语言加以形容，使客人对此产生好感，从而引起食欲，达到销售目的。餐饮服务员应兼有推销员的职责，既要让客人满意称心，又要给餐厅创造尽可能多的利润，只有这样，才是称职的服务员。

"您需要什么饮料？"客人可以要或不要，或沉默考虑。"请问喝什么饮料？"是选择问句，必定选其一，对那种犹豫不决的客人效果极佳。在推销的过程中，语言的引导十分重要，用什么样的话才能引起顾客的消费欲望，这是培训工作中不可忽视的重要内容。

（资料来源：职业餐饮网，http://www.canyin168.com/glyy/cygl/cyal/200808/12020.html）

项目三 认识酒店餐饮管理

案例导入

领班王敏某一天的工作安排

(1) 早上主持班前会，检查服务人员的仪容仪表，带领并督导服务员做好各项准备工作；同时分别与前台和厨房沟通，了解当日客情与菜肴供应情况，向服务员详细布置当班任务。

(2) 根据今天的接待任务，按规格布置餐厅和摆台，检查餐厅环境以及服务柜里的用品及调味品的准备情况。

(3) 开餐时监督食品和饮料的服务，与厨房协调，保证按时、按质上菜。

(4) 了解客人对餐饮的意见，接受客人投诉，并向经理汇报。

(5) 检查账单是否正确无误。

(6) 承担今天一桌 VIP 客人的接待任务。

思考：通过王敏一天的工作安排，你觉得餐饮管理包括哪些内容？

一、餐饮管理概念

餐饮管理是指从客源组织、食品原料采购、厨房生产加工到餐厅销售服务过程实行计划、组织、指挥、协调和控制等一系列活动的总和。

二、餐饮管理的职能

（一）计划

计划职能是指餐厅通过详细的、科学的调查研究、分析预测并进行决策，以此为基础确定为某一时期内企业的发展目标，规定实现目标的途径、方法的管理活动。简言之，计划是在决定了目标的情况下明确做何事，如何去做，由谁去做及何时做才能达到目标。

1. 分析经营环境，设定管理目标

餐饮的经营管理活动是在一定的客观条件下进行的，一个称职的管理者必须对企业所面临的经营形势和环境有充分的了解，分析经营环境就是要求经营者及时了解和掌握市场动态，为制定准确的经营管理目标做好准备。环境分析主要包括两个方面。

(1) 外部环境分析。主要是进行机会和威胁分析，包括及时了解和掌握国家相关的方针政策，特别是与餐饮经营相关的方针政策和法律法规，确保企业能够守法经营；进行全面市场调研，了解市场状况，掌握市场动向，对市场的特征、变化和发展趋势要有比较清醒的认识；充分了解消费者的消费需求及消费需求的变化，了解竞争对手以及潜在竞争对手的经营情况。

(2) 内部环境分析。对本企业进行全方位分析，找出企业自身的优势和不足，包括企业品牌、企业经营的特色、企业的人力资源状况、餐厅的就餐环境、食品的花色品种、餐饮服务等。

在内外环境分析的基础上，确定经营方针和经营管理目标。设定餐饮管理目标时，首先设定企业的总体战略目标，然后形成市场、销售、质量、效益等具体管理目标，并通过管理目标的层层分解，转化为收入、成本、费用、利润等经济指标，落实到企业、部门、基层班组等各级管理部门和人员。

2. 发挥规划功能，合理分配资源

发挥规划功能就是要求餐饮管理者根据企业制定的管理目标，做好各项经营管理工作的统一规划，保证餐饮经营各部门、各环节的协调发展。

餐饮管理的规划工作包括以下三个方面。

(1) 人力资源规划。根据企业经营目标和发展要求、接待能力和管理任务，设定合理的组织机构和人员配置方案，对食品原材料筹措、厨房生产和餐厅销售服务等环节的管理人员、生产人员和服务人员进行统一、合理的规划，确保各项工作的顺利进行。

(2) 服务项目规划。通过市场调研，了解目标客源市场的需求和特点，有针对性地对餐厅类型、服务内容、销售方式进行设计和规划，以满足客人多层次的消费需求，吸引更多的客人，提高餐饮经营效益。

(3) 经营活动规划。经营活动规划就是要对餐饮产品设计、食品原材料采购、厨房生产和餐厅服务、市场推广等各种经营业务活动进行统筹安排和规划，使各工作环节之间形成相互关联、相互衔接的管理体系，保持全局一盘棋。

管理资源的分配是各项管理工作合理规划的必然结果。餐饮企业的资源既包括企业内部资源和外部资源，也包括有形资源和无形资源，主要体现在人、财、物三个方面。

人力资源的分配要以管理目标、工作任务和工作标准为基础，根据劳动定额进行人员的定岗定编。人力资源分配力求做到人尽其才，各尽所能，尽量减少不必要的岗位和人员，确保人力资源的精练高效，降低劳动力成本和不必要的费用开支。

财力资源的分配是以资金消耗为主线的。餐饮经营管理中必须根据经营需要限定合理的采购成本和生产成本，确定能源消耗、人力成本及费用、其他各项费用消耗指标，制定合理的资金占用、资金周转指标，保证各项经营业务活动的正常运转。

物资资源的分配要求管理者根据经营和生产的需要，制定有效的物资储存定额、生产和服务用品的消耗定额，在有效控制物耗率的基础上确保生产和服务的正常进行。

合理分配资源的关键在于搞好各部门和相关工作环节的综合平衡，合理安排各部门、各环节各种资源分配的比例结构，最终达到物资流、资金流、信息流畅通，为完成餐饮管理目标提供稳定的资源保障。

（二）组织

组织职能是为了有效地达到组织目标在人群中建立双向流程和沟通体系的管理活动。

餐饮经营管理活动包括市场调研、产品设计、食品原材料采购、验收、储存、发放、厨房生产、餐厅销售服务、信息反馈等多个环节，这是一个复杂而多变的过程。组织业务经营就是要求经营管理者根据经营管理的需要，通过有效的手段，制定相应的管理制度，合理安排工作流程，把各项工作组织好，并根据各工作环节的特点，加强管理沟通，协调好各环节之间的关系，保证餐饮经营的各项业务活动在既定的经营目标下顺利开展。同时，通过现场的管理和督导，及时发现问题，解决问题。

餐饮组织职能包括以下内容。

(1) 明确各项任务之间的关系，即确定工作岗位和各岗位之间的相互关系，设计合理的餐饮组织机构。

(2) 编制定员，为各岗位配置合格的工作人员。

(3) 建立健全管理制度，搞好餐厅的服务组织，制定餐饮服务标准、标准服务程序和服务操作规范，提高服务质量，更好地满足宾客的各种需要。

(4) 建立信息沟通体系，加强内部沟通，协调各部门的关系。

(5) 建立业务和管理培训制度。一方面可以提高各级管理者的管理能力和水平，另一方面也是为了更好地使各层次的管理者都能够理解企业或部门目标，让所有的管理者都能自觉地把经营管理目标融入日常的经营管理工作中去，把高标准、严要求变成一种自觉的行动，这既有利于经营管理，也可以确保管理质量。

（三）指挥

指挥是管理者将有利于餐饮目标实现的指令下达给下属，使之服从并付诸行动的一种反映上下级关系的管理活动。餐饮指挥职能包括以下几个方面。

(1) 按等级链的原则，划分管理层次，明确权力关系，建立有效的指挥制度和系统，使每个员工自觉服从上级的指令，保证畅通无阻。

(2) 确定层级关系，不能超级指挥，也不能越级汇报，防止令出多头，实行统一指挥。

(3) 运用有效的激励手段，调动员工的积极性。

（四）协调

协调是指分派工作任务，组织人员和资源去实现企业目标，对餐饮企业内外出现的各种不和谐的现象采取的调整联络等措施的管理活动。其目的是保证各项经营业务活动的顺利开展，并实现经营目标。

餐饮企业的协调职能包括外部协调和内部协调两大类。

外部协调要处理好与宾客之间的关系和与社会各界的关系。因而，餐饮企业要随时了解宾客的需求变化情况，不断调整餐饮服务内容和项目，提高服务质量，使餐饮企业与宾客之间和谐融洽，通过各种公共关系活动处理好与社会各界的关系。

内部协调包括纵向协调和横向协调，纵向协调是指垂直管理的各层次之间的协调，横向协调是指层次相同的各部门、各岗位之间的平衡与协调。由于餐饮工作涉及的工作人员多、工作环节多，因此，餐饮管理的内部关系十分复杂，常常在资源分配、任务确定、人际交往、工作安排、利益分配等方面产生矛盾和摩擦。只有正确处理好各方面的关系，才能使各级管理人员和员工心情舒畅，形成凝聚力和向心力，使餐饮管理工作发挥最大的功效。

协调内部关系首先是协调餐饮部和其他部门之间的关系。餐饮经营工作具有复杂性，在经营过程中需要各部门的相互帮助和支持，如市场营销部给予的市场开拓、信息反馈、市场推广方面的支持；工程部在设备维护和保养、设备检修等方面的支持；财务部在物资采购、验收、储存管理、成本核算、收益管理等方面的支持。有了这些支持和帮助，餐饮的经营管理工作才能够顺利进行。所以在日常的经营管理过程中，必须本着相互支持、相互理解、相互协调的原则，与各部门多沟通、多协调，及时解决工作中出现的问题，确保餐饮经营目标的顺利实现。

其次是协调部门内部关系。必须理顺内部管理体制，明确各级管理人员和各岗位工作人员的工作职责，明确管理者的工作职权和隶属关系，本着公平、公正的原则解决好各环节和部门之间的矛盾与摩擦，同时应该避免越级指挥和越级协调的现象，避免指挥混乱，政出多门。

（五）控制

控制是把餐厅各部门、各环节的活动约束在计划要求的轨道上，即对照计划来检查并纠正实际执行情况，以确保目标任务完成的管理活动。

控制工作进展是保证餐饮管理各部门、各环节的工作朝着既定目标和计划顺利进行的重要条件。餐饮经营管理工作是一个有步骤、有计划的工作，各部门、各工作环节都必须按计划有步骤地开展各项工作，管理者必须按照布置的工作计划进行定期和不定期的检查，控制各部门和各环节的工作进程，保持工作的协调性。另外，餐饮业务管理过程中，客源数量、营业收入、成本消耗、经济效益等各项指标是通过逐日、逐月开展业务经营活动来完成的。控制工作进展就是要建立相关的原始记录制度，逐日、逐月做好统计分析，收集各方面的信息，及时发现问题，纠正偏差，保证管理任务的顺利完成。

三、餐饮管理的特点

（一）生产时间短，销货变化大

餐饮业务管理是通过对菜点的制作和服务过程的计划、组织、协调、指挥、监督、核算等工作来完成的。其业务过程表现为生产、销售、服务与消费几乎在瞬间完成，即具有生产时间短，随产随售，与服务为一体，服务与消费处于同一时间的特点。这就要求餐饮部必须根据需要马上生产，生产出来立即销售，不能事先制作，否则就会影响菜的香、味、形，造成经济损失。由此可见，做好预测分析，掌握客人需求，提高工作效率，加强推销意识，是酒店餐饮管理的重要课题。

（二）业务内容杂，管理难度高

餐饮业务构成复杂，既包括对外销售、对客人促销，也包括内部管理。既要考虑根据酒店的内部条件和外部的市场变化，选择正确的经营目标、方针和策略，又要合理组织内部的人、财、物，提高质量，降低消耗。另外，从人员构成和工作性质来看，餐饮部既有技术工种，又有服务工种；既有操作技术，又有烹调、服务艺术，是技术和艺术的结合。这就要求我们根据客观规律安排组织，增强科学性，又要从实际出发，因地制宜，提高艺术性。

（三）影响因素多，质量波动大

餐饮质量是餐饮管理的中心环节，但由于影响餐饮质量的因素较多，使餐饮质量控制难度较大。

(1) 标准化难度大。餐饮是以手工劳动为基础的。无论是菜点的制作，还是服务的提高，主要靠人的直观感觉来控制，这就极易受到人的主观因素的制约。员工的经验，心理状态、生理特征，都会对餐饮质量产生影响。这和工厂流水线上作业具有明显的区别，要做到服务的标准化难度很大。

(2) 客人的差异大。俗话说："众口难调。"客人来自不同的地区，其生活习惯不同，口味要求各异，这就不可避免地会出现同样的菜点和服务，却会产生截然不同的结果。

(3) 依赖性强。餐饮质量的好坏，不仅依赖市场的供应，而且受到酒店各方面关系的制约，俗话说，"巧妇难为无米之炊"。菜点质量如何，同原材料的质量直接相关。另外，酒店的餐饮质量是一个综合指标，对协作配合的要求非常严格。从采购供应到粗加工、切配、炉台、服务等，都要求环环紧扣、密切配合，稍有扯皮，就会产生次品。不仅如此，它还要求工程等其他部门的紧密配合。

（四）成本范围广，控制难度大

餐饮成本具有构成广泛、变化较大之特点。从原材料成本来看，有的是鲜活商品，有的是干货，有的是半成品，有的是蔬菜瓜果。这些原材料的拣洗、宰杀、拆卸、涨发、切配方法和配置比例各不相同，加工过程中损耗程度也区别较大；而且有些商品的价格往往随行就市，变动幅度较大，但是饭店的菜点价格又不能经常变动，所以成本控制难度较大。此外，还有燃料、动力费用、劳动工资、餐具等的消耗，家具和设备的折旧等，其中有些是易碎品，损耗控制难度较大。因此，如何加强餐饮成本控制，降低消耗，已是餐饮管理的重要课题。

四、餐饮管理的目标

1. 制作优质的菜点

餐饮经营的重点是精致可口的菜点。菜点质量是指菜点能满足客人生理及心理需要的各种特性，客人对菜点质量的评定，一般是根据以往的经历和经验，结合菜点质量的内在要求，通过嗅觉、视觉、听觉、味觉和触觉等感官鉴定得出的。因此，餐饮管理者应了解市场需求及宾客的消费趋向，开发、制作优质的菜点使之符合目标市场的需求；采购符合规格的食品原料，加强食品生产过程的管理与控制，发挥生产人员的积极性和创造性。

2. 提供赏心悦目的就餐环境

随着社会的发展，客人在酒店用餐，不仅是满足生理需求的一种手段，而且越来越多的人把它当作一种享受和社交形式。有人说，餐饮消费已经进入由“口味消费”转变为“口味环境消费并重”的时代。餐饮服务设施，不仅要满足宾客的生理需求，还要能满足其精神享受的需求等。所以对餐业企业而言，要满足客人的需要，不仅要有好的食品和服务，也要提供赏心悦目的就餐环境，即餐饮服务设施的装饰、布局协调一致；灯光、色彩应柔和，家具、餐具配套并与整体环境相映成趣；环境卫生符合卫生标准要求；服务人员的仪容仪表符合要求，餐饮服务设施的温度、湿度宜人等。

3. 提供令人放心的餐饮卫生

餐饮卫生在餐饮管理中占据重要的位置，卫生工作的好坏，不仅直接关系到客人的身心健康，而且关系到餐饮企业（部门）的声誉和经济效益。因此，餐饮企业（部门）必须严格执行食品卫生法，在经营管理的各个环节始终贯彻“重效益不忘卫生，工作忙不忘整洁”的基本理念，形成“全店讲卫生，处处重卫生”的风气。

4. 提供舒适完美的服务

适口的菜点酒水，只有配以优质的对客服务，才能真正满足宾客的餐饮需要。优质的对客服务包括良好的服务态度，丰富的服务知识、娴熟的服务技能和适时的服务效率等。要达到舒适完美的服务，必须使餐饮服务具有美、情、活、快四个特点。所谓美，就是给客人以一种美的感受，主要表现为服务员的仪表美、心灵美、语言美、行为美、神情美；情，即服务必须富有一种人情味；活，则主要是指服务要恰到好处；快，即在服务效率上要满足客人的需要，出菜要迅速，各种服务要及时。除了制定合理的程序外，还应注意服务手段的现代化。

5. 树立餐饮企业的品牌

品牌是市场经济高度发达的产物，是一种无形资产，品牌至上是现代餐饮企业经营的法宝之一。它不仅可以为企业直接从市场吸引顾客，获得现实经济效益，而且可以提高企业综合效益。餐饮企业只有在社会上有了良好的信誉、声望和企业形象，才能拥有超值的品牌，才能使企业获得生存、发展的有利条件。

6. 倡导独特健康的饮食文化

在知识经济背景下，人们的餐饮消费也附加了更多的文化要求。现代人注重文化品位，他们在餐饮消费上告别了原先“吃大鱼、尝大肉”的生理性追求，取而代之的是“吃文化、品情节”的精神性追求，他们到餐厅消费，带有购买文化、消费文化和享受文化的动机。因此，餐饮企业（部门）在餐饮经营管理中应突出经营上的文化性，把饮食文化融入餐饮产品和餐饮服务当中，不断弘扬和发展餐饮事业。

7. 取得满意的三重效益

餐饮管理的最终目标是获取效益，效益是衡量经营成败的依据。餐饮管理的三重效益是指社会效益、经济效益、环境效益。社会效益是指餐饮经营给企业带来的知名度和美誉度，它可为企业赢得客源，增强企业的竞争能力；经济效益是指餐饮经营给企业创造的利税(绝对效益)以及由餐饮带来的其他设施的宾客消费(相对效益);而环境效益则是指餐饮企业因采取各种节能环保措施而带给自己的效益,同时也使企业具备可持续的发展能力,也是企业社会责任感的具体体现。餐饮企业(部门)应建立有效的餐饮成本控制体系,在保证餐饮生产需要的前提下,加强对餐饮生产全过程,如采购、验收、库存、发放、厨房的粗加工、切配、烹制、餐厅销售等各环节的成本控制,并定期对餐饮成本进行比较分析,及时发现存在的问题及其原因,从而采取有效的降低成本的措施,最终提高企业的经济效益。

五、餐饮管理的内容

1. 餐饮企业人力资源管理

人力资源管理是餐饮管理的首要任务。包括人员配置、招聘与培训、考核与激励、保持餐饮企业人员的动态平衡等内容。

2. 餐饮企业产品质量管理

其主要内容包括有形的厨房出品质量管理、无形的服务质量管理和就餐环境管理。

3. 餐饮企业工作秩序管理

其主要包括工作流程规划、制定生产规范、管理制度、设计运转管理表格以及建立监督机制。

4. 餐饮企业经营效益管理

餐饮企业经营效益管理是餐饮管理最为量化、餐饮企业投资者最为关注的内容。包括经营计划管理、经营指标管理和营销策划管理。

5. 餐饮企业物资原料管理

其主要包括设备设施管理、餐具及用具管理和食品原料管理。

6. 餐饮企业卫生安全管理

其主要包括食品卫生安全管理、生产及操作卫生安全管理、设备及使用的卫生安全管理、产品销售与环境卫生安全管理、建立餐饮卫生安全管理体系。

7. 餐饮从业人员的条件

除了应具备餐饮从业人员的仪态、合作精神、诚实与礼貌等基本的素质外,应当持有效的健康证,依照规定取得食品卫生安全知识及相应岗位技能培训合格证。

阅读链接

"创新"才是饭店业未来发展的源头活水

2017 年中国饭店业取得了骄人的业绩,进入 2018 年,新时代、新起点、新征程,中国饭店业如何适应时代发展的脉搏,顺应人民日益增长的新需求,应对瞬息万变的复杂市场环境,掌控人们变化无常的消费心理,再创中国饭店业的新辉煌,应该是我们业内共同探讨的新课题。我认为要想让行业继续沿着健康的轨道前行,唯有"创新",才是饭店业未来发展的源头活水。

千百年来，人们一直在不断地探索前行，创新从来没有定格的模式可循。今天，中国饭店发展离不开网络化、主体化、亲情化、人性化、时尚化、经济化、简约化、精细化、绿色化和智能化，这些不断创新的主题，无论怎么变化都需要人们不断去创新，试想如今还有多少人不是在线预订酒店，他们选择的标准已完全摆脱过去的定式，而更注重网评、绿色、人性、智能。因此，我们只有不断创新，改进我们的服务，不断更新思维和管理模式，开发更多有吸引力、更适应新人类需求的产品，来迎合各个层面的消费者，才能引来业态发展的活水。

春夏秋冬，四季轮回，我们所从事的事业和百姓生活息息相关，只有不断创新，才是中国饭店业未来的春天。"雄关漫道真如铁，而今漫步从头越。"让我们在中国饭店协会的带领下，不断创新、携手共进，再创新的辉煌。

（资料来源：中国饭店协会，http://www.chinahotel.org.cn/forward/enterSecondDary.do?id=d171de9c1b83427dae8a7e6b5348d473&childMId1=b92ba90011ef4de3a786d86fbe161f20&childMId2=&childMId3=&contentId=58296b03a4cc4719a62a870e17c6be12）

能力训练

（1）请通过各种餐饮信息来源渠道（报纸、杂志、书籍、电视、网络、微信、餐饮活动、博览会等）收集餐饮流行、餐饮发展趋势等信息。

（2）收集国内外餐饮品牌信息，了解各品牌的发展现状。

（3）参观调研一家高星级酒店，了解组织机构及岗位设置，并画出餐饮部的组织机构图。

模块二 酒店餐饮服务

项目一 餐饮服务知识

学习目标

- **知识目标**：了解餐饮经营和服务中必需的菜肴知识、酒水知识，掌握菜肴的风味体系，掌握酒水基本知识。
- **技能目标**：能够识别各类菜肴及餐饮服务的酒水的分类。
- **素质目标**：能认识、运用餐饮服务知识，为做好餐饮服务与经营管理打下良好的基础。

任务一 餐饮菜肴知识

俗话说“民以食为天”，饮食在人们的生活中占有十分重要的地位。人类饮食的发展同人类本身的发展一样历史悠久，经历了从简单到复杂、从原始到文明的漫长的过程。俗话说“一菜一格，百菜百味”，由于生态环境、社会文化与个体之间的差异，人类的饮食在形式和内容上表现出了不同特色。

一、世界菜肴三大风味体系

中国烹饪源远流长，是中华民族文化宝库中璀璨的一支。与法国烹饪、土耳其烹饪齐名，并称为世界烹饪三大饮食风味体系。这是姜习在《中国烹饪百科全书》的正文前《中国烹饪》中所概括的。[①] 有人把以上三大风味体系称其为东方风味、西方风味和阿拉

① 中国烹饪百科全书编委会. 中国烹饪百科全书[M]. 北京：中国大百科全书出版社，1995.

伯风味。三大饮食风味各具特色，构成世界菜肴的有机体系。

1. 东方风味

(1) 饮食理念。东方风味受儒家、道教、佛教的影响较深，历史文化积淀深厚，烹饪意识强烈。以味为核心，以养为目的，以悦目畅爽为满足，讲究博食、熟食、精食、巧食、养食及趣食；现代科学技术含量相对较少，并具有东方农业文明的本质特征。

(2) 菜肴原料。主要植根农林业经济，以粮、豆、蔬、果等植物性原料为基础，膳食结构中主、副食界限明显。猪肉在肉食中的比例较高。重视山珍海味和茶酒，喜爱异味和补品，如昆虫、花卉、食用菌野菜等。

(3) 组成结构。东方风味的菜肴以中国菜为中心，包括高丽菜、日本菜、越南菜、泰国菜、新加坡菜等。

(4) 饮食特征。烹饪方法精细复杂，菜式、流派、款式多样，重视菜点的艺术表现和菜名文学修辞；医食同源，传统中国医药学指导，强调季节进补药膳食疗；习惯圆桌合餐制，讲究席规、酒令及食礼。

2. 西方风味

(1) 饮食理念。西方风味受天主教、东正教、耶稣教和其他一些新教的影响较深，有中世纪文艺复兴时代的宫廷饮膳文化遗存。其重视运用现代科学技术，不断研制新食料、新炊具和新工艺，强调营养卫生，是欧洲现代工业文明的产物。西方风味下的餐饮注重宴饮格调和社交礼仪，酒水菜点配套规范，习惯长方桌分餐制，餐室富丽，进餐气氛温馨。

(2) 菜肴原料。主要植根于牧、渔业经济，以肉、奶、禽、蛋等动物性食料为基础，膳食结构中主、副食界限不分明。牛肉在肉饮食中的比例较高，重视黑面包、海水鱼、巧克力、奶酪、咖啡、冷饮与名贵蔬菜，在酒水调制与品饮上有一套完整的规程。

(3) 组成结构。西方风味的菜肴以法国菜为主干，以罗宋菜(俄罗斯菜)和意大利面为两翼，包括英国菜、德国菜、瑞士菜、希腊菜、波兰菜、西班牙菜、加拿大菜、巴西菜、澳大利亚菜等。

(4) 饮食特征。烹调方式较为简练，多烧烤，重用料酒，口味以咸甜、酒香为基调，佐以肥浓和清淡，菜式、流派与筵席的款式均不太多，但质精规格高，重视宴饮的文明修养，喜好以乐侑食。

3. 阿拉伯风味

(1) 饮食理念。餐饮受伊斯兰教和古犹太教《膳食法令》影响深远，选择食料、调理和进食宴客循《古兰经》规定，“忌血生，戒外荤”“过斋月”，讲究膳食卫生、食风严肃、食礼端庄。

(2) 菜肴原料。主要植根农、林、牧、渔经济，植物性食料与动物性食料并重，膳食结构均衡。羊肉在肉饮食中的比例较高，重视面粉、杂粮、土豆、乳品、茶叶、冷饮。喜好香料和野菜，不尚珍奇。

(3) 组成结构。阿拉伯风味的菜肴以土耳其菜点为中心，包括巴基斯坦菜、印度尼西亚菜、伊朗菜、伊拉克菜、科威特菜、沙特阿拉伯菜、巴基斯坦菜、埃及菜等。

(4) 饮食特征。烹调技术古朴粗犷，长于烤、炸、涮、炖，嗜爱鲜和浓香，要求醇烂与爽口，习惯于席地围坐铺白布抓食，辅以餐刀片割。

二、中国菜肴主要风味体系

菜系也称"帮菜",是指在选料、切配、烹饪等技艺方面,经长期演变而自成体系,具有鲜明的地方风味特色,并为社会所公认的中国菜肴流派。我国的菜系众多,突出表现为传统的八大菜系。此外,各色各样的风味小吃,无不显明地反映了地方菜特色。

(一) 八大菜系

一个菜系的形成和它的悠久历史与独到的烹饪特色是分不开的。同时也受这个地区的自然地理、气候条件、资源特产、饮食习惯等影响。中国菜肴有许多流派,鲁、川、苏、粤四大菜系形成历史较早,后来,浙、闽、湘、徽等地方菜也逐渐出名,于是形成了我国的"八大菜系"。有人把"八大菜系"用拟人化的手法描绘为:苏、浙菜好比清秀素丽的江南美女;鲁、皖菜犹如古拙朴实的北方健汉;粤、闽菜宛如风流典雅的公子;川、湘菜就像内涵丰富充实、才艺满身的名士。

1. 鲁菜

南北朝时山东风味已初具规模,明清时已形成稳定流派。山东菜系影响所及,达黄河中下游、华北东部及东北地区。

山东菜以济南、胶东菜为主。孔府菜也自成体系。山东菜对宫廷、京菜的形成有重要影响。山东菜的特点是注重以当地特产为材料,精于制汤和以汤调味,烹调法以爆、炒、扒、溜最为突出,味型以咸鲜为主而善于用葱香调味。另一特征是面食品料极多,小麦、玉米、甘薯、黄豆、高粱、玉米均可制成风味各异的面食,成为筵席名点。代表菜有:葱爆海参、糖醋鲤鱼、清蒸加吉鱼、九转大肠("九转"指使用多种烹调法)等。代表小吃有济南扁食、济南糖酥煎饼、蓬莱面、荷叶饼、煎饼、周村酥烧饼等。

2. 川菜

西汉两晋时四川风味已初具轮廓。明清之际川味因辣椒的传入进一步形成稳定的味型特色。影响到西南云贵以及周边省、区临界地带风味的形成。

川菜主要由成都(上河帮)、重庆(下河帮)、自贡(小河帮)三个系统组成。川菜的特点是取料广泛,技法中以小炒、小煎、小烧、干烧、干煸见长,味型丰富,百菜百味,以麻辣、鱼香、怪味等擅长。代表菜肴有:宫保鸡丁、麻婆豆腐("麻婆"为创制人)、鱼香肉丝、水煮肉片、怪味鸡块、干烧岩鱼、干煸牛肉丝("干煸"即经长时间热炒,使原料失去水分,变干后再加调料炒)等。四川小吃天下闻名,赖汤圆、龙抄手、担担面、酒酿是其突出的代表。

3. 苏菜

春秋战国时吴地风味已露出端倪,唐宋已成为"南食"中的重要组成部分,元代已具规模,明清完全形成流派。

江苏菜主要由淮扬(扬州、淮安)、江宁(镇江、南京)、苏锡(苏州、无锡)、徐海(徐州、连云港)四大部分组成。主要特点是取料不拘一格而物尽其用,重鲜活。特别讲究刀工、火工和造型,擅长炖、焖、煨、焐。调味重清爽鲜淡平和(徐海以咸鲜为主)。代表菜肴有:

三套鸭(将菜鸽套入野鸭、再套入家鸭中制成)、清炖狮子头(砂锅焖制蟹粉猪肉圆,形大而圆似狮子头)、大煮干丝(鸡汤煮制豆腐干丝)、叫花鸡(黄泥包裹于鸡外煨制而成,传为叫花子所创)、松鼠鳜鱼、羊方藏鱼(羊肉镶嵌鲫鱼焖制而成)等。代表小吃有黄桥烧饼、苏州糕团、常熟莲子血糯饭、太湖船点等。

4. 粤菜

南宋以后,广东风味始具雏形,有“南烹”“南食”之称。清中叶后,形成“帮口”,清末有“食在广州”之说。

广东菜由广州、潮州、东江三部分组成。主要特点是取料广博奇杂而重“生猛”,烹调方法多而善于变化,长于炒泡、清蒸、煲,尤其独擅焗、软炒等。调味重清脆鲜爽嫩滑而突出原味。代表菜有:三蛇龙虎会(“龙”指蛇肉,“虎”指猫肉)、油泡鲜虾仁、脆皮乳猪、东江盐焗鸡(把鸡放入炒得炽热的盐中焖制至熟)、脆皮炸海蜇等。代表小吃有广式月饼、蟹黄灌汤饺、马蹄糕、松糕等。

5. 浙菜

浙江菜主要由杭州、宁波、绍兴三部分组成,以杭州菜为代表。浙菜的特点是选料注重时令,讲究时鲜,烹制海鲜有独到之处;烹调技法以炖、炸、焖、蒸见长;味型鲜嫩软滑,香醇绵糯,清爽不腻。口味重鲜嫩清脆。名菜有:西湖醋鱼、东坡肉、龙井虾仁(龙井茶烹制鲜河虾仁)、蜜汁火方(冰糖水浸蒸金华火腿)、清汤越鸡(以汤料煮焖、蒸焖绍兴鸡而成)、干菜焖肉、西湖莼菜汤等。代表小吃有宁波汤团、金华酥饼、猫耳朵、五芳斋粽子等。

6. 闽菜

福建菜主要由福州、闽南(以厦门、泉州为中心)、闽西(客家话区)三部分组成。口味上福州偏酸甜,闽南多香辣,闽西喜浓香醇厚。烹调技法以炒、熘、煎、煨为主。名菜有:佛跳墙(由18种原料用多种方法预加工,最后在酒坛中煨制而成的菜。因“坛启荤香飘四邻,佛闻弃禅跳墙来”而闻名)、淡槽鲜竹蛏(红糟炒制鲜竹蛏肉)、炒西施舌(“西施舌”即海蚌肉)、鸡丝燕窝、沙茶闷鸭块、荔枝肉(猪肉、荸荠炸炒而成,色形味均似荔枝)等。代表小吃有手抓面、蚝煎、蛎饼、油葱稞等。

7. 湘菜

湖南菜主要由湘江流域(以长沙、湘潭、衡阳为中心)、洞庭地区(以常德、岳阳、益阳为中心)、湘西地区(以吉首、怀化、大庸为中心)三部分组成。湘菜的特点是选料广泛,刀工精湛,技法多样;烹调技法以小炒、清蒸见长,兼腊、炖、泡等;口味重辣酸、香鲜。名菜有:麻辣仔鸡、生溜鱼片、清蒸水鱼、腊味合蒸、洞庭肥鱼肚、吉首酸肉等。代表小吃有糯米藕饺饵、虾饼、姊妹团子等。

8. 徽菜

安徽菜主要由皖南、沿江、淮北三大部分组成。徽菜的主要特点是选料中善于以火腿佐味,冰糖提鲜;烹调技法多擅烧炖、蒸制、少爆炒。重油、重色、重火功;味道醇厚,以咸鲜香为主。名菜有:黄山炖鸽、问政山笋、红烧划水(旺火急烧青鱼尾段)、符离集烧鸡、李鸿章杂碎(李鸿章设宴款待美国公使的杂烩)等。代表小吃有寿县大救驾、庐江小红头、芜湖虾子面、蟹黄汤包等。

“八大菜系”加上京菜和鄂菜，即为“十大菜系”，中国“十大菜系”的烹调技艺各具风韵，其菜肴之特色也各有千秋。

（二）其他菜系

1. 素菜

素菜又名素食、斋菜或斋食。素菜起源于周代，距今已有三千多年的历史。早期因佛教传入中国，创制了具有我国特色的佛门素菜；其后，民间素菜也得到发展和更新。素菜作为一种菜系，其显著特点是款式常随时令而变化，以时鲜为主，清爽素净；花色繁多，制作考究；富含营养，健身疗疾。素菜代表菜有罗汉斋、炒豆腐脑、糖醋素鲤、糟烩煸笋、半月沉江及桑莲献瑞等。

素菜以其食用对象的不同又可分为寺院素菜、宫廷素菜和民间素菜。

寺院素菜又称“释菜”，一般就地取材，烹调简单，品种不繁，但质量求精，与本寺的有关传说密切结合。寺院素菜代表菜有煎春卷、烫椿芽、烧香菇和白莲汤、豆腐羹，以及花卉菜与药材菜等。

宫廷素菜比较讲究和复杂，清秀典雅，重格局。宫廷素菜代表菜有“散烩八宝”“炒豆腐脑”，或绵糯爽口，或鲜软嫩，都颇有名气。

民间素菜突出的特点是切合时令，并与当地的饮食风味及民俗紧密结合，菜肴风味独到。享有盛名的素餐馆有天津的素园、上海的功德林、南京的绿柳居、北京的全素斋、广州的菜根香、杭州的道德林、西安的素味香等，都有自己创制的风味菜肴。

2. 宫廷风味菜

宫廷菜是皇宫内由御膳房制作、专供皇帝和后妃们享用的菜肴，在我国已有几千年的历史，由秦代一直延续到清代。吸收了各民族烹饪技艺的精华，融汇了各地传统美味中的佳品，是我国饮食遗产中非常珍贵的组成部分。宫廷菜的制作特点，第一是选料考究，所用原料有各种山珍海味、奇瓜异果和各地方著名干菜等，多为贡品。第二是配料严格，不得任意搭配或更换。第三是名厨精烹细调，制作精湛。第四是讲究原汁原味，突出主料的本味。宫廷菜具有富丽堂皇，讲究食补，品菜荟萃，技艺精湛及“富贵、珍奇、典雅、壮丽”的特色，在色、质、味、形、器、名、时、养上特别讲究，带有皇家雍容华贵的气派。宫廷菜代表菜有：鱼藏剑、燕窝贺字烧鸭子、万字扣肉及荷包里脊等。

3. 仿古风味菜

(1) 孔府菜。名菜有：怀抱鲤（大小鲤鱼红烧而成）、一品豆腐（整块豆腐挖洞填馅料蒸制而成）、御笔猴头（以猴头菇和鸡茸为主料蒸制而成，形似毛笔）等。

(2) 北京谭家菜（出自清末官僚谭宗俊家中）。名菜有：黄焖鱼翅、清汤燕菜（燕窝和高级清汤制成）、扒大乌参等。

(3) 西安仿唐菜。名菜有：辋川小样（花色冷饼，制成唐王维辋川二十景图案，可分可合）、驼蹄羹、遍地锦装鳖等。

(4) 开封仿宋菜。名菜有：两色腰子（以猪、鸡腰子炸、烧为红、白二色而成）、水晶脍（用琼芝作的冷冻菜）等。

(5) 杭州仿宋菜。名菜有：东坡脯（以鲤鱼为主料煎炸成脯状而成，为苏轼所创）、莲花鸡签、蟹酿橙(以蟹肉、蟹黄炒后填入橙内蒸制而成)等。

(6) 仿红楼菜。全国有北京、扬州、南京等十余个地区仿制红楼菜。仿制的名菜有：糟鹅掌、茄鲞、老蚌怀珠、怡红祝寿(均见《红楼梦》)等近三十款。

4. 药膳

药膳是我国传统的医学知识与烹饪技术有机结合的产物，它是以中药材和食物作为原料，经烹饪制成一种具有食疗作用的饮食。它“寓医于食”，既将药物作为食物，又将食物赋于药物，药借食力，食助药威，使其对人体既具有营养价值，又具有防病治病、保健强身、延年益寿的功效。真正的药膳出现于人类已经有了丰富的药物知识和积累了丰富的烹饪经验之后。

药膳的功效特点是：第一，以中医药的理论为基础，根据不同食用者的病变情况，有针对性地选用不同的药膳，以达到治疗的目的。第二，以传统的烹饪技术为手段，根据食用者身体的需要，对所选用的药物、食物进行加工，使食用者在享用美食的同时，达到治病、保健、强身的目的。第三，使有病者得到治疗，体弱者增进健康，健康者更加强壮。

药膳代表菜有虫草鸭子、天麻炖甲鱼、荷叶凤脯、核桃仁炒韭菜、马齿苋粥及山药茯苓包子等。

(三) 地方风味小吃

地方风味是构成中国菜的基本部分，它是选用质地优良的烹饪原料，用本地惯用的独特的烹饪方法制作而成，具有浓郁地方风味的菜肴，并有一定的影响力。

1. 北京烤鸭

北京烤鸭是具有世界声誉的北京著名菜式，用料为优质肉食鸭北京鸭，果木炭火烤制，色泽红润，肉质肥而不腻。

烤鸭家族中最辉煌的要算全聚德了，它确立了烤鸭家族的北京形象大使地位。“全聚德”的创始人杨全仁早先是个经营生鸡、生鸭生意的小商人，积累资本后开创了全聚德烤鸭店，聘请了曾在清宫御膳房当差的一位烤鸭师傅，用宫廷的“挂炉烤鸭”技术精制烤鸭，使得“挂炉烤鸭”在民间繁衍开来。全聚德采取的是挂炉烤法，不给鸭子开膛。只在鸭子身上开个小洞，把内脏拿出来，然后往鸭肚子里面灌开水，然后再把小洞系上后挂在火上烤。这个方法既不让鸭子因被烤而失水又可以让鸭子的皮胀开而不被烤软，烤出的鸭子皮很薄很脆，是烤鸭最好吃的部分。北京烤鸭以色泽红艳，肉质细嫩，味道醇厚，肥而不腻的特色，被誉为“天下美味”而驰名中外。

2. 天津狗不理包子

闻名遐迩、享誉世界的“狗不理”是天津的百年金牌老字号，是中华饮食文化的典范之作。狗不理包子肥瘦鲜猪肉 3∶7 的比例加适量的水，佐以排骨汤或肚汤，加上小磨香油、特制酱油、姜末、葱末、味精等，精心调拌成包子馅料。包子皮用半发面，在搓条、放剂之后，擀成直径为 8.5cm 左右、薄厚均匀的圆形皮。包入馅料，用手指精心捏折，同时用力将褶捻开，每个包子有固定的 15 个褶，褶花疏密一致，如白菊花形，最后上炉用硬气蒸制而成。

狗不理包子以其味道鲜美而誉满全国，名扬中外。狗不理包子备受欢迎，关键在于用料精细，制作讲究，在选料、配方、搅拌以及揉面、擀面都有一定的绝招儿，做工上更是有明确的规格标准，特别是包子褶花匀称，每个包子都是15个褶。刚出屉的包子，大小整齐，色白面柔，看上去如薄雾之中的含苞秋菊，爽眼舒心，咬一口，油水汪汪，香而不腻，一直深得大众百姓和各国友人的青睐。

3. 武汉豆皮

武汉豆皮是湖北武汉传统的汉族名点之一。迄今已有40年的历史，享有“豆皮大王”的盛誉。泡好的糯米放在屉上蒸20min。油热放肉末，葱姜末炒香，放生抽、老抽、甜面酱、高汤，炒熟后盛出，鲜冬笋切丁焯水，豌豆煮一下，与肉末拌在一起。面粉用豆浆调成糊状，醒1h，饼铛或平底锅内放油，放2勺面糊，摊成薄饼，鸡蛋打匀倒在饼上，饼翻面，糯米趁热平铺在饼面上，再均匀地撒上调好的肉末，榨菜末，小香葱，把饼摊成方形，切四半后翻面，稍煎一下即可。

4. 山西刀削面

山西刀削面是山西人日常喜食的面食，因其风味独特，驰名中外。刀削面全凭刀削，因此得名。一般不使用菜刀，要使用特制的弧形削刀。传统的操作方法是一手托面，一手拿刀，直接削到开水锅里，其要诀是：“刀不离面，面不离刀，胳膊直硬手平，手端一条线，一棱赶一棱，平刀是扁条，弯刀是三棱。”一刀赶一刀，削出的面叶儿，一叶连一叶，恰似流星赶月。吃面前，能够参观厨师削面，无异于欣赏一次艺术表演。刀削出的面叶，中厚边薄。棱锋分明，形似柳叶；入口外滑内筋，软而不粘，越嚼越香，深受喜食面食者欢迎。刀削面的调料(俗称“浇头”或“调和”)也是多种多样的，有番茄酱、肉炸酱、羊肉汤、金针木耳鸡蛋打卤等，并配上应时鲜菜，如黄瓜丝、韭菜花、绿豆芽、煮黄豆、青蒜末、辣椒油等，再滴上点老陈醋，十分可口。

5. 陕西羊肉泡馍

羊肉泡馍是陕西的风味美食，尤以西安的最享盛名。它料重味醇，肉料汤浓，馍筋光滑，香气四溢，食后余味无穷，又有暖胃功能。牛羊肉泡馍古称“羊羹”，宋代苏轼有“陇馔有熊腊，秦烹唯羊羹”的诗句，其特点是料重味醇，汤鲜味浓，馍筋爽滑，香气四溢，诱人食欲，是一味难得的高级滋补佳品。羊肉泡馍的烹饪技术要求很严，煮肉的工艺也特别讲究。与肉合烹的“托托馍”酥脆甘香，入汤不散。用餐之前，须把“托托馍”掰成碎块。掰馍讲究越小越好，这是为了便于五味入馍。然后再由烹饪师烹调。煮馍讲究以馍定汤，调料恰当，武火急煮，适时装碗，以达到原汤入馍，馍香扑鼻的要求。羊肉泡馍不仅讲究烹调，更讲究“会吃”。食用方法有三种：一是干泡，要求煮成的馍，汤汁完全渗入馍内，吃后碗内无汤无馍无肉；二是口汤，要求煮成的馍，吃后碗内仅剩一口汤；三是水围城，馍块在中间，汤汁在周围，汤、汁、馍全要吃光。这三种吃法，都得事先将馍掰成碎块。

6. 云南过桥米线

过桥米线是云南滇南地区特有的汉族小吃，属滇菜系。已有一百多年的历史，现已列入非遗。过桥米线汤是用大骨、老母鸡、云南宣威火腿经长时间熬煮而成，由四部分组成：一是汤料覆盖有一层滚油；二是佐料，有油辣子、味精、胡椒、盐；三是主料，有生猪里脊肉片、鸡脯肉片、乌鱼片，以及用水过五成熟的猪腰片、肚头片、水发鱿鱼片；辅料有豌豆尖、韭菜，以及芫荽、葱丝、草芽丝、姜丝、玉兰片、氽过的豆腐皮；四是主食，即用水略烫过的米线。鹅油封面，汤汁滚烫，但不冒热气。

7. 广州生滚粥

生滚粥是广东广州的汉族传统名点之一，属于粤菜系。生滚粥是一种粥品统称，用预先煮好的白粥加新鲜肉料一锅锅滚熟而成。猪骨、大地鱼或江瑶柱熬制白粥作粥底；肉料有鱼片、猪肉片、猪肝、猪腰、牛肉片、鸡块等，先用油、盐、糖、酒、豆粉腌制，再加姜丝拌匀。用小锅再把白粥烧开，下肉料，滚后片刻即离火，放进切碎的菜心或生菜粒便可食用。食时佐以胡椒粉，味道更美。

任务二 餐饮酒水知识

一、餐饮常用酒水分类

中国是世界上最早的酿酒国家之一，远在5000多年前的龙山文化时期，我国劳动人民就掌握了酿酒技术开始酿酒。自古以来，人们就以酒作为餐饮时的饮料，在今天的宴会中，更是重要组成部分。

酒按照不同的分类标准可以分为很多种类。按酒的生产方法分为酿造酒、蒸馏酒和混配酒；按酒度的高低分为高度酒、中度酒和低度酒；按配餐方式分为开胃酒、佐餐酒和餐后酒；按酒的香型分为酱香型、浓香型、清香型、米香型和其他香型；按生产工艺方法可分为液态法白酒、半液态法白酒、固态法白酒；按商业经营分白酒、黄酒、果酒、药酒和啤酒等。

(一) 酿造酒

将制造原料(通常是谷物与水果汁)直接放入容器中加入酵母发酵而酿制成的酒液。常见的发酵酒有：葡萄酒、啤酒、水果酒、黄酒、米酒等。

1. 谷类酿造酒

(1) 黄酒。黄酒是世界上最古老的酒类之一，源于中国，且唯中国有之，与啤酒、葡萄酒并称世界三大古酒。黄酒以大米、黍米、粟为原料，一般酒精含量为14%～20%，属于低度酿造酒。黄酒含有丰富的营养，含有21种氨基酸，其中包括有数种未知氨基酸，而人体自身不能合成，必须依靠食物摄取的8种必需氨基酸黄酒都具备，故被誉为“液体蛋糕”。按照产地黄酒可以分为绍兴酒、仿绍酒、北方黄酒、清酒；按照酿造方法可以分为淋饭酒、摊饭酒、喂饭酒等。代表酒有绍兴状元红、绍兴女儿红、江西九江封缸酒、广东客家娘酒、绍兴加饭酒(花雕酒等)、广东珍珠红酒等。

(2) 啤酒。啤酒是一种营养丰富的低酒精浓度饮料酒，无色素和防腐剂，营养丰富，含多种维生素、蛋白质、氨基酸及矿物质，且容易被人体吸收，既能消暑降温又能解渴，是一种广受人们欢迎的酒精饮料，享有“液体面包”“液体维生素”的美称。啤酒按照发酵工艺可分为高温发酵啤酒、低温发酵啤酒；按照颜色可分为淡色啤酒、浓色啤酒和黑啤酒；按照杀菌处理可分为鲜啤酒、熟啤酒；按照麦汁浓度还可以分为低浓度啤酒、中浓度啤酒、高浓度啤酒。代表酒有波尔森啤酒、慕尼黑啤酒、多特蒙德啤酒、巴登爱尔兰啤酒。

2. 果类酿造酒

果类酿造酒主要是葡萄酒，是以葡萄为原料，经榨汁发酵酿制而成的原汁酒，酒精度介于9.5°～13°。葡萄酒以它体态完美、色泽鲜艳、气味馨香、滋味醇而怡人、营养丰富、保健作用显著而受人们的青睐。葡萄酒通常按照色泽可分为红葡萄酒、白葡萄酒、玫瑰葡萄酒；按照含糖量可分为干型葡萄酒、半干型葡萄酒、半甜型葡萄酒、甜型葡萄酒；按照起泡与否可分为静态葡萄酒、起泡葡萄酒；按照饮用习惯可分为餐前酒、佐餐酒、餐后甜酒等。

3. 其他类

常见的主要是以奶油味原料酿造的奶酒和以蜂蜜为原料酿造的蜜酒。

（二）蒸馏酒

蒸馏酒又称烈性酒，是指以水果、谷物等为原料先进行发酵，然后将含有酒精的发酵液进行蒸馏而得的酒。蒸馏酒酒精度较高，一般均在20°以上，刺激性较强，如白兰地、威士忌、中国的各种白酒等。

1. 谷类蒸馏酒

(1) 中国白酒。中国白酒酒色洁白晶莹、香气浓郁纯净，且口味醇厚、甘润清冽，饮之给人以极大的欢愉和兴奋之感。尤其是名酒和优质酒，由于酿酒原料、生产工艺、设备等条件不同，形成不同的香型和风味特点。按照香型中国白酒分为酱香型、清香型、浓香型、米香型、兼香型等；按照用曲种类可以分为大曲酒、小曲酒。代表酒有茅台酒、汾酒、五粮液、西凤酒等。

(2) 威士忌。威士忌是一种由大麦等谷物酿制，在橡木桶中陈酿多年后，调配成43°左右的烈性蒸馏酒。英国人称之为“生命之水”。按照产地可以分为：苏格兰威士忌、爱尔兰威士忌、美国威士忌和加拿大威士忌四大类。

(3) 金酒。金酒原产于荷兰，在17世纪时，是由荷兰著名的医学教授塞尔维斯医生发明，用谷物蒸馏酒同杜松子及其他香料用串香方法制成的一种烈性酒。因含有杜松子又称“杜松子酒”。金酒分为两大类：荷兰金酒和英国金酒。代表名品有波尔斯、邦斯马、御林军、博士、探戈雷等。

(4) 伏特加。伏特加有“可爱之水”之意。它是以小麦、大麦、马铃薯为原料，经反复蒸馏，精炼过滤，除去杂质而成的高酒精度饮料。伏特加源于俄国和波兰，是在北欧俄国寒冷国家十分流行的烈性酒，它无色、无香、刺激性强，但无上头的感觉，具有中性的特色，适合调制鸡尾酒。代表名品有：蓝牛、莫斯科卡亚、哥萨克等。

2. 果类酒

果类酒主要是白兰地酒，白兰地以葡萄、苹果、樱桃等水果为原料，经发酵、蒸馏和放在木桶内经长时间陈酿工艺而制成的。世界著名的白兰地生产地在法国，又以科涅克最为有名，当地产的白兰地被称为“白兰地酒之王”。特点是芳香弥漫、酒体优雅、口味考究、风格豪壮。酒精度数多为43°，代表名品有马爹利、轩尼诗、人头马等。

3. 果杂类

(1) 朗姆酒。朗姆酒是用甘蔗酿制而成的。先将甘蔗榨汁，然后熬煮，使之变浓至黏稠，经过发酵、蒸馏在橡木桶中陈酿而成。主要生产国有牙买加、古巴、波多黎各等国，其香气淡雅、口味甘醇。朗姆酒是世界上消费量最大的酒品之一。根据原料酿制方法，朗姆酒分为：朗姆白酒、淡朗姆酒、强香朗姆酒、老朗姆酒、传统朗姆酒等。代表名品有百家地、麦而斯、龙里可等。

(2) 特基拉酒。特基拉酒是墨西哥人喜爱的酒，是用龙舌兰作为原料酿制而成的蒸馏酒。须经过两次蒸馏，陈酿贮陈。代表名品有凯尔费、斗牛士、玛丽亚西等。

（三）混配酒

1. 鸡尾酒

鸡尾酒是用两种以上的酒类和饮料以及果汁、糖、奶、蛋加上酸、咸、苦、辣等调味品，加冰块混合调制，酒液中或酒杯加各种色彩艳丽的鲜果和装饰，酒的色、香、味、形俱佳的混合饮品。口味卓绝，酒色艳丽，酒精含量低，兴奋作用强，但多需冷藏。

2. 利口酒

利口酒是以食用酒精和蒸馏酒为基酒，配制调香物品，经长期处理的酒精饮料。利口酒也称为烈性甜酒。颜色娇美、气味芬芳独特，酒味甜蜜，是极好的餐后酒，也是调制鸡尾酒的常用辅助酒。著名利口酒产于法国和意大利，代表名品有本尼狄克丁、沙特勒酒、确姆必、薄荷酒、玫瑰甜酒、紫罗兰甜酒等。

3. 甜食酒

甜食酒的主要特点是口味较甜，作为佐助甜食时饮用的酒品。它是以葡萄酒为基酒调配而成。代表名品有波特酒、雪利酒、玛德拉酒等。

4. 开胃酒

开胃酒可分为味美思、比特酒和茴香酒三类。

(1) 味美思。味美思以白葡萄酒为基酒，加奎宁(俗称金鸡纳霜)、龙胆肉桂、小茴香、康香草等几十种香料草药浸制成。著名产地是意大利和法国，代表名品有马提尼、仙山露、香百丽、杜法尔等。

(2) 茴香酒。茴香酒是用茴香油与食用酒精或蒸馏酒配制而成。茴香油从八角茴香和青茴香中提炼取得。茴香酒液光泽好，香味浓，馥迷人。代表名品有培诺、巴斯的斯、白羊倍等。

(3) 比特酒。比特酒也叫苦味酒，是以葡萄酒和食用酒精作基酒，加入带苦味植物根茎和药材提取的香精后配制而成的。其特点是苦味突出，悠香浓郁，有助消化、滋补和兴奋的作用。有名的比特酒主要来自意大利、法国等国。代表名品有金巴利、杜邦内、亚马、匹康等。

二、餐饮常用饮料分类

餐饮中常见饮料为非酒精饮料，也可以称为软饮料，主要有茶、咖啡、可可、牛奶及奶制品、矿泉水、果汁、蔬菜汁、汽水等。其中茶、咖啡、可可号称世界三大饮料。

（一）矿泉水

矿泉水含有钾、钠、钙、磷、铁、铜、锌、铝、锰等人体不可缺少的矿物质或微量元素。味有微咸和微甜两种，饮之清凉爽口，助消化。代表名品有法国的依云、甘露；日本三得利、富士；美国的山谷等。

（二）果蔬饮料

1. 鲜果汁

鲜果汁是指由水果挤榨出的纯果汁。鲜果汁含有丰富的矿物质、维生素、糖类、蛋白质及有机酸等，对人体有营养滋补作用。常见的果汁有橙汁、菠萝汁、苹果汁、雪梨汁、草莓汁、葡萄汁、芒果汁、甘蔗汁、西瓜汁等。

2. 蔬菜汁饮料

蔬菜汁饮料以新鲜蔬菜制成。菜汁中含有多种营养成分，易被人体吸收和利用，有明显医疗效果，尤其适宜婴幼儿及老年人饮用，如番茄汁、西红柿汁、混合菜汁、胡萝卜汁等。

（三）碳酸饮料

碳酸饮料即汽水，在适于饮用的水中压入碳酸气，并添加了柠檬酸、小苏打、白糖、柠檬香精、食用色素等，按一定比例配制成的，是一种含有大量二氧化碳气体清凉解暑的饮料。分为汤力水类、柠檬水类和可乐类三类。能刺激胃液分泌、促进消化、增强食欲。炎热天气冰镇口感更佳，可降低体温，使人顿生凉爽之感。

（四）茶

茶是人们普遍饮用的一种健康饮品。我国是茶树故乡，是世界上最早把茶叶用于医疗的国家。种茶、制茶、饮茶都起源于我国。茶叶分为以下几种。

(1) 红茶。红茶是经过揉捻、发酵、干燥等工艺处理加工出的茶叶，因其茶色和叶底均呈红色而得名。可单冲饮也可加牛奶、糖调饮。我国老年人多喜欢饮红茶。名贵红茶品种有祁红、滇红、英红、川红、苏红等。

(2) 绿茶。用高温杀青工艺制成，因其茶色和叶底呈绿色而得名。冲泡后茶色碧绿清澈，香气清鲜芬芳，品味清香鲜醇，为人们普遍喜爱，名贵品种有西湖龙井、黄山毛峰、碧螺春、庐山云雾、六安瓜片等。

(3) 花茶。花茶又名香片，用香花窨人素茶中而制成的。花茶香花种类众多，有茉莉、珠兰、柚子、桂花、玫瑰等，以茉莉花茶为上品，深受北方人喜爱。

(4) 乌龙茶。乌龙茶既是茶名又是品种名，半发酵工艺制成，具有独特的茶香味，叶片的中心为绿色，边为红色，俗称“绿叶红镶边”。武夷岩茶为乌龙茶中的珍品，其次是铁观音、水仙等。深受广大华侨喜爱。

(5) 紧压茶。紧压茶是加工复制茶，把茶叶制成一定形状的茶砖，如青砖、黑砖、茯砖、康砖、米砖、湘砖、普洱茶和六堡茶。紧压茶深受我国边疆少数民族所喜爱。

（五）咖啡与可可

(1) 咖啡原产于埃塞俄比亚，由于咖啡具有振奋精神、消除疲劳、除湿利尿、帮助消化等功效，深受人们的喜爱，成为世界上消费量最大的一种饮料。

(2) 可可是驰名世界的三大饮料之一。可可原产于美洲热带地区，在我国广东、台湾等地也有栽培。可可的种子（可可豆）经焙炒粉碎后为可可粉，是制巧克力糖的原料。具有浓郁的香味，加糖后可冲饮。

项目二　餐饮服务基本技能

学习目标

- **知识目标**：识记餐饮经营和服务中必需的服务知识，掌握各项服务技能的操作规范和要求。
- **技能目标**：能在餐饮服务中熟练规范运用托盘、餐巾折花、中西餐零点摆台、宴会摆台、席间服务的各项服务技能。
- **素质目标**：能够掌握所学专业知识和技能，为以后从事酒店餐饮企业的专业技能服务和管理工作打下良好的基础。

餐饮服务基本技能是做好餐饮服务工作、提高服务质量和效率的基本条件。餐饮服务基本技能和环节，如托盘、餐巾折花、中西餐摆台都有特定的操作方法、程序和标准。因此，只要掌握了这些方法、程序和标准，在对客服务的过程中就能得心应手、运用自如。餐饮服务的基本技能要求做到操作规范化、程序化和标准化。

任务一　托　盘

托盘是餐厅服务员经常使用的服务工具。在餐厅服务过程中无论是摆、换、撤、送餐具，还是传菜、运送盘碟和斟倒酒水等服务操作，都需要使用托盘。正确掌握托盘的操作技能，体现服务的规范化，提高工作效率，是每位餐厅服务员必须达到的基本工作要求。

一、托盘的种类

1. 按制作材料分

托盘可以分为木质托盘、金属托盘、胶木防滑托盘。因胶木防滑托盘轻便、防滑、防腐、耐用、便宜等特点，是目前使用最为广泛的托盘，如图 2-1 所示。

图 2-1　胶木圆托盘

图 2-2　大长方形托盘

2. 按规格分

托盘可分为大、中、小三种规格的圆托盘和长方形托盘。圆托盘的直径大于 36cm 的为大圆托盘；直径在 32～36cm 的为中圆托盘；直径在 20～32cm 的为小圆托盘。餐厅席间服务常用的圆托盘以直径 40cm 较为适宜。长方形托盘中，其规格是长 51cm、宽 38cm 的为大号方形托盘，长 45cm、宽 35cm 的为中号方形托盘，长 35cm、宽 22cm 的为小号方形托盘。饭店常用的是大长方形托盘，如图 2-2 所示。

3. 按形状分

按形状分有圆形、长方形、正方形、特殊形四类。其中方形、圆形托盘是最常用的托盘，方形在一些西餐厅、快餐厅比较常用。

二、托盘的用途

圆托盘一般为服务过程中餐具、酒具和其他体积较小的用品、用具的摆设、更换或撤离及端送饮料、食物所用。

(1) 大型托盘：大长方形和大方形托盘，主要用于运送菜肴、酒水、盘碟等份量较重的物品，一般用在大中型宴会或托送重物时使用。可以采用双手、重托与轻托三种方法托盘。

(2) 中型托盘：分中方形和中圆形，用途较广，可以运送菜肴，也可以托送酒水，还可以用于摆、撤餐台、收拾餐具等。

(3) 小型托盘：小型托盘多用送茶、咖啡、饮料，糖果小食品等小件物品，有时用于递送账单或表格等。

(4) 异型托盘：主要用于特殊的鸡尾酒会或其他庆典活动，西餐中的咖啡厅、酒吧等应用比较多，中餐很少使用。

三、托盘行走与步伐的要求

托盘时头正肩平，两眼注视前方，上身挺直，步履轻快，左手腕放松以调整托盘平行，使托盘随着行走的节奏自然摆动，以免托盘上物体移动或所装的液体外溢。托盘行走时的步伐可归纳为以下六种。

(1) 常步：步距均匀，快慢适当，用于餐厅日常服务，因这种行走方式是在餐厅大堂上进行，又称堂步。

(2) 快步：急行步，步距大，步速快，但不能形成跑步，此步伐用于端送火候菜。

(3) 碎步：小快步，步距小，步速快。上身保持平稳，此步伐用于端送汤类菜肴。

(4) 跑楼梯步：身略向前倾，重心前移，用较大的步距，上升速度要快而均匀，巧妙利用身体和托盘的运动惯性，既快又省力。

(5) 垫步：当需要侧身通过时，右脚侧一步左脚跟一步，一步紧跟一步的方法。有时候服务人员上菜送饭到桌，因赶不上步，也需要用垫步的方法。

(6) 巧步：托盘行走时，对突然走来的宾客或遇到其他障碍，需临时停止或放慢脚步，灵活躲闪，避免发生冲撞时所用的步伐。

四、托盘的方法

托盘按所托的重量差别分为轻托与重托两种。

(一) 轻托的操作流程

轻托又叫胸前托，通常使用中、小圆托盘或小方托盘上酒、上菜。因为盘中运送的物品重量较轻，一般在5kg以内，所以称为“轻托”。又因盘子平托于胸前，所以又称为“平托”或“胸前托”。轻托用途较广，需经常在客人面前操作，因此要求动作熟练、优雅和准确。轻托水平的高低往往决定了客人对饭店餐饮服务水平的评价。

1. 理盘

选择合适的托盘，将托盘洗净擦干，非防滑托盘应在盘内垫上干净的餐巾或专用托盘垫布。盘中要铺平拉直，四边与盘底对齐，力求美观整洁。为避免盘内的物品滑动，也可将盘巾适当蘸些水，使盘巾半干半湿。

2. 装盘

根据所盛放物品的形状、体积、重量以及使用先后顺序合理安排，将较轻的、较低矮的物品摆放在外侧，较重的、较高的物品摆放在内侧(靠近身体的一侧)，将先用的物品摆放在前面或上面，后用的物品摆放在里面或下面。注意盘中所有物品分布均匀，平均摆放，以便安全稳妥，便于运输。

3. 起托

一般在平台上装盘后，用右手将托盘拉出台面1/3，左脚向前一步，上身前倾，左手托住盘底，掌心位于底部中间，右手协助将托盘托起，待左手掌握好重心后，右手即放开，左脚收回一步，使身体成站立姿势。假如托盘较重，则先屈膝，双腿用力使托盘上升而不是直接用臂力，然后用左手掌托住盘底，右手协助起盘。

4. 轻托行走

左手托盘，左臂弯曲呈90°，平托于胸前，略低于胸部，基本保持在第二和第三枚衣扣之间，且距胸部约15cm，并利用左手手腕灵活转向。

托盘行进时，手肘离腰部约5cm，左掌心向上，五指分开。大拇指指端到手掌的掌根部位和其余四指托住盘底，手掌自然形成凹形，掌心不与盘底接触。切忌用拇指从上方按住盘边，四个手指托住盘底，这种方法不符合操作规范，也不礼貌。

托盘行走时头要正，上身保持直立，肩膀放松，不要紧张，集中精神，步伐稳健。随着盘中物品数量、重量、重心的变化，手指做出相应的移动。

行进时应该与前方人员保持适当的距离，并注意左右两侧。托盘不可越过宾客头顶，切忌突然变换行进路线或突然停止。

5. 落托

当物品送到餐厅时，餐厅员工可以将托盘放在邻近的桌面或操作台上。在落托盘时，一要慢，二要稳，三要平，右脚在前，上身前倾，使左手与台面处于同一平面上，托盘前端1/3放在台面上，然后用右手向前推，左手慢慢向后收回，以使托盘全部平放于台面，落托动作结束后，应及时将盘内物品整理好，将所托物品依次递给客人。

如果所托物品较轻，可以直接进行服务，用右手将物品从托盘两边交替取下递给客人。物品被取走部分之后，餐厅员工应及时用右手协助盘中物品进行调整，左手也要随着盘内重量的变化做出轻微调整，以使托盘保持平衡。

（二）重托的操作流程

重托又称肩上托，一般所托重量在10kg左右，因盘中所托物品较重，故称重托。重托的托盘一般选用质地坚固的大、中长方形盘，与轻托最大的不同是将托盘在肩上托，多用于西餐的上菜与派菜。目前国内饭店为了安全起见使用重托的不多，一般用小型手推车递送重物，既省力又方便。

1. 理盘

由于重托常用于送菜、送汤和收拾碗碟，一般油腻较大，使用前必须清洁盘面并消毒，铺上洁净的专用盘巾，起到防油、防滑的作用。

2. 装盘

托盘内的物品应分类摆放，分布均匀，物品按高矮大小摆放协调。装盘时物品之间留有适当的间隔，以免端托盘行走时发生碰撞而产生声响。重托装汤锅一般能装三只汤锅，在装盘时应将两只汤锅装在近身的一边，另一只汤锅则可装在外框处，成斜“品”字形，这种方法比较安全。在收拾台面餐具时最好能将物品分门别类地装盘，切忌将所有物品不分大小、形状、种类混装在一个盘内，否则容易导致滑动，甚至落地打碎。

3. 起托

起托时应先将托盘用右手相助拉出1/3，右手扶托盘将托盘托平，双脚分开呈八字形，双腿下蹲，略成骑马蹲裆势，腰部略向前弯曲。左手五指分开，用整个手掌托住托盘的底部，手掌移动找到托盘的重心。左手向上弯曲臂肘的同时，手腕向左向后转动90°至左肩上方。手掌略高出肩2cm，五指自然分开，用五指和掌根部控制托盘的平衡。掌握好重心后，用右手协助左手向上用力将盘慢慢托起，同时，左手和托盘向上向左后旋转送至左肩外上方。做到盘底不搁肩、盘前不靠嘴、盘后不靠发。

4. 重托行走注意事项

重托操作时要求“平、稳、松”。

(1)“平”就是在托盘的各个操作环节中都要掌握好重心，保持平稳，不使汤汁外溢，行走时盘平稳，肩部放平，两眼要平视前方。

(2)“稳”就是装盘合理稳妥，托盘稳而不晃动，行走时步稳不摇摆。

(3)“松”就是动作表情要轻松，面容自然，上身挺直，行走自如。步幅不宜过大、过急，盘面应始终保持平衡平稳，防止汤水外溢。右手自然摆动，或扶住盘前角，避免与他人碰撞。

5. 落托

落托时，左脚向前迈一步，用右手扶住托盘边缘，左手向右转动手腕，同时托盘向右旋转，待盘面从左肩移至与台面平行时，再用左臂和右手向前推进，平放于台面。

任务二 铺 台 布

台布也称桌布，是餐厅摆台所必备的物品之一。铺台布作为服务员最基本的服务技能之一，是餐厅服务员必须掌握的一门艺术。由于中西餐饮服务中餐台的台形有所差别，因此铺台布的技能方法也有区别。台布有很多不同的样式和多种颜色，台布的规格及色泽的选择应与餐台的大小、餐厅的风格一致。

一、台布的种类

台布的种类很多，按照不同分类标准，可以分为不同种类。

(1) 按台布的质地分，主要有纯棉台布、化纤台布、塑料台布、绒质台布等。其中，纯棉台布因吸湿性能好，大多数餐厅均采用纯棉台布。

(2) 按台布的图案分，主要有提花、团花、散花、工艺绣花等。其中，提花图案的台布使用较多。

(3) 按台布的颜色分，主要有白色、黄色、粉色、红色、绿色等。其中，白色使用较多。餐桌上台布的颜色应该与餐厅的装饰、环境相协调。

(4) 按台布的形状分，主要有正方形、长方形和圆形以及异形。正方形常用于方台或圆台，长方形则多用于西餐各种不同的餐台，圆形台布主要用于中餐圆台，高档的宴会则采用多层两种形状以上的台布。

(5) 按台布的用途分，可分为台布与裙布。

二、台布的规格

台布的规格有多种，使用时应根据餐桌的大小选择适当规格的台布。常见的圆形台布规格有如下几种。

(1) 140cm×140cm，可供2人餐桌使用，适用于90cm×90cm的方台上，较少见。

(2) 160cm×160cm，可供2～4人餐桌使用，适用于100cm×100cm的圆桌，或110cm×110cm的方台，较常见。

(3) 180cm×180cm，可供4～6人餐桌使用，适用于直径150cm或160cm的圆台上，较常见。

(4) 200cm×200cm，可供6～8人餐桌使用，适用于直径170cm的圆台上，较少见。

(5) 220cm×220cm，可供8～10人餐桌使用，适用于直径180cm或200cm的圆台上，较常见。

(6) 240cm×240cm，可供12人餐桌使用，与(7)合用作为上层面布使用，较常见。

(7) 260cm×260cm，可供14～16人餐桌使用，适用于直径240cm的圆台上，较少见。

除了方台布外还有长方形台布，如162.5cm×200cm、180cm×300cm等不同规格。这类台布用于长方台及西餐各种餐台，可根据餐台的大小形状选用不同数量的台布，一块不够用时可随意拼接。在拼接时注意将接口处接压整齐。

在零点餐厅里使用较多的是180cm×180cm和220cm×220cm的台布；而宴会厅通常使用240cm×240cm或260cm×260cm的台布。圆形台布其规格各有不同，一般的圆形台布多见于定型特制，即根据餐台的大小将台布制成大于餐台直径60cm的圆形台布，使台布铺于餐台上圆周下垂30cm为宜。

台布规格应与餐桌的规格一致，不能太小。目前有些餐厅餐桌上铺双层台布，同时桌边图案有台裙，较为讲究。

三、铺台布的方法

铺台布的基本要领是：服务员站在主位一侧，用双手将台布抖开铺在桌面上。台布正面向上，中心线对准主位、副主位，十字中心点居于餐桌正中心，台布四角下垂分布均匀，若是圆台布则台布边缘距地面相等。铺好的台布应舒展平整，同一餐厅所有餐桌台布的折缝要横竖统一，再将转圈和转盘放于中心点上。

1. 推拉式

选好台布，站在副主人座位处，用双手将台布打开后放至餐台上，用两手的大拇指和食指分别夹住台布的一边，其余三指抓住台布，将台布贴着餐台平行推出再拉回来。铺好台布中间的折线对准主位，十字取中，四面下垂部分对称并且遮住台脚的大部分。

2. 推抖式

类同于推拉式，不同的是在推的过程中，添加了抖的动作，而不是平拉回来，或者介于推拉式与抖铺式之间的铺台布的方法。这主要适用于台面不太光滑的餐台。

3. 抖铺式

服务员选好台布，站在副主人位置上，双手将台布打开，用两手的大拇指和食指分别夹住台布的一边，其余三指将多余台布提拿于胸前，身体呈正位站立式，利用双腕的力量，将台布向前一次性抖开并平铺于餐台上。这种铺台方法适合于较宽敞的餐厅或在周围没有客人就座的情况下进行。

4. 撒网式

服务员在选好合适台布后，站在副主人的位置，呈右脚在前、左脚在后的站立姿势，将台布正面朝上打开，用两手的大拇指和食指分别夹住台布的一边，其余三指将多余台布提拿至左肩后方，上身向左转体，下肢不动并在右臂与身体回转时，台布斜着向前撒出去，将台布抛至前方时，上身转体回位并恢复至正位站立，这时台布应平铺于餐台上。

任务三　餐巾折花

中国古代典籍中就有宴会中使用“餐巾”覆盖食物和擦手的记载，明清时期，宫廷和贵族宴会就出现了高档的锦缎绣花餐巾。

餐巾又名口布、茶巾、席巾，是宴会、酒席及用餐过程中使用的保洁用品，也是一种装饰美化餐台的艺术品。餐巾折花是餐前准备工作之一，主要工作内容是餐厅服务员将餐巾折叠成各种不同的花样，插在口杯或水杯之中，也可以放置在餐盘或餐碟之内，供客人观赏和用餐过程中使用。

一、餐巾的种类及特点

1. 按质地分

餐巾按质地可分为纯棉织品、棉麻织品和化纤织品三种。

(1) 纯棉织品吸水去污性能好，洗浆后挺括易折叠，造型效果好，但每次用完以后，都需洗净、上浆、熨烫，比较麻烦。

(2) 棉麻织品质地较硬，不用上浆也能保持挺括。

(3) 化纤织品弹性好，比较平整，色彩鲜艳，不用浆烫，使用方便，但是吸水去污性较差，折叠时，可塑性不如棉织品和麻织品好。因此，折花造型最好选用纯棉和棉麻织品的餐巾。

2. 按颜色分

餐巾按色彩可分为白色和彩色两大类。

(1) 白色餐巾色调素雅，能给人清洁卫生、恬静文雅的感觉。用白色餐巾还可以调解人的视觉平衡，稳定人的情绪。

(2) 彩色餐巾又可分为冷色和暖色两种。暖色有粉红、橙黄、鹅黄等颜色，色调柔美，能给人一种富丽堂皇、兴奋热烈的感觉，可以烘托餐饮气氛，刺激客人食欲。冷色餐巾有浅绿、淡蓝等色彩，色调清新，给人以平静、舒适、凉爽的感觉。彩色餐巾的丰富多彩能给特定宴会的环境增添相应的气氛，取得良好的艺术效果。

3. 按餐巾的规格、边缘形状分

餐巾规格的大小在不同的地区不尽相同。根据实际使用效果，45～50cm 见方的餐巾折叠造型、实际使用较为普遍适宜，当然也根据各地实际情况略有伸缩，但一般不小于 40cm 见方，不大于 60cm 见方，否则就难看、难折、使用不便。无论哪种规格的餐巾，都必须是四边相等的正方形。餐巾边缘有直形、波浪曲线形两种。

二、餐巾折花的种类及特点

1. 按造型外观分类

(1) 动物类造型，包括鱼、虫、鸟、蛙、兽和其他动物等造型。

(2) 植物类造型，包括各种自然的花草、植物果实和蔬菜等的造型。

(3) 其他类造型,模仿自然界和日常生活中的各种形态的实物造型。

2. 按折叠方法与放置用具的不同分类

(1) 杯花。将折叠好的餐巾插入饮料杯或红葡萄酒杯,特点是立体感强、造型逼真,但常用推折、捏和卷等复杂手法,容易污染杯具。

(2) 盘花。将折叠好的餐巾花直接放在餐盘或台面上,特点是手法简捷,提前折叠便于储存,打开后平整,目前被西餐厅广泛使用。

(3) 环花。将餐巾花平整卷好或折叠成造型,套在餐巾环内。餐巾环也称为餐巾扣,有瓷制、银制、象牙、塑料、骨制等,其特点是传统、简洁和雅致。

三、餐巾折花的作用

1. 美化餐台气氛

不同的餐巾花型,蕴含着不同的宴会主题。形状各异的餐巾花,摆放在餐台上,既美化了餐台,又烘托餐台气氛,突出宴会目的,起到一定的无声语言的作用,增添了庄重热烈的气氛,给人以美的享受。如寿宴、喜宴上的餐巾花,如折出比翼齐飞、心心相印的花型送给一对新人,可以表示出永结同心、百年好合的美好祝愿。国宴上,如用餐巾折成喜鹊、和平鸽等花型表示欢快、和平、友好,给人以诚悦之感。

2. 卫生保洁

餐巾是餐饮服务中的一种卫生用品。宾客用餐时,餐厅服务员将大餐巾可折起(一般对折),折口向外平铺在腿上,小餐巾可伸开直接铺在腿上,不可将餐巾挂在胸前(但在空间不大的地方,如飞机上可以如此),餐巾可用来擦嘴或防止汤汁、酒水弄脏衣物。避免用自己的手帕。拭嘴时需用餐巾反摺的内侧的上端,并用其内侧来擦嘴。而不是弄脏其正面,是应有的礼貌。绝不可用来擦脸部或擦刀叉、碗碟等。手指洗过后也是用餐巾擦的。若餐巾脏得厉害,请侍者重新更换一条。另外,现在一般不用把餐巾压在餐盘底下进餐的这种用法,因为这样容易不小心带动餐巾从而使餐盘滑落。在用餐期间与人交谈之前,先用餐巾轻轻地揩一下嘴;女士进餐前,可用餐巾轻抹口部,除去唇膏。在进餐时需剔牙,应拿起餐巾挡住口部。

3. 突出主宾席位

餐巾花型的摆放可标出主宾、主人的席位。在折餐巾花时应选择好主宾的花型,主宾花型高度应高于其他花型高度以示尊贵。

此外,在西餐宴会中,餐巾有很多信号的作用。在正式宴会上,女主人把餐巾铺在腿上是宴会开始的标志。这就是餐巾的第一个作用,它可以暗示宴会的开始和结束。中途暂时离开,应将餐巾放在本人座椅面上。

四、餐巾折花的基本技法

归纳起来,餐巾折花的基本技法主要有 9 种:叠、推、卷、穿、攥、翻、拉、掰、捏。

1. 叠

叠是最基本的餐厅折花手法。叠就是将餐巾平行取中一折为二、二折为四或者折成三角形、长方形等其他形状。常用的有正方形、长方形、三角形折叠，如图 2-3 所示。折叠的要求：要熟悉基本造型，折叠前算好角度，一下折成。避免反复，以免餐巾上留下一条褶痕，影响餐巾美观。

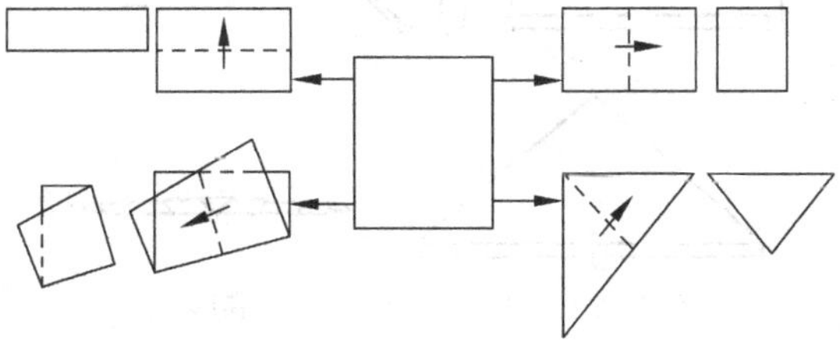

图 2-3　基本折花手法——叠

2. 推

推是打折时运用的一种手法。就是将餐巾折成褶裥的形状，使花型层次丰富、紧凑、美观。推折时应在干净光滑的台面上，推的要求是折时拇指、食指紧握折叠处向前推，用中指控制间距，不能向后拉折，一般应从中间分别向两边推折，三个手指相互配合，使褶裥均匀整齐，如图 2-4 所示。推折，可分为直线推折或斜线推折，折成一头大一头小的褶或折成半圆形或圆弧形。

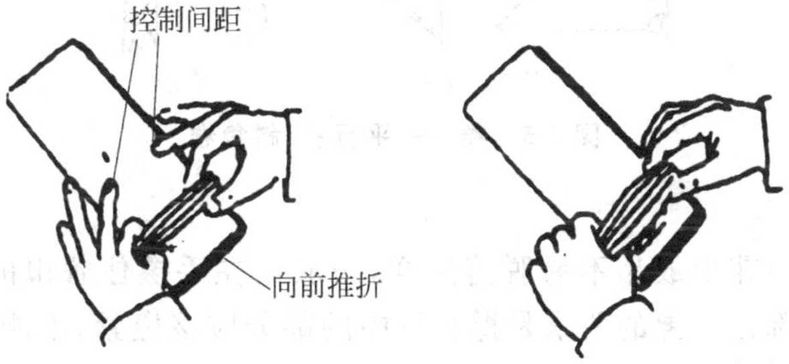

图 2-4　推——直推

3. 卷

将餐巾卷成圆筒并制出各种花型的一种手法。卷的方法可以分为直卷（平行卷）和螺旋卷（斜角卷）两种。直卷：餐巾两头一定要卷平；螺旋卷：可先将餐巾折成三角形，餐巾边要参差不齐。卷的要求是无论是直卷还是螺旋卷，餐巾都要卷紧，如卷得松就会在后面折花中出现软折；卷还要求两手用力均匀，同时平行卷动，餐巾两头形状一样，如图 2-5 所示。

4. 穿

穿是指用工具从餐巾的夹层褶缝中边穿边收，形成皱折，使造型更加逼真美观的一种手法。穿时左手握住折好的餐巾；右手拿筷子，将筷子的一头穿进餐巾的夹层褶缝中；另一头顶在自己身上，然后用右手的拇指和食指将筷子上的餐巾一点一点往里拉，直至把筷子穿过去。皱折要求拉得均匀，穿好后，要先将折花插进杯子，再把筷子抽掉，否则皱褶易松散。穿的要求是穿时要注意左右攥住餐巾，不要散形，穿好的褶裥要平、直、细小、均匀。用的工具要光滑、洁净，如图 2-6 所示。

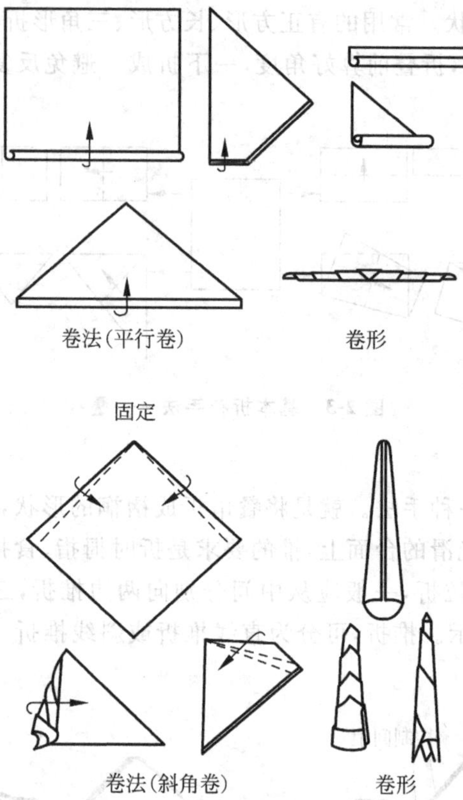

图 2-5　卷——平行卷、斜角卷

5. 攥

为了使叠的餐巾花半成品不易脱落走样，一般用左手攥住餐巾的中部或者下部，然后用右手操作其他部位。攥的要求是攥在手中的部分应该攥紧，不能因为右手的操作而松散或者散形，如图 2-6 所示。

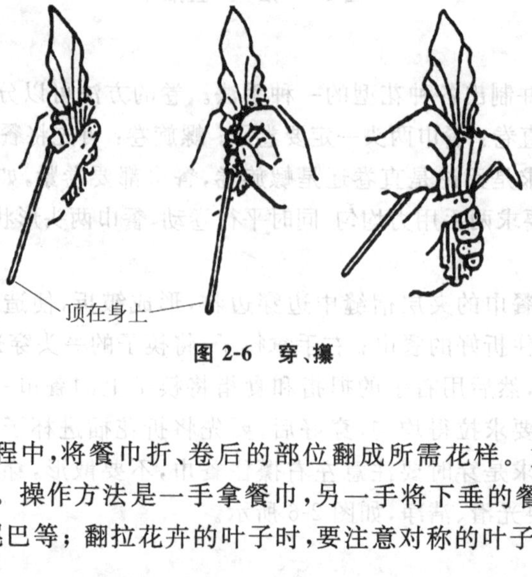

图 2-6　穿、攥

6. 翻

翻是在折制的过程中，将餐巾折、卷后的部位翻成所需花样。如翻成花卉或鸟的头颈、翅膀、尾巴等形状。操作方法是一手拿餐巾，另一手将下垂的餐巾翻起一角，拉成花卉、鸟的头颈、翅膀、尾巴等；翻拉花卉的叶子时，要注意对称的叶子大小一致，距离相等，拉鸟的翅膀、尾巴或头时，一定要拉挺，不要软折。要求是：注意大小适宜，自然美观，如图 2-7 所示。

7. 拉

拉是在翻的基础上，为使餐巾造型挺直而使用的一种手法。如折鸟的翅膀、尾巴、头颈，花的茎叶等时，通过拉的手法可使餐巾的线条曲直明显、花型挺括而有生气。拉一般是在餐巾花半成形时进行，把半成形的餐巾花攥在左手中，用右手拉出一只角或几只角来。拉的要求是注意用力均匀、大小比例适当，不要猛拉，否则会破坏花的造型，如图 2-7 所示。

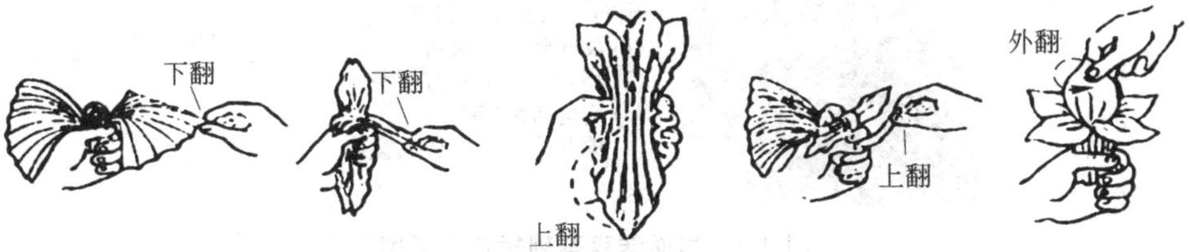

图 2-7 翻、拉

8. 掰

掰一般用于花的制作，如月季花等。将餐巾做好的褶用右手一层一层掰出层次，呈花蕾状。掰时不要用力过大，以免松散。掰的要求是层次分明，间距均匀。

9. 捏

捏的方法主要用于折鸟的头部。操作时先将鸟的颈部拉好（鸟的颈部一般用餐巾的一角）；然后用一只手的大拇指、食指、中指三个指头捏住鸟颈的顶端；食指向下，将餐巾一角的顶端尖角向里压下，大拇指和中指将压下的角捏出尖嘴，如图 2-8 所示。

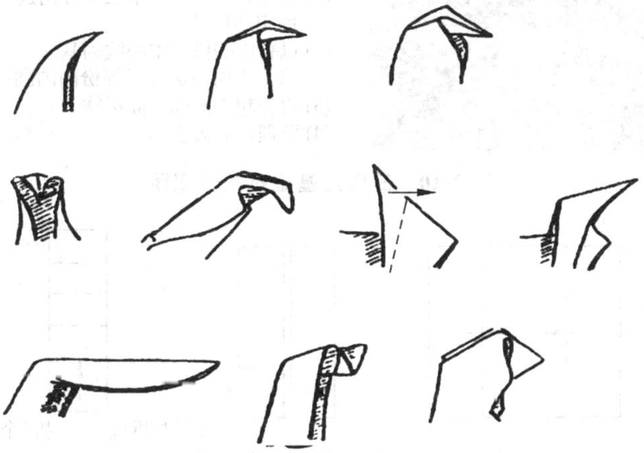

图 2-8 捏

五、餐巾折花的练习

1. 盘花类

几种盘花类基础折法步骤图如图 2-9～图 2-13 所示。

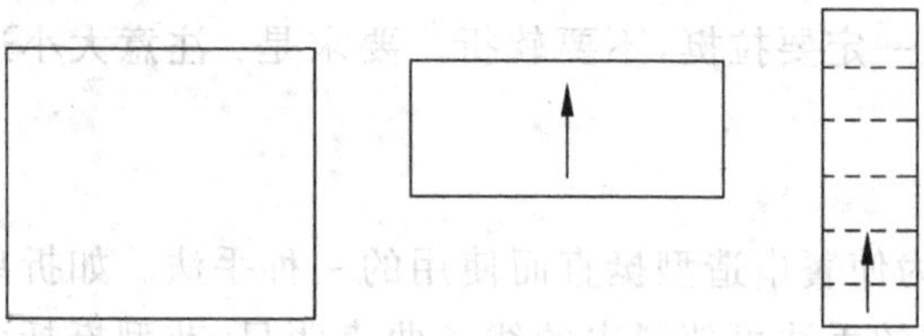

基础折叠法：长方折叠
时　　间：30s

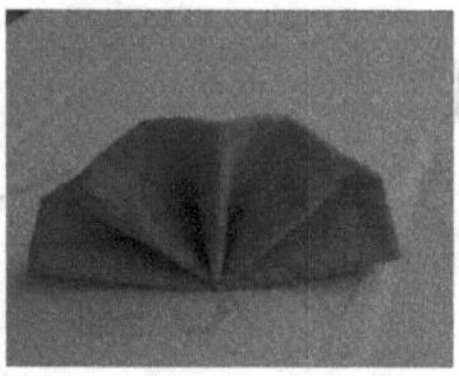

扇面送爽及折花口令：
(1) 反面朝上，对折
(2) 将双边向上长方折叠
(3) 均匀折5个裥
(4) 撑开成扇形，放入盘内

图 2-9　扇面送爽基础折法步骤图

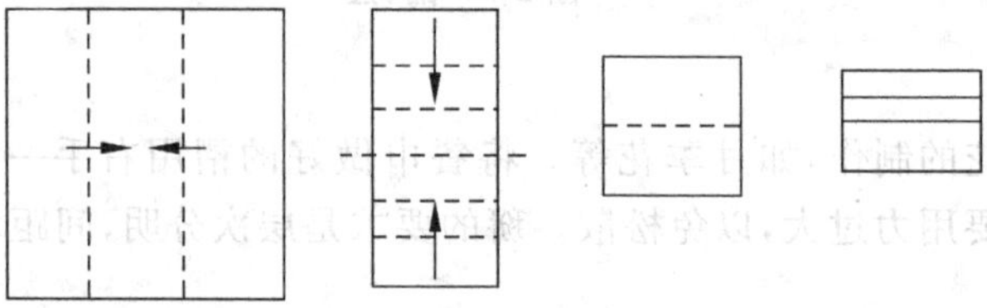

基础折叠法：长方折叠
时　　间：15s

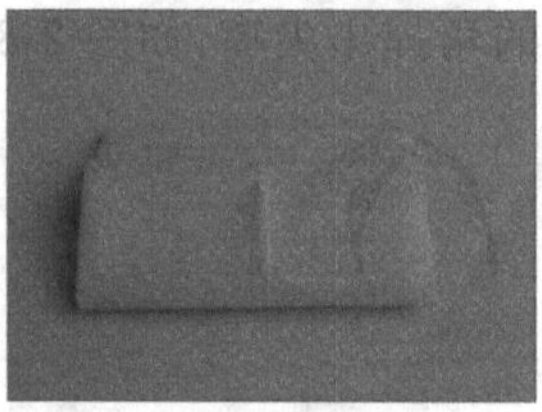

三明治及折花口令：
(1) 反面朝上，将餐巾三等分两边向中间折叠
(2) 以餐巾的横向中心线为基线，将上下两巾边按三等份向内翻折
(3) 再提起中间向背面折拢
(4) 整理，放入盘内

图 2-10　三明治基础折法步骤图

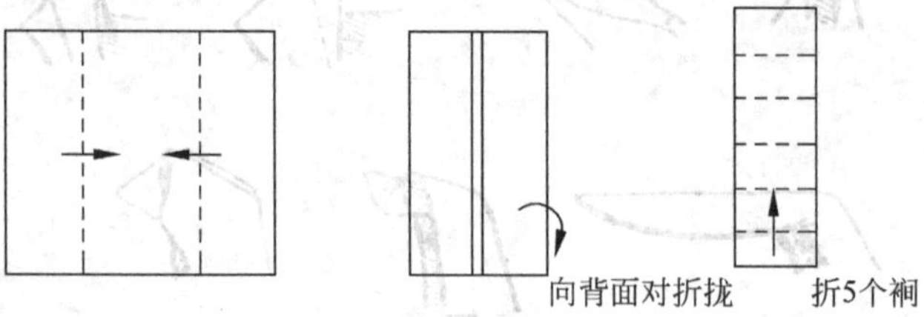

基础折叠法：长方折叠
时　　间：1min15s

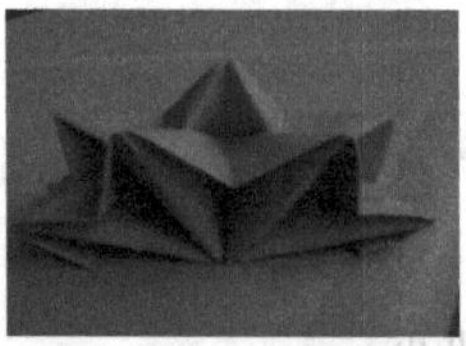

宝石花及折花口令：
(1) 反面朝上，两巾边向中心线对折
(2) 再向背面对折形成长条形
(3) 采用推折的折叠方法，均匀推折5个裥
(4) 左手握住餐巾的下半部分，右手将餐巾两个叠层的折角部位各自分别向下翻折
(5) 撑开呈扇形，放入盘内

图 2-11　宝石花基础折法步骤图

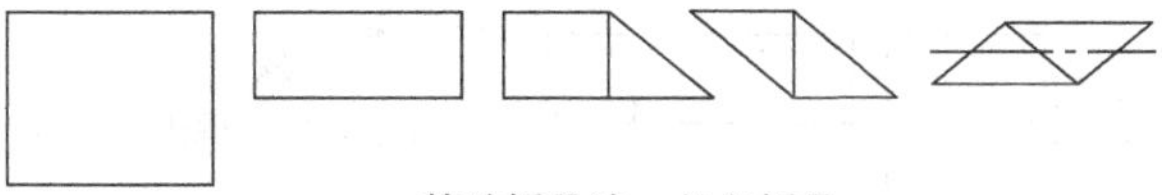

基础折叠法：长方折叠
时　　　间：30s

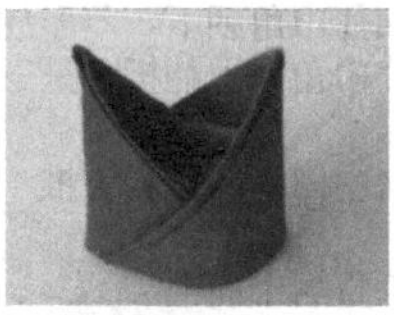

皇冠及折花口令：
(1) 反面朝上，长方折叠
(2) 将右上角与左下角相对向中线翻折成平行四边形
(3) 翻转餐巾，将上边向下翻折与底边重合
(4) 将左右巾角分正反面插入夹层
(5) 撑开成形，放入盘内

图 2-12　皇冠基础折法步骤图

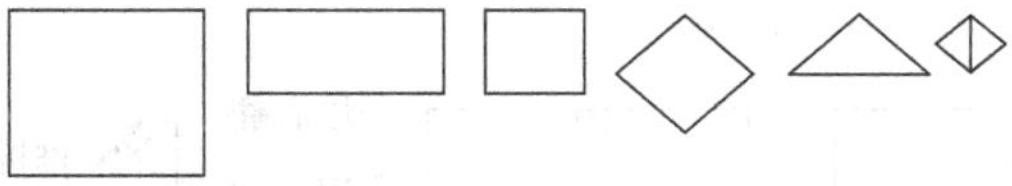

基础折叠法：正方折叠
时　　　间：30s

龙头花(扬帆远航)及折花口令：
(1) 反面朝上，正方折叠
(2) 四片巾角朝下，向上翻折成三角形
(3) 将三角形两边向内对折于中线，并把突出新三角形部分反折于背面
(4) 把新三角形在反面对折
(5) 从中间拉出餐巾所有可见的巾角，形成帆状
(6) 整理成形，放入盘内

图 2-13　龙头花(扬帆远航)基础折法步骤图

2. 杯花类

几种杯花类基础折法步骤图如图 2-14～图 2-18 所示。

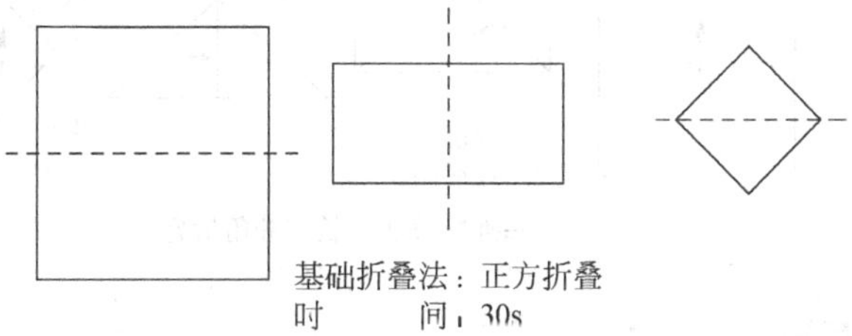

基础折叠法：正方折叠
时　　　间：30s

单荷花及折花口令：
(1) 反面朝上，正方折叠，四巾角朝左，菱形放置
(2) 从中间向两边均匀推
(3) 左手攥住餐巾中心，四巾角朝上，底角上折1/3
(4) 对称拉开四巾角，插入杯中
(5) 整理成形

图 2-14　单荷花基础折法步骤图

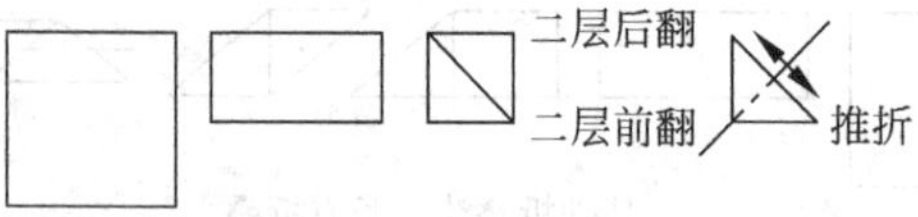

基础折叠法：正方折叠
时　　间：40s

双荷花及折花口令：
(1) 反面朝上，正方折叠，四片巾角朝下，菱形放置
(2) 两片巾角向上翻折，两片巾角向下翻折，呈三角形，顶角朝左
(3) 以三角形的高为基准，从中间向两边均匀推
(4) 左手攥住餐巾
(5) 对称拉开四巾角，花芯垂直居中向上
(6) 插入杯中，整理成形

图 2-15　双荷花基础折法步骤图

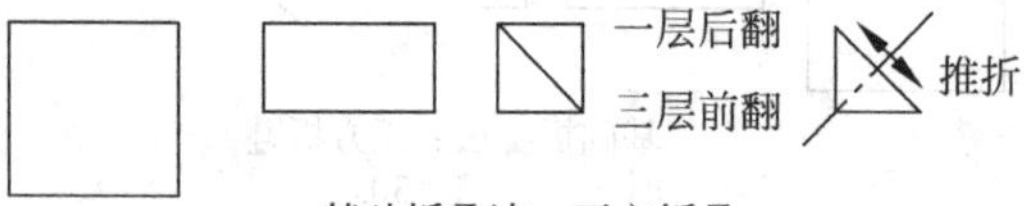

基础折叠法：正方折叠
时　　间：40s

冰玉水仙及折花口令：
(1) 反面朝上，正方折叠，四巾角朝下，菱形放置
(2) 将一巾角向上翻折，三巾角向下翻折，呈三角形，顶角朝左
(3) 以三角形的高为基准，从中间向两边均匀推
(4) 左手攥住餐巾，拉开四巾角，花芯垂直居中向上
(5) 插入水杯，整理成形

图 2-16　冰玉水仙基础折法步骤图

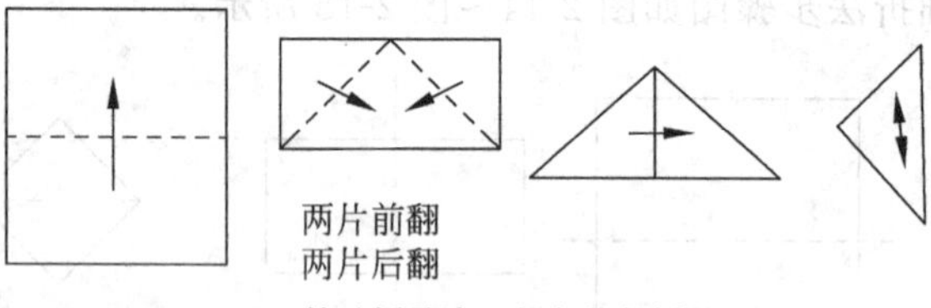

基础折叠法：长方翻角折叠
时　　间：45s

双芯结蒂及折花口令：
(1) 反面朝上，长方折叠
(2) 两片巾角下翻，对折呈正方形，菱形放置，巾角朝下
(3) 一片巾角上翻，一片巾角下翻，呈三角形
(4) 以三角形的高为基准，从中间向两边均匀推
(5) 左手攥住餐巾，拉开两片巾角，放入杯中
(6) 翻出花芯，整理成形

图 2-17　双芯结蒂基础折法步骤图

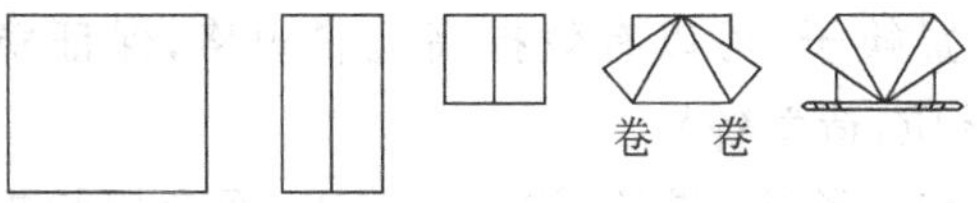

基础折叠法：长方翻角折叠
时　　　间：1min30s

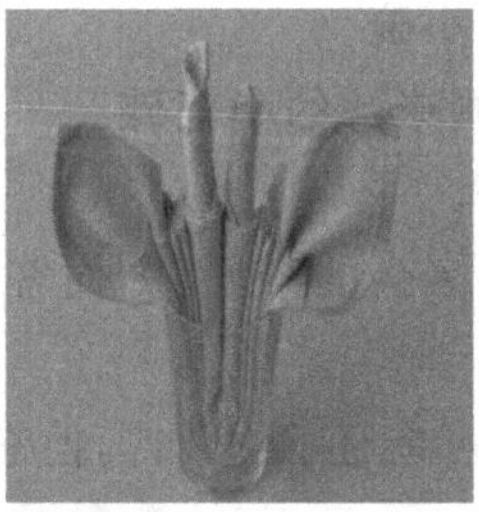

卷蝴蝶及折花口令：
(1) 反面朝上，将左右两边向中间对拢成长方形反一面后对折，巾角朝下
(2) 翻开两巾角，从下往上卷至折叠处，提起作第一个褶裥
(3) 再翻开两巾角，继续向上均匀推
(4) 将两边向下对拢
(5) 插入杯中，整理成形

图 2-18　卷蝴蝶基础折法步骤图

3. 餐巾折花注意事项

(1) 操作前要洁净双手；

(2) 在干净的托盘或餐盘中操作；

(3) 操作时不允许用嘴叼、咬；

(4) 放花入杯时，要注意卫生，手指不允许接触杯口，杯身不允许留下指纹；

(5) 摆放折花时，花形要正面对正席位，便于欣赏。

任务四　摆　　台

餐台是餐厅为客人提供服务的主要服务设施之一，餐台的布置称为摆台，是将餐具、酒具以及辅助用品按照一定的规格整齐美观地铺设在餐桌上的操作过程。包括铺台布、餐台排列、席位安排、餐具摆放等。摆台要求做到清洁卫生、整齐有序、各就各位、放置得当、方便就餐、配套齐全。这样既可以保证用餐环境的方便舒适，又可以给就餐的客人以良好的心境感受，创造一个温馨舒适的就餐环境。摆台在日常的餐饮工作中大致分为中餐摆台和西餐摆台，中西餐摆台又可以分为零点便餐摆台和宴会摆台。

一、中餐摆台

中餐摆台一般分为零点用餐和宴会两种，零点摆台以小餐桌为主，宴会摆台一般以大圆桌为主。一张布置妥当的餐桌必须事先准备好各种餐具备品，主要按照餐厅的规格和就餐的需要选择相应的餐具来摆设。

（一）摆台用具

(1) 餐碟：又称为骨盘，主要用途是盛装餐后的骨头和碎屑等，在中式餐台摆台时也起到定位作用。

(2) 筷子：以材质分类种类很多，有木筷、银筷、象牙筷等。

(3) 筷架：用来放置筷子，可以有效提高就餐规格，保证筷子更加清洁卫生。有瓷制、塑胶、金属等各种材质，造型各异。

(4) 汤匙：一般瓷制小汤匙(调羹)放在汤碗中，而金属长把汤匙或者是大瓷汤匙一般用作宴会的公用勺，应该摆放在桌面的架上。

(5) 汤碗：专门用来盛汤或者吃带汤汁菜肴的小碗。

(6) 味碟：中餐特有的餐具，用来为客人盛装调味汁的小瓷碟。

(7) 杯子：包括瓷制的茶杯和玻璃制的酒杯等。

(8) 转台：适用于多数人就餐的零点餐或者是宴会的桌面，方便客人食用菜品，一般有玻璃和木质。

(9) 其他：根据不同餐饮企业的要求，桌面上可能还会添加其他东西，如烟灰缸、调味瓶、牙签盅、花瓶、台号、菜单等。

(二) 中餐便餐摆台

中餐便餐摆台多用于零点散客，或者是团体包桌，其餐台常使用小方台或者小圆桌，没有主次之分。在客人进餐前放好各种调味品，按照座位摆好餐具，餐具的多少可以根据当餐的菜单要求而定。

便餐摆台基本要求是台布铺设要整洁美观，符合餐厅的要求；骨碟摆放于座位正中，距离桌边 1.5cm 左右，约一指宽；汤碗与小汤匙应该一起摆在餐盘左侧 1cm 左右的地方，勺把向左；筷子应该位于餐碟的右侧 1cm，1/3 架在筷架上。如图 2-19 所示。

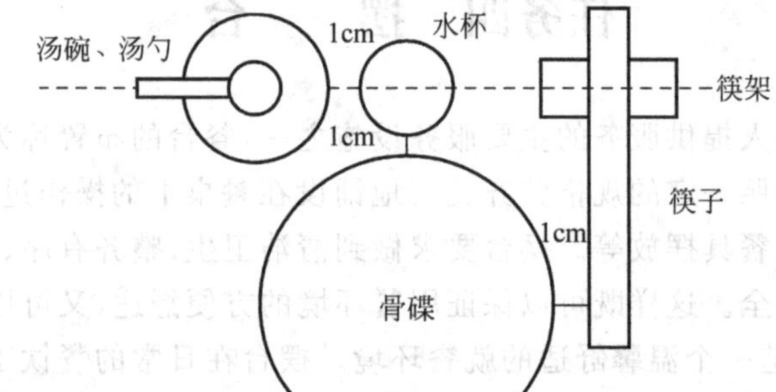

图 2-19 中餐便餐摆台

中餐便餐摆台操作流程如下。

1. 摆台准备

(1) 洗净双手，准备各类餐具、玻璃器具、台布、口布或餐巾纸等。

(2) 检查餐具、玻璃器具等是否有损坏、污迹及手印，是否洁净光亮。

(3) 检查台布、口布是否干净，是否有损坏、褶皱。

(4) 检查调味品及垫碟是否齐全，洁净。

2. 铺台布

按圆桌铺台布方法铺好桌布。台布中缝居中，对准主位，四边下垂长短一致，四角与桌脚成直线垂直。

3. 摆餐椅

(1) 4 人桌，正、副主位方向各摆两位。采取十字对称法。

(2) 6 人桌，正、副主位方向各摆 1 位，两边各摆 2 位。采用一字对中，左右对称法。

(3) 8 人桌，正、副主位方向各摆 2 位，两边各摆 2 位。采用十字对中，两两对称法。

(4) 10 人桌，正、副主位方向各摆 3 位，两边各摆 2 位。采用一字对中，左右对称法。

(5) 12 人桌，正、副主位方向各摆 3 位，两边各摆 3 位。采用十字对中，两两相间法。

4. 上转盘

8 人以上桌面须摆转盘，并套上转盘布罩。转盘与餐桌同圆心。

5. 摆餐具

(1) 摆餐碟。餐碟摆在离桌边 1.5cm 处，各餐碟之间距离相等。

(2) 摆汤碗、汤匙。汤碗摆在餐碟前面的左侧，相距 1cm；汤匙摆在汤碗上，匙柄向左。

(3) 摆筷子、筷子架。筷子架横摆在餐碟右边，距餐碟 1cm；筷子垂直于筷子架竖摆放，筷子 1/3 搁在筷架上。

牙签袋摆在餐碟右边，字面向上。

(4) 水杯摆在餐碟正前方，间距为 1cm。

(5) 折好餐巾花摆在餐碟上，餐巾花正面朝宾客。

(6) 摆烟灰缸、牙签筒、调味架、花瓶、台号牌。花瓶摆在转盘中央，台号牌摆在花瓶边。

（三）中餐宴会摆台

1. 宴会的桌次安排

宴会的接待规格较高，形式较为隆重，中餐的宴会多使用大圆桌，由于宴会的人数较多，所以就存在场地的布置问题，应该根据餐厅的形状和大小以及赴宴的人数多少安排场地，桌与桌之间的距离以方便服务人员服务为宜。主桌应该位于面向餐厅正门的位置，可以纵观整个餐厅或者宴会厅。一定要将主宾入席和退席的线路设为主行道，应该比其他的通道宽一些。不同的桌数的布局方法有所区别，但一定要做到台布铺置一条线，桌腿一条线，花瓶一条线，主桌突出，各桌相互照应。

宴会的排列座次，不同的国家和地区也不一样，宴会一般都要事先安排好桌次和座次，使参加宴会的人都能各就其位，也能体现出对客人的尊重。以下是我国目前比较通行的宴会座次排列方法。排定桌次应遵循的原则，在正式宴会安排桌次时，必须注意以下原则。

(1)“居中为上”，即多张桌子围在一起时，居于正中间的一张为主桌。

(2)“以右为尊”，即多张桌子横向并列时，以宴会厅的正门为准，右侧的餐桌高于左侧的餐桌。

(3)“远门为上”，即多张桌子纵向排列时，以距离宴会厅的正门的远近为准，距离越远，餐桌越高。

(4)“临台为上”，即若宴会厅内有主席台，以背对主席台的餐桌为主桌；若没有主席台，则以背靠餐厅的主要画幅为主桌。

关于桌次的排定，依照国际上的惯例，桌次的高低以离主桌位置远近而定，离主桌越近，桌次越高，同距离的右边高于左边。

两桌的小型宴会可根据场地横排或竖排，如图 2-20 所示。

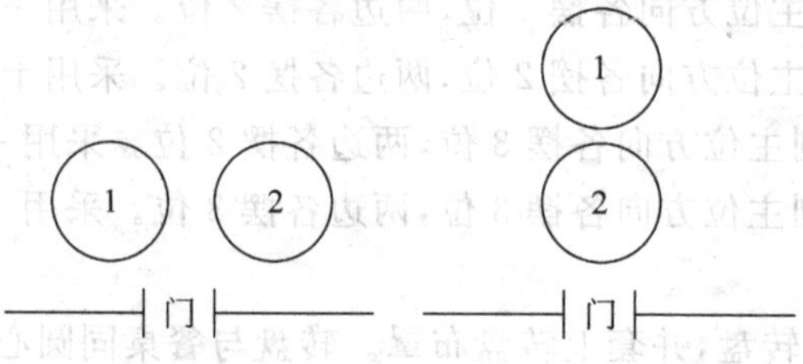

图 2-20　两桌排定桌次

多桌宴会的排列方法如图 2-21～图 2-23 所示。五桌、六桌宴会桌次的安排也可布置为环绕式，即主桌位于中间，多桌的桌次排列应遵循排定桌次应遵循的原则。

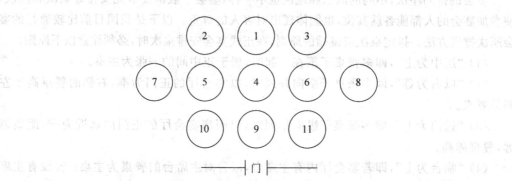

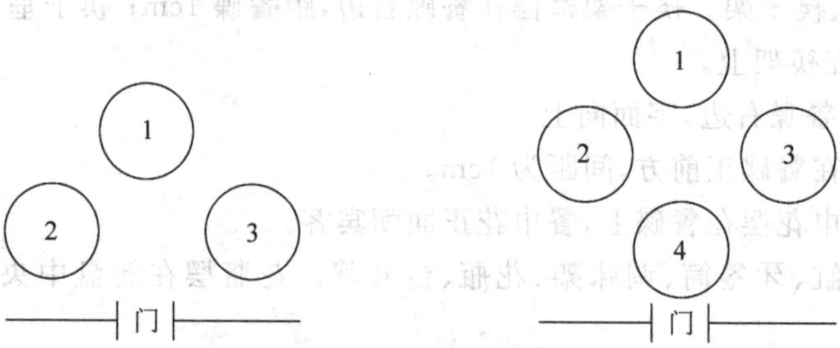

图 2-21　多桌排定桌次

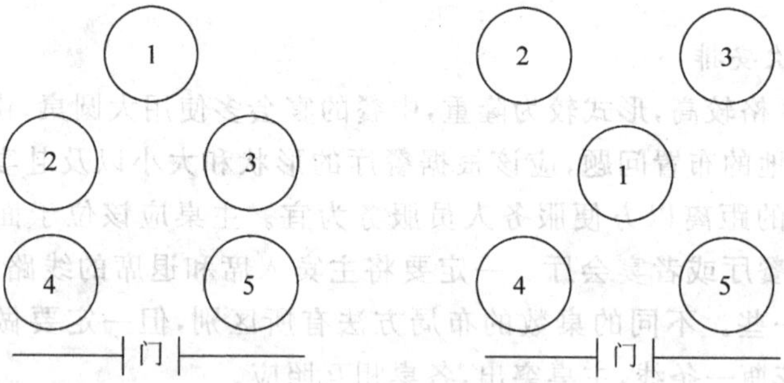

图 2-22　多桌排定桌次

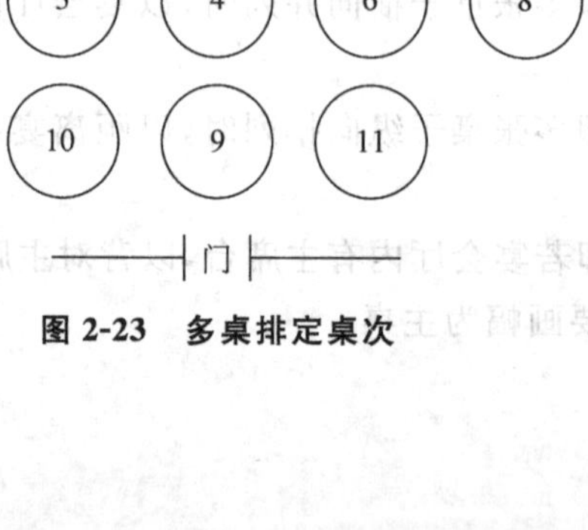

图 2-23　多桌排定桌次

2. 座次安排

座次的安排以右为贵，左为轻。如男女主人并座，则男左女右，以右为大。在主人两侧，右侧为大，左侧为小。

目前我国通常采用圆桌设宴，一般情况下，主桌要略大于其他餐桌，圆桌的座次在不同的场合也有所不同，如图 2-24 所示。

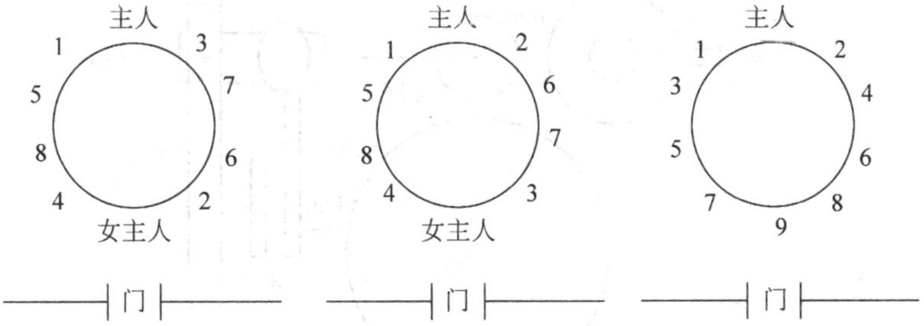

图 2-24 圆桌座次席位图

3. 中餐宴会的餐具摆设

左手托盘，右手摆放餐具，从主位开始摆起。中餐宴会摆台标准如图 2-25 所示。

个人席位上摆放餐具的宽度不应窄于 40cm 或者餐椅宽度。在摆放餐具时如果宴会人数众多，餐具较多，也可以采用多人流水作业的方式摆放餐具，一个人摆一种，依次摆放。

在摆放餐具时还应注意一些小问题：调羹应该放入汤碗或者调味碟内；消毒的筷子应该用筷套封装；桌面上使用的花瓶或者台花，其高度应该以不阻挡视线为准；主位的口布花应该比其他座位上的口布略微高一点；每个餐桌的餐具应该多备出 20%，以备使用。

4. 中餐宴会摆台操作流程

(1) 摆台准备。

① 洗净双手。

② 领取各类餐具、台布、口布、台裙、转盘等。

③ 用干净的布擦亮餐具，各种玻璃器具，要求无任何破损、污迹、手印、洁净光亮。

④ 检查台布、口布、台裙是否干净，是否有褶皱、小洞、油迹等，不符合要求应调换。

⑤ 洗净所有调味品瓶及垫底的小碟，重新装好。

⑥ 口布折花。

(2) 铺桌布。按铺圆桌布方法铺好桌布。

(3) 围桌裙。台布铺好后，顺桌沿将台裙按顺时针方向用按针或尼龙搭扣固定在桌沿上即可。桌裙下垂部分要舒展自然，不可过长拖地，也不可过短而暴露出桌脚。桌裙围挂时做到绷直、挂紧、围直，注意接缝处不能朝向主要客人。

(4) 摆椅。根据中式零点正餐摆桌方法摆好餐椅。

(5) 上转盘。摆转盘。

(6) 摆餐具。

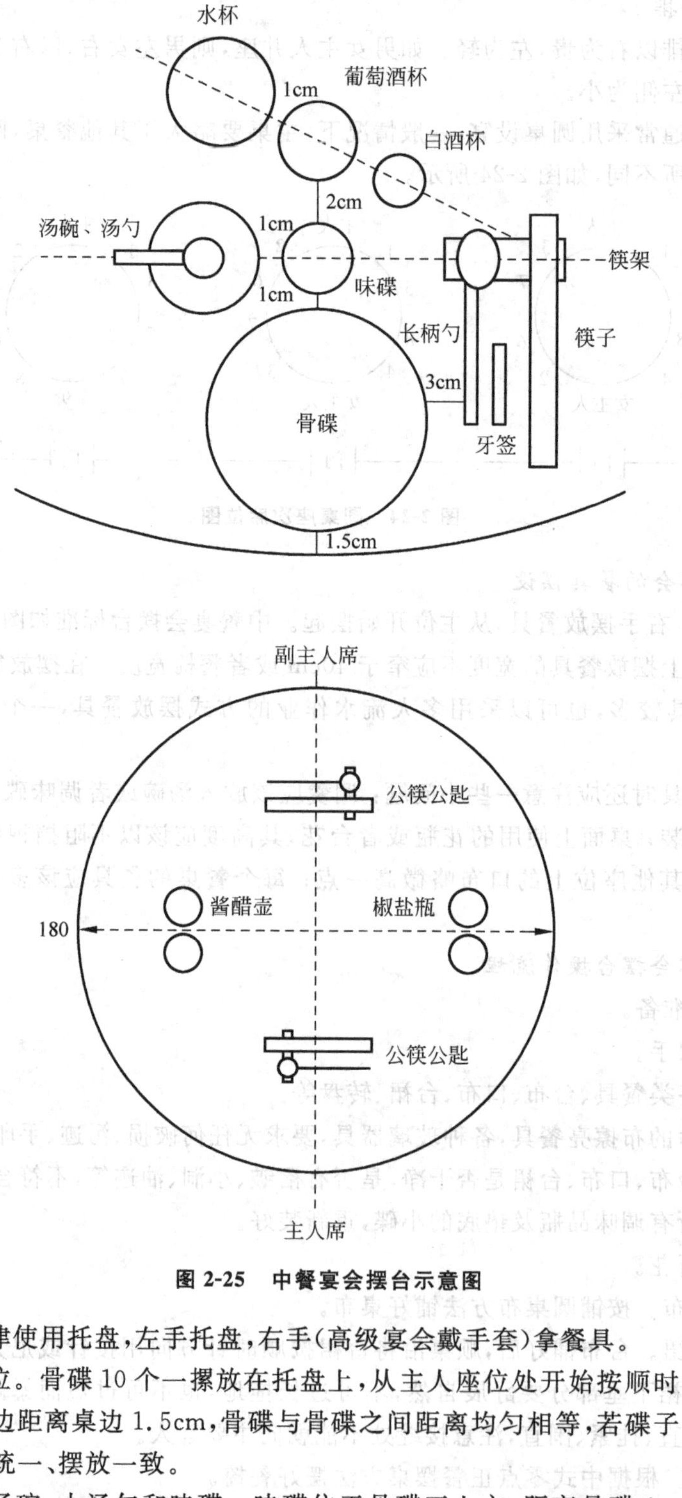

图 2-25　中餐宴会摆台示意图

① 餐具一律使用托盘，左手托盘，右手(高级宴会戴手套)拿餐具。

② 骨碟定位。骨碟 10 个一摞放在托盘上，从主人座位处开始按顺时针方向依次摆放骨碟，要求碟边距离桌边 1.5cm，骨碟与骨碟之间距离均匀相等，若碟子印有店徽等图案的，要求图案统一、摆放一致。

③ 摆放小汤碗、小汤勺和味碟。味碟位于骨碟正上方，距离骨碟 1cm，左侧摆放小汤碗，汤勺摆放在汤碗中，勺柄朝左，汤碗与味碟之间相距 1cm，横向直径在一条直

线上。

④ 摆放筷架、长柄汤勺、筷子。在小汤碗与调味碟横向直径右侧延长线处放筷架、长柄勺、袋装牙签和筷子，勺柄与骨碟相距3cm，筷子1/3搁在筷架上，并与骨碟纵向直径平行，袋装牙签与银勺末端平齐。

⑤ 摆放玻璃器皿。在骨碟中心点与转盘中心点的连线上，味碟的正前方摆放葡萄酒杯，葡萄酒杯的左侧摆放饮料杯，葡萄酒杯的右侧摆放白酒杯，三杯呈一条直线并左高右低的排列，三杯之间的距离相等为1cm。三杯横向直径的连线与汤碗、味碟横向直径的连线平行或成30°。

⑥ 香巾碟。在骨碟左侧1cm摆放香巾碟。

⑦ 摆放烟灰缸、火柴。两个席位共用一只烟灰缸，主人和主宾共用一只烟灰缸。烟灰缸的上端与杯具在一条线上，烟灰缸的边缘有三个烟孔，摆放时一个朝向主人，另一个朝向主宾。也有的餐厅准备的是每人一个烟灰缸，则依照此法每个餐位摆放一个。烟灰缸的边缘摆放火柴，正面朝上。

⑧ 摆餐巾花。若是选用杯花，需提前折叠放置杯具内，侧面观赏的餐巾花如鸟、鱼等则头部朝右摆放。注意把不同样式、不同高度的餐巾花搭配摆放，主人位上摆放有高度的花式。

⑨ 摆公用餐具。在正、副主人杯具的前方，各摆放一个筷架或餐盘，将一副公用筷和汤勺摆放在上面，汤勺在外侧，筷子在内侧，勺柄和筷子尾端向右。

⑩ 摆放宴会菜单、台号、座卡。一般10人座放两份菜单，正、副主人餐具右侧各摆放一份，菜单底部距桌边1cm。高级宴会可在每个餐位放一份菜单。台号摆放在花瓶正前方、面对副主人位。

⑪ 摆插花。转台正中摆放插花或其他装饰品，以示摆台的结束。

(7) 摆台后的检查工作。摆台后再次检查台面餐具有无遗漏、破损，餐具摆放是否符合规范，餐具是否清洁光亮，餐椅是否配齐，评分标准如表2-1所示。

表2-1　中餐宴会摆台规则和评分标准(共80分)

项　　目	操作程序及标准	分值	扣分	得分
台布(4分)	可采用抖铺式、推拉式或撒网式铺设，要求一次完成，两次扣0.5分，三次及以上不得分	2		
	台布定位准确，十字居中，凸缝朝向主、副位，下垂均等，台面平整	2		
桌裙或装饰布(3分)	桌裙长短合适，围折平整或装饰布平整，四角下垂均等(装饰布平铺在台布下面)	3		
餐椅定位(5分)	从主宾位开始拉椅定位，座位中心与餐碟中心对齐，餐椅之间距离均等，餐椅座面边缘距台布下垂部分1.5cm或相切	5		
餐碟定位(10分)	一次性定位、碟间距离均等，餐碟标志对正，相对餐碟与餐桌中心点三点一线	6		
	距桌沿约1.5cm	2		
	拿碟手法正确(手拿餐碟边缘部分)、卫生	2		

续表

项　目	操作程序及标准	分值	扣分	得分
味碟、汤碗、汤勺(5分)	味碟位于餐碟正上方,相距1cm	2		
	汤碗摆放在味碟左侧1cm处,与味碟在一条直线上,汤勺放置于汤碗中,勺把朝左,与餐碟平行	3		
筷架、筷子、长柄勺、牙签(9分)	筷架摆在餐碟右边,与味碟在一条直线上	2		
	筷子、长柄勺搁摆在筷架上,长柄勺距餐碟3cm,筷子1/3搁在筷架上。筷套正面朝上	6		
	牙签位于长柄勺和筷子之间,牙签套正面朝上,底部与长柄勺齐平	1		
葡萄酒杯、白酒杯、水杯(9分)	葡萄酒杯在味碟正上方2cm	2		
	白酒杯摆在葡萄酒杯的右侧,水杯位于葡萄酒杯左侧,杯肚间隔1cm,三杯成斜直线,向右与水平线呈30°。如果折的是杯花,水杯待餐巾花折好后一起摆上桌	5		
	摆杯手法正确(手拿杯柄或中下部)、卫生	2		
餐巾折花(10分)	花型突出主位,符合主题、整体协调	4		
	折叠手法正确、卫生、一次性成形、花型逼真、美观大方	6		
公用餐具(4分)	公用餐具摆放在正副主人的正上方	2		
	按先筷后勺顺序将筷、勺搁在公用筷架上(设两套)公用筷架与正副主人位水杯对间距1cm,筷子末端及勺柄向右	2		
菜单、花瓶和桌号牌(4分)	花瓶摆在台面正中。桌号牌摆放在花瓶正前方、面对副主人位	2		
	菜单摆放在筷子架右侧,位置一致(两个菜单则分别摆放在正副主人的筷子架右侧)	2		
托盘(5分)	用左手胸前托法将托盘托起,托盘位置高于选手腰部	5		
综合印象(12分)	餐具颜色、规格协调统一,便于使用	3		
	整体美观、具有强烈艺术美感	4		
	操作过程中动作规范、娴熟、敏捷、声轻,姿态优美,能体现岗位气质	5		

二、西餐摆台

西餐一般使用长方台,有时也使用圆台或者四人小方台。西餐就餐方式实行分餐制,摆台按照不同的餐别而做出不同的摆设。正餐的餐具摆设分为零点餐桌摆台和宴会摆台,同时西餐摆放的方式因不同的服务方式也有不同之处。

(一) 西餐餐桌摆放用品

(1) 台布:颜色以白色为主。

(2) 餐盘:一般餐厅设计为12寸左右,可以作为摆台的基本定位。

(3) 餐刀:大餐刀是正餐使用。小餐刀是享用前菜和沙拉时用。鱼刀是享用海鲜或者鱼类时使用。牛排刀前端有小锯齿，享用牛排时使用。

(4) 餐叉：大餐叉是正餐时使用。小餐叉是享用前菜或者沙拉时使用。鱼叉是享用鱼类或海鲜时使用。水果叉是享用水果时使用。蛋糕叉是享用蛋糕时使用。生蚝叉是享用牡蛎时使用。

(5) 黄油刀：用来将黄油涂抹在面包上的重要工具，常会与面包盘搭配摆设。

(6) 面包盘：用来摆放面包，个体较小，一般为 6 寸。

(7) 汤匙：浓汤匙喝浓汤时使用；清汤匙喝清汤时使用；甜品匙享用点心和甜品时使用；餐匙不分清汤和浓汤时使用。

(8) 水杯：用来盛饮用水。

(9) 葡萄酒杯：分为红酒和白酒杯，一般红酒杯略大于白酒杯。

(二) 西餐便餐摆台

西餐便餐一般使用小方台和小圆台，餐具摆放比较简单。

摆放顺序是：餐盘(口布折花放在餐盘内)或餐巾放在正中，对准椅位中线(圆台是顺时针方向按人数等距定位摆盘)；餐叉放在餐盘的左边，叉尖向上；餐刀和汤匙放在餐盘右方；面包盘放在餐叉上方或左边，黄油刀横放在餐盘上方，刀口向左；水杯放在餐刀尖的上方。烟灰缸放在餐盘正上方，胡椒瓶和盐瓶放置于烟灰缸左侧，牙签盅放在椒盐瓶左侧；花瓶放在烟灰缸的上方；糖缸和奶缸呈直线放在烟灰缸的右边。西餐便餐餐具摆台如图 2-26 所示。

图 2-26　西餐便餐餐具摆台示意图

(三) 西餐宴会摆台

西餐宴会餐台是可以拼接的，餐台的大小和台形的排法可根据人数的多少和餐厅的大小进行布置，一般为长台。人数较多时宴会的台形有多种，图 2-27 为几种常见的台形。

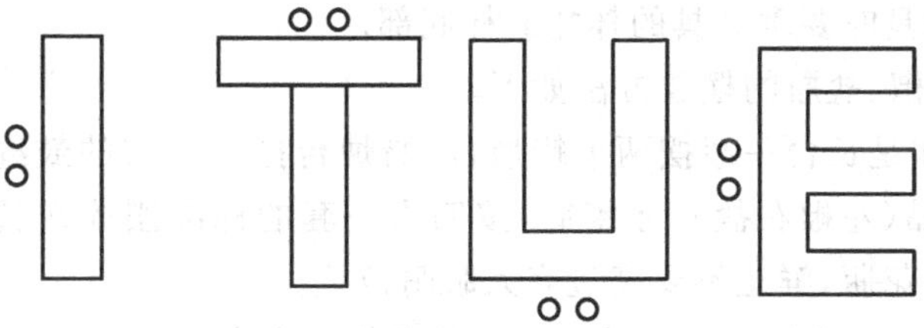

图 2-27　西餐宴会摆台常见台形

1. 西餐宴会座次安排

几种常见的长桌宴会席位座次排列法,如图 2-28 所示。

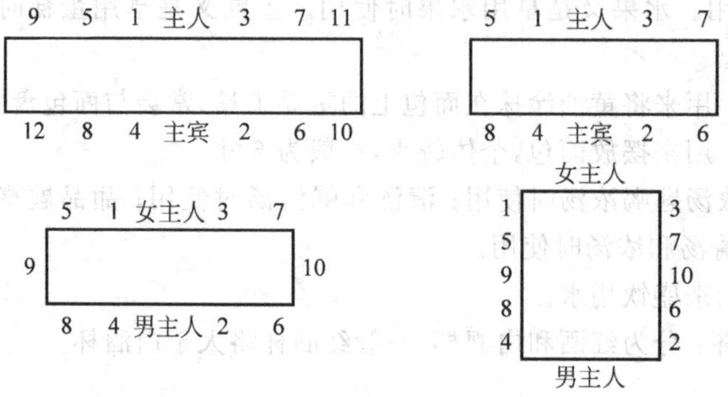

图 2-28 长桌宴会座次席位图

2. 西餐宴会餐具摆设

(1) 装饰盘的摆放:可用托盘端托,也可用左手垫好口布,口布垫在餐盘盘底,把装饰盘托起,从主人位开始,按顺时针方向用右手将餐盘摆放于餐位正前方,盘内的店徽图案要端正,盘与盘之间距离相等,盘边距桌边 1cm。

(2) 口布的摆放:将餐巾折花放于装饰盘内,将观赏面朝向客人。

(3) 餐具的摆放方法如下。

① 装饰盘左侧按从左至右的顺序依次摆放沙拉叉、鱼叉、主餐叉,各相距 0.5cm,手柄距桌边 1cm,叉尖朝上。鱼叉下方可突出其他餐具 4cm,距桌沿 5cm。

② 装饰盘的右侧按从左到右的顺序依次摆放主餐刀、鱼刀,刀刃向左,刀柄距桌边 1cm。鱼刀下方可突出其他餐具 4cm,距桌沿 5cm。

③ 鱼刀右侧 0.5cm 处摆放汤匙,勺面向上,汤匙右侧 0.5cm 处摆放沙拉刀,刀刃向左。

④ 甜食叉、甜食勺平行摆放在装饰盘的正前方 1cm 处,叉在下,叉柄向左,勺在上,勺柄朝右,甜食叉、甜食勺手柄相距 0.5cm。

(4) 面包盘、黄油碟、黄油刀的摆放:开胃品刀左侧 1cm 处摆面包盘,面包盘与装饰盘的中心轴取齐,黄油刀摆放面包盘上右 1/3 处,黄油刀中心与面包盘的中心线吻合。黄油碟摆放在面包盘右上方,距离黄油刀尖 3cm 处。

(5) 酒具的摆放:白葡萄酒杯摆放在开胃品刀正前方,杯底中心在开胃品刀的中心线上,杯底距开胃品刀尖 2cm,红葡萄酒杯摆在白葡萄酒杯的左上方,杯底中心与白葡萄酒杯底中心的连线与餐台边成 45°角,杯壁间距 1cm,水杯摆在红葡萄酒杯的左上方,其他标准同上。摆酒具时要拿酒具的杯托或杯底部。

(6) 蜡烛台和椒、盐瓶的摆放方法如下。

① 西餐宴会如是长台一般摆两个蜡烛台,蜡烛台摆在台布的鼓缝线上、餐台两端适当的位置上,调味品(左椒右盐)、牙签筒,按四人一套的标准摆放在餐台鼓缝线位置上,并等距离摆放数个花瓶,鲜花不要高过客人眼睛位置。

② 如是圆台,台心位置摆放蜡烛台,椒、盐瓶摆在台布鼓缝线上按左椒右盐的要求对

称摆放，瓶壁相距 1cm，瓶底与蜡烛台台底相距 2cm。

（7）烟灰缸、火柴的摆放：从主人位和主宾位之间摆放烟灰缸，顺时针方向每两位客人之间摆放一个，烟灰缸的上端与酒具平行。火柴平架在烟灰缸上端，店标向上。西餐宴会餐具摆设如图 2-29 所示。

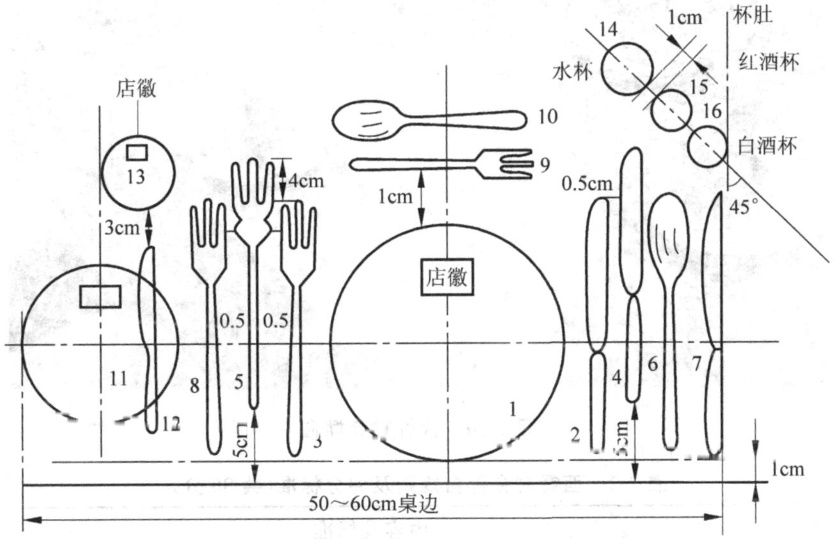

1—装饰碟；2—正餐刀；3—正餐叉；4—鱼刀；5—鱼叉；6—汤匙
7—开胃品刀；8—开胃品叉；9—甜品叉；10—甜品匙；11—面包盘
12　黄油刀；13—黄油盘；14—水杯；15—红葡萄酒杯；16—白葡萄酒杯

(a) 西餐宴会餐具摆放示意图

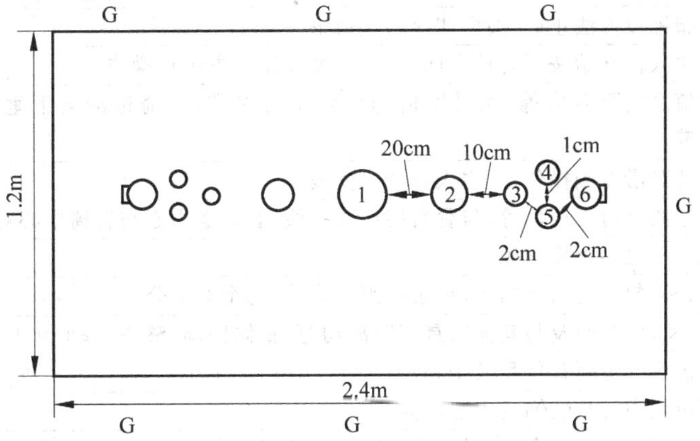

1—中心花艺；2—烛台；3—牙签筒；4、5—胡椒和盐；6—烟灰缸和火柴

(b) 西餐宴会附加公用品摆放示意图

图 2-29　西餐宴会摆台示意图

3. 摆台后的检查工作

摆台结束后要进行全面检查，发现问题要及时纠正。要达到全台看上去整齐、大方、舒适的效果，西餐宴会摆台如图 2-30 所示，其评分标准如表 2-2 所示。

图 2-30 西餐宴会摆台

表 2-2 西餐宴会摆台规则及评分标准(共 80 分)

项　目	内容及标准	分值
工作台准备	餐器具、玻璃器皿等清洁、卫生；工作台整洁,物品摆放整齐、规范、安全	2
铺台布	台布中凸线向上,两块台布中凸线对齐,两块台布在中央重叠,重叠部分均等、整齐	4
	主人位方向台布交叠在副主人位方向台布上,台布四边下垂均等	
	台布铺设方法正确,最多四次整理成形	
餐椅定位	从主人位开始按顺时针方向进行,从席椅正后方进行操作	3
	席椅之间距离均等,相对席椅的椅背中心对准,席椅边沿与下垂台布距离均等	
装饰盘	手持盘沿右侧操作,从主人位开始摆设	5
	盘边离桌边距离均等,与餐具尾部成一线,装饰盘中心与餐椅中心对准	
	盘与盘之间距离均等	
刀、叉、勺	刀、叉、勺由内向外摆放,距桌边距离均等(每个 0.1 分)	12
	刀、叉、勺之间及与其他餐具间距离均等、整体协调、整齐(每个 0.1 分)	
面包盘、黄油刀、黄油碟	面包盘盘边距开胃品叉 1cm(每个 0.1 分)	6
	面包盘中心与装饰盘中心对齐	
	黄油刀置于面包盘内右侧 1/3 处,黄油碟摆放在黄油刀尖正上方,间距均等	
杯具摆放	摆放顺序：白葡萄酒杯、红葡萄酒杯、水杯(白葡萄酒杯摆在开胃品刀的正上方,杯底距开胃品刀尖 2cm),三杯向右与水平线呈 45°角,各杯肚之间间距均等	6
中心装饰物	中心装饰物中心置于餐桌中央和台布中线上,中心装饰物主体高度不超过 30cm	2
烛台	烛台与中心装饰物之间间距均等	2
	烛台底座中心压台布中凸线,两个烛台方向一致	

续表

项　目	内容及标准	分值
牙签盅、椒盐瓶	牙签盅与烛台底边间距均等，牙签盅中心压在台布中凸线上	3
	椒盐瓶与牙签盅距离均等，左椒右盐，椒盐瓶与台布中凸线间距均等	
餐巾盘花	在平盘上操作，折叠方法正确、卫生	5
	在餐盘中摆放一致，正面朝向客人；造型美观、大小一致，突出主人位	
	由主人鉴酒（只需红葡萄酒）	
	按座位顺序为指定客人斟葡萄酒	
	酒标朝向宾客，在宾客右侧服务	
	斟倒酒水量为 3～5 成，各杯酒水量均等	
	白葡萄酒需要口布包瓶	
	操作规范、卫生、优雅	
操作动作与西餐礼仪	托盘方法正确，操作规范；餐具拿捏方法正确、卫生、安全	15
	操作动作规范、熟练、轻巧、自然、不做作	
	操作过程中举止大方、注重礼貌、保持微笑	
	仪容仪态、着装等符合行业规范和要求	
	操作神态自然，具有亲和力，体现岗位气质	
主题设计	台面整体设计新颖、颜色协调、主题鲜明，中心装饰物设计精巧、实用性强、易推广	15

任务五　斟酒服务技能

斟酒服务在餐饮服务工作中比较频繁，无论是中餐还是西餐，在就餐服务中都是由服务人员提供斟酒服务，尤其宴会服务中斟酒服务运用得最多。斟酒服务要求不滴不洒，不满不溢。要求服务员掌握正确的斟酒方法和相关的酒品知识，这对于提高餐饮服务质量十分重要。

一、斟酒服务程序

(1) 检查酒水的数量、质量、包装等。

(2) 准备酒水有白酒、葡萄酒、啤酒等品种。

(3) 展示酒水酒瓶的外形、包装、商标等。

(4) 开启酒瓶；启瓶器、酒钻等。

(5) 斟倒酒水：按宾主为宾客斟倒酒水。

二、酒水准备工作

1. 各种酒水适合的饮用温度

国内外客人在饮用酒水时对酒水的温度都很关心，特别是在夏天。客人对酒水饮用温度的选择，是人们长时间的生产和享用中发现和体会到的，是一种规律性认识。

(1) 冰镇。许多酒水的最佳饮用温度是低于室温的。如啤酒、香槟酒、有气葡萄酒的最佳饮用温度为4～8℃；白葡萄酒的最佳饮用温度为8～12℃；因此在饮用前需要对此类酒作冰镇处理，这是向宾客提供优质服务的一个重要内容。比较名贵的瓶装酒大都是采用冰镇的方法来降温。冰镇的方法有冰箱冷藏法、冰块冰镇法、溜杯法。具体做法如下。

① 冰镇准备：准备好需要冰镇的酒水及所用的冰桶，并将冰桶架放在餐桌的一侧。

② 桶中放入冰块，将酒瓶插入冰块中约10min，即可达到冰镇效果。如客人有特殊要求，可按客人要求延长或缩短时间。

③ 服务员手持酒杯下部，杯中放入冰块，摇转杯子，以降低杯子的温度，并对杯具进行降温处理。

④ 啤酒、软饮料等酒品可直接用冰箱冷藏。

(2) 温酒。有些酒品的饮用温度高于室温，这就要求对酒品进行温烫，如黄酒、加饭酒、日本清酒以及某些鸡尾酒等。酒水加热要在客人面前进行。温烫有四种常用的方法：水烫、火烤、燃烧和冲泡。水烫，即将饮用酒事先倒入烫酒器，然后置入热水中升温。火烤，即将酒装入耐热器皿，置于火上烧烤升温。燃烧，即将酒盛入杯盏中，点燃酒液以升温。冲泡，即将沸滚饮料(水、茶、咖啡等)冲入酒液，或将酒液注入热饮料中。具体做法是如下。

① 准备暖桶、酒壶和酒品，并用暖桶架放在餐桌的一侧。

② 在暖桶中倒入开水，将酒倒入酒壶，然后放在暖桶中升温。

③ 加温操作必须当着客人的面进行。

2. 示瓶

宾客点用的整瓶酒，在开启之前都应让主人先过目一下。当客人点完酒之后，就进入示瓶程序。示瓶是向主人展示所点的酒水。这样做的目的有两点：一是对客人表示尊重，请客人确定所点酒水准确无误；二是征询客人开酒瓶及斟酒的时间，以免出错。示瓶的方法如下。

(1) 服务员站于主人的右侧，左手托酒瓶，右手扶瓶颈，酒标面向客人，让其辨认。

(2) 当客人认可后，才可进行下一步的工作。

(3) 如果没有得到客人的认同，则去酒窖更换酒品，直到客人满意为止。

另外，餐厅服务员在为客人示瓶之前，要将酒瓶瓶身、瓶口擦干净，检查一下是否过期、变质，是否是客人所需要的那种酒，酒瓶有没有破裂。

3. 开瓶

酒瓶的封口常见的有瓶盖和瓶塞两种。开瓶时要尽量减少瓶体的晃动；将酒瓶放在桌上开启，先用酒刀将瓶口突出部分以上的钻封割开除去，再用布巾将瓶口擦净后，将酒钻慢慢钻入瓶塞；开启有断裂迹象的软木塞时，可将酒瓶倒置，利用内部酒液的压力顶住木塞，然后再旋转酒钻；开拔瓶塞越轻越好，以防发出突爆声；开启瓶塞后，要用干净的布巾仔细擦拭瓶口、瓶身。擦拭时，注意不要将瓶口积诟落入酒中。开启的酒瓶可以留在客人的餐桌上，一般放主人的右侧。

三、斟酒方法及注意事项

（一）斟酒方式

斟酒有两种方式：一种是桌斟，另一种是捧斟。桌斟采用得较多。

1. 桌斟

餐厅员工斟酒时，左手将盘托稳，右手从托盘中取下客人所需要的酒种，将手放在酒瓶中下端的位置，食指略指向瓶口，与拇指约成60°夹角，中指、无名指、小指基本上排在一起。斟酒时站在客人右后侧，既不可紧贴客人，也不可离客人太远。给每一位客人斟酒时都应站在客人的右后侧，而不能图省事，站在同一个地方左右开弓给多个客人同时斟酒。给客人斟酒时，不能将酒瓶正对着客人，或将手臂横越客人。斟酒过程中，瓶口不能碰到客人的杯口，保持1cm距离为宜，同时也不拿起杯子给客人斟酒。每斟完一杯酒后，将握有瓶子的手顺时针旋转一个角度，与此同时收回酒瓶，这样可以使酒滴留在瓶口，不至于落在桌上，也可显得姿势优雅。给下一位客人继续倒酒时，要用干净布在酒瓶口再擦拭一下，然后再倒。

2. 捧斟

手握酒瓶的基本姿势与桌斟一样，所不同的是，捧斟是一手握酒瓶，另一手将酒杯拿在手中，斟酒的动作应在台面以外的地方进行。

（二）斟酒量与斟酒顺序

1. 斟酒量

(1) 中餐在斟倒各种酒水时，白酒以八分满为宜，以示对宾客的尊重。一般红葡萄酒斟至杯的1/2或1/3杯。饮料斟八分满。

(2) 西餐斟酒不宜太满，一般红葡萄酒斟至杯的1/2杯，白葡萄酒斟至杯的2/3杯为宜。斟香槟酒分两次进行，先斟至杯的1/3处，待泡沫平息后，再斟至杯的2/3处即可。

2. 斟酒顺序

(1) 中餐斟酒顺序。宾客入座后，服务员及时问客人是否先喝些啤酒、橘子汁、矿泉水等饮料。宴会开始前10min左右将烈性酒和葡萄酒斟好。其顺序是：从主宾开始，按男主宾、女主宾，再主人的顺序顺时针方向依次进行。如果是两位服务员同时服务，则一位从主宾开始，另一位从副主宾开始，按顺时针方向依次进行。

(2) 西餐宴会斟酒顺序。西餐宴会用酒较多，几乎每道菜有一种酒，吃什么菜跟什么酒，应先斟酒后上菜。其顺序为：女主宾、女宾、女主人、男主宾、男宾、男主人。

（三）斟酒注意事项

(1) 为客人斟酒不可太满，瓶口不可碰杯口。

(2) 斟酒时，酒瓶不可拿得过高，以防酒水溅出杯外。

(3) 当因操作不慎将杯子碰倒时，立即向客人表示歉意，同时在桌上酒水痕迹处铺上干净的餐巾，因此要掌握好酒瓶的倾斜度。

(4) 因啤酒泡沫较多,斟倒时速度要慢,让酒沿杯壁流下,这样可减少泡沫。

(5) 当客人祝酒讲话时,服务员要停止一切服务,端正肃立在适当的位置上,不可交头接耳,要注意保证每个客人杯中都有酒水;讲话即将结束时,要向讲话者送上一杯酒,供祝酒之用。

(6) 主人离位或离桌去祝酒时,服务员要托着酒,跟随在主人身后,以便及时给主人或其他客人续酒;在宴会进行过程中,看台服务员要随时注意每位客人的酒杯,见到杯中酒水少于1/3时,应及时添上。

(7) 斟酒时应站在客人的右后侧,切忌左右开弓进行服务。

(8) 手握酒瓶的姿势。首先要求手握酒瓶中下端,商标朝向宾客,便于宾客看到商标,同时可向宾客说明酒水特点。

(9) 斟酒时要经常注意瓶内酒量的多少,以控制住酒出瓶口的速度。因为瓶内酒量的多少不同,酒的出口速度也不同,瓶内酒越少,出口的速度就越快,倒时容易冲出杯外。所以,要掌握好酒瓶的倾斜度,使酒液徐徐注入酒杯。

任务六　点菜、上菜与分菜

点菜、上菜和分菜是为宾客进餐进行服务的重要环节,也是酒店饭店服务人员必须掌握的基本技能之一。

一、点菜服务技能

餐饮部点菜服务是餐厅服务的主要环节,是餐厅菜肴食品营销工作的重要组成部分,是服务语言、专业知识和服务技巧的集中体现,体现了餐厅员工的综合从业素质。这里主要介绍中餐点菜的方法。

(一) 基本程序

点菜的基本程序包括:客人落座→递送茶水、手巾→递送菜单→等候接受点菜→点菜、点酒→提供建议→记录菜名和酒水→复述确认→礼貌致谢。点菜顺序一般为凉菜→热菜→煲类→汤→主食(酒水)。

(二) 基本步骤与方法

1. 问候客人

礼貌问候客人,如“晚上好,先生。很高兴为您服务”。

介绍自己,如“我是服务员小王,今天我为您们服务,谢谢”。

征询客人是否可点菜,如“请问现在可为您点菜吗?”并礼貌递上菜单。

2. 介绍、推荐菜肴

介绍菜单时要做好客人的参谋,适时、适当推荐菜肴,向客人推销、推荐餐厅的时令菜、特色菜、畅销菜、高档菜。用看、听、问的方法来判断客人的需求,注意原料、口味、烹调方法、高低价格等方面的搭配；时刻体现对客人的关心，提供情感式的服务。必要时对客人所点的菜量、数量和食品搭配提出合理化建议。菜肴介绍应突出重点并有针对性，对某些特殊情况做好事前说明。熟悉菜单，对于客人所点菜肴要做到了如指掌。

3. 向客人解释菜单

菜单上每道菜都由菜名、价格和描述三部分组成，而每部分都有其独特的含义。现将涉及的有关内容分述如下。

(1) 数量表示。食品和饮料服务都有一个量的概念。菜单上食品分量的表示方法有：用大、中、小表示的，如大杯可乐；有用具体数表示的，如三块炸鸡；有用器皿表示的，如一汤碗、一茶杯；有用重量表示的，如千克、克等。菜单上所有的数量的表示都要符合人们的习惯，要具体清楚，不要给客人错误的信息。

(2) 质量表示。食品和饮料的卫生要符合国家的卫生标准。菜单上质量的表示，描述各道菜有关肉、鱼、禽、蔬菜等品种部位特征的词要名副其实，不能弄虚作假。

4. 记录客人点菜的方法

(1) 使用点菜备忘单记录的方法。点菜备忘单应将餐厅所有经营的酒菜印在点菜单上，服务员只需在菜单上相应的菜名前做出标记即可。一式两份，一份留给客人，一份送到厨房。若客人改变主意变更菜品时，服务员在点菜单上划掉项目，防止混乱。这种方法多用于早餐和客房餐饮服务。

(2) 使用便笺记录点菜的方法。由餐桌服务员或者专门负责点菜的服务员在客人点菜之前在点菜便笺上写明客人的餐桌号、进餐人数、日期、服务员自己的名字，并按自编系统或缩写记录桌上每个人的位置，然后再记录每一个人点的菜。

记录桌上客人的位置可以自编系统，自编系统有以下几种方法：①站在餐桌右角，要站在客人的右侧，身体略向前倾，记录点菜时就从服务员左边的客人开始；②以某个人作参照，比如从穿红色外衣的女士开始；③用东南西北方向为参照物按顺时针方向进行；④把每一桌的椅子，仿照固定的位置加以编号。利用窗户、大门或其他明显的目标作为基准点，将每一桌的第一个椅子编为第一号，记为"No. 1"。在记录客人点菜时，把这些椅子的号码写在便条上，尽量利用简略符号，以节省时间并迅速记录菜名。自编系统确定后要求餐厅工作人员熟悉和掌握各个系统代号的含义。

(3) 计算机记录点菜。在现代高级酒店和高级餐厅这种方法越来越普及。将客人点的菜，包括菜的份量、价格、总金额等所有项目输入计算机，打印后交给客人并通过荧屏显示通知厨房。

5. 确认点菜

当客人点完菜后，要向客人复述一遍所点菜肴及特殊要求，并请客人确认。感谢客人，告知客人大约等待的时间。

6. 问点酒水

征询客人是否可以点酒，如"请问现在可以为您点酒吗?"并根据客人的消费要求和消费心理，向客人推销、推荐餐厅的酒水。

介绍时要作适当的描述和解释，适宜地提出合理化建议。注意尽量使用选择性、建议性语言，不可强迫客人接受。

7. 放置点菜记录单(下单)

点菜记录单的放置与信息传递点菜单在厨房如何放置，不仅关系到厨师对食品的准备，而且对整个服务效果都有很大影响。每个餐厅都应制定一套行之有效的方法。下面的几种方法最常见。

(1) 将点菜记录单放在圆轴架上。服务员在厨房把点菜记录单按次序或按桌号放置；新的点菜记录放在右边，以保证厨师按客人点菜的先后次序从排在左边的记录单上的菜开始准备；收接点菜记录单的人，必须重复一遍所点菜品，以便准确无误；当一个点菜单上的菜准备好后，厨师应把点菜记录单和账单放在上面，以帮助检查点菜是否准备齐全。

(2) 服务员把点菜记录输入计算机系统，通过自动传递，厨房就能从荧屏上看到显示出的点菜项目。

(3) 厨房指定一人(厨师或其他工作人员)唱读每个点菜单。无论哪种方法，传递信息必须准确清楚。写完点菜记录单立刻送到厨房，放在点菜记录单呈放架上。放置点菜单时，要特别注意双层的点菜记录单，防止在匆忙中被忽略。

(4) 由服务员唱读点菜。在小餐厅，服务员通过唱读客人所点菜品，把信息传给在厨房的工作人员。这种方法要求服务员头脑清楚、记忆准确。

下单的注意事项：填写点菜单和点酒单要准确、迅速、清楚、工整。填写内容齐全，点菜单注意冷热分开。及时分别送交厨房、收银处、传菜部。不同的点菜单要按规定递交给不同的烹饪部门或责任人，点菜单与酒水单应分开递交。

(三) 点菜的基本要求

点菜服务应注意以下几点。

(1) 时机与节奏。把握点菜时机，在客人需要时提供点菜服务；点菜节奏要舒缓得当，不要太快也不要太慢，但要因人而异。

(2) 服务规范化。填写点菜通知单要迅速、准确，单据字迹要清楚，注意冷菜、热菜分单填写。要填写台号、日期、用餐人数、开单时间、值台员签名。菜肴和桌号一定要写清楚。

(3) 客人的表情与心理。在服务过程中，服务员应注意客人所点的菜和酒水是否适宜，这需要观察客人的表情和心理变化。

(4) 清洁与卫生。点菜中要注意各方面的清洁卫生。菜单的干净美观、服务员的个人卫生、记录用的笔和单据的整洁都要符合标准，才可使客人在点菜时放心。

(5) 认真与耐心。点菜时应认真记录客人点的菜品、酒以及客人的桌号、认真核对点菜单，避免出错；要耐心回答客人的问题，当客人发脾气时，服务员要宽容、忍耐，避免与其发生冲突。

(6) 语言与表情。客人点菜时，服务员的语言要得体，报菜名应流利、清楚，表情应以微笑为主，以体现服务的主动与热情。注意礼貌语言的运用，尽量使用选择性、建议性语言，不可强迫客人接受，不要用特别自我肯定的语言，也不要用保证性的语言。

(7) 知识与技能。服务员要不断拓宽知识面，提高服务技能，才能应付复杂多样的场面，满足不同顾客的不同需求。

二、上菜

上菜与分菜服务，是餐厅服务员应掌握的基本技能之一。上菜就是由餐厅服务员将厨房烹制好的菜肴、点心按一定的程序端送上桌的服务方式。

（一）中餐上菜

1. 中餐上菜顺序与要求

（1）上菜应按照以下顺序进行：冷菜→例汤→热菜→汤→面点→水果（要先冷后热，先高档后一般，先咸后甜）；先上调味品，再将菜端上；每上一道新菜都要转向主宾前面，以示尊重。

（2）在上整鸡、整鸭、整鱼时，应注意"鸡不献头，鸭不献掌，鱼不献脊"，并要上菜位置在陪同（或副主人）右边，应灵活掌握，以不打扰客人为宜，但严禁从主人和主宾之间上菜。

（3）宴会在开餐前8min上齐冷盘，上冷盘的要求：荤素搭配，盘与盘之间间距相等，颜色搭配巧妙；所有冷菜的点缀花垂直冲向转盘边缘，入座10min后开始上热菜，并要控制好出菜和上菜的快慢。

（4）在零点餐台上，客人点了冷菜应尽快送上，点菜10min时要上热菜，一般要在30min内上完所点的菜肴。

2. 摆菜

（1）摆菜时不宜随意乱放，而要根据菜的颜色、形状、菜种、盛具、原材料等因素，讲究一定的艺术造型。

（2）中餐宴席中，一般将大菜中的头菜放在餐桌中间位置，砂锅、炖盆之类的汤菜通常也摆放到餐桌中间位置。散座中可以将主菜或高档菜放到餐桌中心位置。

（3）摆菜时要使菜与客人的距离保持适中，散座中摆菜时，应当将菜摆放在靠近小件餐具的位置上，餐厅经营高峰中两批客人同坐于一个餐桌上就餐时，摆菜要注意分开，不同批次客人的菜向各自方向靠拢，而不能随意摆放，否则容易造成误解。

（4）注意菜点最适宜观赏一面位置的摆放。要将这一面摆在适当的位置，一般宴席中的头菜，其观赏面要朝向正主位置，其他菜的观赏面则对向其他客人。

（5）当为客人送上宴席中的头菜或一些较有风味特色的菜时，应首先考虑将这些菜放到主宾与主人的前面，然后在上下一道菜时再移放餐桌的其他地方。

（二）西餐上菜

1. 西餐上菜顺序

（1）按菜品顺序上菜，即面包、黄油等头盘、头汤、副菜、主菜、配菜、甜品、咖啡与茶等。先斟酒后上菜。任何一道需要配饮酒类的菜品，在上桌之前均应先斟酒后上菜。

（2）按照宾客的顺序上菜，所有菜品上桌时均需遵循先女后男、先宾后主的顺序依次进行。上菜一般用右手从客人右侧进行。

2. 西餐上菜服务方式

西餐上菜服务方式有法式、俄式、英式、美式、意式等，各种服务方式既有相同的地方，也可根据不同的礼仪习俗有所不同。通常一些酒店将几种服务方式混合使用。具体分为以下几种。

(1) 头盘：也称为开胃品，一般有冷盘和热头盘之分，常见的品种有鱼子酱、鹅肝酱、熏鲑鱼、鸡尾酒，沙拉、什锦冷盘等，面包、黄油(在开餐前5min左右送上)，奶油鸡酥盒、焗蜗牛等。

(2) 汤：大致可分为清汤与浓汤，奶油汤、蔬菜汤和冷汤等类型。

(3) 副菜(中盘)：通常鱼虾海鲜等水产类菜肴与蛋类、酥盒菜肴均称为副菜。西餐吃鱼类菜肴讲究使用专用的调味汁，品种有鞑靼汁、荷兰汁、酒店汁、白奶油汁、大主教汁、美国汁和水手鱼汁等。

(4) 主菜：多为肉、禽类菜肴或高级海鲜是主菜。其中最有代表性的是牛肉或牛排，肉类菜肴配用的调味汁主要有西班牙汁、浓烧汁精、蘑菇汁、白尼丝汁等。禽类菜肴的原料取自鸡、鸭、鹅；禽类菜肴烹饪方法：可煮、可炸、可烤、可焗，主调味汁有咖喱汁、奶油汁。

(5) 蔬菜类菜肴：通常为配菜，可以安排在肉类菜肴之后，也可以与肉类菜肴同时上桌，蔬菜类菜肴在西餐中称为沙拉。与主菜同时搭配的沙拉，称为生蔬菜沙拉，一般用生菜、番茄、黄瓜、芦笋等制作。还有一类是用鱼、肉、蛋类制作的，一般不加味汁。

(6) 甜品：西餐的甜品是主菜后食用的，可以算作第六道菜。从真正意义上讲，它包括所有主菜后的食物，包括小吃，如曲奇饼干、冰激凌、奶酪、水果等。

(7) 就餐的最后上咖啡、茶或餐后酒。

三、分菜

分菜服务常见于西餐的分餐制服务中，现在随着影响的扩大，在一些中餐的高级宴会上也在使用。分菜服务就是在客人观赏后由服务人员主动均匀地为客人分菜分汤，也叫派菜或让菜。西餐中的美式服务不要求服务员掌握分菜技术，俄式服务要求服务员有较高的分菜技术，法式服务要求服务员有分切技术。分菜服务可以有效体现餐饮服务的品质，因此服务人员必须熟练掌握分菜服务技巧。

1. 分菜的工具

中餐分菜的工具：分菜叉(服务叉)、分菜勺(服务勺)、公用勺、公用筷、长把勺等。

俄式服务的分菜工具：叉和勺。

法式服务的分切工具：服务车、分割切板、刀、叉、分调味汁的叉和勺。

2. 分菜工具的使用方法

(1) 中餐分菜工具的使用方法。

服务叉、勺的使用方法：服务员右手握住叉的后部，勺心向上，叉的底部向勺心；在夹菜肴和点心时，主要依靠手指来控制；右手食指插在叉和勺把之间与拇指酌情合捏住叉把，中指控制勺把，无名指和小指起稳定作用；分带汁菜肴时用服务勺盛汁。服务叉、勺的握法有以下几种。

① 指握法。将一对服务叉勺握于右手，正面向上，叉子在上方，服务勺在下方，横过中指、无名指与小指，将叉勺的底部与小指的底部对齐并且轻握住叉勺的后端，将食指伸进叉勺之间，用食指和拇指尖握住叉勺，如图 2-31 所示。

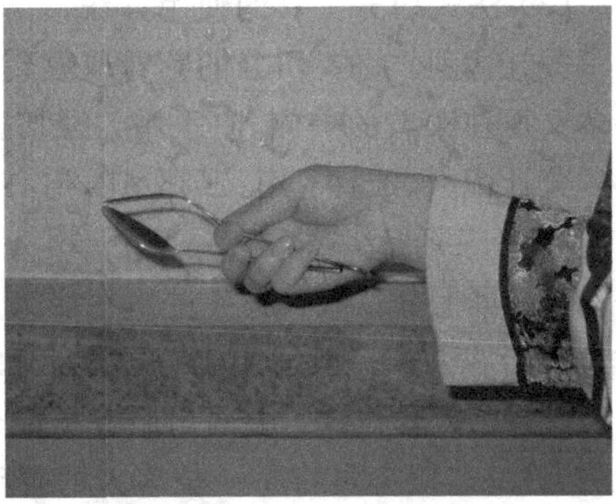

图 2-31 指握法

② 指夹法。将一对叉勺握于右手，正面向上，叉子在上，服务勺在下方，使中指及小指在下方而无名指在上方夹住服务勺。将食指伸进叉勺之间，用食指与拇指尖握住叉子，使之固定。此种方法使用灵活，如图 2-32～图 2-34 所示。

③ 右勺左叉法。右手握住服务勺，左手握住服务叉，左右来回移动叉勺，适用于体积较大的食物派送。如图 2-35 所示。

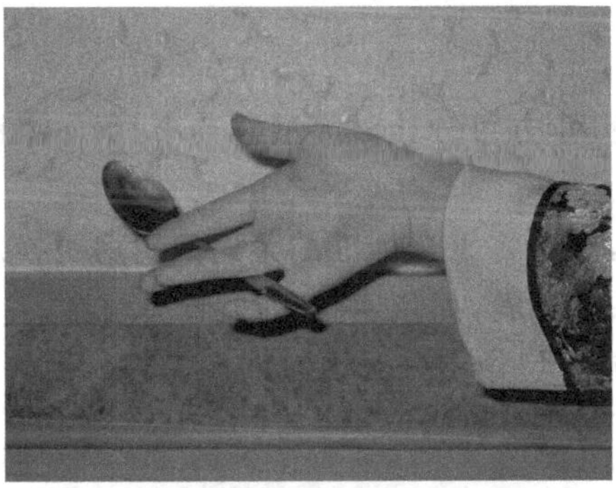

图 2-32 指夹法(一)

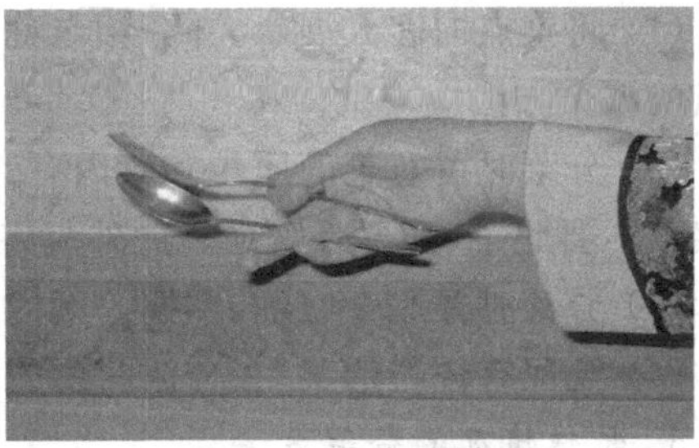

图 2-33 指夹法(二)

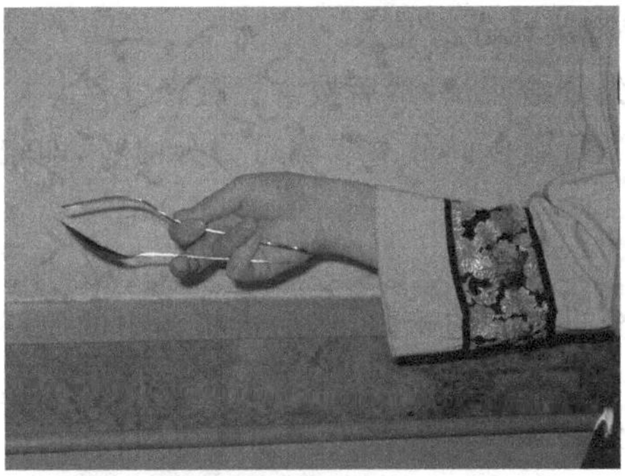

图 2-34 指夹法(三)

图 2-35 右勺左叉法

公用勺和公用筷的用法：服务员站在与主人位置成 90°角的位置上，右手握公用筷，左手持公用勺，相互配合将菜肴分到宾客餐碟之中。

长把汤勺的用法：分汤菜，汤中有菜肴时需用公用筷配合操作。

(2) 俄式分菜用具的使用方法：一般是匙在下，叉在上。右手的中指、无名指和小指夹持，拇指和食指控制叉，五指并拢，完美配合。这是俄式服务最基本的技巧。

(3) 法式切分工具的使用方法。

分让主料：将要切分的菜肴取放到分割切板上，再把净切板放在餐车上。分切时左手拿叉压住菜肴的一侧，右手用刀分切。

分让配料、配汁：用叉勺分让，勺心向上，叉的底部向勺心，即叉勺扣放。

3. 分菜的方法

(1) 桌上分让式：服务员站在客人的左侧，左手托盘，右手拿叉与勺，将菜在客人的左边派给客人。一般适用于分热炒菜和点心。

(2) 二人合作式：由两名服务员配合操作，一名服务员右手持公用筷，左手持长把公用勺，另一名服务员将每一位客人的餐碟移到分菜服务员近处，由分菜服务员分派，另一位服务员从客人左侧为客人送菜。

(3) 旁桌分让式：先将菜在转台向客人展示，由服务员端至备餐台，将菜分派到客人的餐盘中，并将各个餐盘放入托盘中，托送至宴会桌边，用右手从客位的右侧放到客人的面前。一般用于宴会。

4. 分菜的基本要求

(1) 将菜点向客人展示，并介绍名称和特色后，方可分让。大型宴会中，每一桌服务人员的派菜方法应一致。

(2) 分菜时留意菜的质量和菜内有无异物，及时将不合标准的菜送回厨房更换。客人表示不要此菜，则不必勉强。此外应将有骨头的菜肴，如鱼、鸡等的大骨头剔除。

(3) 分菜时要胆大心细，掌握好菜的份数与总量，做到分派均匀。

(4) 凡配有佐料的菜，在分派时要先沾上佐料再分到餐碟里。

5. 特殊情况的分菜方法

(1) 特殊宴会的分菜方法。

① 客人只顾谈话而冷淡菜肴：遇到这种情况时，服务员应抓住客人谈话出现短暂的停顿间隙时机，向客人介绍菜肴并以最快的速度将菜肴分给客人。

② 主要客人带有少年儿童赴宴：此时分菜先分给儿童，然后按常规顺序分菜。

③ 老年人多的宴会：采取快分慢撤的方法进行服务。分菜步骤可分为两步，即先少分再添分。

(2) 特殊菜肴的分让方法。

① 汤类菜肴的分让方法：先将盛器内的汤分进客人的碗内，然后再将汤中的原料均匀地分入客人的汤碗中。

② 造型菜肴的分让方法：将造型的菜肴均匀地分给每位客人。如果造型较大，可先分一半，处理完上半部分造型物后再分其余的一半。也可将食用的造型物均匀地分给客人，不可食用的，分完菜后撤下。

③ 卷食菜肴的分让方法：一般情况是由客人自己取拿卷食。如老人或儿童多的情况下，需要分菜服务。方法是：服务员将吃碟摆放于菜肴的周围；放好铺卷的外层，然后逐一将被卷物放于铺卷的外层上；最后逐一卷上送到每位客人面前。

④ 拔丝类菜肴的分让方法：由一位服务员取菜分类，另一位服务员快速递给客人。

分菜服务就是在客人观赏后由服务人员主动均匀地为客人分菜、分汤，也叫派菜或让菜。西餐中的美式服务不要求服务员掌握分菜技术,俄式服务要求服务员有较高的分菜技术,法式服务要求服务员有分切技术。

项目三　中餐服务

学习目标

- □ **知识目标**:了解中餐零点服务程序,掌握中餐宴会服务技巧。
- □ **技能目标**:参与到中餐厅环境设计工作中,顺利完成中餐午、晚餐服务工作。
- □ **素质目标**:具有设计中餐服务流程的能力,能形成较扎实的中餐服务能力,圆满完成对客服务工作。

任务一　中餐零点服务

中餐服务分为零点餐服务、团体包餐服务和宴会服务等。零点餐服务是指客人随到随吃、自行付款的餐饮服务,客人可以随到随吃,也可以预约订餐。经营方式是提供菜单,接受客人点菜,食品饮料服务到桌,最后凭点菜单结账。中餐零点服务包括餐厅订餐、餐前准备、迎宾服务、就餐服务和结账收银五个环节。中餐零点服务是餐饮服务员必须掌握的基本技能之一。

一、零点餐服务的特点

1. 就餐需求的多样性

不同的客人其消费需求各不相同。有的客人注重饮食需求,因而对菜肴口味的要求会高一些;有的客人则注重心理需求,对服务质量、用餐环境会要求高一些。这就要求服务人员在工作过程中,要做到眼观六路、耳听八方,仔细揣摩客人的消费需求,并能妥善处理应急情况。

2. 就餐时间的随意性

有的客人是在开餐前到餐厅,有的客人是在用餐的高峰时间来到餐厅,还有的则是在餐厅快要结束营业时才来就餐;与此同时,客人的人数也变化很大,有一个人来的,也有十几个、几十个甚至上百人同时来的。要求服务人员拥有全面的服务知识和服务技能,做到服务迅速、准确,要将热情、周到的服务工作自始至终地做下去,不要让客人留下遗憾。

3. 就餐场所的选择性

客人选择餐厅一般把餐厅的菜品价格、就餐氛围、卫生条件、品种特点、服务态度作为选择的标准。如果说菜肴质量是吸引客人的前提条件,那么服务态度则是吸引客人的有力保障。所以,餐厅服务人员应把一流服务及菜肴送给客人,让客人真实地感受到亲切、自然、随意。

二、零点早餐服务

1. 迎宾服务

当客人进入餐厅时，迎宾员要面带笑容，礼貌问候，欢迎客人的光临。迎宾员在引领客人入座时，要根据客人的意愿和餐厅客人就餐分布情况，选择合适的餐桌，挪椅让座以示对客人的尊重。当客人坐下后，及时为客人斟倒第一杯迎宾茶。

2. 餐前准备

(1) 餐具、用具准备。将开餐所需餐具、用具，经消毒后摆放在备餐柜中。

(2) 酒水准备。备好所供应的酒水、茶叶、开水。

(3) 服务用品准备。备好各种托盘、开瓶工具、餐巾纸、牙签、调料等。

(4) 当日菜单。在开餐迎客人之前，要熟悉当日菜单，特别要熟悉当天不能供应的菜点品种，以便在推销时向客人做出解释。

(5) 个人卫生。搞好个人卫生，佩戴好工号牌，整理仪容、仪表，检查卫生，按餐别要求摆好台。

3. 餐中服务

(1) 接受点菜。开茶后，向客人介绍当天供应的早餐品种，主动协助推销早餐品种。

(2) 餐中服务。根据客人所点品种及时、准确地端上餐桌。餐间，服务员要做到勤巡视、勤斟茶水、勤清理台面。尽量满足客人的合理要求。

4. 结束收尾

(1) 结账。当客人要求结账时，值台员应迅速到收银台取来客人的账单，并将账单放在账夹或小托盘内，正面向上，送交给付款客人。

(2) 送别客人。当客人用餐结束离开餐厅时，服务员要主动上前礼貌地与客人道别。

(3) 收台。客人离开餐厅后，各值台区域的服务员应进行收台清扫工作。清理台面的顺序为：先收香巾、茶壶及茶杯，再收其他餐具。台面清洁后，应迅速换上干净的台布，重新摆好餐具，准备接待下一批客人。

早餐营业结束后，应按零点餐要求摆好台面。如午餐有宴会或团体包餐，应按其要求摆台，做好接待前的准备工作。

三、零点午、晚餐服务

中餐的午、晚餐相对于早餐来说比较正式和隆重，对于任何档次的餐厅来说，午、晚餐服务都是非常重要的，相对来说也比较烦琐、复杂。主要服务程序如下。

(一) 餐厅预订

1. 预订方式

常见的方式有面洽预订、电话预订、传真预订和网络预订等。电话预定是最常见、最方便、最经济的一种预定方法。

2. 预订内容

餐厅预订通常应包含的内容有客人预订的用餐日期及时间；客人用餐人数及标准；用餐标准、菜单及酒单的确定；其他服务项目或客人的特殊要求；订餐客人姓名、单位、联系电话及电传号码等信息。

3. 电话预订操作程序

(1) 礼貌接洽。电话铃响三声之内接听电话，使用酒店规定的服务用语向客人问好，并准确报出餐厅名称及自己的姓名。声音要求清晰、柔和、音量适中、快慢有序。

(2) 了解要求。对报出姓名的客人，服务员应称呼其姓名，以示对客人的尊重。仔细聆听客人的介绍，了解客人的身份，问清客人的姓名、单位、用餐日期及时间、宴请对象、人数、台数及其他要求等。

(3) 接受预订。向客人复述预订内容，并请客人确认；确认客人的姓名、电话等信息；预订餐位保留期限务必告知客人；向客人致谢并道别。

(4) 预订通知。填写预订单；订好菜单的预订，立即通知餐厅经理、厨师长等；未订标准或菜单的预订，只要通知餐厅即可；有特殊要求的预订，要及时通知餐厅总领班和厨师长。

(5) 预订记录。务必将预订的详细内容记录在预订登记本上，零点餐厅预订登记本每月一本，用后必须存档。

4. 面洽预订操作程序

(1) 问候客人。引位员看到客人来到餐厅，应热情礼貌地问候客人："您好，女士(先生)。"若知道客人姓名应尊称其姓氏；当知道客人是来订餐时，务必主动向客人介绍自己，表示愿意为客人服务；如果餐厅设有专职订餐员，要及时引领客人到达订餐处并做好交接介绍工作。

(2) 了解需求。礼貌地问询客人姓名、单位、用餐日期及时间、宴请对象、人数、台数、标准及联系方式等内容；在征得客人同意后为其安排相应的包间或餐台，并告知客人包间名称或餐台的台号。

(3) 接受预订。向客人复述预订内容，并请客人确认；确认客人的姓名、电话等信息；预订餐位保留期限务必告知客人；向客人致谢并道别。

(4) 预订通知。填写预订单；订好菜单的预订，立即通知餐厅经理、厨师长等；未订标准或菜单的预订，只要通知餐厅即可；有特殊要求的预订，要及时通知餐厅总领班和厨师长。

(5) 预订记录。务必将预订的详细内容记录在预订登记本上；零点餐厅预订登记本每月一本，用后必须存档。

(二) 餐前准备

1. 召开班前会

班前会是餐厅每天开餐前必须进行的一项工作，一般由餐厅经理或主管负责。开班前会的要点如下。

(1) 班前会要有时间限制，一般以 15min 为宜；要有统一的开会时间，通常午餐班前会在上午10点进行，晚餐班前会在下午4点进行。

(2) 接受个人仪表仪容检查，制服穿戴干净整洁，符合要求。

(3) 接受工作安排。

(4) 听取部门工作指令。

(5) 了解厨房当天菜点水果供应情况和当天特色菜点的原料和烹饪方法等。

2. 餐前各项准备工作

(1) 物品准备。根据桌数和菜单选配银器、瓷器、玻璃器皿、台布、口布、小毛巾、桌裙、转盘等必备物品，餐具准备要留有余地(按十分之二准备)。

(2) 环境卫生。检查通道、走廊、卫生间；检查地毯、墙、柱、灯饰、窗帘、椅面、天花板；检查工作间、后台；检查艺术品、花卉、盆景等。

(3) 按菜单要求备足各类酒水饮料。用布擦净酒水饮料的瓶子；在工作台或工作车上摆放整齐。

(4) 开餐前半小时，将一切准备工作做好。

服务员自查内容如下。

① 复查本档分区内的台子、台面、台布、台面餐具、各种调味品、烟缸、牙签、火柴、台号牌等是否齐全整洁，放置是否符合要求，椅子与所铺的席位是否对应等。

② 备好点菜单、酒水单、笔，整洁的菜单、托盘、备用餐具、小毛巾、工作台内储存品等。

③ 检查完毕，餐饮部经理及管理人员组织部分服务员站立餐厅门口等候第一位客人，然后各就各位站立于分工区域规定的迎宾位置，站姿端正，两手下垂交叉于腹前，仪态端庄，微笑自然，迎候客人。

(三) 迎宾服务

在开餐前5min，服务人员应在各自的工作区域等候开餐，迎接客人。

1. 问候引领客人

(1) 当客人来到餐厅时，引位员要热情礼貌地问候客人。

(2) 询问客人姓名，以便于称呼客人。

(3) 询问客人是否有预订，如客人尚未订桌，立即按需要给客人安排座位。

(4) 询问客人是否吸烟，如客人不吸烟要为客人安排在不吸烟区就座。

(5) 协助客人存放衣物，提示客人保管好贵重物品，将取衣牌交给客人。

(6) 引位员右手拿菜单，左手为客人指示方向，要四指并拢手心向上，同时说：“您好，请这边走。”

(7) 引领客人进入餐厅时要和客人保持1m的距离。将客人带到餐桌前，并征询客人意见。帮助客人轻轻搬开座椅，待客人落座前将座椅轻轻送回。

2. 安排客人座位

(1) 一张餐桌只安排同一批的客人就座。

(2) 要按照一批客人的人数安排合适的餐桌。

(3) 吵吵嚷嚷的大批客人应当安排在餐厅的包房或餐厅靠里边的位置，以避免干扰其他客人。

(4) 老年人或残疾人尽可能安排在靠餐厅门口的地方,可避免多走动。

(5) 年轻的情侣喜欢被安排在安静及景色优美的地方。

(6) 服饰漂亮的客人可以渲染餐厅的气氛,可以将其安排在餐厅中引人注目的地方。

3. 拉椅让座

(1) 站在椅背的正后方,双手握住椅背的两侧,后退半步的同时将椅子拉后半步。

(2) 用右手做请的手势,示意客人入座。

(3) 在客人即将坐下的时候,双手扶住椅背的两侧,用右腿顶住椅背,手脚配合将椅子轻轻往前送,使客人不用自己移动椅子便能恰到好处地入座。

(4) 拉椅、送椅的动作要迅速、敏捷,力度要适中、适度。

4. 送上菜单

(1) 引位员在开餐前应认真检查菜单,保证菜单干净整洁,无破损。

(2) 按引领客人人数,拿取相应数量的菜单。

(3) 当客人入座后,打开菜单的第一页,站在客人的右后侧,按先宾后主、女士优先的原则,依次将菜单送至客人手中。

5. 服务茶水

(1) 服务茶水时,应先询问客人喜欢饮用何种茶,适当作介绍并告之价位。

(2) 按照先宾后主的顺序给客人倒茶水。

(3) 在客人的右侧倒第一杯礼貌茶,以八分满为宜。

(4) 在给全部客人倒完茶,将茶壶添满水后,放在转盘上,供客人自己添茶。

6. 服务毛巾

(1) 根据客人人数从保温箱中取出小毛巾,放在毛巾篮中,用毛巾夹服务毛巾。

(2) 服务毛巾时,站在客人右侧。

(3) 按女士优先、先宾后主的原则依次送上。

(4) 热毛巾要抖开后放在客人手上。

(5) 冷毛巾直接放在客人右侧的毛巾盘中。

(6) 客人用过毛巾后,征询客人同意后方可撤下。

(7) 毛巾要干净无异味,热毛巾一般保持在40℃。

7. 铺餐巾

(1) 服务员依据女士优先、先宾后主的原则为客人铺餐巾。

(2) 一般情况下应在客人右侧为客人铺餐巾,如果在不方便的情况下(如一侧靠墙),也可以在客人左侧为客人铺餐巾。

(3) 铺餐巾时应站在客人右侧,拿起餐巾,将其打开,注意右手在前、左手在后将餐巾轻轻铺在客人腿上,注意不要把胳膊肘送到客人前面(左侧服务则相反)。

(4) 如有儿童用餐,可根据家长的要求,帮助儿童铺餐巾。

8. 撤、补餐具

(1) 按用餐人数撤去多余餐具(如有加位则补上所需要餐具),并调整座椅间距。

(2) 如有儿童就餐，需搬来加高童椅，并协助儿童入座。

9. 撤筷套

(1) 在客人的右侧，用右手拿起带筷套的筷子，交于左手，用右手打开筷套封口，捏住筷子的后端并取出，摆在桌面原来的位置上。

(2) 每次脱下的筷套握在左手中，最后一起撤走。

10. 记录

在协助服务员完成上述服务后，引位员回到迎宾岗位，将客人人数、到达时间、台号等迅速记录在迎宾记录本上。

（四）就餐服务

就餐服务是点菜服务的继续，也是餐饮服务中时间最长、环节最复杂的服务过程。客人就餐服务的操作标准与要求如下。

1. 保持餐桌卫生清洁

(1) 时刻保持餐台的清洁卫生，随时收走餐台上的杂物，空盘要在征得客人同意后撤去。

(2) 在撤换菜盘时，如转盘脏了，要及时抹干净。抹时用干净的抹布和一只餐碟进行操作，以免脏物掉到台布上。清理干净转盘后才能重新上菜。

(3) 如果餐桌台面上有剩余残物，要用专用的服务用具，切不可用手直接操作。

2. 撤换餐具

(1) 撤换餐盘需在宾客将盘中食物吃完后方可进行。

(2) 如宾客放下筷子而菜未吃完时，应征得宾客同意后才能撤换。

(3) 撤换时要边撤边换，撤与换交替进行。

(4) 按先主宾后其他宾客的顺序撤换。

(5) 注意要站在宾客右侧操作，摆放餐具要轻拿轻放。右手操作时，左手要自然弯曲放在背后。

3. 撤换烟灰缸

(1) 烟灰缸内有两个烟蒂或明显杂物时，需给客人更换烟灰缸。

(2) 准备两个干净的、消过毒的烟灰缸，放入服务托盘中。

(3) 撤换时，站在客人的右侧，并示意客人。

(4) 左手托托盘，右手从托盘中取出一个干净的烟缸，盖在客人台面的脏烟灰缸上，用食指压住上面的干净烟灰缸，用拇指和中指夹住下面的脏烟灰缸，把两个烟灰缸一同撤下放入左手的托盘中，再将托盘中另一个干净的烟灰缸放在餐桌烟灰缸原来的位置。这样可以避免烟灰飞扬，污染菜点或落在客人身上。

4. 服务酒水

(1) 随时观察客人用酒情况，在客人饮用剩至 1/3 时，及时斟酒。

(2) 掌握客人酒水情况，及时推销，提供添酒服务。

5. 加菜的处理

(1) 服务员应仔细观察,及时了解客人加菜情况。

(2) 了解客人加菜的原因。

(3) 主动介绍菜肴,帮助客人选择菜肴。

(4) 根据客人的需要开单下厨。

(五) 结账收银

结账种类包括现金结账、支票结账、信用卡结账、签单等,结账要注意结账的时机。服务员不可催促客人结账,结账应由客人主动提出,以免造成赶客人走的印象。同时账单递送要及时,不可让客人等候过长时间;要注意结账的对象,特别是在散客结账时候,应分清由谁付款,如果搞错了付款对象,容易造成客人对酒店的不满;要注意服务态度,餐饮服务中的服务态度要始终如一,结账阶段也要体现出热情和有礼的服务风范。绝不要在客人结账后就停止为其服务,应继续为客人服务,直到客人离去。结账收银操行标准与要求如下。

1. 结账准备

(1) 在给客人上完菜后,服务员要到账台核对账单。

(2) 当客人要求结账时,请客人稍等,服务员立即去收银处,告诉收银员台号,取回账单并核对账单上的台号、人数、菜肴及酒水消费是否准确无误。

(3) 将账单放入账单夹内,并确保账单夹打开时,账单正面朝向客人。

(4) 准备好结账用笔。

2. 递交账单

将取回的账单夹在账单夹内,走到主人右侧,打开账单夹,右手持账单夹上端,左手托账单夹下端,递至主人面前,请主人检查,同时用手势将消费金额示意给客人。

3. 现金结账

(1) 客人支付现金时,服务员礼貌地在餐桌旁当面清点钱款。

(2) 请客人等候,将账单及现金交给收银员。

(3) 核对收银员找回的零钱及账单联是否正确。

(4) 服务员站在客人右侧,将账单上联及所找零钱夹在账单夹内送给客人。

(5) 现金结账时应注意唱收唱付。

(6) 真诚感谢客人。

4. 支票结账

(1) 客人支票结账,应请客人出示身份证或工作证,然后将账单及支票、证件交给收银员。

(2) 收银员结账完毕后,记录证件号码及联系电话。

(3) 服务员将账单第一联及支票存根核对后送还给客人,并真诚感谢客人。如客人使用密码支票,应请客人说出密码,并记录在一张纸上。结账后将账单第一联、支票存根、密码交给客人并真诚地感谢客人。

(4) 客人使用旅行支票结账,服务员需礼貌地告诉客人到外币兑换处兑换成现金后结账。

5. 信用卡结账

(1) 如客人使用信用卡结账,服务员应将账单送给客人核对。

(2) 请客人跟随服务员到收银台划卡结账。

(3) 收银员做好信用卡收据,服务员检查无误后,将收据、账单及信用卡交给客人,请客人在账单和信用卡收据上签字,并检查签字是否与信用卡上的一致。

(4) 将账单第一页、信用卡收据和信用卡递还给客人。

(5) 真诚感谢客人。

(6) 将账单第二联及信用卡收据及另外三联送回收银处。

6. 签单结账

(1) 服务员在为住店客人送上账单的同时,应礼貌地要求客人出示房卡。

(2) 礼貌地示意客人写清房号,用楷书签名。

(3) 客人签好账单后,服务员将账单重新夹在账单夹内。

(4) 真诚地感谢客人。

(5) 迅速地将账单交收银员,以查询客人的名字与房间号码是否相符。

7. 宾客意见卡

若客人结账后不急于离开餐厅,应礼貌地请客人填写宾客意见卡,并表示感谢。

(六) 送客服务

热情送客是礼貌服务的具体体现,表示餐饮部门对客人的尊重、关心、欢迎和爱护。送客时服务员的态度和表现直接反映出饭店接待工作的等级、标准和规范程度,体现出服务员本身的文化素质与修养。因此在送客服务过程中,服务员应做到礼貌、耐心周全。使客人满意。服务要点如下。

(1) 提醒客人带好随身物品。

(2) 检查房间物品。

(3) 拉椅,协助客人拿物品。

(4) 领客人到门口,交还客人物品,再次向客人致谢,待客人走开,方可离开。

任务二　中餐宴会服务

宴会是为了表示欢迎、答谢、祝贺、喜庆等举行的一种隆重的、正式的餐饮活动。宴会在酒店餐饮经营中具有非常重要的意义,因此每个酒店都非常重视宴会的促销和服务管理,尽可能满足客人提出的要求,为他们提供尽善尽美的服务。中餐宴会服务是餐饮服务员必须掌握的基本技能之一。

中餐宴会服务可分为五个环节：中餐宴会的预订、宴会前的准备工作、宴会前的迎宾服务、宴会中的就餐服务和宴会结束工作。

一、宴会的种类和特点

（一）宴会的种类

1. 按规格分类

宴会的种类按规格分有国宴、正式宴会、招待会和便宴等。

(1) 国宴。国宴是国家领导人或政府首脑为国家庆典活动或为欢迎来访的外国元首、政府首脑而举行的正式宴会。这种宴会规格最高，庄严而又隆重。宴会厅内悬挂国旗，设乐队演奏国歌及席间乐，席间有致辞或祝酒，菜单和座席卡上均印有国徽，出席者的身份规格高，代表性强，宾主均按身份排位就座，礼仪严格。

(2) 正式宴会。正式宴会通常是政府和团体等有关部门为欢迎应邀来访的宾客，或来访的宾客为答谢主人而举行的宴会。这种形式除不挂国旗，不演奏国歌以及出席者规格低于国宴外，其余的安排大致与国宴相同。宾主同样按身份排位就座，礼仪要求也比较严格，席间一般都有致辞或祝酒，有时也安排乐队演奏席间乐。

(3) 招待会。招待会是一种灵活便利、经济实惠的宴请形式，常见的有鸡尾酒酒会、冷餐会、茶话会。

鸡尾酒酒会。鸡尾酒酒会也是一种立餐形式，它以供应鸡尾酒为主，附有各种小食品如三明治、小串烧、炸薯片等，鸡尾酒酒会一般在正式宴会之前举行。鸡尾酒酒会与冷餐会一样，都不需排座次。宾客来去自由，不受约束，既可迟到又可早退。整个酒会气氛和谐热烈，轻松活泼，交际面广。近年来，庆祝各种节日、欢迎代表团访问以及各种开幕、闭幕典礼，会议公布要闻，文艺、体育招待演出前后等，往往都采用鸡尾酒酒会这种形式。

冷餐会(自助餐)。冷餐会是一种立餐形式的自助餐，不排座位，但有时设主宾席。冷餐会供应的食品以冷餐为主，兼有热菜。食品有中式、西式或中西结合式，分别以盘碟盛装，连同餐具陈设在菜台上，供宾客自取。酒水饮料则由服务员端至席间巡回敬让。由于冷餐会对宾主来说都很方便，特别是省却了排座次步骤；消费标准可高可低，丰俭由人，参加人数可多可少；时间亦较灵活，宾主间可以广泛交际，也可以与任何人自由交谈，拜会朋友。这种形式多为政府部门或企业、银行、贸易界举行人数众多的盛大庆祝会、欢迎会、开业典礼等活动所采用。

茶话会。茶话会是一种简便的招待形式，多为社会团体单位举行纪念和庆祝活动所采用。会上备茶、点心和数种风味小吃。茶话会对茶叶、茶具的选择要有讲究并具地方特色。国外一般备红茶、咖啡和冷饮。茶话会不排座次，但在入座时应有意识地将主宾和主人安排在一起，其他人则随意入座，宾主共聚一堂，饮用茶点、亲切交谈，席间常安排一些短小的文艺节目助兴。

(4) 便宴。便宴多用于招待熟识的亲朋好友，是一种非正式宴会。这种宴会形式简便，规模较小，不拘严格的礼仪，不用排席位，不做正式致辞或祝酒，宾主间较随便、亲切，用餐标准可高可低，有利于日常的友好交往。

2. 按宴会菜点的性质、规格、标准分类

按宴会菜点的性质、规格、标准，可分为普通宴会、高档宴会、清真宴会、素食宴会等。

(1) 普通宴会。普通宴会是用猪、牛、羊、鸡、鸭、鹅、禽蛋、水产品等一般原材料制作的菜品组成的宴会。比较经济实惠，菜肴质量高低均可，数量可多可少，烹制方法多种多样，不受格局限制，是一种非常适合大众的宴会形式。一般的婚礼、祝寿、酬谢、团聚、饯行等活动均适用。

(2) 高档宴会。高档宴会是选用山珍海味或土特产为原料、由名厨师精心烹调制作的菜品而组成的宴会。如“燕翅席”“鱼翅席”“全羊席”“满汉全席”等。要求其色、香、味、形、器、质、名俱佳，餐厅环境高雅华贵，餐具考究，配合优质的宴会服务，使客人在物质和精神上都得到高档次的享受。

(3) 清真宴会。清真宴会是以牛、羊及蔬菜、植物油为主要原材料烹制成的各种适合伊斯兰教徒饮食习惯的菜品。清真宴会对牲畜的宰杀、加工、制作均有严格的要求。清真食品深受中东、北非、东南亚众多伊斯兰教国家欢迎。

(4) 素食宴会。素食宴会又称素席或斋席，它起源于宗教寺庙，供忌荤腥者或僧侣、佛教徒、道教徒食用。素席以豆制品、蔬菜、植物油为主要原材料，模仿荤菜菜式制作，甚至用荤菜菜名命名，营养丰富，别有风味，深受人们的喜爱。

各种宴会虽然其规格、规模不同，但服务规程却大致相同。只是大型宴会的组织工作比较复杂，安全保卫措施严密，并且要做大量的、细致的、充足的准备工作。

(二) 宴会的主要特点

宴会与一般就餐在菜点和饮料上没有本质区别，但在菜点的品种和质量上，服务程序和内容上存在着差异。

要根据主办人的要求，预先拟订计划，对宴会进行安排。还要根据宴会设计师的要求，对环境进行精心设计和布置，并体现出隆重、高雅、舒适、整洁、热烈的气氛。接待服务讲究，有规定的仪式和礼节。

菜肴有一定的数量和质量要求。主办人须事先预订。

二、宴会服务

(一) 中餐宴会预订

1. 中餐宴会预订方式

常见的宴会预定方式主要有面谈预订、电话预订、电传预订、网上预订、政府指令性预订等。其中最常用的是面谈预订、电话预订。

2. 中餐宴会预订的内容

(1) 宴会时间。其包括宴会举办的具体日期(年、月、日、星期×)与时间(早、中、晚餐，宴会持续时间)，宴会中的祝酒词、演出具体时间，大型宴会的客人布置场地的时间和员工准备工作的时间。

(2) 宴会主题。宴会的目的与性质。

(3) 宴会规模。出席人数、宴席桌数。大型宴会应预留10%的席位和菜品。

(4) 宴会标准。宴会消费总数、人均消费标准、每席价格标准、是否包括酒水费用,是否有服务费、预订费用以及其他费用,以及付费方式与日期。

(5) 宴会菜单。宴会菜式、主打菜肴的要求,有可供变换、递补的菜点,可供选择的酒单。

(6) 宾客情况。预订人的姓名、单位名称和联系方式;客人年龄、性别、职业、风俗习惯、喜好禁忌,有何特殊要求。有无司机及其他人员用餐方式与标准。

(7) 宴会场地。宴会厅的大小、氛围和格局;有无祝酒词、音乐或文艺表演、电视转播、产品发布、接见、会谈、合影、采访、鸡尾酒会等活动的会场与设备要求。

(8) 细节要求。行动路线,汽车到店的行驶路线,停车地点,客人入店专用通道。礼宾礼仪包括VIP客人的红地毯、总经理的门前迎候、服务人员的列队欢迎、礼仪小姐的迎送献花等。

3. 中餐宴会预订的操作程序

(1) 准备工作。

① 按照酒店规定着装,准时上班。

② 参加班前例会。

③ 查看交接班记录,处理未尽事宜。

④ 查看宴会更改通知单并迅速发至各营业点。

⑤ 核对宴会记录,送宴会通知单至各餐厅、厨房、酒吧、行政办、大堂、前台问讯处、客房及总吧台。

(2) 问候客人。

① 以规范的礼貌用语问候客人,并自报部门。

② 如是电话预订,要求在电话铃响三声之内拿起电话。

③ 无论客人来店当面预订还是电话预订,都应亲切地给客人介绍情况,回答客人提出的问题。

(3) 接待介绍。

① 向客人介绍酒店特色,如菜系、价格、服务设施、等级标准及收费项目等。

② 耐心倾听客人提出的问题,根据客人提问进行介绍,当好客人的参谋。不能说“不知道”“不行”“没有”等。如当即回答的确有困难,应马上向客人道歉,并设法在10min内弄清楚并告知客人。

对当面预订的客人,除口头介绍外,还应提供菜单,陪同客人实地考察等。

(4) 受理预订。

① 详细了解客人的单位名称、宴会目的、用餐时间、出席人数、宴会性质、宴会标准、联系电话等信息。

② 订餐洽谈和签约时,要明确宴会承办的细节,带领客人参观宴会厅,了解客人的特殊要求。

③ 客人订餐时要避免催促,给订餐者充足的考虑时间。

向客人提供宴会活动布置平面图、菜单、预算单等。

(5) 确认预订。

① 客人无其他要求后，礼貌地将预订情况向客人复述一遍，以便核对。

② 详细填制宴会预订单，请客人签字。不论是中文还是外文的订单，书写都必须规范、清楚。

③ 客人预订大型宴会时，应送交销售部经理或餐饮部经理签发宴会确认书，再交客人签字确认。

向预订客人收取10%的预订金，并开出收据。

(6) 致谢送客。礼貌地向客人致谢，并将客人送至电梯口或门口。

(7) 发出通知。

① 预订确认后应开出预订单，发至相关部门做好餐前准备。

② 将客人的特殊要求通知餐厅主管和厨师长。

③ 对当日未确认的预订，要求再次主动与客人联系、确认。

(8) 更改预订。处理临时更改通知单，要及时通知有关部门。

(二) 中餐宴会餐前准备

1. 餐前准备

(1) 宴会服务员需做到“八知五了解”。“八知”：知道主人身份、客人身份、国籍、宴会标准、开始时间、菜肴品种和酒水要求、主办单位或个人信息、付款方式与主办单位的联络方式。“五了解”：了解客人的风俗习惯、客人生活忌讳、客人特殊需求、进餐方式、主宾和主人的特殊爱好等。

(2) 宴会前应做好的准备工作。宴会服务人员应按宴会要求布置场地，如摆放花篮、横幅、水牌等；按照宴会要求备好餐具、酒水、饮料；检查餐具是否整洁，有无破损，桌椅是否整洁，地面是否清洁等；宴会开餐前30min领取酒水、上桌，提前15min上凉菜。

2. 餐前准备的操作程序

(1) 个人准备。按照酒店规定着装，化淡妆，准时到岗。

(2) 宴会准备。

① 根据宴会类别、档次布置宴会厅，摆好餐台。

② 熟悉菜单，选配器皿用具，备足餐具并逐项检查，保证清洁、光亮、无破损。

③ 备足酒水、饮料并摆放到位。

④ 按照标准配备相应数量的服务用具并按规定摆放在工作台上。

⑤ 做好各自工作区域的卫生。

⑥ 检查宴会厅设施的运转情况，宴会前开启空调，使宴会厅温度适宜。大型宴会厅提前30min开启，小型宴会厅提前15min开启；提前30min开启宴会厅所有的照明灯光。

(3) 检查。

① 自查个人仪表，重要宴会需戴白手套，复查餐台物品摆放是否符合要求。

② 接受领导检查。

注：以上工作应在开餐前半小时完成。

（4）开餐准备。

① 宴会开始前 15min，值台员与传菜员相互配合，按要求上好凉菜。上凉菜时应按颜色深浅、荤素搭配的原则，均匀地摆放在转台上。

② 宴会开餐前 5min，按要求斟上红酒和白酒。

③ 准备好开水、消毒湿巾和餐巾纸。

④ 在开餐前 10min，按规定位置面向门口站好。

（三）中餐宴会迎宾服务

1. 准备工作

（1）按照酒店规定着装，准时到岗。

（2）参加班前会。

（3）查看交接班记录，处理未尽事宜。

2. 接听电话

按照标准接听电话，提供信息，解答疑问。

3. 迎宾准备

根据宴会的入场时间，提前在宴会厅门口迎候宾客，表情自然、热情，眼光平视前方。

4. 主动问候

客人到达时，要面带微笑，主动问候客人。

5. 热情迎宾

将客人引领到休息室休息或直接带到指定的宴会厅。

6. 介绍答疑

介绍宴会厅的菜点、服务项目、设施，回答客人问题。

7. 接挂衣帽

（1）规模较小的宴会，可将客人脱下的衣帽挂在宴会厅门口的衣帽架上，并提醒服务员照看。

（2）规模较大的宴会，通常设有衣帽间，可将其存放在衣帽间内。

（3）服务员接挂衣帽时应握住衣领，切勿倒提，以防物品倒出。

（4）贵重衣帽要用衣架，以防衣服走样。贵重物品请客人自己保管。

8. 拉椅让座

为客人拉椅让座，介绍宴会厅内值台服务员并做好交接工作。

9. 订花服务

为宴会重要客人预订鲜花。

10. 茶水服务

按服务规范为客人提供茶水服务。

（四）中餐宴会就餐服务

1. 开餐服务

（1）宴请人数如有增减，应使用托盘增撤餐具和菜肴，同时通知厨房增减菜肴数量。

(2) 撤花瓶、席位卡，从客人右侧为客人打开餐巾并铺好，撤去筷套。

(3) 从主宾右侧，按顺时针方向撤去冷菜的保鲜膜(用服务夹操作)。

(4) 征询客人饮用何种茶水，将茶水准备好后，依照先长后幼、先女后男的次序进行斟倒，斟倒的茶水双七分满为宜。

(5) 茶水斟倒完毕后，需向壶内重新注满开水，并将茶壶放回台面，注意不要将壶嘴朝向客人。

(6) 如是吸烟餐厅，应主动为客人点烟。

2. 酒水服务

(1) 依据操作方法和服务顺序，在征询客人的意见后，用右手在客人右后侧为客人斟倒酒水。一般白酒斟八分满为宜，红酒斟 1/3 或 1/2 杯。斟白酒和红酒时，应先斟红酒，后斟白酒。

(2) 客人表示不需要某种酒时，应将空酒杯撤走。

(3) 斟酒水从主宾开始，按顺时针方向进行，并遵循先主宾后主人、先女宾后男宾的原则逐位斟倒。随时注意宾客杯中的酒水，当少于 1/3 时，应及时添斟。

(4) 如遇主宾致辞，服务员应立即停止服务，保持场内安静。主人讲话即将结束时，服务员要把主人的酒杯送上，供主人祝酒。大型宴会主宾致辞时，服务员应用托盘备好 1～2 杯甜酒，在致辞结束需要敬酒时送上。主人离位给来宾敬酒时，服务员应托酒，跟随主人身后，及时给主人或来宾续酒。

(5) 当客人起立干杯或敬酒时，应帮助客人拉椅。客人就座时，再把椅子向前推，要注意客人的安全。

3. 就餐服务

(1) 征询客人意见后将茶杯撤下，准备开餐。

(2) 严格遵循中餐上菜顺序上菜，热菜要热，冷菜要冷，不同烹饪方法的菜要用不同的餐具。大型宴会或重要宴会要服从专人指挥，以免造成早上、迟上、漏上，影响宴会效果。

(3) 上菜位置在陪同和翻译之间或副主人右边，以不打扰客人为原则；严禁从主人和主宾之间上菜。

(4) 多桌宴会时，正菜应以主桌为准，先上主桌，再按照桌号依次上菜；绝不可主次颠倒。

(5) 热菜一定要在冷菜进食一半左右开始上。

(6) 展示菜肴并报出菜名。

(7) 摆放菜肴时，应将观赏面或优质部位正对主位。注意成对摆放，荤素搭配摆放。

(8) 上完甜食点心后，撤走调味碟、勺子、筷子、筷架、毛巾碟，送上茶水，并把牙签盅移至转台上。

(9) 宴会期间，及时给客人更换烟灰缸及餐碟。

(10) 如有急事或电话需要找客人，应与宴会主办单位负责人联系。

4. 水果服务

(1) 上水果前，应将台面清理干净。

(2) 根据不同的水果，为客人提供水果刀和水果叉。

(3) 当客人进食完水果后从客人右侧将水果盘、垫碟、水果一起撤下。

(4) 用完水果后，擦净转台，重新摆上鲜花，以示宴会结束。

5. 茶水服务

(1) 为客人摆上茶杯，然后在客人右侧为其斟倒茶水。

(2) 为客人上第三道小毛巾。

(五) 餐后结束工作

1. 结账

(1) 清点酒水、香烟、水果，核对宴会人数、标准以及菜单外的额外费用，将陪同等的工作餐及时通知收银台。

(2) 如是单位宴请，签单时核对签单人的单位工作证，然后将账单交与收银员。

(3) 现金、支票、信用卡等结账方式的标准及要求参见收银结账工作。

2. 致谢送客

礼貌与客人道别，并向客人表示感谢，诚恳欢迎客人再次光临。

3. 收台检查

撤收餐具，清理桌面，更换台布，打扫卫生，落实安全措施后服务员方可离岗。

项目四 西餐服务

学习目标

- 知识目标：了解自助餐、酒会服务程序，掌握西餐宴会服务技巧。
- 技能目标：参与到西餐厅环境设计工作中，顺利完成西餐服务工作。
- 素质目标：具有设计西餐服务流程的能力，能形成较扎实的西餐服务能力，圆满完成对客服务工作。

任务一 西餐概述

一、西菜简介

目前，世界上流行的西菜主要有法国菜、英国菜、意大利菜、德国菜、美国菜、俄国菜等。不同国家的人有着不同的饮食习惯，有种说法非常形象：“法国人是夸奖着厨师的技艺吃，英国人注意着礼节吃，意大利人痛痛快快地吃，德国人考虑着营养吃。”

(一) 西菜的特点

1. 口味香醇、浓郁

与我国菜类相比，西餐的独特用料使其有明显的香味浓烈的特色。西菜的调料、香料品种繁多。烹制一份菜肴往往要使用多种香料，如桂皮、丁香、肉桂、胡椒、芥末、大蒜、生姜、香草、薄荷、荷兰芹、蛇麻草、驴蹄草、洋葱等。西菜常用葡萄酒作为调料，烹调时讲究以菜配酒，做什么菜用什么酒，其中法国产的白葡萄酒和红葡萄酒用得最为普遍。西餐多用奶制品，如鲜奶油、黄油、干酪等。

2. 调味沙司与主料分开单独烹制

西餐菜肴在形态上以大块为主，很少把主料切成丝、片、丁等细小形状，如大块的牛排、羊排、鸡、烤肉等。大块原料在烹制时不易入味，所以大都要在菜肴成熟后伴以或浇上沙司。沙司在西餐中占有很重要的地位，厨房中设有专门的厨师制作，不同的菜烹制时用不同的沙司，在使用时严格区分，如薄荷汁跟羊扒，法汁、意大利汁、油醋汁跟沙拉等。

3. 注重肉类菜肴的老嫩程度

欧美人对肉类菜肴，特别是牛肉、羊肉的老嫩程度很讲究。值台员在接受点菜时，必须问清宾客的需求，厨师应按宾客的口味进行烹制。一般有五种不同的成熟度，即全熟、七成熟、五成熟、三成熟、一成熟。

4. 别具一格的烹调方法

常用的西餐烹调方法有煎、炸、炒、烤、烩、烘、蒸、熏、炖、煮、扒、铁扒、铁板煎等，其中烤、铁扒、煎在烹调中更具特色。许多高档菜肴多用铁扒、烤、铁板煎烹制，如烤火鸡、铁扒牛排等。

（二）西菜的主要菜系

1. 法式大餐——西菜之首

法国人一向以善于吃并精于吃而闻名，法式大餐至今仍名列世界西菜之首。

法式菜肴的特点是：选料广泛（如蜗牛、鹅肝都是法式菜肴中的美味），加工精细，烹调考究，滋味有浓有淡，花色品种多；法式菜还比较讲究吃半熟或生食，如牛排、羊腿以半熟鲜嫩为特点，海味的蚝也可生吃，烧野鸭一般六成熟即可食用等；法式菜肴重视调味，调味品种类多样。用酒来调味，什么菜选用什么酒都有严格的规定，如清汤用葡萄酒，海味品用白兰地酒，甜品用各式甜酒或白兰地等。法国菜和奶酪品种多样。法国人十分喜爱吃奶酪、水果和各种新鲜蔬菜。

法式菜肴的名菜有：马赛鱼羹、鹅肝排、巴黎龙虾、红酒山鸡、沙福罗鸡、鸡肝牛排等。

2. 英式西餐——简洁与礼仪并重

英国的饮食烹饪，有家庭美肴之称。英式菜肴的特点是：油少、清淡，调味时较少用酒，调味品大都放在餐台上由客人自己选用。烹调讲究鲜嫩，口味清淡；选料注重海鲜及各式蔬菜，菜量要求少而精。英式菜肴的烹调方法多以蒸、煮、烧、熏为特色。

英式菜肴的名菜有：鸡丁沙拉、烤大虾苏夫力、薯烩羊肉、烤羊马鞍、冬至布丁、明治排等。

3. 意式大餐——西菜始祖

罗马帝国时代，意大利曾是欧洲的政治、经济、文化中心，就西餐烹饪来讲，意大利是始祖，可以与法国、英国媲美。意大利人喜爱面食，做法吃法甚多。其制作面条有独到之处，不同形状、颜色、味道的面条至少有几十种，如字母形、贝壳形、实心面条、通心面条等。意大利人还喜食意式馄饨、意式饺子等。

意式菜肴的特点是：原汁原味，以味浓著称；烹调注重炸、熏等，以炒、煎、炸、烩等方法为主。

意式菜肴的名菜有：通心粉素菜汤、焗馄饨、奶酪焗通心粉、肉末通心粉、比萨饼等。

4. 德式菜肴——啤酒、自助

德国人对饮食并不讲究，喜吃水果、奶酪、香肠、酸菜、土豆等，不求浮华只求实惠营养，最先发明自助快餐。德国人喜喝啤酒，每年的慕尼黑啤酒节大约要消耗100万升啤酒。

5. 美式菜肴——营养快捷

美国菜是在英国菜的基础上发展起来的，继承了英式菜简单、清淡的特点，口味咸中带甜。美国人一般对辣味不感兴趣，喜欢铁扒类的菜肴，常用水果作为配料与菜肴一起烹制，如菠萝焗火腿、苹果烤鸭。

美国人喜欢吃各种新鲜蔬菜和各式水果。美国人对饮食要求并不高，只要营养、快捷。

美式菜肴的名菜有：烤火鸡、橘子烧野鸭、美式牛扒、苹果沙拉、糖酱煎饼等。

6. 俄式大餐——西菜经典

沙皇俄国时代的上层人士非常崇拜法国，贵族不仅以讲法语为荣，而且饮食和烹饪技术也主要学习法国。但经过多年的演变，特别是俄国地处寒带，食物讲究热量高的品种，逐渐形成了自己的烹调特色。俄国人喜食热食，爱吃鱼肉、肉末、鸡蛋和蔬菜制成的小包子和肉饼等，各式小吃颇负盛名。

俄式菜肴口味较重，喜欢用油，制作方法较为简单；口味以酸、甜、辣、咸为主，酸黄瓜、酸白菜往往是饭店或家庭餐桌上的必备食品。

烹调方法以烤、熏、腌为特色。俄式菜肴在西餐中影响较大，一些地处寒带的北欧国家和中欧国家的日常生活习惯与俄罗斯人相似，大多喜欢腌制的各种鱼肉、熏肉、香肠、火腿以及酸菜、酸黄瓜等。

俄式菜肴的名菜有：什锦冷盘、鱼子酱、酸黄瓜汤、冷苹果汤、鱼肉包子、黄油鸡卷等。

二、西菜的组成

西菜的正餐不论是宴会还是便餐，多由开胃菜、沙拉、汤、主菜和甜点组成。

（一）开胃菜

开胃菜是开餐的头道菜，俗称头盆或开胃品，数量较少，主要起开胃、增加食欲的作用，以冷盘居多；开胃菜主要由水果、蔬菜、熟肉、水产、海鲜等原料制成，口味清淡爽口，造型别致，色彩艳丽；开胃菜的种类很多，常见的有如下几种。

1. 三明治开胃品

其成品和普通三明治一样都由三部分组成：底托、酱菜和装饰物。

底托由面包片、松饼和酥脆面皮组成；涂在底部食品上的酱类是经过调味的黄油、奶酪酱、肉类或鱼类做的肉酱，以及鸡肉、鱼肉、海鲜等制作的色拉；装饰物放在三明治的最上层，一般由动物、植物性原料构成，如熏鱼片、黄瓜片等。三明治开胃品的特点是造型美观，有很高的艺术性，食用时直接用手取食物入口。

2. 蘸汁开胃品

它由两部分组成：主体菜和汁酱。食用时应将主体菜蘸汁酱后食用。

(1) 主体菜。由各种锅巴、脆饼、脆嫩的蔬菜(如海萝卜、西芹、菜花、青椒等)、油炸土豆片等组成。

(2) 汁酱。由酸奶油、酸奶酪、蛋黄酱、豆泥等加调味品制成，有的汁中掺有虾肉、咸肉或洋葱。汁酱有冷、热之分。

3. 餐前小吃

一种量少可口，形、色、味俱佳的食品，有冷、热之分，冷餐前小吃如奶酪块、火腿卷等，热餐前小吃如油炸虾、松饼等。

(二) 沙拉

沙拉即凉拌菜，具有开胃、帮助消化、增进食饮的作用。沙拉的原料十分广泛，包括各种新鲜蔬菜、水果、粮食、干果、奶酪、禽蛋、火腿、肉类、海鲜等。沙拉可分为水果沙拉、素菜沙拉和荤菜沙拉三大类。前两种口味清淡爽口，调味汁新鲜，主要适用于做开胃菜或配菜，如什锦沙拉、水果沙拉；后一种量大、营养丰富、蔬菜配备较多，常作为主菜，如厨师沙拉等。

(三) 汤

制作西餐的汤菜、热菜都离不开预先用牛肉、鸡肉等熬制的汤，亦称基础汤；既可以作开胃菜、辅助菜，也可以作为主菜。在一定程度上讲，基础汤是烹调菜肴必不可少的调味品。常用的基础汤分为清汤、浓汤、特色汤等。

1. 清汤

清汤为清澈透明液体，通常以白色原汤、棕色原汤和鸡原汤为原料，汤中适量配蔬菜和熟肉制品。清汤通常有如下三种。

(1) 原味清汤。由原汤直接制成。

(2) 浓味清汤。将原汤直接过滤调味制成。

(3) 精制清汤。原汤加入剁成细泥的鸡肉泥和蛋清搅拌均匀后，除去汤中的微小杂质，经过滤后成为清澈透明的清汤。这种清汤是直接食用的汤菜，多用于高级宴会，一般不作为调味品使用。

2. 浓汤

浓汤是不透明液体，通常以汤中的配料命名。浓汤一般分为四种。

(1) 海鲜汤。与奶油汤很相似，只不过它的汤中配料是海鲜，而不是蔬菜：汤中的洋葱和胡萝卜只用作调味而不是配料，如龙虾汤、蟹肉汤等。

(2) 奶油汤。以原汤配上奶油、炒面粉或菜泥制成，如芦笋奶油汤，以芦笋和奶油为原料。

(3) 菜泥汤。它是将含有淀粉质的蔬菜放入原汤中煮熟，然后将其碾磨好后与原汤放在一起，经过滤、调味而成，如青豆泥汤。

(4) 什锦汤。什锦汤中主要有动、植物性两种原料，且配料的品种和数量也无具体规定：如鱼汁什锦汤、蔬菜什锦汤等，虽然与奶油汤或菜泥汤相似，但其区别是汤中原料的尺寸较大。

3. 特色汤

根据各民族饮食习惯和烹调艺术特点制作的汤，或厨师用特别原料、别出心裁的方法制作的汤，都叫特色汤，如新式洋葱汤、果仁汤等。

(四) 主菜

主菜是一餐中最主要的菜肴，是西菜中份额较大且蛋白质较高的菜肴。主菜制作相当考究，既考虑色、香、味、形，又考虑营养价值，原料多用海鲜、禽畜、肉类，其中海鲜和牛肉使用量最大。

常用的海鲜有比目鱼、凤尾鱼、蹲鱼、蟹、蛤、牡蛎、虾和扇贝等。西菜有冷主菜、热主菜之分，主要用煮、蒸、烩、焗、烤、扒等技法制作，其中“扒”法在西菜制作中最常见，目前欧美最流行的菜肴中有许多都是用此法制成。

(五) 甜点

甜点是餐后食品，为西菜的最后一道菜品。一般按用途可以分成三种，即软点、干点和湿点。软点大多热吃，如煎饼、吐司等，以做早餐供应为主；干点通常冷吃，如派类、饼干类等，一般用作下午茶；湿点品种较多，主要是冰激凌、布丁等，一般用于午、晚餐。

任务二 自助餐及酒会服务

一、自助餐的服务与管理

自助餐会是当今较流行的服务方式，适用于会议用餐、团队用餐和各种大型活动。自助餐会一般有立式和设座两种就餐形式。不设座的立式就餐可以在有限的空间里容纳更多的宾客，而且气氛活跃，不必拘泥。设座自助餐会的规格较立式高，得到的个人照顾多。

(一) 自助餐的特点

(1) 菜品丰富，价格合适。自助餐菜品品种繁多，餐台布置美观，富有吸引力，方便客人取用。客人不限取餐次数，用餐较为自由。

(2) 进餐速度较快。客人进入餐厅后无须点菜即可取食菜品，较为适合现代社会快节奏的生活方式，同时也提高了餐厅的座位周转率。

(3) 节省人力。因为是客人自己取餐，服务员仅需提供简单的服务，如酒水服务，整理餐桌，补充菜品和餐具等，这样可节省酒店的人力资源，降低费用。

（二）自助餐台设计与布局

自助餐台通常设在餐厅的一侧或餐厅中央，可由一个主台和几个小台组成。一般分为冷菜区、汤类区、热菜区、甜品区、饮料区等。自助餐台的摆设要求如下。

(1) 美观、醒目和富有吸引力。

(2) 方便客人取菜。

(3) 餐台设计合理，并有很好的保温效果。如使用加热布菲炉或电加热炉等。

(4) 餐台设计应结合场地特点。

(5) 餐台设计有主题性。使用鲜花、装饰品等装饰餐台。

（三）自助餐服务程序

1. 餐前准备

(1) 摆放自助餐台。

① 摆放好自助餐台的各类菜品。

② 摆放好所用的各类餐具，如主餐盘、甜品盘、汤碗、饮料杯等。

③ 摆放好取餐用的服务叉勺。

④ 摆放好各类调料。

(2) 摆台。自助餐餐桌摆台通常按照西餐零点摆台方式，主要摆放主餐刀、主餐叉、汤勺、面包盘、黄油刀、餐巾、椒盐瓶、烟灰缸、牙签筒等。

(3) 检查。检查自助餐台菜品是否摆放完全，是否整齐美观，菜品温度是否合适。各类取餐餐具是否齐全，酱料调料是否齐全，饮料是否备齐等。检查餐厅设施设备、环境卫生、空调温度，检查桌椅是否整齐，检查摆台是否规范，检查背景音乐，检查个人仪容仪表是否标准，等等。

2. 餐中服务

(1) 迎宾服务。看到客人，迎宾员应主动、礼貌地问候："中午/晚上好！先生/女士。"应面带微笑并注意目光接触。引领客人进入餐厅，询问客人是否有预定，如有预定，询问客人的单位、姓名等。引领至预先安排好的餐桌。如无预定，询问客人用餐人数及需要吸烟区或非吸烟区，为客人安排合适的餐桌并拉椅让座。

(2) 酒水服务。为客人递上酒水单，做相应的介绍和推荐。记录客人所点酒水并重复点单。

根据客人所点酒水，到吧台领取并准备相应的服务用具及酒杯。为客人服务酒水，遵循先女士后男士，先宾后主的原则从客人右侧服务。

(3) 餐桌服务。为客人斟倒酒水饮料，及时撤收客人用过的餐盘，及时更换烟灰缸，补充相应餐具等。

(4) 结账服务。提前准备好账单，检查无误，客人用餐完毕后，送上账单，询问满意度并感谢客人。

(5) 送客服务。客人起身为其主动拉椅，礼貌道别，感谢客人并祝客人愉快。

3. 自助餐台服务

安排专门员工负责自助餐台，及时清理、整理自助餐台面；通知厨房补充菜品；清理服务用具，补充餐盘，补充调料；及时补充自助餐台的饮料，随时为客人介绍菜品；随时做好菜品的保温工作等。

4. 餐后服务

客人离开后，迅速整理桌椅、清理台面，同时检查有无客人遗留物品。重新摆台，准备迎接下批客人。操作要轻，避免影响其他客人。餐后，将自助餐台剩余菜品撤至厨房处理，清理自助餐台，将所有服务用具进行清洗，做好餐台卫生清洁工作。

5. 自助餐服务注意事项

(1) 进行人员分工时，派专人负责自助餐台服务。

(2) 始终保持餐桌、餐台清洁卫生。

(3) 不断补充陈列的食品，保持盛放食品不少于1/3。

(4) 检查控制食品温度，热菜始终保持一定热度，冷菜始终冷。

(5) 客人点不包含在自助餐餐费中的酒水时，须向其说明需另付费用。

(6) 注意前后台的密切协调配合。

(7) 妥善保管餐台装饰物品。

二、冷餐酒会服务

(一) 冷餐酒会的种类及特点

冷餐酒会是西方国家比较流行的一种宴会形式，目前我国正逐渐流行，因其气氛热烈、交流方便、进餐自由而深受客人的欢迎。

1. 冷餐酒会的种类

冷餐酒会从其进餐形式可分为以下两种。

(1) 立式冷餐酒会。所有来宾站立着用餐，但在宴会厅周围备有座椅供客人休息。

(2) 坐式冷餐酒会。所有来宾坐着用餐，与正式宴会相同。

2. 冷餐酒会的特点

(1) 自助形式的宴会，环境布置热闹隆重，菜品丰盛。

(2) 客人用餐自由，气氛热烈。

(3) 一般持续时间较长。

(二) 冷餐酒会的服务程序

1. 餐前准备

(1) 餐台设计及摆设。

① 冷餐酒会的餐台设计应根据客人人数及宴会场地灵活摆放，一般有“一”字形、“T”形及波浪形等。

② 摆放好餐台的各类菜品。

③ 摆放好所用的各类餐具，如主餐盘、甜品盘、汤碗等。

④ 摆放好取餐用的服务叉勺。

⑤ 摆放好各类调料。

⑥ 冷餐酒会必须设置吧台，并安排专门的酒水员服务。备好各类酒水、酒杯和服务用具。

(2) 摆台。立式冷餐酒会需在宴会厅内摆放鸡尾酒桌，方便客人放用过的餐盘、酒杯等，同时摆放烟灰缸、牙签筒、餐巾纸等，并摆放鲜花装饰。

坐式冷餐酒会餐桌摆台通常按照西餐零点摆台方式，主要摆放主餐刀、主餐叉、汤勺、面包盘、黄油刀、餐巾、椒盐瓶、烟灰缸、牙签筒等。

(3) 摆设签到台。签到台一般摆在宴会厅入口处一侧，应根据主办单位要求备好签到簿、名片托盘等。

(4) 检查。检查餐台菜品是否摆放完全，是否整齐美观，菜品温度是否合适。各类取餐餐具是否齐全，酱料调料是否齐全，饮料是否备齐等。检查宴会厅设施设备、环境卫生、空调温度，检查桌椅是否整齐，检查摆台是否规范，检查背景音乐，检查个人仪容仪表是否标准，等等。

2. 餐中服务

(1) 迎宾服务。看到客人，迎宾员应主动、礼貌地问候客人："中午/晚上好！先生/女士。"应面带微笑并注意目光接触。为客人提供存衣服务。引领客人到签到台签到后进入宴会厅。

(2) 酒水服务。服务员为客人送上各类酒水供客人选择。

(3) 餐桌服务。立式冷餐酒会服务：服务员用托盘托送酒水饮料，及时为客人服务，及时收客人用过的餐盘、餐具，及时更换鸡尾酒桌上的烟灰缸。

坐式冷餐酒会服务：为客人斟倒酒水饮料，及时撤收客人用过的餐盘，及时更换烟灰缸，补充相应餐具等。

(4) 结账服务。当客人用完餐后，准备好账单，检查无误，与宴会负责人结账。

(5) 送客服务。冷餐酒会结束，及时为客人取所存衣物，热情道别。

3. 自助餐台服务

安排专门员工负责自助餐台，及时清理、整理自助餐台面；通知厨房补充菜品；清理服务用具，补充餐盘，补充调料；及时补充自助餐台包括的饮料，随时为客人介绍菜品；随时做好菜品的保温工作等。

4. 餐后服务

冷餐酒会结束后，将自助餐台剩余菜品撤至厨房处理，清理自助餐台。巡视四周，看有无客人遗留的物品，对宴会厅进行卫生整理。

三、鸡尾酒会的服务与管理

鸡尾酒会的形式较为灵活，以供应酒水为主，备有简单菜肴和小吃，站立饮食，客人用餐自由，交流广泛。

(一) 鸡尾酒会的特点

(1) 以酒水为主,另外还有一些饮料。由服务员托盘在客人间行走,由客人自行拿取。

(2) 食品简单。只提供一些小吃、点心及少许的菜品。

(3) 不摆台、不设座。客人基本都是站着进食和交流,气氛活跃。

(4) 地点灵活。室内室外均可,空间不受限制。

(二) 服务程序

1. 餐前准备

(1) 根据客人要求布置会场,准备各种所需物品。

(2) 准备足够量的餐具用具。

(3) 对人员进行分工,专人负责吧台。

(4) 酒会开始前几分钟,要端出各种小吃。

2. 迎宾服务

看到客人,迎宾员应主动、礼貌地问候客人:"中午/晚上好! 先生/女士。"应面带微笑并注意目光接触。为客人提供存衣服务。

3. 酒水服务

服务员用托盘托送酒水来回走动,注意观察客人的举动,及时为宾客提供服务。调酒师按客人所需及时调配鸡尾酒,由服务员送至客人面前。

4. 菜品服务

服务员用托盘托送各类食品小吃,一般由客人自行拿取。保证有足够量的菜品及餐具的供应。专门的人员负责收拾空的餐具、酒杯,保持清洁。

5. 结账服务

当客人用完餐后,准备好账单,检查无误,与宴会负责人结账。

6. 送客服务

鸡尾酒酒会结束,及时为客人取所存衣物,热情道别。

7. 餐后工作

环视四周,看是否有宾客的遗留物品。对宴会厅进行卫生整理。

任务三 西餐宴会服务

西餐宴会是指采用西方国家宴请所惯用的布置形式、用餐方法、风味菜点而举办的宴请活动。其主要特点是:摆西餐台面,吃西式菜点,多用刀、叉、匙进食,采取分食制,常在席间播放音乐。

西餐宴会的用餐需求多种多样,有的只需要供应简单的三明治以及咖啡和茶水,有的则是一顿丰盛的节日大餐。宴会的场所也是五花八门,室内、室外、私人花园、大礼堂等均可举办宴会。

一、西餐宴会预订工作流程

1. 问候客人

（1）以规范的礼貌用语问候客人，并自报部门名称。

（2）如是电话预订，要求在电话铃响三声之内拿起电话。

（3）无论客人来店当面预订还是电话预订，都应面带微笑、亲切地给客人介绍情况，回答客人提出的问题。

2. 接待介绍

（1）向客人介绍酒店特色，尽量满足客人的各种要求。

（2）耐心倾听客人提出的问题，适时进行介绍，当好客人的参谋。不能说“不知道”“不行”“没有”等。如当即回答确有困难，应马上向客人道歉，并设法在十分钟内弄清楚并告知客人。

（3）对当面预订的客人，除了口头介绍外，还应提供菜单和陪同客人实地考察等服务。

3. 受理预订

（1）详细了解客户的单位名称、宴会目的、用餐时间、出席人数、宴会性质、宴会标准、联系电话、结账方式等客户要求和有关信息。

（2）订餐洽谈和签约时，要明确宴会承办的各个细节，包括约定客人观看宴会厅、宴会厅的布置要求，了解客户的特殊要求。

（3）客人订餐时应避免催促，给订餐者充足的考虑时间。

（4）向客人提供宴会活动布置的平面图、菜单、预算单等。

4. 确认预订

（1）客人无其他要求后，应礼貌地将预订情况向客人复述一遍，以便核对。

（2）详细填制宴会预订单，请客人签字；无论是中文还是外文的订单，书写都必须规范、清楚。

（3）客户预订大型宴会，应送交营销部或餐饮部经理签发宴会确认书，再交客户签字确认。

（4）收取订金，并开出收据。

（5）在宴会活动日记簿上按日期标明活动地点、时间、人数等事项，并标注是否需要确认的标记。

5. 致谢送客

礼貌地向客人致谢，并将客人送至电梯口或门口。

6. 发出通知

（1）预订确认后应开出预订单，并发至相关部门做好餐前准备。经过认可的菜单、饮料、场地布置示意图等细节资料，应以确认信的方式迅速送交客人，附上“宴会合同书”。将客人的特殊要求通知宴会厅主管和厨师长。

(2) 对于提前较长时间预订的宴会,应主动用信函或电话方式与客人保持联络,进一步确认日期及有关的细节。对暂定的预订应进行密切跟踪查询。

7. 建立档案

将预订单分为“待确定”和“已确定”两类入档,按时间顺序排列。在宴请活动前两天必须设法与顾客联系,进一步确定已谈妥的所有事项。

8. 更改、督察

(1) 任何与宴请有关的变动都应立即填写“宴请变更通知单”,发送有关部门,变更通知单上需写明原来预订的编号并及时通知有关部门。

(2) 宴会销售预订员有责任督促检查当日大型宴会活动的准备工作,发现问题随时纠正。

9. 取消预订

如果客人取消预订,预订员应填写“取消预订报告”,送至有关职能部门,并为不能提供服务而向客人表示遗憾,希望今后有合作的机会。

二、西餐宴会准备工作

1. 掌握宴会的具体内容

(1) 掌握宴会的时间、地点、人数、费用、菜肴、酒水、设施、宴会的名称、宴会的布置、宴会预订单位的名称等具体内容。

(2) 宴会当天,宴会领班再跟销售专员确认最终人数、桌数,再跟有关厨房沟通并互相交换应该注意的要点。

(3) 领班陪同销售专员迎接宴会主办方,与其确认最后安排是否有修改,在许可的情况下给予配合,并核实宴会程序及上菜时间。

2. 布置宴会会场

(1) 根据宴会的规模,服务员准备好适量干净的餐具和用具(汤碟、面包篮、甜食盘、咖啡壶、糖盅、奶罐、托盘、烟灰缸、蜡烛、花纸、口布、茶、面包、黄油、火柴等)。

(2) 准备好宴会菜单,菜单设计要美观精巧。

(3) 根据宴会的类别、档次进行合理布置,检查灯光、室温、音响、家具、设施的完好程度。

(4) 检查宴会厅各个部位(地毯、墙壁、灯饰、窗帘、天花板、走廊、卫生间和工作间等)的环境卫生和厅内设施设备。

(5) 按菜单要求备足各类酒水饮料,用布擦净酒水饮料的瓶子,在工作台或工作车上摆放整齐。

3. 分派服务人员

根据宴会的规格配备相应的服务人员,规格越高,服务人员的人数应越多。如高档宴会每10人配备2名值台人员、1名传菜员。一般而言,在正式的西式宴会上,通常会于开始之前,先安排大约半小时至一小时的简单鸡尾酒会,让参加宴会的宾客有交流的机会,相互问候、认识。在酒会进行的同时,服务该宴会的员工必须分成两组:一组负责在酒会现场进行服务，另一组则在晚宴场做餐前的准备工作。

4. 摆台

(1) 服务员摆台前应先洗手，保持餐具光亮，无破损。注意餐具的拿取方法。

(2) 服务员按宴会预订的人数，摆放与之相适应的宴会台面、宴会座椅，并将座椅摆放整齐，且围好座椅套。

(3) 对每一个台面进行摆台(具体摆台方法参见前文“摆台”中的“西餐摆台”)。

5. 物品准备

(1) 准备大小托盘及服务布巾。

(2) 准备面包篮、夹子、冰水壶、咖啡壶等器具。

(3) 准备晚宴所需要使用的餐盘、底盘，以及咖啡杯保温等。

(4) 将冰桶准备妥当，放在各服务区，并将客人事先点好的白葡萄酒打开，置放于冰桶中。

(5) 备置红酒篮，并将红酒提前半个钟头打开，斜放在红酒篮，使其与空气接触，称之为“呼吸”。

(6) 在客人入桌前5min，事先倒好冰水，将黄油摆放在餐桌上。

(7) 在客人入座前3min，将桌上蜡烛点亮，并站在各自工作岗位上，协助客人入座。

三、西餐宴会餐前鸡尾酒服务

西式宴会的餐桌服务方式有其特定的服务流程与准则，高档宴会有餐前鸡尾酒服务。

1. 引领客人进入休息室

根据宴会通知单要求，在宴会开始前半小时或15min左右，服务员在宴会厅门口迎接先到的客人，服务员要礼貌热情地表示欢迎，并引领客人到休息室休息(有时就在宴会厅的门口)。

2. 餐前送酒服务

服务员用托盘端上饮料、鸡尾酒送到休息室，巡回请客人选用。如客人是坐饮，要先在茶几上放杯垫，后放饮料杯；如客人是立饮，要先送上餐巾纸，后给客人饮料。茶几或小桌上要备有虾片、干果仁等小吃。

3. 引领入席服务

当客人到齐、主人表示可入席时，服务员应引领客人到宴会厅入席。入席时，女士优先，服务员帮助宾客拉椅、打开餐巾、倒冰水。

四、西餐宴会就餐服务

西餐宴会多采用美式服务，有时也采用俄式服务，个别菜肴采用法式服务。

1. 面包服务

(1) 将面包放入装有口布的面包篮内，然后从客人的左手边服务到客人的面包盘上。

(2) 正式宴会中，面包皆采用献菜服务或分菜服务，客人食用完面包后必须再次服务，直到客人表示不需要为止。

(3) 在宴会时,不管面包盘上有无面包,面包盘皆须保留到收拾主菜盘后才能收掉;若该菜单设有奶酪,则需等到服务完奶酪后,或于服务点心前,才能将盘子收走。

2. 送上头盘

服务人员应从宾客右手边进行服务。上菜时,拿盘的方法应为手指朝盘外,切记不能将手指头按在盘上。正式宴会时服务员必须等该桌客人皆食用完毕,才可同时将使用过的餐具撤下。收拾餐盘及刀叉时,应从客人右手边进行。头盘上好后需要跟配料(几种果汁),要逐位向客人请示所需的配料,根据客人的需要上。

3. 上汤

从客人右手边送上汤,待整桌同时用完汤后,将汤碗、底盘连同汤匙从客人右手边收掉。

此时,服务人员须注意客人是否有添加面包或酒水的需要,应给予继续服务,并注意若汤碗有双耳,摆放时应使双耳朝左右,平行面向客人。

4. 副菜

副菜一般是中等分量的鱼类、海鲜等。上副菜前,应先斟好白葡萄酒。上好海鲜或鱼类后请示客人是否需要胡椒或芥末。

5. 主菜

主盘如果是肉类,如牛扒,上之前应事先逐位请示客人对牛扒生熟程度的意见。根据每位客人的需要通知厨房按客人的要求进行扒制。给客人上牛扒时要告诉客人几成熟,千万不能上错。上主菜前,斟倒红葡萄酒。上菜的同时,要请示客人需不需要胡椒粉、芥末等,根据客人需要提供佐料。酱汁应由服务人员从客人左手边递给有需要者。用完主菜后,应将餐桌上的胡椒盐同时收掉。

服务人员必须等所有客人都用完餐,才能从宾客右手边收拾大餐刀、大餐叉及餐盘。面包盘必须等到全部吃完后才能收掉。

6. 甜点

上点心之前,桌上除了水杯、香槟杯、烟灰缸及点心餐具外,全部餐具与用品皆需清理干净。假使桌上尚有未用完的酒杯,则应征得客人同意后方可收掉。上点心之前若备有香槟酒,须先倒好香槟才能上点心。餐桌上的点心叉、点心匙应分别移到左边、右边来方便客人使用。

点心应从客人右手边上桌,餐盘、餐叉及餐匙的收拾也应从客人右手边进行。在咖啡、茶水上桌之前应先将糖盅、鲜奶及水盅放置在餐桌上。

7. 咖啡或红茶

点心上桌后,即可将咖啡杯事先摆上桌。上咖啡时,若客人面前尚有点心盘,咖啡杯可放在点心盘右侧。如果点心盘已收走,咖啡杯便可直接置于客人面前。倒咖啡时,服务人员左手应拿着服务巾,除方便随时擦掉壶口滴液外,亦可用来护住热壶,以免烫到客人。上咖啡或茶时要跟上方糖或糖粉和冻奶,糖和奶由客人自己取用。

8. 餐后酒

服务完咖啡或茶后,即可提供饭后酒的点用,方式跟饭前酒相同。通常宴会厅都备有装满各式饭后酒的推车,由服务人员推至客人面前推销,以现品供客人选择,较具说服力。

五、西餐宴会结束工作

1. 结账

上述一切都上齐后，要请示主人还需要什么帮助，若客人表示还有需要，要按客人要求即刻帮客人办好；若客人表示不需要什么，并表示可以结账时，要即刻为客人结账。为客人结账时，无论客人是付现金、签单或是用信用卡，都应尽快为客人办好结账手续。

2. 欢送客人

宴会结束后，应主动征求来宾或陪同人员的意见，认真总结接待工作，不断提高服务质量和服务水平。客人离席时，要为客人拉椅让位，方便客人离开，并为客人检查是否有遗留物品，归还客人保管的衣物。送客人到餐厅门口，向客人表示感谢，欢送客人离开，并欢迎下次光临。

3. 清洁工作

(1) 客人离开后，服务员应及时检查台面及地毯上有无客人遗留的物品，有无燃着的烟头等。然后收拾宴会厅和休息室。

(2) 收台时，一般按照先收餐巾、毛巾，然后玻璃器皿，最后金属餐具的顺序进行。

(3) 高档餐具如金器、银器等要清点数量，注意收检保管好。

(4) 打扫宴会厅卫生，并将餐台、装饰物等搬回原处，恢复宴会厅原貌。

(5) 关好门、窗，关掉所有电灯。

项目五　客房送餐服务

学习目标

- **知识目标**：了解客房送餐服务程序，掌握客房送餐服务技巧。
- **技能目标**：提供准确、及时的客房送餐服务，不断提高客人的满意度。
- **素质目标**：具有设计客房送餐服务流程的能力，能形成较扎实的客房送餐服务能力，圆满完成对客服务工作。

客房送餐服务是饭店为方便宾客、增加收入、减轻餐厅压力，体现饭店档次而提供的服务项目，它将住店客人预订菜肴、酒水送到客房，提供简单服务，使客人能在房内用餐的过程。客房送餐组(部)通常为餐饮部下属的一个独立部门，一般提供全天 24 小时服务。服务内容有早餐、午(晚)餐、夜宵、午茶、点心、各种饮料和酒类。房内用餐可以通过电话随点随到，早餐也可在前一天晚上填写“早餐门把手菜单”进行预订，有的饭店只提供房内用早餐服务。

一、客房送餐服务的主要内容

1. 食品服务

(1) 早餐。早餐是客房送餐服务的主要内容，主要为客人提供英式、欧陆式和零点式早餐。

(2) 午、晚餐。提供烹调较为简单、快捷的快餐和西餐。

(3) 点心。如三明治、面包、甜点、水果等。

2. 饮料服务

(1) 普通冷饮料。指汽水、果汁、可乐等。客人在房间内用任何一种饮料时，服务员需将饮料和杯具按客房内实际人数备齐，在主人示意后将饮料倒入杯中。

(2) 普通热饮料。指咖啡、红茶、牛奶等。服务员必须将方糖、袋糖、茶匙、垫盘一同备齐，以方便客人使用。

(3) 酒类。指开胃酒、烈性酒、葡萄酒、香槟酒等。对重要的客人要在客房内配备酒水车服务。

3. 特别服务

(1) 总经理赠给饭店重要客人的花篮、水果篮、欢迎卡等，由客房送餐部负责在客人到店前送入房间，以示对客人的欢迎。

(2) 重要客人在饭店的生日礼物，如鲜花、蛋糕、礼物等，由客房送餐部负责派人送入房内。

(3) 节日送给全部或部分住店客人的礼品，由客房送餐部门与客房部相互配合共同完成。

二、客房送餐服务要点

1. 早餐

(1) 客人订早餐。客房应配备“客房用餐点菜单”，列出主要供应品种，供客人挑选。

(2) 问清客人需求和时间。客人不管是向客房服务员订餐还是通过电话向餐饮部订餐，都要问清客人需要什么食物或饮料，烹饪制作上有何要求等。防止同一食品因烹制方式不同引起客人不满。

(3) 按照客人要求的用餐时间，提前做好准备。如客人所需的菜点较少时，可用托盘；食物较多时，用餐车推送。如同一楼层有几位客人同时用早餐，就要准备好餐车和各种餐用具，如咖啡壶、杯、刀叉、调味品等。

(4) 厨房准备好食品饮料后，服务员用托盘或餐车将客人的食品装好，记下食品价格和客人的楼层及房号。装车时凡是几位客人同时在房间用餐时，一定要分开装，同时加盖，注意保温。

(5) 早餐送到房间，用右手敲门或按门铃，同时说明“送餐服务”。经客人允许后方可进入房间。

(6) 进房后征询客人意见，“先生/女士，您的早餐已经准备好，请问你想在房间什么地方用早餐?”然后迅速按客人要求将餐桌布置好，并进行必要的服务。

(7) 将账单夹双手递给客人，请客人签单或付现金，并向客人致谢。

(8) 询问客人的收取餐具时间，祝客人用餐愉快，礼貌地退出房间，将房门轻轻关上。

(9) 返回客房送餐部后，送餐员要将签好的账单或现金送到收银台。

(10) 在送餐日记簿上记录送餐时间、返回时间、收取餐具时间。

2. 正餐

正餐服务程序同早餐服务基本相同，但需要注意以下几点。

(1) 客人在房间用正餐，如果是全餐服务，需提前1～2h订餐。服务员需提前了解客人所定的食品和饮料；开餐前准备好餐具、餐巾，用餐车连同第一道菜汤及面包送到房间。这时要根据用餐人数摆台做好摆台服务。

(2) 客人用餐时，未经客人允许，服务员要退出房间。1～1.5h后再来照看。若客人要求提供桌面服务，服务员可留下并按照餐厅服务方法提供服务。

(3) 客人用餐1～1.5h左右，送上点心、水果或冰激凌。食品和饮料的品种数量都根据客人订餐而定。

(4) 最后给客人送咖啡或茶。过20min左右，服务员到客房收拾餐桌，同时整理房间，保持房间清洁整齐。

(5) 正餐服务后的账单，一般在收拾整理房间时征求客人意见，向客人表示感谢。然后出示账单请客人过目付款或签字。账单和账款要及时送到餐厅的收款处。

3. 夜宵、快餐和点心

服务准备工作及送餐的程序与上相同。

4. 酒水饮料

酒水饮料的服务与食品不同。一般的饮料或鸡尾酒在接到订单后，用订单去酒吧取回，并送到即可。如果是酒水就要特别对待了。

(1) 红葡萄酒在饮用时，温度要求和室温基本相同。所以服务红葡萄酒时，一般要准备好两只干净的红葡萄酒杯放在有杯垫的托盘上。把红葡萄酒放在一个垫好花纸的甜食盘上。准备好开瓶器(或称为酒刀)、餐巾等。

(2) 白葡萄酒和香槟酒在饮用时则要求是经过冰镇处理的。所以从酒吧取回酒后，要放在一个装有冰的冰桶里。在送餐盘里放上垫有莲花(用餐巾叠的)的大盘，在它之上放冰桶，酒瓶要斜着插入冰桶中，用叠成2寸宽的长条形餐巾搭在酒瓶和冰桶上，同样是两只杯垫和两只白葡萄酒杯，放好酒刀就可以送走了。香槟酒和白葡萄的准备工作一样，只是酒杯换成香槟杯。

(3) 把酒送到客房后，要给客人看一下酒的商标，右手拿瓶的上端，左手拿餐巾托住瓶底，商标面向客人。之后，要询问客人是否现在要用。如是，就要马上开瓶，开瓶后用餐巾擦一下瓶口，向主人杯中倒大约一口量的酒，让其品尝。确定没有质量问题后，先给客人倒酒，再给主人倒。红葡萄酒斟1/2，白葡萄酒斟2/3满即可。

(4) 有时在房间里饮酒的人数不止两人，或多或少，我们要给客人准备与人数相等的杯子。香槟酒在开瓶时，注意不要上下晃动，开启时瓶口的方向不要对着客人，也不要面对自己，以防意外。

(5) 其他的服务程序及结账方法与正餐服务相同。

三、客房收餐服务规范

(1) 按照订餐记录定时收餐，早餐可在送餐30分钟后，午餐可在送餐60分钟后打电话收餐。

(2) 如果客人已离开房间，请楼层服务员协助开房门收取餐具。如果客人仍在房间内,应该向客人问候,并且自我介绍,得到客人允许后方可收拾餐具。如门上挂有“请勿打扰”,应告诉楼层服务员此房间有未收餐具,由楼层服务员收餐具。

(3) 收餐完毕在离开房间前,要主动询问客人是否需要其他餐饮服务。

(4) 送餐服务员收餐完毕推车出房,应转身向客人道别,并随手关好房门。

(5) 收餐完毕离开客房应走员工通道。

(6) 做好所收餐具的记录工作。清洁工作车,更换脏布件。领取物品,做好再次送餐准备工作。

四、客房送餐服务注意事项

(1) 接到客人送餐服务信息时,要准确、快速记录客人要求,准确复述客人姓名、食物、数量及特殊要求。

(2) 送餐员要熟记菜单的内容,以便给客人介绍并对客人的疑问做出回答。

(3) 送餐员收取餐具时应注意卫生并及时检查缺损,无法找回餐具要呈报,及时把餐具送到洗碗间洗涤和消毒。

能力训练

1. 轻托实训

以小组为单位,进行轻托操作练习。

实训目的:通过实训,使学生掌握轻托的使用方法,达到学生托盘操作平稳、运用自如的训练要求。

实训准备:圆托盘若干,2 只/组,饮料瓶,易拉罐,计时秒表一块。

实训方法:教师示范讲解法、学生分组训练法。

实训的步骤和操作要领如下。

项　目	要　求
轻托	装满水的啤酒瓶、白酒瓶、葡萄酒瓶各一个,合理摆放于托盘中,3～5min 站立、行走保持较好体态,不出现大的动作失误
	装有 8 分满的红酒杯、水杯、白葡萄酒杯各一个,合理摆放于托盘中,3～5min 站立、行走保持较好体态,行走平稳,不倒不洒

注意事项:

- 时刻保持托盘干净清洁。
- 物品摆放井然有序。
- 重心不稳或盘中物件减少时,要随时用右手进行调整。
- 对客服务时,托盘需悬于客位之外。
- 严禁端托盘在餐厅内奔跑。

2. 斟酒实训

实训目的：通过实训，使学生掌握斟酒的操作要领及标准，达到规范操作、技能娴熟的训练要求。

实训方法：首先由教师示范讲解，然后学生动手操作训练。在学生操作训练的过程中，教师进行指导，学生反复强化训练，达到熟练掌握该项操作技能的目的。

实训准备：圆托盘若干，装满水的啤酒瓶、红酒瓶、白酒瓶、香槟酒瓶若干，啤酒杯、红酒杯、香槟酒杯若干，不同类型的开瓶器、酒钻、毛巾、冰桶、冰块、工作台等。

实训内容：酒水准备—示瓶—开瓶—徒手斟酒—托盘斟酒。

3. 餐巾折花实训

实训目的：通过实训，使学生掌握餐巾折花的基本手法与要领，达到规范操作、熟练折叠的训练目的。

实训方法：首先由教师示范讲解，然后学生动手操作训练。在学生操作训练的过程中，教师进行指导，学生反复强化训练，达到熟练掌握该项操作技能的目的。

实训准备：餐巾布若干块、餐桌、水杯、骨碟、托盘、秒表等。

实训内容和要求：

(1) 餐巾花的 9 种基本技法训练。

(2) 餐巾折花基本操作技法和要领。

4. 中餐摆台实训

实训目的：通过实训，使学生掌握中餐零点摆台的程序和标准。

实训方法：首先由教师示范讲解，然后学生动手操作训练。在学生操作训练的过程中，教师进行指导，学生反复强化训练，达到熟练掌握该项操作技能的目的。

实训准备：按照实训要求准备所需物品。

5. 上菜实训

实训目的：通过实训，使学生了解上菜的位置、顺序、时机、要领、注意事项等，掌握该项技能的操作程序和要领，达到规范操作、技能娴熟的训练要求。

实训方法：首先由教师示范讲解，然后学生动手操作训练。在学生操作训练的过程中，教师进行指导，学生反复强化训练，达到熟练掌握该项操作技能的目的。

实训准备：托盘、各式菜肴、菜单、10 人台摆台、工作台等。

实训内容：

(1) 中餐上菜服务。

(2) 西式上菜服务。

实训程序与操作标准：按照中餐上菜服务的操作标准与要求。

6. 西餐宴会摆台实训

实训方法：以 4 人为一小组，每组准备若干展示盘、主菜刀、主菜叉、汤勺、鱼刀、鱼叉、开胃品刀、开胃品叉、面包盘、黄油盘、黄油刀、点心叉、点心勺、水杯、葡萄酒杯、花瓶、胡椒、盐瓶、蜡烛台、烟灰缸、托盘、台布等餐具用品。在模拟餐厅实训室先由教师操作示范，然后指导学生现场操作训练。

严格按照实训程序与标准执行。

模块三
酒店餐饮管理

项目一 菜单管理

教学目标

- □ **知识目标**：了解菜单的作用和种类、掌握菜单的设计依据、掌握菜单的设计制作方法。
- □ **技能目标**：能根据酒店餐饮运营的实际需要分析市场及顾客需求并设计和制作菜单。
- □ **素质目标**：具备菜单内容讨论解释和接受顾客咨询能力，具备菜单的改进和完善能力。

案例导入

G20杭州峰会欢迎晚宴菜单

2016年9月4日，G20峰会欢迎晚宴在杭州西子宾馆隆重举行，欢迎晚宴以“西湖盛宴”为主题，围绕“中国青山美丽，世界绿色未来”的设计理念，以“西湖元素”“杭州特色”为载体，通过西湖梦的主题场景布置、西湖韵的餐具器皿展现、西湖情的礼宾用品展示、西湖味的杭州菜肴烹饪、西湖秀的服务展示，向世界来宾呈现一场历史与现实交汇的“西湖盛宴”。宴会呈现出来的是一份别出心裁的菜单，全部菜肴都不含猪肉，完美地展现了杭州当地知名的鱼和河鲜。

冷盘 Hors d'Oeuvres

清汤松茸 Pine Mushroom Soup

松子鳜鱼 Sweet and Sour Mandarin Fish with Pine Nuts

龙井虾仁 Stir-Fried Shrimps with Longjing Tea Leaves

青蟹酿香橙 Orange-Flavored Crab Meat

东坡牛扒 Hangzhou-Style Fillet Steak

四季蔬果 Braised Vegetables

点心 Pastries

水果、冰激凌 Fruits and Ice Cream

咖啡和茶 Coffee and Tea

张裕干红 Red Wine Changyu 2012, Beijing China

张裕干白 White Wine Changyu 2011, Beijing China

菜单款式(图 3-1)综合运用丝绸、书法、木雕、竹雕、团扇等传统工艺,以最富浙江地域特色的文化和艺术瑰宝向世界来宾表达西湖青山绿水间的拳拳盛意。G20 国宴,重头戏莫过于菜品了,酒店以行政总厨朱启金先生领衔带领厨师团队花了整整一年的时间自主研发而成,寻遍国内和浙江省各地的食材,经过百余次烹制调整后的菜肴出品。本席国宴菜品受到入席嘉宾们的一致赞许。食物是全世界通用的语言,可以跨越界限和障碍。这次的晚宴称得上是成功的国际外交,组织方选择杭帮菜,展现了完美的中国美食。

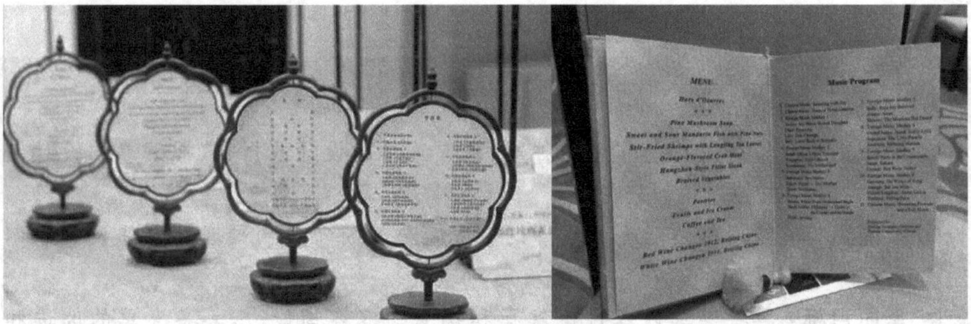

图 3-1 G20 峰会西湖盛宴菜单

思考:什么是菜单?菜单有什么作用?这份菜单设计的成功之处在哪里?

任务一 菜单计划

一、菜单的含义

菜单有两种含义。第一种含义是指餐厅中使用的可供顾客选择的所有菜目的一览表。也就是说,菜单是餐厅提供商品的目录。餐厅将自己提供的具有各种不同口味的食品、饮料按一定的程式组合排列,供顾客进行选择。其内容主要包括食品饮料的品种和价格。第二种含义是指餐厅提供的菜品。例如,宴会菜单的设计,指该宴会应为顾客准备哪些菜品或饮品,并设计制作精美的菜品一览表。菜单设计与制作的好坏,将直接影响餐饮经营的成败。因此,在不同情况下应正确了解菜单的不同含义。

二、菜单的作用

菜单是餐饮经营的关键和基础，是整个管理和控制系统的核心，决定人员配备、生产计划、采购、验收、储存以及成本控制等。餐饮经营的一切活动都是围绕着菜单运动。一份合格的菜单应反映餐厅的经营方针和特色，衬托餐厅的气氛，为酒店和餐厅带来利润。同时，它作为一种艺术品给顾客留下美好的印象。菜单是顾客购买产品、餐厅销售产品和餐厅经营管理的重要工具。

1. 菜单是餐厅和顾客之间的桥梁和纽带

餐厅的主要产品是菜肴和食品，它们不宜贮存或久存，甚至许多菜肴在客人点菜之前不能制作。因此，用餐客人不能在点菜之前看到产品，只有通过菜单的介绍，了解产品的色香味。这样，菜单成为客人购买餐饮产品的主要工具。此外菜单还是餐厅的主要销售工具，因为餐厅主要通过菜单把自己的产品介绍给顾客，通过菜单与顾客沟通，通过菜单了解顾客对菜肴的需求并及时改进菜肴以满足顾客的需求，通过菜单促进产品的销售。有人形象地称菜单是无声的销售员。

2. 菜单决定餐饮设备的选购

酒店餐饮选择购置的设备、用具或用品，在种类、规格、数量以及质量等方面都取决于菜单的菜点品种。因为每种菜点都需要有相应的烹制加工设备和服务用具，菜单上的菜点品种越多，所需设备、用品的种类就越齐全；菜点品种越奇特，所需的设备用具也就越特殊。因此，菜单又决定了餐饮的设备成本。

3. 菜单决定餐饮原料采购、库存方式

菜单内容决定了餐饮原料采购、库存的对象，而不同原料需要不同的采购、库存方式。如鲜活类原料因有效保存期短，每次采购的数量不宜过多；而干货原料由于相对可以保存较长时间，就可以适当增加每次采购的数量。

4. 菜单决定了餐厅的主题、风格

菜单的内容决定了餐厅的主题、风格、装饰、色彩、灯光等设计。如菜单列的是中式菜，餐厅装饰就是中式风格，若菜单上的菜品以清淡的苏杭菜为主，则餐厅就要突出江南水乡风格，清新淡雅，富有江南诗意。

5. 菜单决定餐饮所需员工的数量与要求

菜单标志着一家酒店餐饮的风格特色和规格水平，但要实现这些特色和规格，必须依靠厨房的烹饪和餐厅的服务。菜单的内容复杂、繁多就必然要更多烹饪技艺精湛的厨师和服务水平高超的服务员，反之，对员工的素质要求就可以降低，员工数量也可减少。

6. 菜单是餐饮成本控制的依据

菜单上用料珍稀、原料价格昂贵的菜点较多，餐饮的原料成本必然较高。另外，若制作繁杂、耗时费力的菜点过多，也必会增加餐饮的劳力成本。因此，菜单上各种不同成本水平的菜点的数量应该保持一个适当的比例，如此才能保证餐饮盈利。所以说，餐饮的成本控制应从菜单设计开始。

7. 菜单是酒店餐饮重要的宣传品

设计合理、印刷精致、装帧美观的菜单，还有图文并茂融合现代技术的电子菜单，不仅是酒店餐饮向客人推销菜点的工具，而且是酒店餐饮最有效的宣传品之一：看到菜单上列的诱人的菜品，消费者会增加消费的兴趣。

三、菜单的种类

菜单的种类可谓形形色色、多种多样。根据顾客的用餐需求和用餐习惯分为以下种类。

1. 零点菜单

零点菜单的使用最为广泛，是餐饮经营的最基本菜单，它是按一定程序排列餐厅供应的各式菜点，每种菜点有单独的价格，就餐客人可以根据自己的口味爱好和消费能力来自由选择所需的菜点。零点菜单分早、午、晚餐菜单和客房送餐菜单等。

(1) 早餐菜单。早晨是一天的开始，无论是何种类型的客人，都希望尽快享用早餐。因此，早餐应简单、快速，但要求高质量。星级酒店的早餐菜单一般分为中、西式两种。

(2) 午、晚餐菜单。午、晚餐是一天中的主要两餐，所有客人都希望吃得舒服，一般来说，客人对午餐的要求相对要低一些，对晚餐的要求要高一些。客人对午、晚餐菜单的要求是品种繁多，选择余地较大，并富有特色。在一部分西餐厅，午、晚餐菜单是分设的，而绝大多数中餐厅的午、晚餐菜单是合一的。

(3) 周末早午餐菜单。随着人们休闲观念的增强，相当一部分人会在周末早晨睡懒觉，待这部分客人赶到餐厅时，可能已经错过了早餐时间。为此，有一些餐厅为适应这些客人的生活特点和饮食需求，便在周末推出早午餐(也称晚早餐)菜单。早午餐菜单介于早餐和午餐菜单之间，既有早餐菜点，又有午餐菜点。

(4) 客房送餐菜单。星级酒店的餐厅，还有客房送餐菜单。住在客房中的客人由于某种原因不能或不愿去餐厅用餐，因而要求在客房中就餐。为满足这些客人的要求，星级饭店大都提供客房送餐服务，并制定了专门的客房送餐菜单。该菜单的特点是，品种较少，质量较好，价格较高。

(5) 夜餐菜单。通常，在晚上 10 点后供应的餐食称为夜餐。夜餐菜单应当具有清淡、份额小等特点，菜肴以风味小吃为主。

2. 套餐菜单

所谓套餐，是根据顾客的需求，将各种不同的营养成分、食品原料、制作方法、菜式的菜肴合理地搭配在一起设计成的一套菜肴，并定制出每一套菜肴的价格。因此，套餐菜单上的菜肴品种、数量、价格是固定的，顾客只能购买每套菜肴。套餐菜单的优点是节省了顾客点菜的时间，价格比零点购买优惠。

3. 部分选择式菜单

部分选择式菜单集中了零点菜单和套餐菜单的优点，在套餐的基础上加入了一些灵活性。如一个套餐规定了三道菜：第一道是冷菜，第二道菜是主食，第三道菜是甜菜。那么，其中每一道菜或者其中的一两道菜可以有数个可选择的品种，并将这些品种限制在最受顾客欢迎的那些品种上，而且固定每套菜肴的价格。因此，这种套餐菜单很受顾客欢迎，它既方便了顾客选餐，又有益于餐厅经营。

4. 团队用餐菜单

酒店一般都会接待旅游团队、会议团体等。这些团队客人的用餐一般由餐饮部根据其用餐标准安排。团队用餐菜单的安排一般应注意：根据客人的口味特点安排菜点；中西菜点结合，高中低档菜点搭配；这些客人往往会在餐厅连续用餐，所以应注意菜点的花色品种，争取做到“天天不一样、餐餐不重复”。

5. 宴会菜单

宴会菜单是酒店和餐厅推销餐饮产品的一种技术性菜单。通常，宴会菜单体现酒店或餐厅的经营特色，菜单上的菜肴是该餐厅中比较有名的美味佳肴。同时，餐厅还根据不同的季节安排一些时令菜肴，并根据宴会对象、宴请特点、宴请标准或宴请者的意见随时制定。此外，宴会菜单还是餐厅推销自己库存食品原料的主要媒介。根据宴会形式，宴会菜单又可分为传统式宴会菜单、鸡尾酒会菜单和自助式宴会菜单。酒店一般会根据季节、标准等制定几套宴会菜单，当客人前来预订时再根据客人的要求作适当的调整。此外，酒店还会根据宴会主题，设计特殊的主题宴会菜单，如G20峰会欢迎晚宴“西湖盛宴”主题菜单。

6. 自助餐菜单

自助餐菜单与套餐菜单相似，两者的主要区别是菜点的种类和数量。自助餐菜单的定价方式一般有两种：一种是与套餐菜单相同的包价方式，即价格固定，客人任意选择餐厅所提供的所有菜点；另一种是每种菜点单独定价，客人选择某种菜点就支付该菜点的价格。

7. 固定菜单

所谓固定菜单，顾名思义，是经常不变动的菜单。这种菜单上的菜肴是各种餐厅的代表作品，是经过认真研制并在多年销售实践总结出的优秀的、有特色的菜品。这些菜肴深受顾客欢迎且知名度高，顾客到某一餐厅的主要目的就是购买这些菜肴。因此，这些品种一定要相对稳定，不能经常变换，否则会使顾客失望。

8. 周期性循环式菜单

所谓周期循环式菜单，是指一套完整的菜单而不是一张菜单，这些菜单按照一定的时间周期连续使用。过了一个完整的周期，又开始新的周期。一个周期为30天的菜单应当有30张，以供30天的循环。这种菜单在咖啡厅比较流行。这种菜单的优点是满足了顾客对特色菜肴的需求，使餐厅天天有新菜，但对每日剩余的食品原料的处理工作带来一些困难。

9. 节日菜单

节日菜单是一年中某些特殊节日设计的菜单。这些餐饮消费通常以套餐形式提供。近年来，餐饮部门常为如下节日提供专门的节日菜单和相应的服务：春节——合家团圆；圣诞大餐——西方人的习俗；情人节——两人世界；“六一”儿童节——小朋友的天地；重阳节——老年人的聚会。

10. 每日特菜菜单

每日特菜菜单是为了弥补固定菜单上的菜肴品种单调的缺点而设计出来的，主厨提供的特色菜单。每日特菜菜单常设计几个有特色的菜肴。它的特点是强调菜单使用的时间，它只限某一日使用且菜肴带有季节性、民族性和地区性等特点。该菜单的功能是强调餐厅的销售，及时推销新鲜的、季节的、新颖的菜肴，使顾客每天都能享用新的菜肴。

11. 酒单

酒单和菜单同等重要，相当一部分酒店的菜单与酒单合二为一，但最好还是单独设计酒单。酒单应清楚、整洁和精美，不宜太复杂，而且应根据客人的需求经常更新。宴会菜单通常包含酒水。

阅读链接

电子菜单

新一代餐饮行业电子点餐技术，又称芯菜单。它是一套集成了基于平板电脑的电子菜单(iPad 或 Android 平板电脑)和后台服务管理软件的餐饮行业服务管理系统。它是“传统菜谱”与“点菜宝”结合的产物，是新技术发展的必然趋势。

顶级客户体验。点菜方式新颖，操作简便，外观大气时尚，能提升酒店档次，减少工作失误，提高顾客满意度。

综合成本远低于传统菜单。传统菜单制作成本高且需要不断更新、修改、更换。以电子菜单 3 年的使用周期看，综合成本远远低于传统纸介菜单。

信息存储量大，菜单可实时更新，且能实现售罄提示功能。电子菜单采用大容量平板电脑，能够存储大量的文字、图片、语音、视频等信息。除菜单之外可以添加酒店背景、领导介绍、大厨资历简介、优秀员工表彰信息等，是酒店文化最全面的展示平台。电子菜单的实时售罄提示功能，能够避免菜品售罄造成的退单等情况，同时可以为顾客推荐类似口味菜品，保障酒店销售业绩。推荐菜、折扣菜、套餐系统，更多的消费模式，可大大提高客人点餐效率。电子菜单采用 GPRS 传输模式，有手机信号的地方就可进行传输，信息较架设无线网络更为稳定，无丢包情况。同时因为酒店内无须施工另行架设无线网络，无须停业布网，更避免大量的设备投入。菜单实时自主更新，更换迅速简便。无须布网架线，不影响正常营业。提升酒店形象，增加销售机会。引导顾客消费，把握主动权。包间、后厨、收银信息连接更直接。信息一览无余，点单更简便。等菜之前还可以稍作娱乐，打发时间。

电子菜单的使用流程：当顾客进入餐厅就餐时，迎宾带客入座。服务人员即递上一本电子菜谱。使真实的菜品图片、价格及做法展示在电子菜谱的触摸式高精度液晶屏幕上，供消费者自行选择适合自己的菜品(让顾客体会到菜品的真实情况)。当顾客选择完毕后，服务人员接过菜谱与客人核对所点菜品及消费金额，可以让顾客感觉到便捷的消费。

(资料来源：360 百科，https://baike.so.com/doc/4040968-4238856.html)

任务二　菜单设计与制作

案例导入

B20 峰会欢迎晚宴菜单

G20 峰会 2016 年 9 月 4～5 日在杭州召开。根据日程安排，9 月 3 日晚 8 时至9 时 30 分为 B20 峰会晚宴。B20 峰会是各国工商界的人士开会协商全球经济领域的事情，然后向 G20 提出政策建议，是 G20 的重要开场活动。B20 将作为唯一一场与 G20 峰会配套的活动，为国际工商界领袖和 G20 成员领导人提供了一个直接交流和对话的平台。B20 峰会晚宴的菜单，光是菜名就亮了，一道道国宴菜品名字如：八方宾客、大展宏图、紧密合作、共谋发展、携手共赢等等，不仅体现了筹备者的巧思，也向世界展示了中华博大精深的厨艺文化，同时也代表着中国与各国携手发展的美好愿望，具体菜单如下。

八方宾客（富贵八小碟）Appetizers combination

大展宏图（鲜莲子炖老鸭）Double-boiled duck with lotus seed

紧密合作（杏仁大明虾）Deep-fried prawn with almond

共谋发展（黑椒澳洲牛柳）Pan-fried Australian beef with black pepper

千秋盛世（孜然烤羊排）Roasted lamb chop with cumin

众志成城（杭州笋干卷）Dried bamboo shoot roll, Hangzhou style

四海欢庆（西湖菊花鱼）West Lake fresh water fish

名扬天下（新派叫花鸡）Beggar's chicken

包罗万象（鲜鲍菇扒时蔬）Braised vegetable with mushroom

风景如画（京扒扇形蔬）Braised seasonal vegetable, Beijing style

携手共赢（生炒牛松饭）Fried rice with minced beef

共建和平（美点映双辉）Chinese petit fours

潮涌钱塘（黑米露汤圆）Sweetened cream of black rice with dumplings

承载梦想（环球鲜果盆）Seasonal fresh fruit platter

14 道美食中，有 1 道复合式的冷菜，9 道融合了中西特色的热菜，1 种主食，3 种甜点。杭州作为举办地，菜点突出杭帮菜的特色。9 道热菜中有三道菜是杭州特色菜："众志成城""四海欢庆""名扬天下"，分别对应杭州笋干卷、西湖菊花鱼、新派叫花鸡，这些菜都是经典杭帮菜。同样的菜换成不同的名字有了全新的内涵。

思考：(1) B20 峰会欢迎晚宴菜单属于什么类型的菜单？

(2) 如何巧妙设计一份菜单？

菜单设计是餐厅管理人员、厨师长和艺术家对菜单的内容（食品饮料的品种和价格）、呈现款式、制作材料选择、菜单的封面、文字设计、图片与色彩选择、规格（大小、形状）与篇幅的构思与设计，实际上，菜单设计就是菜单的制作过程。

一、菜单设计的依据

1. 以目标市场需求为中心

任何餐饮企业，不论其规模、类型、等级如何，都不可能具备同时满足所有客人饮食需求的条件和能力。因此，在策划菜单前，要确立目标市场，了解客人需求。例如，谁是本餐厅的客人，他们来自哪儿？客源的年龄、性别比例如何？他们的饮食习惯是怎样的？只有了解这些基本问题，才能针对客人的口味和喜好设计好菜单。

2. 菜肴的销售量和获利能力

从菜肴的销售量及获利能力角度看，菜单上的所有菜肴可分为四类：①既畅销又高利；②虽畅销但低利；③不畅销但高利；④不畅销又低利。

决定是否列入菜单时应考虑三个因素：①该菜肴的盈利能力；②该菜肴可能的销售量；③该菜肴的销售对其他菜肴销售的影响。

因此，在这四类菜肴中：①类菜肴肯定要列入菜单。②类菜肴可以进行一定的调整，能畅销说明该类菜肴符合市场需求，但低利不符合企业的盈利要求，而且如此下去会影响高利润菜肴的销售，所以一般应调整其价格使之成为①类菜肴。③类菜肴一般为高档菜肴，为维护餐饮企业的档次，一般应保留，另外，其销售会使餐饮企业获利颇丰。④类菜肴是否列入菜单应视情况而定，在菜肴品种已经很多的情况下，可以删除此类菜肴，但若菜肴品种不多，则不妨保留此类菜作为丰富花色品种的手段，这类菜肴尽管低利，但不畅销，不会影响高利润菜肴的销售，一般将这类菜肴称为装饰性菜肴。

3. 原料的供应情况

凡是菜单上的菜肴品种，餐饮企业都应无条件保证供应，这是一条最基础但极易被忽视的餐饮管理原则。某些餐饮企业的菜单虽品种丰富，但经常出现这个菜脱销了、那个菜卖完的现象，最后导致客人不满。究其原因，通常是原料断档所致。餐饮原料供应的影响因素较多，如地理位置、市场供求关系、采购和运输方式、季节、原料的产地等。

地理位置较为偏远的餐饮企业在原料品种、货源、运输等方面受到很大的限制，因此在菜单设计时必须充分考虑到各方面的局限性，尽量使用当地出产的、供应充足的原料。

餐饮原料的市场供求关系直接影响到原料的价格，如在5月、10月等婚宴较多的季节某些原料的价格就会居高不下，因此在菜单设计时必须充分考虑到原料的供求关系变化。

对于一般餐饮企业而言，如果原料要从异地采购或从国外进口，就不可避免地会遇到供应不及时或原料成本过高等问题，所以菜单设计者也必须考虑原料的采购与运输方式。

餐饮企业所需的许多原料都具有季节性的特点，如蔬菜、水果、水产品等，使用季节性特别强的原料制成的菜品，一般不宜列入点菜菜单，但可以作为时令菜肴推出，以满足客人的需求。

4. 菜肴的花色品种

设计菜单时要用心选择菜肴，菜单设计要灵活，要注意各类花色品种的搭配；菜肴要经常更换，推陈出新，使人总有新鲜的感觉；还要考虑品种结构、价格档次等因素。

5. 菜肴的营养结构

随着生活水平的提高，人们的消费观念已经发生了很大的变化，从追求温饱转向追求吃好、吃出健康。因此，在菜单设计时必须考虑人们的营养需求。充分考虑到食物对人体保健的作用。餐厅不仅仅是客人填饱肚子的去处，还应是人们品尝名菜美点、珍馐佳肴的场所；外出就餐成为人们经常性的活动。

选择适合自己的餐饮产品是就餐客人自己的责任，但向客人提供既丰富多彩又营养丰富的饮食无疑是餐饮企业义不容辞的职责，因此，菜单设计者不仅应充分考虑各种食物的营养成分，了解各类客人每天的营养摄入需求，还应了解如何搭配才能生产出符合营养原理的餐饮产品。

6. 餐饮生产条件

在设计菜单时应充分考虑到企业生产条件的局限性。厨师的技术水平和烹调技能无疑是必须考虑的问题，否则设计出来的菜肴没有厨师会制作，岂不如同空中楼阁？菜单设计者还必须考虑到厨房设施设备的限制，如设施设备的生产能力、适用性等。总之，应避免某些厨师或设备忙不过来而其他厨师或设备空闲的现象。

7. 要讲究菜单的艺术性和审美性

设计菜单时，菜单的款式、色彩、字体、印刷格调、版面安排和封面设计都要从艺术的角度去考虑，而且要方便客人翻阅、点阅，简单明了，对客人要有吸引力，使菜单成为美化餐厅环境和渲染就餐气氛的"道具"。

8. 菜单设计要简单明了、符合标准

设计菜单时，菜名要干净利落，让人一目了然。同时，菜色的内容形式、菜点数量、菜单规格等，都要符合一定标准。

9. 要突出餐厅特色，具有独特个性

菜单设计要尽量选择反映本餐厅特色的菜肴，菜色的配制和菜单外形设计必须风格独特、引人入胜。

二、菜单设计的程序

菜单设计是一项技巧与艺术相结合的活动，除了制订合理的价格外，还要考虑菜单的款式、规格、字体、色彩等许多其他因素。其设计方法和过程大致可分为以下几步。

1. 菜单设计前应准备的材料

(1) 各种旧菜单，包括餐厅目前在用的菜单。

(2) 标准菜谱档案。

(3) 库存原料信息。

(4) 菜肴销售结构分析。

(5) 菜肴的成本。

(6) 客史档案。

(7) 烹饪技术书籍。

(8) 菜单词典等。

2. 制定标准菜谱

很多餐厅都把菜单和菜谱混为一谈，其实两者有着明显的区别。菜谱是指描述某一菜品所需原料、制作方法及过程的集合。标准菜谱一般由餐饮部和财务部共同制定，其内容如下。

(1) 菜肴名称(一菜一谱)；

(2) 该菜肴所需原料(主料、配料和调料)的名称、数量和成本；

(3) 该菜肴的制作方法及步骤；

(4) 每份的分量；

(5) 该菜肴的盛器、造型及装饰(装盘图示)；

(6) 其他必要信息，如服务要求、烹制注意事项等。

3. 菜单总体构思

菜单总体构思步骤如下。

(1) 根据菜单设计依据确定菜肴种类；

(2) 根据进餐先后顺序决定菜单程式；

(3) 进行菜单定价；

(4) 着手菜单的装帧设计以及电子排版。

4. 菜单设计要求

(1) 明确经营方式，区别菜单种类，确定设计方向。菜单的种类和设计方向是由不同餐厅及服务项目的经营方式决定的，即要解决好三个问题：①根据餐厅经营方式和服务项目确定菜单种类，再根据菜单种类确定设计内容和要求。②根据餐厅性质和规格确定菜单设计档次。酒店星级和餐厅档次规格越高，菜单的规格也就越高。所以，餐厅性质不同，菜单规格及其设计内容和要求会有很大的差别。③根据市场特点和销售方式确定菜单具体形式。解决了上述问题，菜单设计的方向、内容和要求也就大致确定了。

(2) 选择经营风味，设计菜单内容，安排菜点结构。在确定菜单种类、明确设计方向的基础上，要根据餐厅类型、目标市场的客人需求、厨房技术及设备条件等选择经营风味，设计菜单内容，安排菜点结构。菜单设计要明确经营风味，切忌不伦不类。就设计要求而言，关键是菜单内容设计和菜点的结构安排，即要解决两方面的问题：①菜单上花色品种的数量要求，既不能过多又不能过少，应适应不同菜单客人需求。②不同菜单菜点品种的选择与确定，往往是菜单设计最难解决的问题，要根据本餐厅的特点和目标市场的需求来选定。

(3) 确定菜单形式，突出重点菜肴，注意文字运用。菜单花色品种和各种比例结构确定后，还要将各种菜点按照一定形式排列，便于客人选择。为此：①解决好菜单形式，必须根据菜单种类、饮食风味和具体销售方式的不同分别确定。②突出重点推销的菜肴以引起客人重视。要将重点推销的菜点安排在菜单最显眼的位置；可通过菜点编号、改变字体或加以边框装饰，引起客人注意和重视，扩大销售。③处理好菜点的文字说明。除了菜点名称外，每道菜名都应该简洁、准确，并配有优美的语言描述其主要原料、烹调方法、口味特点，特别是重点推销和以形象起名的菜点更应如此。

(4) 正确核定成本,合理制定价格,有利于市场竞争。价格是影响产品销售和市场竞争的重要因素。饮食产品的价格又是由成本和毛利决定的。在具体核定菜单成本、指定价格的过程中,要注意三个方面的问题:①成本核定要根据菜单种类不同而变化,做到准确、稳定。②灵活掌握毛利,区别不同菜点种类,该高则高,该低则低,菜单毛利的重点应放在综合毛利率的掌握上。③菜单价格的确定和掌握要有利于销售和开展市场竞争。

(5) 注意菜单外观设计,讲求菜单规格尺寸,突出美观效果。在完成上述各项工作的基础上,还要做好菜单外观设计工作,需着重解决如下问题:①菜单的装帧要与餐厅等级规格、菜单内容、整体环境相协调,菜单图案的选择要有利于突出产品特色。②色彩运用。各种菜单在设计外观图案和表面装饰时,都要选好主色调,大胆使用陪衬色调,使各种色调的运用有主有次、深浅适宜,注意明暗搭配。③菜单的规格与字体。菜单的尺寸大小要与本餐厅销售的食品饮料品种多少相适应。一般来说,一页纸上的字与空白应各占50%。字数过多显得拥挤,使人眼花缭乱,读来费神;空白过多则给人以菜品不够、选择余地小的感觉。菜单字体要与餐厅整体气氛相吻合;慎用古怪字体、慎用黑底印刷;"价高的菜品"需用粗大字体排印,"价低的菜品"采用小字体排印。④材料选择。菜单封面应选择美观、耐用、不易折损、不易弄脏的材料制作。

三、菜单内容及表现形式

1. 内容安排原则

菜单的内容一般按就餐顺序排列,顾客一般按就餐顺序点菜,所以希望按就餐顺序编排,这既符合人们正常的思维步骤,又能很快找到菜肴的类别,不致漏掉某些菜肴。如西餐菜单的排列一般是开胃品、汤、色拉(副菜)、主菜、甜点、饮品;中餐的排列顺序则是冷盘、热炒、汤、主食、饮料。

2. 西餐菜单的表现形式及主菜的相应位置

西餐菜单的表现形式通常有如下几种:单页式菜单;双页式菜单(对折式菜单);三页式菜单(三折式菜单);四页式菜单(四折式菜单)。

在西餐菜单中,主菜的地位举足轻重,分量很大,应该尽量排在显眼的位置。根据人们的阅读习惯和餐饮同行们的经验总结,单页菜单上主菜应列在菜单的中间位置;双页菜单上主菜应放在右页的上半页;三页菜单中主菜需安排在中页的中间;四页菜单里主菜通常被置于第二页和第三页上。

3. 中餐菜单的表现形式

中餐菜单的创新改造起步较晚,目前还少有专业人员对中餐菜单的表现形式加以关注,中餐菜单最常见的表现形式仍停留在书本杂志上,一份中餐菜单形同一本薄薄的杂志,打开之后,菜名、菜价平铺直叙,无重点、无起伏,这就是中餐菜单亟待改进之处。

4. 重点促销菜肴的位置安排

重点促销菜肴可以是时令菜、特色菜、厨师拿手绝活菜,也可以是由滞销、积压原料经过精心加工包装之后制成的特别推荐菜,总之是饭店希望尽快介绍、推销给就餐者的菜。既然是重点促销菜,就应该将这些菜肴安排在醒目位置。菜肴在菜单上的位置对于此类菜肴的推销有很大影响。要想推销效果明显，必须遵循两大原则：首部和尾部，也就是将重点促销菜放在菜单的开始处和结尾处，因为这两个位置往往最能吸引人们阅读的注意力，并在人们头脑中留下深刻的印象。有些饭店将盈利最大的菜肴放在第一眼和最后一眼注意的地方。经统计，顾客几乎总是能注意到同类产品的第一个和最后一个菜肴。菜单上有些重点推销的菜、名牌菜、高价菜和特色菜或套菜可以采用插页、夹页、台卡的形式单独进行推销。

另外，不同表现形式的菜单，其重点推销区域是不同的。如用横线将单页菜单对分，菜单的上半部就是重点推销区。

双页菜单。双页菜单的右上角为重点推销区域，该区域是以上边及右边的3/4做出一个三角形。

三页菜单。使用三页菜单，人们首先注意正中位置，然后移至右上角，接着移至左上角，再到左下角，然后又回到正中，再到右下角，最后又回到正中。依据对人的眼睛注意力研究的结果表明，人们对正中部分的注视程度是对全部菜单注视程度的7倍。因而中页的中部是最显眼之处，应放餐厅最需要推销的菜肴。

5. 菜单的内容要求

(1) 菜品的名称和价格。

① 菜肴名称应真实可信，读起来简单易懂。通常中式菜名的命名方法有：以烹饪方法命名，如油爆鸡翅、水煮肉片、清蒸鲈鱼等；以主要原料命名，如辣子鸡丁、剁椒鱼头等；以地名命名，如无锡排骨、北京烤鸭、德州扒鸡等；以人名命名，如麻婆豆腐、东坡肘子、宋嫂鱼羹等；以色彩命名，如翡翠虾球等；以味道命名，如糖醋里脊等；以寓意命名，也称虚名、艺名，如鸿运当头、一帆风顺等，注意一定要和实名结合使用，让宾客明白真实内容。

② 外文名称应准确无误。菜名要翻译成英文，一定要准确，不能望文生义。

③ 菜品的质量要真实可靠。

④ 菜品的价格应明确无误。

(2) 描述性说明。描述性说明就是以简洁的文字描述出该菜品的主要原料、制作方法和风味特色。有些菜名或源于典故，或追求悦耳，顾客不易理解，应描述清楚。许多餐厅菜单缺乏描述性说明，若某菜再有一个稀奇古怪的名称，顾客要么向服务员询问，要么干脆不点它。设计合理的菜单应能对菜单项目进行描述说明或简单介绍。这些介绍可以帮助顾客下决心挑选某些菜品，并能减少顾客的选菜时间。

菜单的描述性说明应包括：主要原料、配料以及一些独特的浇汁和调料；菜品的烹调与服务方法；菜品的份量大小；菜品的烹调准确时间。

(3) 促销信息。除菜肴名称、价格等必不可少的核心内容之外，菜单还应提供一下告示性信息。告示性信息必须十分简洁明了，一般包括以下一些内容。

① 餐厅的名字。

② 餐厅的特色风味。

③ 餐厅的地址、电话和商标。

④ 餐厅的营业时间。

⑤ 餐厅加收的费用。

(4) 餐厅的背景介绍。有些菜单上还介绍餐厅的质量、历史背景和特点。许多餐厅需要推销自己的特色,而菜单是推销的最佳途径。

四、菜单的制作

1. 菜单的制作材料

菜单质量的优劣与菜单所选用的纸张有很大的联系,由于菜单代表了餐厅形象,是餐厅的推销工具和餐厅的点缀品,菜单的光洁度和质地与菜单的推销功能有着一定的联系,而且,菜单纸张的成本占据着菜单总成本的相当比例。因此,在菜单设计中,纸张的选择是值得考虑的问题。通常,餐厅的管理人员从两个方面把握菜单纸张的选择。

对一次性使用的菜单,如某些咖啡厅的早餐和快餐厅菜单只是一张纸,因此,在咖啡厅摆台时,将菜单摆放在餐桌上,既作为菜单,又作为盘垫使用。诸如此类的一次性菜单应选用价格比较便宜的纸张,只要它的光洁度和质地达到菜单用纸的标准就可以了,不考虑它的耐用性。

对于较长时间使用的菜单,如固定菜单、零点菜单等除了考虑它的光洁度、质地之外,还要考虑它的耐用性,因此应当选用耐用性能好的纸张或经过塑料压膜处理过的纸张。

2. 菜单的形状与页数安排

菜单的基本形状应为长方形,便于顾客阅读。儿童菜单常常样式新颖,以吸引儿童的注意力。菜单的页数一般在1～6页。宴会菜单、每日特菜菜单、循环式菜单、季节菜单、儿童菜单、快餐厅菜单和某些咖啡厅一次使用的零点菜单等通常都是一页。固定菜单、零点菜单通常页数多些。菜单是餐厅的销售工具,它的页数与销售功能有一定联系。菜单的内容太多,其页数必然多,造成菜单的主题和特色不突出,延长了顾客点菜的时间,造成餐厅和顾客的时间损失。菜单页数太少,使菜单简单化,不利于餐厅的经营。

3. 菜单的封面与封底设计

菜单的封面和封底是菜单的外观和包装,它们常作为餐厅的醒目标志,因此必须精心设计。

(1) 菜单的封面起着非常重要的宣传作用,它代表着饭店的形象。因此,菜单必须反映出餐厅的经营特色、餐厅的风格和餐厅的等级,反映出菜肴特征。

(2) 菜单封面的颜色应当与餐厅内部环境的颜色相协调,使餐厅内部环境的色调更加和谐,或与餐厅的墙壁和地毯的颜色形成反差。这样,当顾客在餐厅点菜时,菜单可以作为餐厅的点缀品。

(3) 菜单的封面必须印有餐厅的名称。餐厅的名称是菜肴的载体,字体设计要有特色,笔画要简单,要容易读、容易记忆,以增加餐厅的知名度。

(4) 菜单的封底应印有餐厅的地址、电话号码、营业时间及本饭店其他连锁餐厅的经营特色和营业信息等。这样,可以借此机会帮助其他餐厅进行推销。

4. 菜单的文字设计

菜单是通过文字向顾客提供产品和其他经营信息的,因此,文字在菜单设计中起着举足轻重的作用。菜单的文字设计主要包括以下内容。

(1) 菜单文字的表达内容一定要清楚和真实，避免使顾客对菜肴产生误解。例如，把菜名张冠李戴，把菜肴的解释泛泛描述或夸大，外文单词的拼写错误等问题，都会使顾客对菜名产生不信任感，造成菜肴生产和服务的困难。

(2) 在菜单设计中，一定要选择合适的字体，其中包括字体的大小、形状。例如，中文的仿宋体容易阅读，适合作为菜肴的名称和介绍；而行书体或草书体，应当谨慎使用。英文字体包括印刷体和手写体，印刷体比较正规，容易阅读，通常在菜肴的名称和解释中使用；手写体流畅自如，并有自己的风格，但是像中文的草体一样，不容易被顾客识别，但是偶尔使用，会为菜单增加特色。同时，英文字母有大写和小写，大写字母庄重，有气势，适于标题和名称；小写字母容易阅读，适于菜肴的解释。此外，字号的大小也非常重要，应当选择易于顾客阅读的字号，字号太大浪费菜单的空间，使菜单内容单调；字号太小，不易阅读，不利于菜肴的推销。

(3) 菜单的文字排列不要过密。通常，文字与空白各占每页菜单的50%。

(4) 涉外的中餐厅菜单应当有英文翻译，以方便顾客点菜。

5. 菜单的颜色设计

合理使用颜色可使菜单更有趣味、更动人。鲜艳的色彩能够反映餐厅的活力，而柔和清淡的色彩使菜单显得典雅。目前，颜色呆板和颜色单调的菜单已不适合现代人的审美眼光。菜单上使用颜色最好不要超过四种，带有图片的菜单除外。菜单的颜色种类太多会给顾客华而不实的感觉，不利于菜单的营销。

6. 菜单的照片和图形

为了增加菜单的营销功能，许多餐厅在固定菜单上并配有特色菜肴的照片和图形。彩色照片能直接展示餐厅所提供的菜肴和饮品的真实面貌，一张令人垂涎三尺的菜肴照片胜于大段的文字说明。

五、主题宴会菜单的设计

主题宴会菜单的设计是一项复杂的工作，是宴会活动最关键的一环。一套完美的宴会菜单应由厨师长、采购员、宴会厅主管和宴会预订员(代表顾客)共同设计完成。厨师长熟知厨房的技术力量与设备，使设计出的菜点能保质保量生产加工，还能发挥专长，体现酒店特色；采购员了解市场原料行情，能降低菜点的原材料成本，增加宴会利润；宴会厅经理能根据宴会厅接待能力来指导菜单设计；同时根据顾客的需求设计菜单，就一定能够使赴宴者称心满意，这样共同协作才能设计出顾客满意、酒店获利的菜单。

一般，主题宴会菜单的设计包括菜名设计、菜点设计和菜单装帧设计。

(一) 菜名设计

通过好的菜名，应能让一些简单的菜点成为一种思想情感交流的工具，一种文化、艺术的载体，使这些普通的菜点具有良好的审美价值和“语言”功能。如婚宴菜单中的花好月圆、鸳鸯戏水、鸟语花香、珠联璧合、百合莲心，其菜单暗含夫妻的和睦恩爱，体现了人们的美好祝愿，给人一种喜悦的遐想和享受。

宴会菜名的设计，必须根据宴会的性质、主题来采用寓意性的命名方法，使其主题鲜明，寓意深刻且富有诗意。如 2016 年 B20 峰会晚宴的八方宾客、大展宏图、紧密合作、共谋发展、千秋盛世、众志成城、四海欢庆、名扬天下、包罗万象、风景如画、携手共赢、共建和平、潮涌钱塘、承载梦想，围绕 2016 年 G20 峰会主题："构建创新、活力、联动、包容的世界经济"，体现了筹备者的巧思，代表着中国与各国携手发展的美好愿望。

不过需要注意的是，寓意的菜名，宾客往往不知到底是何物？所以往往要虚名再加实名，让宾客一目了然。

（二）菜点设计

菜点设计是菜单设计的核心。宴会菜单的设计要点如下。

1. 了解客人，投其所好

主题宴会菜单的设计应根据客人的目的来设计，好的宴会菜单是使客人宴请达到目的一种手段，所以宴请菜单设计一定要了解主办单位或主人举办宴会的意图，掌握其喜好和特点，并尽可能了解参加宴会人员的身份、国籍、民族、宗教信仰、饮食嗜好和禁忌，从而使我们设计的菜单满足客人的爱好和需要。

2. 分主次轻重、突出主题

宴会菜单的设计犹如绘画的构图，要突出主题，把观赏者吸引到某一点上，宴会菜单的设计必须注意层次，突出主菜，创造使人回味的亮点，同时任何艺术作品均需有自己的风格，宴会菜点的设计同样应显示各个地方、各个民族、各家酒店、各个厨师的风格，独树一帜，别具一格。

3. 合理搭配，富于变化

宴会菜单如同一曲美妙的乐章，由序曲到尾声，应富有节奏和旋律。因此，宴会部主管在设计菜单时，应注意以下几点。

(1) 注意冷菜、热菜、点心、水果的合理搭配。造型别致、刀工精细的冷菜，能将与宴者吸引入席，先声夺人；丰富多彩、气势宏大的热菜，能引人入胜；小巧精致、淡雅自然的甜点，就像乐章的"间奏"承上启下、相得益彰；而色彩艳丽、造型奇妙、寓意深刻的水果拼盘，则像乐章的"尾声"，可使人流连忘返。

(2) 注意菜点原料、调味、形态、质感及烹调方法的合理搭配，使之丰富多彩、千姿百态，口味各异、回味无穷。

(3) 注意营养成分合理搭配，达到合理营养，平衡膳食。

（三）菜单装帧设计

菜单装帧主要体现在制作菜单的材料、形状、大小、色彩、款式及印刷等方面。其要求如下。

(1) 在字体的大小上应适宜目标客源阅读习惯。

(2) 在字体的选择上则可较灵活，若中式餐饮，可采用飘逸的毛笔字；若是儿童菜单，可选用活泼的卡通字；若是寿宴，可选择古老的隶书；若是正规宴会菜单，则宜选用端庄的宋体字或黑体字。

(3) 菜单上的颜色宜淡不宜浓，宜简不宜多，否则会影响识别效果。

(4) 菜单材质、款式的选择，则应体现别致、新颖、适度的准则。

阅读链接

酒店如何通过开展外卖服务来盈利

星级酒店提供外卖餐饮，是大众消费引领下的新尝试，还是高端消费骤减之后的无奈转型？或是抢占未来市场先机的先锋举措？重点在于，酒店如何通过运营外卖餐饮来盈利？了解本酒店的市场是创收的关键。

无论是酒店在店客人还是本地居民，现在越来越多的人喜欢点外卖，或者买一些小的零食在路途中享用。对这些人而言，酒店提供外卖餐饮无疑是一个喜讯。但对于酒店而言，其实目标只有一个：盈利。这个目标简单却又复杂——外带食品带出店外，满满的新鲜口感却留在了店内。那么酒店该如何处理这一窘境，让外带餐饮也成为酒店创收的引擎？

近年越来越多的星级酒店都开始“放下身段”吸引平民消费。京伦饭店、新世纪日航、宣武商务酒店等多家酒店都推出平民外卖窗口，变身百姓家后厨房。星级酒店也做起了小买卖，开始承接家庭聚会、公司茶歇这样的宴会外卖。更有酒店的午餐、晚餐参与了促销团购，打出了亲民的价格，与大众餐厅的消费标准持平。

高端消费不给力“倒逼”星级酒店走平民转型之路，但这未尝不是一种市场的拓展。即便只是一顿工作餐，顾客也更愿意选择餐饮有安全保障的星级酒店，如果价格大众亲民就更受市场欢迎。与其让酒店闲置的资源浪费，不如开启另一个市场，盘活资源，将外卖看作酒店边际收益的一部分，假如做得好也将成为重要的利润来源。

星级酒店开展外卖服务，容易被当成酒店营销的“噱头”。在推出外卖服务时，可考虑与第三方外卖渠道结盟作战。第三方外卖渠道具有极强的外卖实战经验，可以共同参与到酒店外卖的各个策划环节，如产品开发、包装，以及市场推广和宣传等。弥补了酒店方单纯从星级酒店的角度来开发产品的弱点，更能从目标市场的实际需求出发，开发出热卖的产品。

2016 年 9 月北京首都旅游集团有限责任公司与百度外卖达成战略合作协议，联手打造首旅集团星级酒店餐饮外卖生态系统。消费者在百度外卖一键下单，足不出户即可以超值价格享用星级酒店和餐饮名店的高品质美食。首旅集团与百度外卖探索传统餐饮拥抱“互联网+”的新思路，实现互联网餐饮场景、营销和模式的创新，强强联合共同开拓的外卖 O2O 市场，推进星级酒店餐饮和餐饮企业的互联网化运营。

（资料来源：CHAT 资讯，http://www.chatchina.com.cn/Home/Information/detail/id/139）

项目二 餐饮原料管理

教学目标

- **知识目标**：掌握采购管理的方法和程序；掌握验收管理的要求和程序；了解仓库的贮存设施和贮存条件，掌握货物贮存的方法；熟悉食品原料和饮料的发放程序，掌握原材料盘存管理的方法。
- **技能目标**：能根据酒店需要设定采购量，能初步进行原料采购，快速准确地维持库存水平；能根据餐饮原料的特性，选择正确的贮存方法；能处理和协调采购文件、库存文件的读写技能及计算技能。
- **素质目标**：具备餐饮原料采购管理中的安全意识和责任意识。具备餐饮原料采购、验收、库存及发放的管理能力。掌握与同事和顾客保持高水平的联络沟通技巧。

任务一 餐饮原料采购管理

案例导入

乐于尝鲜的千禧一代从不吝惜在餐饮上的消费

为了招徕更多的顾客，酒店餐厅纷纷转换思路，除了美味的餐食，更注重提供独特的餐饮体验。酒店餐饮抓住千禧一代的胃远远不够，满足他们的多方位需求，才能开启推动酒店餐饮的引擎，帮助酒店餐饮重拾往日光彩。如今中国的年轻一代消费者对健康十分重视，注重饮食对健康的影响。相比价格，他们更加看重品质；他们注重消费体验，只选合适的，不选最贵的。消息灵通且思想开放的千禧一代是餐饮潮流的主要推手。相比上一代，这一代人更喜欢外出用餐，他们希望品尝以天然食材烹制的、来源可靠的食物，因此健康、环保且独创的菜肴是他们的首选。由于成长于一个更加多元化的社会，他们不仅接触到各种各样的民族风味食品，同时还很有可能会尝试新菜肴。

2016 年、2017 年，中国，北京希尔顿全球北京区酒店：北京华尔道夫酒店、北京康莱德酒店、北京希尔顿酒店、北京王府井希尔顿酒店、北京首都机场希尔顿酒店、北京希尔顿逸林酒店携手推出年度餐饮项目“希尔顿寻鲜之旅”，该项目从 2016 年起逐月推出，选取应季特色食材或调味原料作为月度主题，来自 6 家酒店餐厅的厨师们尽施所长，以精湛技艺、创新灵感推出主题菜式，领略四季时节的美食风味。中国多样的地理环境和气候造就了其丰富的物产和多样的饮食习惯，时至今日，随时节采用当地新鲜食材，运用符合季节、环境特色的调味原料仍然是上乘的烹饪智慧。希尔顿全球北京区酒店的餐饮团队在每月选取当地应季优质烹饪原料，沿袭古法的同时，在烹饪技艺上突破创新，为北京食客奉上数道贯穿四季尝鲜，呈现时尚奇趣就餐体验的中西菜肴。与此同时，与当地农业、食品企业积极合作，投入当地经济可持续发展，使用当地应季有机蔬果，使宾客在饮食上感受到绿色健康。

思考：为保证餐饮食品符合时代饮食需求和良好品质，应如何进行餐饮原料的采购和寻找餐饮原料供应商？

菜单确定之后，所有满足客人需求的食品原料均通过采购工作来获得。食品等原料的采购，是餐厅为客人提供菜单上各种菜肴的重要保证，只有原料的质量合适，才能保证菜肴口味鲜美。餐饮原料的采购基础工作是建立合理的供应商、适宜的采购时机，制定严密的采购运行程序。

一、采购及采购管理的概念

1. 采购

餐饮原材料的采购指根据要求实施订货，并以最低价格购买到保证质量的餐饮原材料。采购包括订货和购买两层意义。

2. 采购管理

餐饮原料采购管理是指餐厅为达到最佳经营效果和管理食品成本，对本餐厅所需的餐饮原料的质量标准、价格标准和采购数量标准进行的有效管理。原料采购管理目标如下。

(1) 明确质量标准，保证每种原料的质量符合规定的使用规格和标准。

(2) 确定采购数量，保证为厨房等加工部门提供适当数量的食品原料。

(3) 保证采购的价格和费用最为优惠，使食品原料成本处于最理想的状态。

(4) 选择适当的供应商，保证原料不断供应。

二、供应商的选择与管理

1. 供应商的类型

(1) 种植者。为酒店业餐饮提供产品的农民、市场园丁，如提供的水果、蔬菜等。

(2) 加工者。利用原料加工成餐饮食品原料，如面粉、黄油、糖等。

(3) 厂家。公司控制原料的生产，如酒水、饮料等。

(4) 中间商。批发商、代理商、经纪人、批发店或联合购买。

2. 供应商选择途径及考虑因素

(1) 供应商选择途径。供应商选择途径包括介绍人、网络、企业目录、媒体、广告、报纸、行业杂志、宣传册、中介等。

(2) 供应商选择考虑因素。供应商选择考虑因素包括质量、价格、产品范围、提供的服务、可靠度、支付条款、地理位置、规模等。

3. 建立供应商档案

供应商档案是评价选择供应商的最基本的依据，采购部负责建立供应商档案，供应商档案包括：供应商调查表、供应商审批表、供应商质量档案、供应商所提供的合格证明、价格表及相关资料。供应商档案由采购部信息管理员负责管理，未经采购部经理允许，不得随便查问。如果要寻求一家新的供应商，应特别谨慎，要对供应商进行仔细的调查。

最理想的方法是直接参观，以便实地看到厂商的经营规模、加工与仓储能力、运输工具的数量及种类。如果满意，即可与其建立采购与供货关系，并做定期评估，可以从价格、品质和交货等方面进行综合考虑。

三、采购员的选择与管理

选准、用好采购人员，是搞餐饮采购工作的关键。有管理学家认为，一个好的、理想的采购员可以为餐饮企业节约5%的餐饮成本。要选思想素质好、作风正派的人员做采购工作。采购人员思想素质的高低，直接决定着采购工作的质量。因此，在使用采购人员时，一定要认真考察。应具备：工作责任心强，能吃苦耐劳，公私分明，有原则性和有一定的社会交际能力。

对采购人员要加强思想教育，采购人员自身应严格要求自己。因这些人员既管钱又购物，天天泡在市场中，与形形色色的人交往，容易被金钱、物质所引诱和腐蚀。因此，对采购人员必须加强经常性的思想教育。首先领导要深入工作实际，了解掌握情况，及时对采购人员开展有针对性的思想教育。其次要关心他们的政治学习，不能认为采购工作忙而放松了政治学习。再次，要开展经常性的谈心活动，做深入细致的思想工作，警钟长鸣，防患未然。

经营中有一个重要的管理手段，就是要是非分明，奖优罚劣。对于坚持原则、大公无私的人和事要大力表彰，树典型，抓榜样，扶正气。对于不接受教育、贪占便宜、损公肥私者，坚决给予严肃处理，及时调换不适合做采购工作的人员。在采购人员的使用上，可采取“轮换制”。一般三个月至半年轮换一次，这样可以克服采购工作中的很多弊病。

严格制度、明确职责，是做好餐饮采购工作的可靠保证。采购工作既要有严格的规章制度，又要有明确的职责范围，做到有章可循，有章必依，违章必究。应做到：一要有较强的市场意识，经常总结研究采购方法和策略。深入市场了解所需各类食品的特性、质量、品种、价格行情。货比三家，选择质好价廉的食品，调控采购价格，降低经营成本。二要深入餐厅，与厨师长密切联系，了解和掌握原材料需求情况和实际用量、种类，保证适时、适量、适质、适价地完成采购任务。三要严格执行食品卫生法规和安全制度，不采购劣质、变质、过期、污染食品等。四要严格遵守财务制度，严格管理好钱和物，及时完善采购报账手续。五要采取双轨采购制度。为了预防钱、物不分出现问题，采购工作应采取相互制约和相互监督的双轨采购制。即专设付款员，随同采购员一起深入市场，负责采购付款。采购员专门选购、讲价，购物与付款分开。双轨制的实行，加大了采购工作的制约和监督力度，有效地堵塞了采购工作中的漏洞。

四、餐饮原料采购职能在酒店归属

1. *酒店采购部负责所有餐饮物品的采购*

这种采购方式的优点是采购制度严密，采购资金的管理比较规范。缺点是采购的周期较长，及时性较差。因此，餐饮部主管人员必须对食品原料的质量进行规范化，对采购运作时间予以明确规定，以保供需的步调一致。

2. *酒店餐饮部负责所有餐饮物品的采购*

这种采购方式由于原料采购由餐饮部自己管理，具有及时、灵活、原料质量可以得到保证等优点。但采购的数量、资金和成本控制都难以掌握。因此，餐饮部应制定相应的规章制度，严把质量和数量关，使采购环的成本费用降到最低。

3. *酒店餐饮部和采购部共同管理餐饮原料采购工作*

酒店餐饮部负责鲜活物品的采购。采购部负责可储存物品的采购。这种采购方式比较灵活，其弊端就是多头采购，给管理、协调工作带来了许多麻烦。

餐饮原料的采购职能归属应该根据酒店的自身情况及所在地原料供应情况来决定。

五、餐饮原料的采购程序

实施采购首先应制定一个有效的工作程序，使从事采购的有关人员和管理人员都清楚应该怎么做、怎样沟通，以形成一个正常的工作流程，也可使管理者知道该怎么去控制和管理。图 3-2 所示为餐饮原料采购的基本工作流程。

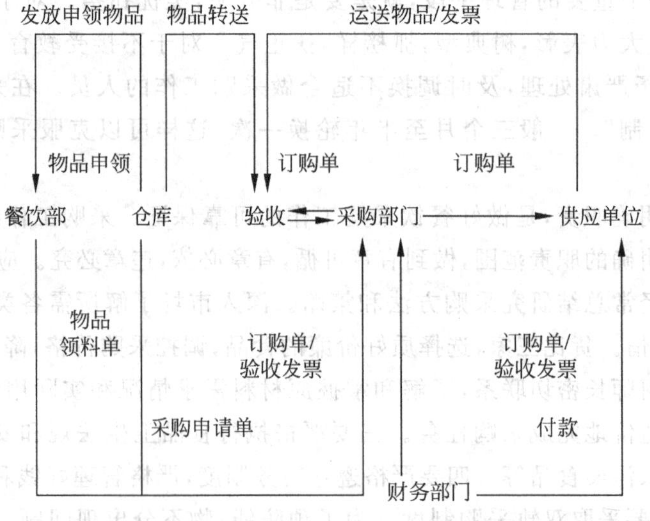

图 3-2 餐饮原料采购的基本工作流程

1. 采购申请

餐饮部和仓库分别通过采购申请单(样式见表 3-1 和表 3-2)向采购部门提出订货要求。餐饮部的订货品种是除仓储之外的食品,通常为新鲜食品;仓库订购的是各类需要储存保管的食品,当库存量低于规定的数量时就要提出申请,补足必要的库存量。

表 3-1　采购申请单(1)

申请部门________________　　　　　　No.

编号	品名	规格型号	单位	数量	单价	金额	需要日期	采购要求
用途								
审批意见	总经理		财务经理		采购部经理		申请部门经理	

注:此申请单限于一料一单,即一张申请单只能填一种原料或某一类原料。

此单一式五联:一联交采购部,一联交验收处,一联交采购员,一联交财务部、一联由申请部自留。此申请单一般用作大宗物品、贵重物品的采购,如鱼翅、燕窝等名贵原料,申请单必须经各审批人员签字后,才能用于采购。

表 3-2　采购申请单(2)

类别________　　　　年　　月　　日　　　　　　　　No.

品名	规格	单位	数量	参考价	要求进货日期	备注

采购部经理:________　　采购员:________　　厨师长:________

申请部门:________　申请人:________

此单一式四联:一联交采购部,一联交验收处,一联交餐饮部或厨房,一联交财务部、此申请单一般用于常用料采购,一张申请单中可填写多种材料,具体数目根据酒店通常定量来确定。

2. 组织采购

当采购部门接到订货申请后,通过正式订购单(见表 3-3)手续向供应单位订货,同时给验收部门一份订购单,以备验收核对。

表 3-3　订购单

订购单编号: 致:(供货单位) 请送下物:			订购日期: 付款条件: 订购单位: 交货日期:		
订购数量	项目	运送单位数	单价	金额	备注

续表

订购数量	项目	运送单位数	单价	金额	备注

授权签字：________　　　　　　　　　　　　　总计：________

注：本订购单明确规定，只接受上述注明条款和条件及订购单附件或说明书内容，不接受卖方提出的附加条款和条件。

3. 验收入库

到货后，将货交验收部门验收，验收合格的货物转送入库，鲜活的原料通知厨房通过申领手续及时领取。

4. 审核付款

验收部门将货票验签后，采购部门再交财务部门审核，然后向供应单位支付货款。

对于未达到或不符合规格质量要求以及超过正常损耗的物品，要及时与供应厂商交涉，要求索赔、退货或催运。

六、原料采购方法

餐饮原料的采购方法很多，用什么样的采购方法，应该根据餐饮业务经营的要求。采购任务、餐饮原料的种类及市场情况，选择最适宜的采购方法。常见的采购方法主要有以下几种。

1. 询价采购

询价采购是最常见、最原始的一种采购方法。通过采购员深入市场，了解行情，逐个询价，根据原料价格和质量优劣情况，购买性价比高又能适用的原料。但需自行解决运输工具，承担运输风险。

2. 比价采购

比价采购是采购员将需采购的某种餐饮原料通过询问几个供货商的报价（见表 3-4），或提取样品，从中选取质优、价廉的货源作为采购对象的一种采购方法。因大多货源充足，供货商较多，所以大多数餐饮原料的采购均可采用这种方法。这种方法最适于一次性采购大量餐饮原料。

表 3-4　报价单

编号：　　　　日期：　　年　月　　日

品　名	规　格	单　价	品　名	规　格	单　价
小甲鱼	250～400g	90.00	肉蟹	400～600g(净)	90.00
大甲鱼	500～750g	160.00	斑节虾	40～50 头/500g(活)	130.00
草鱼	700～800g	10.00	鲜鱿鱼	加工	30.00
活鳜鱼	500～750g	50.00	活龙虾	500～600g	230.00
小鳝鱼	150～200g	15.00	活石斑鱼	400～600g	78.00

续表

品　名	规　格	单　价	品　名	规　格	单　价
大鳝鱼	250～300g	30.00	活鲳鱼	400～600g	58.00
活鲫鱼	300g以上	10.00	大闸蟹	200～300g/只	260.00
黑鱼	500～750g	12.00	基围虾	50～60头/500g	70.00
活鳗鱼	500～750g	70.00	白虾	90～100头/500g	48.00

3. 招标采购

招标采购是现行采购常见的一种方法，这是一种由使用方提出品种、现格等要求，由买方投报价格，并择期开标，公开比价，以符合最低价者得标的一种买卖契约行为。此类型的采购具有自由公平竞争的优点，可以使买者以合理的价格购得理想物料，并可杜绝徇私舞弊，不过手续较烦琐费时，不适用于紧急采购与特殊规格的货品采购。

4. 定点采购

定点采购是相对固定在一个或几个价格低、信誉好、品种多、供货足的供货商中采购的方法，这种方法多适用于购买烟酒、调料等，应防止假货，杜绝三无产品。

5. 约定采购

约定采购是指采购人员根据厨房对某种原料的需要情况，按一定的时间间隔，要求供货商把原料送货上门。每次送货的数量会临时通知，每次送货不结算，一个月或一个季度结算一次。

6. 托运采购

托运采购是将需要采购的餐饮原料与供货商以书面合同或口头形式订货的采购方法，又称为期货订购。这种采购方法适于采购的批量大、异地供货和规格复杂的餐饮原料，要求供货商一次或分批次供货。货到付款或先款后货均有。

7. 联合采购

联合采购是指几个类型相似的餐饮企业为了降低进货成本，对某种共同需要的原料凑成一大批向供货单位进货，可以享受批发价或优惠价，从而可以降低成本。

8. 无选择采购

无选择采购是在餐饮经营过程中，厨房有时急需某种餐饮原料，在当地仅此一家供应商。在这种情况下，不论供货商如何索价，只能采取无选择采购。采取这种采购方法，由于其采购成本会失去控制，有时餐饮原料的品质或规格会难以保证，因此，只是在不得已的情况下才使用。如果采购人员频繁使用无选择采购法，说明餐饮原料采购管理中存在严重问题。

9. 特殊性采购

特殊性采购是指采购员、管理员在市场调查、订货展览和采购过程中，发现在申购要求以外的时鲜货、奇缺货、紧俏货及新品种酌情采购的一种方法。这种方法能使厨师长及时了解市场信息，加速新菜品的开发。

另外，随着连锁酒店和酒店管理集团的出现，许多大型酒店都建立了自己的物流中心或原料配送部门，会以批量采购的方式采购原料，这样既能保证原料的统一质量、规格，又可以有效降低原料的成本。

七、餐饮原料采购控制

（一）采购质量控制

采购质量控制主要由采购规格书来控制。

1. 采购规格书

采购规格书又称“采购质量标准控制单”，它是以书面形式对酒店要采购的餐饮原料等规定详尽的质量、规格等要求的采购书面标准。

2. 采购规格书的内容

具体包含下列内容。

（1）食品原料名称（通用名称或常用名称）。

（2）法律、法规确定的等级或当地通用的等级。

（3）报价单位或容器的单位。

（4）基本容器的名称和大小。

（5）每单位容器所装的数量。

（6）重量范围。

（7）加工类型和包装。

（8）成熟程度。

（9）防止误解所需要的补充信息。

具体如表 3-5 所示。

表 3-5　牛肉采购规格书

原料名称	规格与标准	备　注
牛肉	带骨切块 25cm； 符合商业部牛肉一级标准； 每块重 5～6kg； 油层 1～2cm 厚； 中度大理石脂肪条纹； 无不良气味，无变质迹象	冷冻运输交货； 订货后第三天交货

3. 采购规格书的作用

一份使用的规格书是订货的依据、购货的指南、供货的准则、验收的标准。

（1）有助于采购人员和管理人员明确餐饮原料的质量标准。

（2）有助于供货商提供合格的原料。

（3）有助于验收人员做好食品原料的验收和发放工作。

（4）便于采购工作的顺利进行，每次订货不用口头向供货商重复说明原料的质量要求。

（5）将采购书同时发给几个供货商，便于供货商投标；也使酒店有选择最优价格的机会。

(6) 可以防止采购部门与原料部门之间产生矛盾。

(二) 采购数量控制

餐饮原料采购数量直接影响着餐厅的供应情况和成本费用高低。由于餐饮消费较难预测,食品原料容易变质,餐饮原料采购需要随时调整。

1. 餐饮原料采购数量考虑的因素

(1) 菜肴、酒水等的预计销售量。

(2) 仓储条件。

(3) 原材料的价格变动趋势。

(4) 采购点的距离远近。

(5) 目前库存条件。

(6) 原材料的市场供应情况。

(7) 供应商的政策。

2. 不同类型的原材料数量控制

从采购角度出发,餐饮原料可分为鲜货类原料和干货类原料两种。它们的特点不同,对储存条件的要求也不同,因此采购数量的控制方法也有差异。

(1) 采购鲜活类原料时必须遵循"先消耗,再进货"的原则。在确定某种鲜活类原料的采购量时,必须先掌握该原料的现有库存量,再根据营业状况预测下一营业周期所需的原料数量,然后计算出应采购的数量。在实际操作中,可以选用以下两种方法。

① 日常采购法。日常采购法多用于消耗量变化大、有效保存期较短而必须经常采购的鲜活类原料。每次应采购的数量用公式表示如下:

应采购数量=需使用量－现有存量

公式解析:需使用量是指在进货间隔期内对某种原料的需要量,由厨房或餐饮部决定。在确定该数字时,需要综合考虑特殊餐饮活动、节假日客源变化、天气情况等因素。现有存量是指某种原料的库存数量,可以通过实地盘存加以确定。应采购数是需使用量与现有存量之差。因为鲜活类原料采购次数频繁,几乎每天进行,往往在当地采购,所以一般不必考虑保险储备量。

② 长期订货法。一些鲜活类食品原料的消耗量变化不大,其单位价值也不高,酒店可以采用长期订货法采购。具体操作方法有两种:酒店与供应商签订合约,由供应商以固定价格每天或每隔数天供应规定数量的某种或某几种原料,直到酒店或供应商感到有必要改变现有供应合约时双方再重新协商。酒店要求供应商每天或每隔数天把酒店的某种或某几种原料补充到一定数量。酒店逐一确定有关原料的最高储备,再盘点进货日量减去现存量得出当日所需采购数量。

(2) 干货类餐饮原料的采购控制。干货属于不易变质的食品原料,包括粮食、香料、调味品和罐头食品等。可冷冻储存的原料包括各种肉类、水产品原料等。许多酒店为减少采购成本,享受供应商的量大折扣优惠,往往以较大批量进货,但是这样可能造成原料积压和资金占用过多,因此必须对采购数量严加控制。

① 定期订货法。定期订货法是干货原料采购中最常用的一种方法。因为餐饮原料

品种多、使用频繁，为减少进货次数，使采购员有更多的时间去采购鲜货类原料，酒店可以把同类原料或向同一供应商采购的原料定在同一天采购，不同类原料或向不同供应商采购的原料尽量安排在不同日期采购。以便使验收员和仓管员的工作量得到平均分配。定期订货法是一种订货周期固定不变，但每次订货数量可任意变化的采购方法。每到某种原料的订货日，仓管员应对该原料的库存进行盘点，然后确定本次订货数量，其计算方法如下：

需订货数量 = 下期需用量－实际库存量＋期末需存量

例如，某餐厅需要每月订购蜜桃罐头维持到下一次，消耗量平均每天 15 罐，订货期为 5 天。仓库管理员发现库存蜜桃罐头还有 80 罐，那么这次的订货数量为：

订货数量 = 下期需要量 － 现有数 ＋ 期末需存量
= 15 × 30 － 80 ＋ 15 × 5
= 450 － 80 ＋ 75 = 445(罐)

此外，还要考虑因交通运输、天气、供应情况等方面的原因，可能造成送货延误，很多餐厅都在期末需存量上加上一个保险储备量，以防不测。这个保险储备量一般为理论期末需存量的 50%，这样期末需存量实际上为：

期末需存量＝日平均消耗量×订购期天数×150%

上例中，实际订货数量为：

订货数量＝15×30－80＋15×5×150%＝483(罐)

如果订货单位是箱，每箱 12 罐，那么这次的订货数量应为 41 箱，超额进货可以从下次进货中扣除。

② 永续盘存法。比定期订货法优越，但采用这种方法采购的酒店并不多。要成功地用永续盘存制，需要专业人员记录相当完整、精确的数据，因此只有大型酒店才可能采用这种方法。采用永续盘存制的主要目的是保证进货数量既足以满足预期的需要，又防止每次进货过多，并对存货进行有效的控制，这种情况要求使用永续盘存表。永续盘存表由专门员工记录和保管。每次收发食品原料，都应在永续盘存表上做好记录。如果能精确地记录每次收发数量，无论是什么时候，只要查阅一下永续盘存表，就能知道各种食品原料的存货数量。各种原料有预定的最高储备量和订货点量。一旦结余数量少于订货点，应填制订货采购单。

例如，某餐厅蜜桃罐头日平均消耗量为 15 罐，订货期为 5 天，最高储备量为 150 罐，订货点量为 75 罐。12 月 1 日，仓库管理员发现该原料现存量只有 75 罐，已达到订货点量，于是发出订货通知。具体订货数量为：

订购数量＝150－75＋15×5＝150(罐)

由于该原料是以箱为采购单位，12 罐为一箱，管理员应实际订货 13 箱，即 156 罐，这样 5 天以后，货物到达，库存量又增至 156 罐。

(三) 采购价格控制

成功的采购就是要获得理想的采购价格，餐饮原料的价格受诸多因素影响，通常价格的波动较大。影响餐饮原料价格的主要因素有：市场货源的供求情况；采购数量的多少；原料的上市季节；供货渠道；饮食市场的需求程度；供货商之间的竞争以及气候、交通、节假日等。面对诸多的影响因素，酒店很有必要对餐饮原料的采购价格实行控制。酒店控制原料采购价格的途径主要有以下几个方面。

1. 限价采购

限价采购就是对所需购买的原料规定或限定进货价格，这种方法一般适用于鲜活原料。当然，所限定的价格不能单凭管理者的想象，而是要委派专人进行市场调查，获得市场的物价行情进行综合分析提出中间价。

2. 竞争报价

竞争报价是由采购部向多家供货商索取供货价格表，或者是将本酒店所需的常用原料写明规格与质量要求请供货商在报价单上填近期或长期供货的价格，采购部根据所提供的报价单进行分析，确定向谁订购。在确定供货商时，不仅仅要考虑到供货商供货的价格，还要考虑到供货商的供货信誉：如原料的质量、送货的距离以及供货商的设施、财务状况等因素。

3. 规定供货单位和供货渠道

为了有效地控制采购的价格，保证原料的质量，酒店的管理层可指定采购人员在规定的供货商处采购，以稳定供货渠道。这种定向采购一般在价格合理和保证质量的前提下进行。在定向采购时，供需双方要预先签订合约，以保障供货价格的稳定。

4. 控制大宗和贵重餐饮原料的购货权

贵重食品的原料和大宗餐饮原料其价格是影响餐饮成本的主体。因此有些酒店对此规定：由餐饮部门提供使用情况的报告，采购部门提供各供货商的价格报告，具体向谁购买必须由酒店管理层来决定。

5. 提高购货量和改变购货规格

根据需求情况，大批量采购可降低原料的价格，这也是控制采购价格的一种策略。另外，当某些餐饮原料的包装规格有大有小时，购买适用的大规格，也可降低单位价格。

6. 减少中间环节

减少采购中间环节，从批发商、生产商或种植者手中以及市场直接采购，往往可以获得更优惠的价格。

阅读链接

餐饮采购 B2B 平台

继“百团大战”、外卖大战之后，餐饮 O2O 的战火开始燃向后端的采购供应链。每年超过万亿元体量的餐饮采购大蛋糕，激发了众多创业企业利用“互联网＋”对餐饮行业重新发现和改造的热情，用户群的竞争也从个体消费者转向了想象空间更大的餐饮企业。轻模式、重模式、细分市场、补贴价格战……竞争的焦灼程度毫不逊于 C 端。

与庞大餐饮市场相伴相生的是庞大的餐饮供应链。数据显示，2015 前 11 个月，全国餐饮收入达 29 280 亿元，全年突破 3 万亿已无悬念。如果按照采购成本占营业收入的 30%～40%计算，餐饮采购市场有超过万亿元的体量。有业内人士表示，餐饮的食材供应从源头到餐厅，要经过多级批发商，中间环节的加价率超过 100%。而这部分利润就是食材B2B企业所觊觎的大蛋糕。

自2014年开始，涌现出了一批瞄准餐饮后端供应链的互联网企业。一亩田、美菜、链农、饭店联盟、天平派上线的时间间隔非常短，并很快获得融资开始培育市场。紧接着，不甘心被跨界打劫的餐饮人抱团反击，由餐饮集团联合发起的众美联上线也加入竞争。而专注于区域或细分领域的食材B2B平台就更多了，如小农女、菜点点、优配良品、集食达、餐馆无忧、冻冻、餐饮管家、蔬东坡、分分钟等，也纷纷成为风投的宠儿。

（资料来源：北京商报，http://www.bbtnews.com.cn/2015/1229/134785.shtml）

任务二　餐饮原料验收管理

案例导入

金陵饭店的验货组被人誉为“海关”

金陵饭店的验货组被人誉为“海关”，这当然是指严把验收的这个环节。验收组创建于1988年，开始时只验收饮食原材料，后来才渐渐扩大到验收其他物资，验收品种达到上万种。验收人员的工作不只是坐在店内等货上门，他们经常要到市场上去做调查研究，了解行情和货源。他们一贯坚持原则，不为名、不为利，不收供货商任何形式的好处。由于他们的铁面无私，经常因验收不符合饭店标准而拒收或降价收购，为饭店挽回大量的损失。

把金陵饭店的验货组成为“海关”是很恰当的，这里的工作人员个个都有一张铁面孔，而且对货物的情况了如指掌。为保证买进的货物符合饭店的要求，他们制定了严格的收货标准，严格把住质量、价格和数量三关。在质量相同的情况下，用货比三家的办法挑选价格最便宜的；在价格相同的情况下，则挑选质量最佳的。为饭店最大限度地降低了成本，保证了饭店的经济效益。

思考：试分析金陵饭店是如何把好采购验收环节来降低生产成本的？

原料验收是餐饮成本控制流程中的重要一环。尽管餐饮部门花了大量时间和精力制定了采购规格标准，尽管采购人员有足够的专业知识，并且严格遵守各项规定，按质按量地以合理的价格订购了原料物品，但如果缺少相应的进货验收控制，那么先前所做的各种努力就会前功尽弃。忽视原料进货验收，会使供货商供货马虎从事，有意或无意地缺斤短两，原料的质量也有可能不符合酒店的要求，或许会超过或低于采购规格标准，而原料的价格可能会与原先的报价大有出入。

一、建立合理的验收体系

（一）明确餐饮原料验收的任务

验收的主要任务如下。

（1）根据采购规格标准，检验各种餐饮原料的质量、体积和数量。

(2) 核对餐饮原料的价格与既定的价格或原定价格是否一致。

(3) 给易变质原料加上标签，注明验收日期，并在验收日报表上正确记录已收到的各种餐饮原料。

(4) 及时把各种餐饮原料送到贮藏室或厨房，以防变质和损失。

(二) 严格遵守餐饮原料验收要求

为了使验收工作顺利完成，并确保所购进的原料符合订货的要求，验收的场地、验收的设备和工具、验收的人员以及各种验收票据应符合如下要求。

1. 验收的场地要求

验收场地的大小、验收的位置好坏，直接影响着货物交接验收的工作效率。理想的验收位置应当设在靠近贮藏室和货物进出较方便的地方，最好能靠近厨房的加工场所，这样便于货物的搬运，可缩短货物搬运的距离，可减少工作的失误。验收要有足够的场地，以免货物堆积影响验收。此外，验收工作涉及许多发票、账单等，还需要一些验收设备、工具，因此需要专设验收办公室。

2. 验收的设备和工具要求

验收处应配置合适的设备，供验收时使用。比如磅秤就是最主要的验收设备之一，磅秤的大小可根据酒店正常进货的量来定。验收既要有称大件物品的大磅秤，又要有称小物件、贵重物品的台秤和天平秤，各种秤都应定期校准，以保持精确度。

验收常用的工具有开启罐头的开刀，开纸板箱的尖刀、剪刀、榔头、铁皮切割刀，起货钩；搬运货物的推车，盛装物品的网篮和箩筐、木箱等。这些验收工具既要保持清洁，又要安全保险。

3. 验收的人员要求

餐饮原料的验收人员应该是受过专业培训的，或从厨师中推选责任心较强、有较丰富的专业知识的人来担任。餐饮原料的验收涉及多方面的知识，比如检验原料的新鲜度，要了解原料的品质、纯度、成熟度、产地、商标、卫生达标情况等内容。如果验收人员没有专业知识，没有责任心，是无法胜任这一工作的。因此，必须对验收人员提出下列要求。

(1) 身体健康，讲究清洁卫生。

(2) 熟悉验收所使用的各种设备和工具。

(3) 熟知本企业原料的采购规格和标准。

(4) 具有鉴别原料品质的能力。

(5) 熟悉企业的财务制度，了解各种票据处理的方法和程序，能做正确处理。

(6) 具有保护企业利益的意愿，有良好的职业道德，能坚持原则。

(7) 做到验收后的物品项目与供货发票和订购单项目相符，供货发票上开列的物品重量、数量与实际验收的物品重量、数量相符，物品的质量与采购规格标准相符，物品的价格与企业所规定的限价相符。

(8) 忠于职守，秉公验收。

（三）熟悉餐饮原料的验收方法

各酒店餐饮因经营性质和管理模式、管理要求不同，采用的验收原料方法也各不相同。有些企业将餐饮原料验收的职权全部交给厨房管理者负责，由主管厨师长来验收；也有的餐饮企业将直接进入厨房的原料交厨房管理者验收，将需要入库保藏的原料交采购部专职人员来验收。无论交给谁验收，都必须根据验收的程序来进行，按验收的要求来验收。通常采用下列两种方法。

1. 按供货发票验收

供货发票验收是一种较普通的验收方法。验收人员根据供货发票和采购订单核对原料的项目、数量、质量和价格，方便快捷。但要注意的是，验收人员往往直接拿着发票对照货物，而不同时对照订购单，有时还可能图方便而不去逐一过秤核对原料重量和仔细检查原材料的质量，因此，采用这种验收方法时应加强监督职能。

2. 填单验收

填单验收是餐饮企业控制验收的一种方式。餐饮企业有自制验收空白凭单，验收人员按物品的名称、重量、数量、价格等逐一填入凭单中，然后再与供货发票相对，这种方法可减少差错，但较费时间。

二、确定科学的验收操作程序

1. 根据订购单或订购记录检查进货

验收时应先依据订购单或订购记录来检查货物，对未办理过订购手续的物品不予受理，以防止盲目进货或有意多进货的情况发生。

2. 根据供货发票检查货物的价格、质量和数量

通常供货发票是随同货物一起交付的，发票是付款的重要凭证，一定要逐一检查。检查发票时，应先验明发票上的物品价格，再验收物品的质量和数量。如果先将原料验质过秤后再验价格，当发现价格不符而决定不予购买，就会造成人力和物力的浪费，因此，要先核对价格再验质量，最后验数量。

发现原料重量不足或质量不符需要退货时，应填写原料退货单（见表 3-6），并让送货人签字，将退货单随同发票副页退回供货单位。

表 3-6 退货单

No.

供货单位（供货人）全称：				收货单位全称：	
退货发票号码：				退货日期： 年 月 日	
项目	单位	数量	单价	小计	退货原因

验收员签字：________ 送货员签字：________

3. 办理验收手续

当送货的发票、物品都经验收后，验收人员要在供货发票上签字，并填验收单(见表3-7)，表示已收到这批货物。也有些单位根据经营要求设计验收章，在验收完毕的物品上加盖验收章。在供货发票上也加盖验收章。如果到货无发票，验收员应填写无供货发票收货单(见表3-8)。

表3-7 验收单

供货单位(供货人)：________ 年 月 日 No.

供货发票号码	品 名	数 量	单 价	金 额	供给部门

验收人：________ 送货人：________ 采购人：________

表3-8 无供货发票验收单

供货单位(供货人)：________ 年 月 日 No.

供货发票号码	品 名	数 量	单 价	金 额	供给部门

验收人：________ 送货人：________ 采购人：________

4. 分流物品，妥善处理

原料验收完毕，需要入库进行保存的原料，要使用双联标签注明进货日期、名称、重量、单价等，并及时送仓库保存。一部分鲜活原料直接进入厨房，由厨房开领料单。

5. 填写验收日报表和其他报表

验收人员填写验收日报表(见表3-9)的目的是保证购货发票不至于发重复。验收日报表可作为进货的控制依据和计算每日经营成本的依据。将各种验收记录呈交给有关部门。

表3-9 验收日报表

原料名称	供货商	发票号	数 量	单 价	金 额	直接采购原料		库房采购原料	
						数量	金额	数量	金额
合计									

三、餐饮原料验收的控制

验收工作虽然是由验收人员来完成，但作为负责餐饮产品质量控制的部门经理和厨师长，应不定期地对验收工作进行督导，以使验收工作符合管理的目标。为了避免验收工作出现问题，经营管理者应做到以下几点。

(1) 指定专人负责验收工作，不能谁有空谁来验收。

(2) 验收工作应与采购工作分开，不能由同一个人担任。

(3) 对于兼做其他工作的验收员，验收时间应与其他工作时间错开。

(4) 验收要在指定的验收处进行。

(5) 货物一经验收，应立即入库或进入厨房，不可在验收处停留太久，以防丢失。

(6) 尽量减少验收处进出人员，以保证验收工作的顺利进行。

(7) 如发现进货的原料有质量问题，应督促验收人员退货。但凡有下列情况的，应给予退货。

① 冷冻食品：检验在纸箱内有无溶化、渗出液体或冻水的迹象，冷冻食品是否结有大的冰块。如有上述现象，应退货。

② 冻鱼、海产品如发现鱼已化开或化开后又重新冻结的，应退货。重新冻结的鱼，肉质松软，有酸味，颜色不正，包装纸是潮的，发黏而褪色，纸箱底部有冰块等。

③ 肉类：家禽肉如发黏、颜色不正、有异味应退货。不新鲜的牛肉切开时呈暗红色，应退货。

④ 鸡鸭：不新鲜的特征有翅尖上颜色变暗、颈脖周围发绿或全身发绿。有此现象的应退货。

⑤ 乳制品：过保质期的应退货。盛装黄油、奶酪的包装纸残破或有污渍，乳制品颜色不合标准的应退货。

⑥ 罐装食品：凡有锈斑、凹凸或有小孔的都是受到污染的迹象，应退货。有些罐头打开后有异味、颜色不正，厨房不应扔掉，可留下退货、退款。

⑦ 干货：颜色不正或有异味，包装破损的均应退货。

⑧ 对于蔬菜、水果等，也应注重新鲜，若失去固有的颜色、质感的应退货。对活的家禽、水产品等原料，凡发现有灌水、灌沙、灌其他物料的，均应退货。

阅读链接

三文鱼和虹鳟鱼，今儿不谈真伪，谈谈餐厅老板的应对之策

2018 年 5 月 22 日，央视财经频道《经济半小时》节目中称，目前中国市场 1/3 的“三文鱼”都产自青藏高原的水库养殖场。

该报道一出，马上引起网友激烈争议。争议重点在于这种国产养殖的鱼，真正的名称是淡水虹鳟，而非大众理解的三文鱼。那么问题来了：

(1) 虹鳟鱼是否属于三文鱼？

(2) 是不是可以生吃？

随后，中国渔业协会官网发布了一篇“澄清文”，文中提到，国内统称的三文鱼本来就包含了鳟鱼类。而国产虹鳟在水质、饲料和隔离措施上的标准要求都很高。因此即便是淡水鱼，也可以生吃。

然而这条消息并未让广大群众放宽心，反而引发了新一轮的议论，很多人认为，虹鳟就是虹鳟，成本价格比进口三文鱼便宜不止一半。这其中不仅仅是食品安全的问题，更涉及商家的利润链条。

微博昵称为“开水族馆的生物男”(中国渔业协会原生水生物及水域生态专业委员会主任委员)转发央视的报道，并表示：批发商和分销商都说国产虹鳟鱼不宜作刺身，因为淡水鱼寄生虫可以直接寄生人体，生吃存在很高的风险，彻底煮熟才是安全吃法。

到目前为止，淡水虹鳟鱼究竟是否可以安心生食还没有一个明确的结论，今天，我们先不谈真伪问题，我们从餐厅经营的角度来说说，餐饮人可以收获哪些启示？

(1) 无论何种业态的餐厅都需要严把采购关。采购环节是餐厅食品安全的重要一步。原材料从正规厂家购进且源头有据可依，这些对于餐厅经营来说是“保护伞”，也是各家餐厅需要重视的。比如事件中提到的虹鳟这种富有争议的食材，餐厅一旦决定采购，就更要严格把控源头关。

在第二届“一带一路”美食交流大会的食学论坛上，大董先生曾说道：“大董的每家餐厅对供货商的要求都是非常清晰和严格的，在采购时一定会谨慎把关，并与供货商事先签订协议，一旦发生食品安全问题，就要落实责任。政府如果说罚 20 万元，那我们就带着供货商去政府交钱，交 40 万元。这样一来，对供应商也是一种良性筛选。”

(2) 食材的运输环节很关键，尤其是涉及冷链运输，对食材的温度和卫生条件有更高要求。供应商的冷链技术是否真达到标准，这一点需要经营者心中有数。餐厅经营中遇到的很多食品安全问题，都发生在运输环节，对于易变质、保质期短、对温度有严格要求的食材，餐厅更要格外慎重。

(3) 再回到这次事件，对于虹鳟鱼的争议，其实关键点在于——虹鳟鱼到底可不可以生吃。关于此类争议，暂时还没有明确定义，即便有了定义，对于敏感的消费者来说依然难解心结。所以，建议餐厅尽量少用生冷的食品，以避免被卷入风波中。

(4) 消费者对餐厅和品牌的信任需要一定的时间积累。在这个过程中，餐厅也可以给消费者“释放”明确的积极信号。比如在消费者有疑虑的食材上标注保质期、最佳食用期等，或者出具相应的权威手续和证明，从源头消除消费者的疑虑。不仅直截了当地增加消费者的信任感，也让消费者感受到餐厅的专业和用心。

(资料来源：东方美食网业界播报，http://www.easteat.com/new/5765)

任务三　餐饮原料储存管理

案例导入

库存管理系统大大提高管理水平

餐饮行业竞争越来越激烈，行业层次的多样化，使得管理水平急需提升。为了提高管理效率，企业管理者根据库存事务处理要求，从各方面入手，满足企业库存管理的需求。

库存管理直接关系着企业各个部门成本的核算，而库存管理系统可以对餐饮行业的物料库存进行全面的管理。库存管理系统具体分为公共资料、采购管理、库存配送、应收应付、成本核算、报表查询、数据管理、系统管理八大功能。

思考：为什么要使用库存管理系统？

一、餐饮原料库存管理工作的特点

餐饮原料库存管理的主要对象是以食品为主要代表的易烂、易腐物品。餐饮原料采购时，凡可以入库储存的食品一般都在验收之后进入酒店的食品仓库，库存管理工作就由此展开。

要搞好库存管理工作，就应该首先了解其特点，并明确库存工作的目的，掌握餐饮库存的基本原则。餐饮库存管理工作的对象确定了餐饮库存管理工作所具有的特点。具体特点如下。

1. 餐饮库存管理工作的不稳定性

餐饮物品与一般工业原料和生产资料管理有所不同，绝大部分餐饮物品的市场供应有很强的季节性，尤其是那些非人工种植和放养的食品原料，而餐饮生产和销售又需要食品原料新鲜。这就导致餐饮物品管理上的一个重要特点——不稳定性，给采购和库存带来了许多困难，尤其是对于库存来说，存在着怎样进行库存控制、怎样确定储备定额、怎样实施有效验收和保管等问题。

2. 餐饮库存管理工作的不易预料和难以控制

餐饮计划的制订不可能像其他企业那样呈明显的预期性，这是由餐饮企业的销售和生产方式所决定的。餐饮生产和销售完全依赖于市场，这是因为餐饮生产和销售活动中几乎没有成品储存这一环节。生产和销售完全以市场的变化来定，而这种变化又没有滞后性，它会立刻影响餐饮的生产和销售，因此，餐饮生产和销售就很难从量上确定对原料的需要到底是多少，不易预料；订货、进货、存货的批量和保险量到底以多少为宜，难以控制。

3. 餐饮库存管理工作的高要求

大部分餐饮原料物品易腐、易烂、易碎、易损，有一些物品原料很少有包装或根本不存在包装，储存保管这些物品时就不能简单地采用一些常用方法。用什么方法和手段来搞好库存保管，用什么方法来达到降低消耗和满足生产销售的需要，从而实现满意的经济收益，是库存管理工作的追求目标。

二、餐饮库存管理工作的注意事项

一个企业需要保持一定的库存物品，目的是使生产和销售活动能均衡地、不间断地正常进行。餐饮企业也同样如此。餐饮原料的库存是生产和销售的准备阶段，同时又是企业开源节流的重要环节。缺少库存准备阶段，生产和销售将会面临原料供应短缺的危险，以致造成停工停产，在人力、物力和财力方面给企业带来损失；库存物品筹措过多，将会使企业出现物品积压的现象。造成资金周转缓慢、库存管理费用上升，引起极大的浪费。如果抓不好这个至关重要的环节，餐饮企业要实现理想的经济效益就会成为泡影。因此，加强对餐饮库存物品的管理工作是十分重要的。要搞好餐饮库存管理，通常需注意以下几点。

(1) 将餐饮物品采购的市场活动与企业的生产和销售的需要有机结合起来，进行有效的库存管理。

(2) 依据食品原料自身的特点，订立相应的管理方法和制度。

(3) 降低各项费用指标，加强库存经济核算，减少实际成本开支。

(4) 加速库存物品流转速度。

三、餐饮原料对储存管理的要求

(一) 餐饮原料对于储存的总体要求

餐饮物品采购入店，经过验收程序，将符合企业采购质量要求的食品原料归入库存保管，从管理程序上讲，即进入了餐饮食品原料的实物形式的保管阶段。

餐饮原料的仓库又称原料储藏室，每天要接收存储和分发大量的食品等原料。但是，不少酒店、餐厅对储藏室的设计工作却不太重视，如允许其他部门占用储藏室面积，或各个食品储藏室相隔很远，甚至分散在不同的楼层，因而影响仓储控制工作。储藏室设计人员和企业经管人员在储藏室设计工作中需考虑以下几个方面。

1. 储藏室的位置

从理论上看，储藏室应尽可能位于验收处与厨房之间，便于将食品原料从验收处运入储藏室及从储藏室送至厨房。但是在实际工作中，由于受建筑布局的限制，往往不易做到这一点。如果一家大型企业有几个厨房，且位于不同的楼层，则应将储藏室安排在验收处附近，从而方便、及时地将已验收的食品原料送进储藏室，这样可以减少原料被“顺手牵羊”的可能。一般而言，食品储藏室被设计在底楼或地下室为最佳。

2. 储藏室的面积

确定储藏室面积时，应考虑到企业的类别、规模、菜单、销量和原料市场的供应情况等因素，菜单经常变化的企业，储藏室面积就应大些。有些企业远离市场，进货周转较长，这类企业的储藏室就要比每天都能进货的企业的储藏室大一些。有些企业经管人员喜欢一次性大批量进货，这些企业就必须有较大面积的储藏场地。

储藏室面积既不能过大，也不应过小。面积过大，不仅增加资本支出而且会增加能源费用和维修保养费用；此外，人们往往喜欢在储藏室放满物品，因此储藏室过大，可能会引起存货过多的问题，如果储藏室里没有放满食品原料，空余的场地就有可能用来堆放其他用品，导致各类存货增多。进出储藏室的人数也增加，会影响安全保卫工作。储藏室面积过小，也会引起一系列问题，不少食品原料只能露天堆放、储服室的食品原料堆得满满的，不易看到也不易拿到，还不易保持清洁卫生。

3. 储藏库(储藏室)合理分类

餐饮原料的易坏程度是不同的。不同易坏程度的物品需要不同的储存条件；对餐饮原料要求使用的时间不同，因而应分别存放在不同的地点，餐饮原料会处于不同的加工阶段，例如新鲜的鱼、洗杀好的鱼、半成品的鱼和加工成品的鱼，需要有不同的储存条件和设备。

(二) 食品储藏对温度、湿度和光线的基本要求

几乎所有食品饮料对温度、湿度和光线都十分敏感。不同的食品原料在同一种温度、湿度、光线条件下的敏感程度又不一样。因此，不同的食品饮料应存放于不同的储藏库之内，并给予不同的温度、湿度及光线条件，使食品饮料始终处于最佳待食用状态。

1. 温度要求

(1) 干藏库。最好控制在10～21℃。

(2) 冷藏库。冷藏的主要作用是防细菌生长，细菌通常在10～50℃繁殖得最快，因此，所有冷藏食品都必须保存在0～4℃的冷藏间。

由于食品的类别不同，就要存放在不同的冷藏间，其对应的冷藏温度也各异，肉类的冷藏温度在0～2℃；水果和蔬菜冷藏温度应在2～4℃(有些水果是不宜在冷藏条件下存放的，如香蕉等)，乳制品冷藏温度为0～2℃；鱼的最佳冷藏温度应在0℃左右。

同时存放多种食品的冷藏库只能采用折中方案，将平均温度调节在2～4℃。

(3) 冰鲜库。冰鲜库的温度一般控制在0℃左右。

(4) 冷冻库。冷冻库的温度一般须保持在－18～－24℃。

2. 湿度要求

食品原料仓库的湿度也会影响食品存储时间的长短和质量的高低。不同的食品原料对湿度的要求是不一样的。

(1) 干藏库。干藏食品库的相对湿度应控制在50%～60%；如果是储藏米面等食品的湿度应该再低一些。

如果干藏库的相对湿度过高，就应安装去湿干燥装置；如果相对湿度过低，空气太干燥，应使用加湿器或在库内泼水

(2) 冷藏库。水果和蔬菜冷藏库的湿度应在85%～95%；肉类、乳制品及混合冷藏库的湿度应保持在75%～85%。

相对湿度过高，食品会变得黏滑，容易产生细菌，加速食品变质；相对湿度过低，会引起食品干枯，可在食品上加盖湿布，或直接在食品上洒水。

(3) 冰鲜库。其相对湿度应控制在85%左右。

(4) 冷冻库。冷冻库应保持高湿度，否则干冷空气会从食品中吸收水分。冷冻食品应用防潮湿或防蒸发的材料包好，防止食品失去水分及脂肪变质发臭。

3. 光线要求

所有食品仓库均应避免阳光的直射。仓库的玻璃窗应使用毛玻璃。在选用人工照明时应尽可能挑选冷光灯，以免由于电灯光热，使仓库的室内温度升高。

另外，储藏仓库应保持空气流通。干藏室最好每小时换四次空气。冷藏间和冷冻室的食品不要靠墙存放，也不要直接放在地板上或堆放到天棚，以利空气流通。

（三）食品储藏库对清洁卫生的要求

干藏库和冷藏库的地板和墙壁的表面应经受得起重压，易于保持清洁，并能防油污、潮湿。

食品仓库的高度至少应该是2.4m。如果使用空调，仓库里就应有充足的压力通风设备。仓库内应有下水道，以便清洗冰箱、擦洗墙面和地面。食品仓库在任何时候都应保持清洁卫生。企业应制定清洁卫生制度，按时打扫。

冷藏食品每天都应整理整齐，溅出的食物应立即擦净。冷藏库应每天擦洗地面。冷藏库内的墙可用温肥皂水洗刷，但应立即用清水冲洗。

干藏库同样应每天清扫，特别是要注意阴暗角落和货架底下的打扫，食品仓库绝对不可堆放垃圾。干藏库要做好防虫、防鼠工作。墙上、天棚和地板上的所有洞口都要堵塞住，窗口应安装纱窗。如果暖气管和水管必须穿过储藏室的墙壁，则管子周围应填塞。在杀虫灭鼠工作中，管理人员应聘请专家指导，以便正确使用杀虫剂和灭鼠药。

四、餐饮原料的储存保管

餐饮原料验收入库以后，进入储存保管阶段。储存保管是库存管理工作的中心环节。对储存保管的基本要求是：合理存放，精心养护，认真检查，使物品在保管期内质量完好，数量准确，使库存耗损开支和管理费用下降到尽可能低的水平；使物品发放工作便于开展，更好地为生产和销售服务。

（一）库存物品保管的原则

(1) 库存物品的储量与生产、销售、消费相符合。
(2) 库存物品应分类集中存放在明确的地点。
(3) 库存物品应建立健全保管、养护、检查制度。
(4) 加强对仓库保管人员的管理工作。
(5) 尽可能降低储存环节的费用。

（二）影响储存保管的因素

(1) 物品的种类和性质。
(2) 物品的成品程度。
(3) 餐饮生产部门的生产能力。
(4) 仓库的库存能力。
(5) 市场的供应状况。
(6) 供货期限。
(7) 库存部门内部工作组织实施。
(8) 餐饮企业购销政策和计划。

（三）餐饮原料的存放方法

科学、合理地存放餐饮原料是非常必要的。具体方法如下。

1. 分区分类

根据物品的类别合理规划物品摆放的固定区域。分类划区的粗细程度应根据企业的具体情况和条件来决定。

2. 四号定位

四号是指库号、架号、层号、位号。四号定位是指对四者统一编号，并和账面上的编号统一对应，也就是把仓库内的物品进一步按种类、材质、体积和重量等不同情况，分别对应地摆放在固定的仓位上，然后用四位编号标出来，只要知道物品名称、规格，翻开账本或打开计算机，就可迅速、准确地寻找、发料。

3. 立牌立卡

其指对定位、编号的各类物品建立料牌和卡片（此处的"料牌"就是前面提到的"食品存货标签"），料牌上写明物品的名称、编号、到货日期，有可能再加上特殊标志。卡片上填写记录物品的进出数量和结存数量等。

4. 五五摆放

五五摆放就是根据各种物品的性质和形态，以"5"为计量基数堆放物品，长×宽×高，均以"5"为计算单位。这样既能使存库物品整齐美观，又便于清点、发放。

需要注意的是，并非所有的餐饮库存原料都可以用以上存放方法来处理，因为餐原料的外形、包装等在许多情况下是不规则的。

（四）餐饮食品原料的分类保管

1. 干藏库房

（1）在干藏库储藏的食品原料的类别主要有：米、面粉、豆类食品、粉条、果仁等；食油、酱油、醋等液体佐料以及盐、糖、花椒等固体调料；罐头和瓶装的鱼、肉、禽类食品；部分水果和部分蔬菜；糖果、饼干、糕点等；干果、蜜饯、脱水蔬菜等。

（2）干藏库的管理要点主要有：干藏库应该安装性能良好的温度计和湿度计，并定时检查仓库温度、湿度是否适宜，防止仓库温度、湿度指标超过许可范围；每一种原料必须有其固定的存放位置，任何原料的储存应至少离地面25cm，离墙壁5cm，入库原料需在其包装上注明进货日期，以利于按照先进先出的原则进行发放，保证食品质量；仓库应定期进行清扫、消毒，预防和杜绝虫害、鼠害，塑料桶或罐装原料应带盖密封，箱装、袋装原料应存放在带轮垫板上，以利于挪动和搬运。玻璃器皿盛装的原料应避免阳光直接照射；尽量控制有权进入仓库的人员数量。职工的私人物品一律不准放在仓库内。仓库人员不在岗时，仓库应另外加锁以防外人进入，备用钥匙应用纸袋密封，存放在经理办公室，以备急用。

2. 冷藏库房

（1）在冷藏库储藏的食品原料的类别主要有：新鲜的鱼、肉、禽类食品；新鲜的蔬菜和水果；蛋类、乳制品；加工后的成品、半成品：糕点、冷菜、熟食品、剩菜等；饮料、啤酒等。

(2) 冷藏库的管理要点如下。

① 冷藏前要仔细检查每种食品原料,不要让已经变质或者不洁原料送入冷藏库或冷藏箱;需冷藏的原料,应尽快冷藏,尽量减少耽搁时间;冷藏设备的底部及靠近冷却管道的地方一般温度最低,这些地方应留给乳制品、肉类、禽类、水产类食品原料;冷藏设备主要用于储存容易腐败变质的原料。一些热带水果如香蕉、菠萝、瓜及有些蔬菜如西红柿、马铃薯、洋葱、南瓜、茄子等都无须冷藏,其储藏温度可在16～20℃。

② 冷藏时应拆除鱼、肉、禽类等原料的外层原包装,因为原包装物上往往沾有污泥及致病细菌。但经过加工的食品如奶油、奶酪等,应连同原包装一起冷藏,以免发生食品干缩、变色等现象,已经加工的食品和剩余食物应密封冷藏,以免受冷干缩和沾染其他食物的气味,并防止滴水或异物混入。有强烈特殊气味的食物,应冷藏在密封容器中,以免影响其他食物。

③ 冷藏温热的熟食,应使用浅底、口大的容器,避免使用深底、口小的桶状容器,以利其迅速散热。一般情况下,应在水中先进行冷却,然后再进行冷藏。

④ 重视冷藏库、冷藏箱的卫生,应制订清扫规程,定期打扫。

3. 冰鲜库房

冰鲜库房中储存的主要是以新鲜的鱼类为代表的水产品类。冰鲜库房管理要点如下。

(1) 随时注意存放在库内的以新鲜水产品为代表的食品的状况,以防食品的新鲜度发生变化。

(2) 加速库存新鲜食品的周转速度。

(3) 严格执行仓库的保管制度。

4. 冻藏库房

冻藏库房中储藏的食品原料主要有两类:需长时间保存的冻肉、鱼、禽、蔬菜食品和已加工的成品和半成品食物。冻藏库房的管理要求如下。

(1) 把好进货验收关,坚持冷冻食品在验收时必须处在冰冻状态,避免将已经解冻的食物送入冰库。冷冻食物温度应保持在－18℃以下,冻藏库房的温度越低,温差变化越小,食品储存期及食品质量就越能得到保证。

(2) 冷冻储藏的食品原料,特别是肉类,应该用抗挥发性的材料包装,以免原料过多地失去水分引起变色、变质,因而冷冻库内的相对湿度要尽可能大。冷冻食物一经解冻,尤其是鱼、肉、禽类原料,应尽快烹制,否则由于温度回升,容易引起细菌快速繁殖。

(3) 冷冻食物一经解冻,不得再次冷冻储藏,否则,食物内复苏了的微生物会引起食物腐烂变质,而且再次冷冻会破坏食物内部组织结构,影响外观、营养成分及食物香味。

(4) 有些冷冻食物,如蔬菜可直接烹烧,无须经过解冻,这样有利于其外形和色泽的保持。大块肉类必须先进行解冻,一般应放置在冷藏室内进行,切忌在室温下解冻,以免引起细菌、微生物快速繁殖。如果迫于时间,则应将肉块用洁净塑料袋盛装,密封置于自来水池中,用自来水冲洗,以助解冻。

(5) 不得将原料堆放在地面上或紧靠墙壁,以免妨碍库内空气循环,影响储藏质量。

(6) 坚持先进先出的原则，库存时间见表 3-10。所有原料必须注明入库日期及价格，并经常挪动储藏的食品原料，防止某些原料储藏过久，造成过期浪费。

表 3-10　冻藏原料的库存时间

原料名称	库存时间	原料名称	库存时间
牛肉	9 个月	家禽	6 个月
小牛肉	6 个月	鱼	3 个月
羊肉	6 个月	虾仁、鲜贝	6 个月
猪肉	4 个月		

5. 饮料和酒水的储藏

餐饮酒水饮料大致分为三类，即烈性酒、葡萄酒类酿制酒、啤酒及果汁等软饮料，在储藏时应注意以下几点。

(1) 酒水库应设在阴凉处，库内光线不能太强，更不能有阳光直接照射或光线直接辐射。

(2) 不可与其他有特殊气味的物品一起储存，以免酒水受到污染并产生异味。

(3) 避免将酒水经常搬动，否则酒的味道会发生变化。

(4) 酒水库要设专人保管，随时上锁，控制能进入库房的人员数量。因为酒水容易丢失，许多酒水价值昂贵，一旦丢失，损失严重。

(5) 按先进先发的原则。瓶装酒不会因存放时间越长，其味就越醇香；相反，如存放时间过长，将会影响质量，甚至变质。

(6) 不同的酒水各有自己的特点，对储存条件的要求也不同，应采取不同的方法保存。

① 啤酒、软饮料的储存。包括啤酒、果汁和可乐、矿泉水等。要求室内通风良好，干燥，室温控制在 5～7℃。无论是瓶装还是听装，均需直立放置。存放时间不宜过久，果汁和矿泉水不宜超过 90 天，桶装生啤酒不超过 5 天，瓶装生啤酒不超过 7 天，瓶装熟啤不超过 60 天。

② 烈性酒的储存。普通烈性酒对储存条件的要求不高，只要求室内通风良好，室温控制在 18℃左右，室内无异味，库内外无发热设施。优质昂贵的瓶装名酒，应放在金属容器中保存，并上锁，以防打碎或被盗。

③ 葡萄酒类的储存。室内通风良好、室温控制在 10～20℃，室内无异味。名贵红葡萄酒的最佳温度是 10～15℃，名贵白葡萄酒的最佳温度是 10～12℃。葡萄酒含酸类、糖分物质较多，容易感染细菌，存放时应将葡萄酒平躺在酒架上，这样可使软木塞浸泡在酒液中而不至于干缩，瓶塞干缩会使空气进入瓶内，与酒液发生化学反应，会导致酒液变色、变质。酒架必须是分层格子状，每格放一瓶酒，酒标朝上、瓶口朝外放置。

6. 水产品活养原料的储藏

水产品活养原料的储藏已广泛在酒店、餐饮业流行。它是一种新型的原料储藏方法。

(1) 设备与工具要求。水产品的活养需要有大型的养鱼池或玻璃养鱼缸，所有活养的鱼缸内均要安装新水的循环系统、温度调节系统与供氧使用的氧气泵。水产品在活养期间，必须保持 24h 连续不断地新水循环与供氧。其他工具则包括电秤、温度计、盐度计、漏网、塑料筐、塑料袋以及大苏打（化学名称：硫代碳酸钠 $Na_sS_2O_3 \cdot 5H_2O$）、海水精等。所有用具必须符合卫生标准，应干净无油腻、无污渍、无锈迹。

（2）水产品活养环境要求。活养水产品的环境主要取决水的温度与盐度以及水质的清洁度。各类活养的产品对盐度、温度的要求略有区别。盐度由调兑咸水的加盐量控制，温度由鱼缸的制冷系统控制，常见水产品活养的环境标准如下。

① 海水鱼水的盐度为 21°±2°，温度为 18±1℃。

② 淡水鱼：水的盐度为 20°±1°，水质要干净，透明度要高。

③ 海蟹类：水的盐度为 21°±2°，温度为 14±1℃。

④ 贝壳类：水的盐度为 20°±2°，温度为 16±1℃。

⑤ 龙虾：水的盐度为 25°～26°，温度为 14～15℃。

⑥ 金枪鱼：水的盐度为 25°～26°，温度为 20～23℃。

⑦ 美国虹鳟鱼：水的盐度为 21°±2°，温度为 14±1℃。

有些品种还有特殊要求，如龙虾、海参、鲍鱼喜欢干净的水质；龙虾缸底必须铺放干净的大颗粒沙石等。

活养水产品的水质过于浑浊，会严重影响其成活率，因此，要经常更换新水，以保持水质清洁。对水质的清洁度有特别要求的品种有龙虾、海参、鲍鱼、淡水鱼等，应根据水质的变化情况，及时更换新水。一般的品种要每半个月换一次新水。

循环水池内要安装过滤设备，每周要把过滤网清洗一次，每半个月对整个过滤设备彻底清洁一次。

养鱼缸内部也要根据具体情况及时进行清洁，一般是随每次换新水同时进行。鱼缸清洁时首先要把鱼缸中的水产品捞出，放养在其他鱼缸中，放净水，再用抹布将鱼缸壁擦拭干净。最好放进与原来等量的浓度为 0.3%～0.5%的高锰酸钾溶液，浸泡 12h 进行消毒处理。然后排净溶液，用清水冲洗干净，再放入调兑好的咸水，加入大苏打进行养殖。如果不加大苏打，则要将自来水静放 24h，等自来水中残留的氯散发后，才能使用。

阅读链接

餐饮仓库管理制度

（1）仓库保管员按时到达工作岗位，到岗后巡视仓库，检查是否有可疑迹象，发现情况及时上报。

（2）认真做好仓库的安全、整理工作，经常打扫仓库，合理堆放货物，保持仓库的清洁、干燥，及时检查火灾等危险隐患。

（3）负责企业内的所有物资的收、发、存工作。必须严格根据已审批的申购单按质、按量验收，根据发票名称、规格、型号、单位、数量、价格等办理验收手续，如有不符合质量要求的，要坚决退货，严格把好质量关。

（4）发货时，按照先进先出的原则进行处理，严格审核领用手续是否齐全，严格验证审批人的签名式样，对于手续不全者，一律拒发。

(5) 负责验收和监督鲜货、餐料，严格把好质量、数量的验收关，对不够斤两的物资，除按实际重量验收外，还应要求供货补足或按实际重量计算金额付款。对于部门专用的物品及原料，原则上由使用部门派专人进行验质，由保管员检验数量。保管员及验收人员应严把质量关，对于有质量问题的商品及物品，应拒绝接收，并退回供应商。

(6) 货物入库时，一定要真实、准确地按照入库单上所列项目认真填写，确保货物准确无误。如有赠送的物品，按单价和数量正常填写入库单，并在名称后面标注为赠送，金额填写为零即可。所有物品及商品入库时全部按最小单位填写入库单，如瓶、个、支等，不允许以件、箱等单位填列，并由保管员，验收人及交物人在入库单上签字。验收后的物资，必须按类别，固定位置堆放、摆放，注意留好通道，做到整齐、美观。如实填写货物卡，货物卡应放在显眼位置。对于进仓的物品，应在包装上打上公司的标记、入库时间和批号。

(7) 注意仓库所有物品的存量，以降低库存为原则，根据实际使用量，科学制定各种物品的存量，并据此每周做好请购计划。

(8) 负责记好公司所有物资、商品的收、发、存保管账目，将仓库前一天的物资入库单和出库单整理归类后入账。做到入账及时，当日单据当日清理，并由保管员将当日出、入库票据交到财务部进行账务处理。

(9) 对于仓库积压物资和长期不领用的物品，要及时反映并催促各有关部门尽早处理，如在临界期一个月内与供应商沟通进行调换临界期的食品及酒水、调料等，如有滞销品应及时调换为畅销品，并做好出、入库单据的处理，以免造成不必要的损失和浪费。

(10) 出库物品，必须要有部门经理或厨师长签字方可出库。出库单按使用部门领用物品的实际数量填写，不允许多填或者少填，并由保管员、领用人在出库单中签字，物品出库和入库要及时登记造账，结出余额，以便随时查核。如有多领物品，为避免浪费应及时返还库房，库房办理二次入库手续，调整库存数量。

(11) 定期做好物资、商品的盘点工作，做到账、货、卡相符。对于库房每周由会计及日审进行一次抽点物品及商品，二级吧台每天由日审进行监督，随时进行盘点有疑问的商品，每月月底进行店内全面盘点，及时结出月末库存数，上报各有关部门。

(12) 严禁借用仓库物品，严禁向供应商购买物品，严禁有意或无意地向供应商索要财物，严禁与使用部门勾结，严禁与供货商、采购员勾结，损害公司利益。

(13) 出库时间：早10:00—11:00，下午4:00—5:00。各部门应在营业前做好各项准备工作，特别是营业用的各种物品及商品等。要避免紧急出库，如有特殊情况，特殊对待。

(资料来源：职业餐饮网，http://www.canyin168.com/glyy/wlps/kufang/201706/69528.html)

任务四　餐饮原料发放管理

案例导入

厨房在领料时，有时候并不是向仓库领料。因为厨房加工需要的某些鲜活原材料，如鲜肉、活禽、海鲜、蔬菜等，验收人员验收合格后不进入仓库储存，而直接通知需用部门办理申领。直接发料至各部门的食品原材料作为当日消耗，计入当日食品成本中。

思考：这类物品发放方式需要注意哪些问题？

一、餐饮原料发放管理的目的

餐饮原料的发放是原料采供管理的最后一个环节，也是餐饮管理的重要环节。原料发放管理直接影响到餐饮生产过程和成本控制。因此，餐饮原料发放管理的目的是保证厨房和酒吧的原料供应；控制厨房和酒吧用料的数量；正确记录食品原料的成本。

餐饮原料发放管理包括领用和发放两个方面。原料的领用由申报、审批、领料、核查、提货、运送等环节构成；原料的发放由备货、审核手续及凭证、编配、分发、送发、核定成本、复核等环节构成。发放管理工作的重点应放在后者。

二、餐饮原料发放的形式

餐饮原料发放形式有直接发放原料和库存原料的发放两种形式。

1. 直接发放原料

直接发放原料也称无须入库储存原料的发放。这些原料主要是易腐败性原料，需要立即使用的原料。食品原料经验收合格之后，从验收处直接发至厨房，其价值按当日进料价格记录食品成本账。食品成本控制员在计算当日食品成本时只需从进货口报表的直接记录栏内抄录数据。当然，并非每一次记录都这样简单，例如，有的原料验收后，其中，一部分需直接送至厨房，记录成本账目时作为直接进料，而另一部分需送仓库储存，因而要作为仓库进料分别登记；另一种情况是，有时大批直接进料，厨房当日用不完，剩余部分第二天、第三天才得以消耗完，但这批原料的成本已计入了进料当天的食品成本，因而会增加当天的食品成本率。要精确核算食品成本率，必须对当日直接发放、储藏室发放以及当日厨房剩余原料进行统计后才准确。为了简化手续，直接进料经过验收、在进货日报表上作登记之后，便直接送交厨房，此后仓库便不作其他任何记录。由于“直接进料”是在收到之时就发往厨房，如果存在偷盗、浪费和变质，就会产生过高的成本。

2. 库存原料的发放

库存原料包括需干藏的食品、冷藏的食品、冰鲜藏的食品和冻藏的食品等。这些食品原料经验收后入库房储存备用，生产部门需要时从仓库领出，在领出当日转入当日食品成本账目，因此，对每一次仓库原料发放都应有正确的记录，才能正确地计算每一天的食品成本。每天库房向厨房和酒吧发出的原料都要登记在“食品仓库发料日报表”上。日报表上汇总每日仓库发料的品名、数量和金额，注明这笔成本分摊到哪个餐饮部门的餐饮成本上，并注明领料单的号码，以便日后查对。月末，将每日“食品仓库发料日报表”上的发料总额汇总，便得到本月仓库发料总额。

三、餐饮食品库存原料的发放方法

对库存原料的发放控制方法有三种。

1. 定时发料

规定发料时间非常重要，因为这直接影响生产过程。厨房根据自己所需要的食品原料填写领料单，仓库按领料单进行备料。

为使仓库管理人员有充分的时间整理库房，检查各种原料的库存情况，不致因忙于发料而影响其他工作，应规定每天的领料时间。有的酒店规定每天早上两个小时（如8：00—10：00）和下午两个小时（如2：00—4：00）为仓库发料时间，其他时间除紧急情况外一般不予发料。也可规定领料部门提前一天送交领料单，以使仓库管理员有充足的时间提前准备，避免或减少差错，并能减少领料人员的领料时间。提前送交领料单还可促使厨房管理人员对次日的客流量做出预测，计划好次日的生产。仓库定时发料也有利于仓库保管，减少库存原料的丢失。

2. 凭单发料

凭单发料即凭领料单（见表3-11）发料。领料单是仓库发出原料的原始凭证。

表3-11 领料单

领用部门：________ No.

存货编号：________ 年 月 日

品名	规格	单位	数量		金额		备注
			请领数	实领数	单价	小计	

保管员：________ 领用部门负责人：________ 领用人：________

注：此单一式四联，一联留存，一联交仓库领料，一联交财务处，一联交成本控制员。

领料单上应正确地记录仓库向各厨房发放的原料数量和金额，它有三大作用：第一，控制仓库的库存。领料单是仓库发出原料的凭证，是计算账面库存额、控制库存短缺的工具。第二，核算各厨房的餐饮成本。领料单反映各厨房向仓库领取原料的价值，是计算各厨房餐饮成本的工具。第三，控制领料量。领料单是员工从仓库领料的凭证。无领料单，任何人不得从仓库取走原料，并且员工只能领取领料单上规定的原料种类和数量。因此，领料单是仓库管理和餐饮成本控制的重要工具。

为便于分类统计成本，最好将食品金额与饮料金额分别记录，并注意标明仓库类别。领料单必须由厨师长或领料部门指定的管理者签字，仓库才能发料。仓库发料时，领料人和发料人都要签字。领料单上如有剩下的空白处，应当着收料人的面划掉，以免被私自填写。领料单至少一式三联：一联随发出的原料交回领料部门留作记录，一联送财务部成本控制员，最后一联仓库留存，以汇总每日的领料总额。

3. 准确计价

原料从仓库内发出后，仓库保管员有责任在领料单上列出各项原料的单价，计算出各项原料的金额，并汇总领取食品饮料的总金额。

肉类及其他冷冻食品发出后，解下系在货物上的标牌，按标牌上的单价和金额记在领料单上。干货及一些其他食品规格和价格相对比较稳定时，在发放时只需在领料单上填写实发数量,再乘以每件货物的单价,计算出领料总额。有许多原料价格常有波动,货物入库时在储存的包装容器上贴上标牌,注明数量和单价,领料时按标牌上的价格计算领料总额。这里所用的是实际购价计算法,如果仓库不采用物品标牌制度,也可以根据货品库存卡标明的单价,采用先进先出法或最近进价法等方法计价。

四、饮料的发放

饮料购入后,其采购金额全部计入库存额,要在饮料领出后才计入成本。仓库发放饮料同样也要凭领料单,领料单需有酒吧经理或餐厅经理签字才有效。

由于饮料在销售时毛利较大,且一些名贵酒价值很高,所以对饮料的发放应严格控制零杯销售的酒水(通常是名贵酒),不仅要凭领料单,还要凭酒吧和餐厅退回的空瓶。这种做法要求酒吧或餐厅对饮料保持固定的标准库存量,每天退回的空瓶数应是昨日的消耗量(零杯酒除外),每日领取的饮料量实际上是补充昨日使用掉的饮料量,使酒吧(餐厅)的储存量保持在标准水平。如酒吧中的人头马的标准储存量应是5瓶,用完2瓶的空瓶在领料时送回再领取2瓶,这样酒吧每天营业开始时该酒始终保持5瓶的标准储存量。

由于酒吧和餐厅在营业服务中经常销售整瓶酒水,有的客人喝了一半连瓶将酒水带走,整瓶酒水的空瓶就难以收回。为加强控制,整瓶酒水的销售要填写整瓶销售单。客房用餐服务中的整瓶酒水销售也要填写整瓶销售单,在领料时以整瓶酒水销售单代替空瓶作领料的凭证。

酒吧或餐厅保持标准储存量便于保证饮料的供应和对酒吧、餐厅的饮料的控制。采取凭空瓶和整瓶销售单领料,酒吧、餐厅可随时按实际结存的饮料瓶数和空瓶数(或整瓶销售单上的数量)对照标准储存量检查饮料的短缺数。各种商标的酒水无论在何时检查都应是如下数量:

标准储存量=满瓶饮料数+不满瓶数+空瓶数(或整瓶销售数)

酒吧及厨房的储存面积较小且较难控制,所以标准储存量要根据每天的平均消耗量计算,一般不多于3天的需求量。

宴会、团体用餐等重大活动无法设立标准储存量。为宴会领取的酒水一般大于预计的需用量,在宴会结束后要将未用完的酒水退回,退回的饮料填写在食品饮料调拨单上。

五、原料的内调拨及转账管理

大型餐饮企业或大型酒店往往拥有多处餐厅、酒吧、厨房。餐厅之间、酒吧之间、餐厅与酒吧之间等常因业务需要发生食品原料的互相调拨、转让,而厨房的原料物品调拨则更为常见。为使各自成本核算达到应有的准确性,企业内部原料物品调拨应使用调拨单(见表3-12),以记录所有调拨往来。在统计各餐厅和酒吧的成本时,要减去各部门调出的原料金额,加上调入的原料金额,这样可使各部门的经营情况得到正确的反映。食品饮料调拨单应一式三份或四份,调入与调出部门各留存一份,另一份及时送财务部。

有的企业要送一份给仓库记账。

表 3-12 原料内部调拨单

No.

调入部门：________

调出部门：________ 年 月 日

品名	规格	单位	数量		金额		备注
			请拨量	实拨量	单价	小计	

调出经手人：________ 调入经手人：________ 核算员：________

调出部门主管：________ 调入部门主管：________ 仓库保管员________

六、原材料库存盘点

对库存食品原材料按期盘存点数(通常每月一次)是对原材料储存管理的一个重要措施。盘存清点工作是一次全面彻底地核实清点仓库存货、检查原材料的账面数字是否与实际储存数相符的工作。在必要时,盘存清点可以随时进行。原材料的盘存清点不应仅由仓库保管人员来做,而应由酒店财务部门派人专门负责。

使用永续盘存卡(见表 3-13),可以随时得到对库存原材料的最新滚动存量,保持对库存原材料的了解,方便对库存原材料补充和发货的控制。

表 3-13 永续盘存卡

品名：樱桃 规格：500g 单位：罐		最高存量：300 最低存量：80		
日期	订单凭证号	进货量	单货量	现存量(承前)
28/10		—		150
29/10		—	18	132
30/10		—	19	113
31/10		—	23	90
1/11		—	22	68
2/11	No. 3128-252	252	18	302

通过查看盘存卡,随时可以知道 10 月 31 日时库存樱桃还有 90 罐,11 月 2 日采购进货 252 罐,当日又领用 18 罐,截至 11 月 2 日库存数为 302 罐,不仅原料的库存情况一目了然,同时还为原料采购数量的确定提供了方便。

每一种库存原材料必须经过实地点数核对,检查其实际库存量是否与永续盘存卡账面数字相符合,然后记入存货清单。如果实际库存数与账面数字有出入,就需要重新清点库存实物，或需查询该原材料的进货记录和发料记录。倘若差错原因无法找出，则应根据该原材料的实际库存数修改账目数字，使自此以后两者相符。为了便于清点，加快盘存速度，永续盘存卡的编排次序以及存货清单上原材料编排次序应该与仓库原材料存放的实际次序完全一致。这样，不仅能节省大量劳力和时间，而且能避免遗漏。如果酒店不使用永续盘存卡，则盘存清点只不过是逐一点数存货数量，并将数字记入存货清单这样一个简单的过程，控制作用不大。

盘存清点结束以后，即应计算各种原材料的价值和库存原材料总额，作为本期原料的期末结余，本期的期末结余自然是下期的期初结余。由于每一种原材料往往以不同的价格购进，也因为同一原料的市价在一个会计期内往往有涨有落，因此，计算各种原材料的价值和如何决定各种原材料的单价，常常是盘存清点工作的关键，因为它关系到库存厨房原材料总额的计算。

阅读链接

如何做好一名酒店仓库管理员

我从事服务行业整整27个年头，早已把开元当成了家，把酒店当成了自己的"孩子"，看着它长大，看着它变化，我感到很自豪。现在我要退休了，我只想把自己所积累的一些经验教给年轻人，让他们更快地适应工作，更好地为酒店服务。

我始终觉得良好的心态才是做好工作的首要条件。仓库管理员这个岗位在酒店中属于后台工作人员，却管理着企业的各类物资，物资占着企业流动资产的比重很大。如果不能保证正确的进货和库存控制及发货，就会导致管理费用的增加，服务质量也会难以得到保证，从而影响酒店的日常运作。酒店人才越来越年轻化，面对烦琐的工作，容易产生浮躁，但"热爱"二字，是踏实工作的前提，也是做好一件事的最大动力。

有了好的心态，还要有好的方法。做好仓管工作，要求每一位仓管工作人员熟悉酒店产品所需要的材料，虽然靠记忆和常规的方法可以应付，但酒店的仓管及验收是复杂而烦琐的，每天要与厨房的原材料，餐厅的酒水，房务的消耗品，设备的维修配件，各种收发的数字、计算机做账打交道。如果仅靠记忆难免会有些吃力，也容易出错。为了确保仓库作业效率，我们可以对仓库的库位进行科学编码，划分区域，并建立相应的电子表格，这样合理的规划，可以使工作效率大大提高。比如，我个人比较习惯按用途划分区域。大家在实际工作中也可以慢慢摸索，找出最适合自己的科学管理规划。

实物与账目的一致性是仓库管理的重中之重，工作中我们要时刻以严谨告诫自己。因为酒店的账目管理有一定的延续性，一个记录的小错误就足以打乱物资储存、供应、销售各环节平衡衔接。在工作中，我们一定要严格按流程操作，做好把关工作。比如：仓库商品货物的对外发放，一律凭盖有财务专用章和有关人士签章的"商品调拨单"，各部门领用原料、工具等物资时，严格办理出库手续等，对于特殊情况下手续不全的提货、领料事项，要马上记录，及时补齐。这点还是一句老话：好记性不如烂笔头。

总的来说，总仓工作没有那么强的技术性，但要想做好，里面也有很多学问，之所以特别提出：摆正心态、重视方法、严谨作风三方面，是因为这么多年的工作中，这三点让我受益颇多，感受颇深。

虽然我即将退休，离开开元这个大家庭，离开酒店这个熟悉的环境，可是我会一直心系开元，祝愿开元明天更加美好。

项目三 餐饮生产管理

教学目标

- **知识目标**：熟悉厨房的功能区域设计和布局要求；掌握菜品质量的构成要素和菜品质量控制方法；掌握菜品开发创新的趋势；掌握厨房卫生管理要点；熟悉厨房各种常见事故的预防。
- **技能目标**：能根据餐饮生产要求合理设计和布局厨房；能运用餐饮生产质量控制方法进行菜品质量控制，能根据市场需求进行菜品开发和研究；能预防和处理餐饮生产的安全事故。
- **素质目标**：具备团队协作意识，菜点品质和创新意识，厨房生产卫生和安全意识。

案例导入

开餐厅，后厨应该怎么设计

现代餐饮对厨房的要求越来越高，不但要合理实用、卫生清洁、美观大方、面积适中、节省劳动，从长远的角度来看，还要节约成本、经久耐用、提高效率。而厨房设计中顾此失彼的现象却经常发生，看起来整齐卫生，实际上厨师们在工作中却施展不开；炉具虽美观好看，却不太实用。

思考：厨房设计是一个系统工程，也是一门学问，要设计好一个新厨房，应该从哪些方面入手？

任务一 厨房功能区域设计与布局

酒店是高大上的代表，酒店厨房设计与布局对一个酒店厨房十分重要。因为厨房是酒店的核心，可以说是酒店的心脏，其设计和布局的好坏直接关系到菜肴的质量和餐饮成本。只要各功能区间的定位、面积分配和厨房设备设施数量、质量安排合理，就会降低经营者的整体投资费用。只有各个功能间的设计细节到位，厨房才能更经济适用。

一、酒店用餐区域划分

一般大型的星级酒店用餐区分为以下几个区域。

1. 酒店大堂吧

为客人提供酒水餐饮服务。大堂吧的装修设计要豪华、漂亮，给人视觉的美感。大堂等候区提供酒水、饮料、小吃等食物和餐饮服务。

2. 酒店行政酒廊

为VIP级别客人提供全自助的咖啡、茶、果汁饮料及小吃等餐饮服务，一般为免费供应。在这里，客人可以聊天，休闲，十分的惬意。这里设计时要给人一种安逸、舒畅、轻松的感觉。这里的设计要符合娱乐休闲的场景化，不能和热厨房离得太近，给人嘈杂和烦躁的感觉。

3. 酒店西餐厅/自助餐厅

为在酒店西餐厅就餐客人提供西式菜品或自助餐菜肴，配置质量可靠、性能稳定的万能蒸烤箱、电炸炉、平扒炉等西餐炉具，这里的设计方案要对西餐炉具做精细的挑选，好的炉具才能做出好的西餐美食。优秀的西餐厅酒店厨房设计方案能让西餐厅更高效、快捷，满足就餐客人对西餐或自助餐的需求。

4. 酒店宴会厅

为在酒店宴会厅召开各类婚庆活动、公司聚餐、新闻发布等活动的客人提供餐饮服务，菜式较为广泛，一般中西餐菜品均可提供。这里的设计要注意，空间要足够大，面积预留要合理。

5. 酒店员工餐厅

为酒店工作人员提供工作餐，设置热炒间、粗加工间、面点间、售饭间、洗碗间等功能区，满足酒店工作人员就餐需求。这里的设计也要十分注意，只有让员工吃舒心了，他们才能更有效率地为酒店工作。

6. 酒店中餐厅

为在酒店中餐厅就餐的客人提供中式菜肴，小炒、蒸菜、炖菜、炸制类菜品、汤类均在此制作。这里的厨具的灶类比较多，设备摆放要横平竖直，不能倾斜，要便于厨师的操作，这样才能提高工作效率。

二、酒店厨房各功能区的划分

单从酒店厨房设计来讲，厨房的每一个区域设计的要求都非常高，因为每一个区域都有其重要作用，为了让各个区域都能够顺利运转，每个区域与机器的配置都应该仔细评估，一般将厨房分成生食处理区、烹煮区、冷盘区/出餐区、备餐间、回收区与洗碗区、储藏室、中央加工区、吧台、厨师长办公区等几个重点区域。

1. 生食处理区

从储藏室或冷冻库拿出来的食材，必须先经过此区再进入加热区，此区一定要有水槽，同时避免与出菜区交叉污染。

2. 烹煮区(炉灶区)

烹煮区通常是厨房的核心部分，厨房设备最重要的是炉具与抽风系统。炉具的种类有很多，西方餐厅的炉具与中式的有很大差距，西式讲究文火慢煮，中式讲求大火快炒，因此抽风系统也会根据厨房热能的估算来调整。

为求减少油污，现代化的抽风设备都应设置静电机与风管相接，此外，加热区温度较高，设计时需要考虑壁面与消防等问题。

3. 冷盘区/出餐区

冷盘区通常是菜品加工或摆盘的区域，如果有沙拉或冷食类的食品也在此制作。一般出菜口也会紧邻此区。

4. 备餐间

备餐间应处于餐厅、厨房过渡地带。以便于夹、放传菜夹，便于通知划单员，方便起菜、停菜等信息沟通。

5. 回收区与洗碗区

回收区应该与出菜区分开，以避免污染，厨余与垃圾必须分类。餐盘回收直接进洗碗区是最好的配置，大型饭店的洗碗区通常会是独立出一个区，一般餐厅都会使用商用洗碗机。

6. 储藏室

厨房在规划的时候，一定要确保有足够的空间来储藏所有的食物，不管是干货或是放在冰箱内。

在靠近冰柜及冰箱附近规划工作台面，可以让整理工作更简单。储藏室设计应注意湿度与温度，通风应良好，超过一定面积的餐厅，应设置组合式冷冻库或冷藏库较为经济。

7. 中央加工区

中央加工区是酒店餐饮部原材料集中处理区，一般分蔬菜类、肉类、海鲜类三个单独隔间，各类原材料分开处理，分类清晰，避免交叉感染。

8. 吧台

吧台的区域分独立式，或与厨房结合。独立式吧台在餐厅整体设计上较好发挥，但较浪费空间，适合饮料比较多的酒店；与厨房在一起的吧台则较为节省空间，与厨房也可以相互支援。

吧台的重点设备为咖啡机与沙拉冰箱，一般而言咖啡手或吧台手，工作时具有表演性质，设计师应特别考量。咖啡机一般是咖啡厅的重点设备，设计时要考量咖啡机的造型。

9. 厨师长办公室

厨师长办公室尽量在厨房内，其位置要能便利地观察到每个作业点的工作状况，目的是及时发现问题，及时解决；便于工作的指挥和协调；有效控制食品成本，有效堵塞各种程序漏洞。

三、厨房设计与布局的要求

厨房的设计布局应随着新产品的开发、先进烹饪设备的运用，以及市场需求的变化而不断地改进和发展。厨房的结构变化逐渐由综合型向功能型发展，不同功能的厨房从设计到布局都是不一样的。影响厨房设计布局的因素很多，比如，建筑面积的大小、生产功能的差异，以及不同的烹饪设备、不同的能源、不同的投资标准等等。另外，设计布局厨房时有无专业人员的参与也很重要。无论是厨房的设计者，还是厨房的管理者，都必须了解厨房设计与布局的基本要求，避免造成厨房的布局与设计得不合理情况。

1. 保证厨房生产流程的畅通

厨房的设计与布局必须保证厨房生产流程的畅通，避免厨房内的人流、物流的交叉和碰撞。厨房生产从原料购进、加工、切配、烹调直到销售，是一个连续的流程，这一流程中，生产人员相对集中，工种多，货物杂，操作工序复杂，因此，特别要避免人员的大幅度走动，避免生产的工序颠倒、货物回流等现象；更要防止厨房内行走路线的交叉，防止传菜人员与厨房工作人员的碰撞等现象。

2. 以主厨房为中心进行设计与布局

星级酒店有多个厨房。所有的厨房生产都离不开一些辅助设施，比如原料仓库、冷库、厨师更衣室、主要运输道口等。这些设施尽量靠近主厨房，由于主厨房的生产量大，消耗物品多，因此，设计布局时要以主厨房为中心。

3. 厨房要尽可能靠近餐厅

特别是中餐厨房，中国菜的一大特色就是热菜热吃，厨房如果与餐厅相距太远，一会影响出菜速度，二会影响菜品质量，三会造成人力的浪费。

4. 厨房各作业点应安排紧凑

厨房各作业点之间都有一定的联系，设计布局时应将工作联系紧密的、合用一种设备或工序交叉的作业点排放在一起。对于各作业点内部的布局也应安排得紧凑得当，使各作业点的工作人员都能便利地使用各种必需设备和工具，而不必东奔西跑去寻找。在一些布局的不合理的厨房中，厨师为了使用各种设备、用具、用料，一天的行程是相当可观的。合理的布局可减少人员走动的次数，节省人的体力和时间，提高工作效率。

5. 设施、设备的布局要合理

厨房生产噪声较大，如果机械设备布局不妥，就会加重厨房的噪声。设备的安放要便于使用、清洁、维修和保养。厨房的设施，必须要根据饭店的总体规划进行设计布局，以便酒店实施高标准的卫生、安全、防火措施。

6. 要注重工作环境的设计与布局

厨房工作很辛苦，生产环境和生产条件的优劣都会直接影响到员工的工作情绪和工作量，更确切地说，会影响到产品的质量和生产效率。厨房环境因素有：温度、湿度、通风、照明、墙壁、天花板、地面强度、颜色、噪声以及工作空间等。舒适的工作环境、现代化的设施设备可减少厨房工作人员的体能消耗，还可激发员工的工作热情。

7. 要符合卫生和安全的要求

厨房设计不仅要选择恰当的位置，而且要从卫生和安全的角度来考虑。厨房的头等大事是卫生工作，卫生搞不好，产品质量就无从谈起，厨房卫生关系到消费者的身体健康，关系到酒店声誉，关系到厨房的生存。厨房卫生包括环境卫生、食品卫生、工作人员个人卫生等内容。厨房安全包括三个方面：一是食品原料本身的安全性；二是厨房生产过程中的安全；三是生产人员自身的安全，尤其是人身安全。在厨房设计布局时应注意以下事项：电源线路的粗细及走向、电源功率的大小、设备控制系统的安装以及防火系统的设计等。

以上是厨房内部设计布局的基本要求。设计布局是否合理，设备选用是否恰当，都直接关系到餐饮经营的成败。而一旦水、电、气等管道铺设完毕、地基浇妥，要想再改变原定设计布局，不仅困难，而且会造成人力、物力、财力的严重浪费。因此，厨房在设计布局前必须进行详细周密的筹划。

为了提高设计布局质量，可聘请有经验、懂餐饮生产的工程顾问，以及从事餐饮管理多年的管理人员、厨师长等一同参加，以求得最佳的设计布局方案。近几年来，我国有许多大型酒店在厨房改造过程中，或酒店在建造时，就吸取了这方面的经验，使厨房生产工艺流程畅通，环境舒适，适应现代酒店高标准生产需要，使厨房的生产效率得到很大的提高。

四、厨房设计的主要内容

厨房设计就是根据酒店企业的经营目标、菜单和生产要求，确定厨房的面积大小、建筑式样、风格特色、装修标准以及厨房各部分的相互连接等。厨房设计须在酒店总体规划的基础上制定设计方案，再经有关专业人员认定后方能实施。厨房设计注重以下几个方面。

（一）厨房位置的确定

在厨房设计中，厨房的具体位置是应首先考虑的。通常中小型酒店的厨房都是具有多种功能的综合性厨房，而大型酒店的厨房通常是由若干个分厨房组成，因此，在总规划的前提下，设计时应尽量将厨房安排在方便进货、领料，方便工作联系，方便生产管理的区域。在厨房位置的设计上，要求整体与局部相协调，以达到最佳效果。具体的要求如下。

(1) 厨房的设计要有利于厨房生产。主厨房最好设在底楼。分厨房应靠近主厨房，这样有利于生产管理，还可节省多种开支，有利于水、电、气等设施相对集中。

(2) 厨房要尽量靠近所对应的餐厅，以缩短服务员行走的路程和时间。

(3) 主厨房要靠近食品储藏区(冷库、干货杂品库)，方便领料和货物运送。

(4) 厨房的地势相对要高一些，这样既便于通风和采光，又便于污水的排放，还便于货物的装卸。

（二）厨房面积的确定

厨房面积的大小，受厨房的生产性质、厨房的种类、厨房所使用食品原料的加工程度、厨房生产量、菜单内容等因素的制约。如厨房使用未加工过的原料，那么该厨房就必须设置初加工间。有些厨房所用的原料绝大部分是加工过的半成品，其厨房面积相对就可小一些。菜单简单或复杂，关系到厨房设备的多少。若菜肴复杂、工序多、使用设备多，厨房的面积就要求相对大一些。

厨房的生产面积是指原料加工、切配、烧烤、蒸煮、烹制、冷菜和面点制作等操作所需的面积。除厨房生产所需的面积外，厨房的总面积还应包括厨房工作人员使用的更衣室、卫生间，以及食品仓库、验收场所、厨师长办公室等所需的面积。

厨房面积的大小对厨房生产有着直接的影响，它关系到厨房的工作效率和产品质量。厨房面积过小，会使厨房拥挤、闷热，不仅影响生产速度，而且会影响员工的工作情绪及身心健康；厨房面积过大，员工工作时间内所行走的路程就可能增加，既浪费人力和时间，同时还会增加清扫、照明、设施等费用。大体来讲，确定厨房面积大小有以下三种方法。

1. *按餐位数计算厨房面积*

不同类型的厨房所需的面积不一样，因为厨房面积是根据生产需要而定的。所以，不同类型的餐厅相对的厨房面积也各不相同。一般来说，供应自助餐厅的生产厨房，每个餐位数所需厨房面积约为 0.5～0.7m²；供应咖啡厅简易食品厨房，由于供应品种少，且大部分使用半成品，每个餐位厨房面积约为 0.4～0.6m²。大型宴会厅、风味厅所对应的厨房面积要大些，因为供应品种多、规格高、烹饪过程复杂、厨房设备多，每个餐位所需厨房面积约为 0.5～0.8m²（见表 3-14）。

表 3-14　各类餐厅每餐位所对应厨房面积对照表

所需面积 / 餐厅类型	厨房面积（m²/餐位）	后场总面积（m²/餐位）
正餐厅	0.5～0.8	1～1.2
咖啡厅	0.4～0.6	
自助餐厅	0.5～0.7	

2. *根据就餐人数计算厨房面积*

根据就餐人数来计算并不十分科学，因为就餐人数是个变量，而厨房面积是相对固定的。如果按餐厅年平均就餐人数来定，准确性就较高。因此，利用此方法来计算时，应对不同餐厅的全年就餐人数作一个综合分析，以求得适当的厨房面积（见表 3-15）。

表 3-15　不同就餐人数时每人所需厨房面积对照表

就餐人数（人）	平均每位用餐者所需厨房面积（m²）
100	0.697
250	0.48
500	0.46
750	0.37
1500	0.309
2000	0.279

3. *按餐饮部各部分面积的分配比例*

厨房面积在整个餐饮面积中应有一个合适的比例，餐饮各部门的面积分配应做到相对合理。需要指出的是，在市场货源供应充足的情况下，厨房仓库的面积可相对缩小些，厨房生产面积可适当大一些（见表 3-16）。

表 3-16 餐饮部各部门面积比例表

各部门名称	所占百分比(%)	各部门名称	所占百分比(%)
餐厅	50	仓库	7
客用设施(洗手间、过道)	7.5	员工设施	3.5
厨房	25	办公室	1.5
清洗	5.5		

(三) 规划厨房生产区

厨房总面积确定后,还需进一步规划各作业区的面积比例(见表 3-17)。

表 3-17 厨房生产区面积比例表

各作业区名称	所占百分比(%)	各作业区名称	所占百分比(%)
炉灶区	32	冷菜区	8
点心区	15	烧烤区	10
加工区	23	厨师长办公区	2
配菜区	10		

表 3-17 中所示的几种面积确定方法只是常规的计算法。现在的餐厅中,厨房面积有缩小的趋势。主要表现在:首先,随着社会的发展,食品加工业的兴起,厨房使用的烹饪原料也逐渐从粗料向加工料或半成品发展,这使得加工间面积可相对缩小。其次,随着经济的发展,房价成本增高,经营者要想获取更大的利润,就需要扩大餐厅面积,尽量缩小厨房面积,以达到降低成本费用的目的。再次,厨房的食品仓库也可以相对缩小,因为交通日益发达,原料供应十分方便,无须大批量进货。厨房面积、仓库面积的缩小,是社会发展的需要,也促使了新型的功能性小厨房的出现。另外,如果有集中加工的中心厨房,那么烹调厨房的面积也可以缩小一些。

(四) 厨房内部环境设计与布局

厨房内部的环境设计主要包括厨房的高度、墙壁、地面、门窗,以及排水系统等的安排。

1. 厨房的高度

厨房应有适当的高度。如果厨房的高度不够,会使厨房的生产人员有一种压抑感,也不利于通风透气,并容易导致厨房内温度增高。反之,若厨房过高,则造价高,费用大,且清洁起来难度大。根据工程学要求,以及厨房生产的经验,厨房的高度以 3.2～3.8m 为宜。

2. 厨房的墙壁

厨房的墙壁应力求平整光洁,无裂缝凹陷,墙面处理最好用瓷砖贴面。根据旅游饭店星级的划分与评定要求,四星级以上饭店的厨房墙面必须全部用瓷砖从墙脚贴至天花板。这样处理过的墙壁,既便于清洁卫生,又美观实用,还可防止灰尘污染。

3. 厨房的顶部

厨房顶部可采用耐火、防潮、防水滴的石棉纤维材料进行吊顶处理,天花板也应力求平整,不应有裂缝。暴露的管道、电线要尽量掩盖掉,因为顶部裂缝容易落下灰尘,管道和电线上最容易积污积尘,甚至滋生虫害,不利于清洁卫生。吊顶时还要考虑排风设备的安装。

4. 厨房的地面

厨房地面通常要求使用耐磨、耐重压、耐高温、耐腐蚀、不积水、不掉色、防滑、易于清洁的防滑材料。地面的颜色不能用强烈的对比色,也不能过于鲜艳,否则易使厨房人员感到烦躁、不稳定,易产生疲劳感。

5. 厨房的门窗

厨房的门窗设计应考虑到方便进货,方便人员出入,防止虫害侵入。

6. 厨房通风

厨房通风一般有两种方法,一是自然通风,二是机械通风。自然通风即依靠门窗进行。仅靠自然通风是不够的,因为厨房内油烟气味很浓,若任其自然换气,油烟极易进入餐厅,所以需借助排风设备来换气,使厨房内呈负气压,油烟气味便不会进入餐厅。

7. 排水系统

排水系统一定要能满足生产中最大的排水量。厨房内排水道宜采用明沟,排水沟的深度要适宜,要防止水的逆流、便于冲洗,排水道必须盖严,下水口要有隔渣网,防止厨房的杂物堵塞下水道。

8. 能源的选择

厨房的能源主要有电、燃气等。能源的选择应取决于厨房生产的需求和菜单的设计。比如,烤箱、微波炉、电炸炉就可选择电能源,而炒灶、烤炉就可用燃气能源。

9. 厨房的灯光

餐厅的灯光重文化,厨房的灯光重实用。这里的实用,主要指临炉炒菜要有足够的灯光以把握菜肴色泽;案板切配要有明亮的灯光,以有效防止刀伤和追求精细的刀工;出菜打盒的上方要有充足的灯光。厨房灯光不一定要像餐厅一样豪华典雅、布局整齐,但其作用绝不可忽视。

10. 厨房的温度控制

厨房温度控制,是设计中必须考虑到的一个因素。闷热的环境会导致厨房人员的工作耐力下降,容易疲劳,且体力消耗大,还容易使员工暴怒。酒店管理者应采取相应措施。比如,将中央空调通进厨房。厨房的温度适宜,员工的生产效率自然会有很大的提高。

降低厨房温度还可在厨房设备和布局上下功夫,一是在厨房内安装抽风机或排油烟机等,将厨房内的热空气、油烟气体及时排出;二是将烧烤间、蒸煮间与炉灶间隔开,分散厨房的热量。但是,厨房内的温度过低也是不利的,厨师手脚受冻会使工作速度下降。厨房的适宜温度应为20℃左右。

11. 背景音乐

厨房音乐不是所有酒店都有的,从效果上看,非常必要。音乐可营造一种轻松舒服的氛围，给员工一个舒适的工作环境，缓解生理上的疲劳。初上班时选择轻快音乐，以调动工作人员的士气；营业中选择节奏轻快的音乐，令人感到愉快；休息时间的音乐以抒情、轻柔为主；营业开始时，可固定放同一首曲子，以起到提醒的作用，忌放流行歌曲，最好以轻音乐为主，曲子在更换的同时，也应保留一优美的固定的曲子作为厨房主曲，声音控制应适中，切忌时大时小，需由专人负责。

12. 厨房噪声控制

厨房是一个比较嘈杂的地方。噪声的主要来源有五个：一是炉灶上方油烟机的声响，二是炉灶内鼓风机的声响，三是餐具的碰撞声，四是各种敲打声，五是冷藏设备的机器工作声。噪声会分散人的注意力，使人血压增高，心情烦躁，听力下降，容易疲劳，从而使得工作效率降低，严重的会影响到人的身体健康，消除噪声的措施是在墙壁或天花板上砌上消音砖，或涂上消音漆，也可改进厨房内的设备，以降低噪声。降低噪声可有效地提高生产率，降低事故的发生率，提高产品质量。

13. 设备的摆放距离

厨房各作业点的布局和设备的摆放既要考虑到生产流程的畅通，也要考虑到厨房人员身体的伸展幅度，以保证每位厨师拥有足够的工作空间能便利地使用设备。一般来说，厨师在操作时双手左右正常伸展幅度为1.15m，最大伸展幅度为1.75m左右。因此，工作台的大小、工具、用具的摆放位置都不应超出人体正常伸展的范围。

厨房设备的摆放除要照顾到使用方便、易于清洁保养外，还要考虑到厨房通道的位置和距离。厨房内的主要通道常有1.6～1.8m宽，一般的通道不得窄于0.75m；如果要蹲下从柜台底下取东西，其通道不得窄于0.9～1m；如果通道的两侧都有人站在固定的位置上干活，其通道不得窄于1.6～2m。

14. 炉灶布局

炉灶的布局，常见的有直线形、"L"形布局以及相对或背对形布局等。

(1) 直线形布局。适用于中小型酒店的厨房，所有主要烹饪工具、设备均作直线形布局，通常依墙排列，置于一个长方形的通风排气罩下。直线形布局的厨房中，每位厨师按分工专门负责某一类菜肴的烹制，如粤菜厨房中分头炉、二炉、三炉……依次排列。这样布局既可大大提高生产率，同时又对菜肴的质量给予一定的保证，目前这种布局已被广泛采用。

(2) "L"形布局。当厨房面积、形状不便于厨防的设备作直线布局时，可采用"L"形布局，炒灶、纯灶、低炉(用于制汤时摆放汤锅、汤桶的一种较低的炉灶)在一边。这种布局能充分利用空间，同时厨师能便利地使用每组设备，缩短行走路线。

(3) 相对形布局。相对形布局就是把炉灶和烹饪用具背靠背地组合在厨房内，厨师相对而站，工作台安置在厨师背后。这种布局由于烹调设备相对比较集中，可只使用一个通风排气罩，比较经济，但是，由于厨师在操作时需多次转身去取工具和原料，必须多走路才能使用其他设备等，因此，这种布局不太理想。

在经营实践中，由于受不同的酒店规模、生产量的高低、厨房的功能和面积等因素的限制，厨房布局千变万化。但是，无论怎样进行布局，都必须以方便生产、降低投资费用、提高生产率和降低员工体能消耗为出发点。

阅读链接

五星级酒店厨房设计时应符合七项理念原则

一谈到五星级酒店，给人的感觉就是建筑规模大、装修豪华、服务质量好、设施齐全、菜品独特且味道好。这样大规模、优服务、好菜品的酒店，它的厨房是怎样的？具备怎样的设计理念？具体如下。

1. 安全性

(1) 燃气间要配备相应的安全装置，燃气管道的设计与安装要完全符合国家规范。

(2) 要设计相应的事故通风和室内通排风。

(3) 合理预留足够的人流空间。

(4) 设计时充分考虑消防因素，整体布局符合消防要求。

(5) 采用正规厂家生产并有检测报告的燃气灶具。

(6) 厨房设备采用全不锈钢制作，减少易燃物品。

2. 配置合理性

(1) 平面流程做到生熟不交叉、脏净不交叉，符合厨房日常工作流程。

(2) 整体布局满足消防和卫生要求。

(3) 厨房设备布置使用方便，操作便捷。

(4) 设备数量按需布置，不过多也不过少。

(5) 在流程合理的前提下，以方便实用，节省劳动力，安全为主。

3. 经济性

(1) 根据客户类型选择相对应的产品，在满足功能的前提下，以经济实用为主。

(2) 在满足使用需求的前提下，尽量选用性价比高的厨房设备。

4. 实用性

(1) 考虑综合设计原则及酒店使用习惯进行设计布局。

(2) 控制好设备与设备间的距离以及各种通道的尺寸，灶台离后排台面一般为800mm。

通道尺寸一般单面操作须有700mm以上，双面操作须有1 200mm以上。厨房取水点分布均匀。

5. 通用性

(1) 根据既定菜式合理布局，加工流线要顺畅，设备布置标准化。

(2) 选用使用范围较广的厨房设备。

6. 专业性

(1) 结合现场实际情况，严格按照厨房设计的规范标准来设计。

(2) 根据就餐人数、开餐次数、厨房面积合理布局。

(3) 根据酒店经营菜式及经营模式量身定制厨房设备。

7. 环保性

(1) 在产品选择上，考虑低耗能设备，排油烟设备选择合格的净化油烟设备。

(2) 设计时选用节能环保的厨房设备，做好厨房的排油烟系统。

(资料来源：中国厨房设备网，http://www.cncfsb.com/info/17142.html)

任务二　菜点质量控制

案例导入

辨认活虾与死虾

晚上10点半，两位客人来到某酒店餐厅吃饭，客人翻着菜谱，挑选菜肴。客人互相商量着，一位说："来一道白灼虾怎么样？""好的，我最爱吃虾了。"另一位回答道。他们一共点了四道菜，吩咐服务员上菜。10：40分，四道菜已整整齐齐地摆在客人的餐桌上，客人一边品尝菜肴，一边闲聊着，兴致很好。"这儿上菜速度真够快的，只要10min的功夫，四道菜都上齐了。""来来来，先尝尝这道白灼虾，如何？"忽然，客人脸上愉快的表情不见了，他们再仔细看看餐桌上的虾，显出很气愤的样子，责问在旁的服务员："小姐，这虾一点都不热，是不是早就烧好，等我们来吃的啊？"另一位也说："是啊，你看这虾，色泽深浅不匀，光泽偏暗，要么是剩虾、活虾混在一起，要么是剩菜重烹，这样的虾我们不能接受。"服务员心平气和地说："先生，我们酒店绝对不会卖死虾，厨房出菜也总是根据菜单配制烹调的，不可能有剩菜，请先生放心。"客人就是不相信，固执地说："我们点四道菜，前后上齐只用了10min，这里肯定有问题，这样的虾你怎么解释？"服务员耐心地劝说，客人仍然固执己见。这时，值班经理小顾闻讯走了过来，先安慰客人："先生，请息怒，我会尽快替你们解决的。"在倾听客人投诉的同时，小顾让服务员为客人换上热手巾，斟上热茶，以缓和紧张的气氛。小顾意识到问题的关键是客人对活虾烹制后的特征并不了解，要消除顾客的疑问，仅仅靠口头解释难以使客人信服，于是，小顾对客人说："先生，这盘虾是不是活虾烹制的，我先不下结论，请你们随我到餐厅操作台来看看，如何？"征得客人同意后，小顾带客人朝操作台走去，决定以现场操作来解释。小顾叫服务员取来卡式炉，将鸡汤烧开，然后让厨师拿来一只活虾，在客人面前进行现场烹制，再将此虾与桌面的虾比较，结果，各方面都基本相似。见状，客人的面色开始缓和，已经相信所食的虾并非死虾，但仍有疑惑。善于察言观色的小顾又热情地对客人说道："观虾的秘诀在于颈尾，活虾色泽深浅不匀，原因在于生虾本身纹理粗细不一。"一番内行话说得客人直点头："原来如此。"小顾接着又说："我们工作中也有疏忽，虾体微温不够热，多谢你们提出宝贵意见，我们一定改正。"听到小顾诚恳的致歉，客人忙说："我们态度也不够好，你们的现场操作让我们开了眼界。"双方之间的气氛十分融洽。

思考：如何控制菜品质量？案例中经理的做法成功之处在哪里？

餐饮产品质量是以食品和就餐环境为依托，向宾客提供服务以获得宾客的满意。从这个意义上讲，餐饮产品质量其实包括有形产品质量和无形产品质量，本部分重点讨论菜点本身的有形产品质量。

一、菜点质量构成要素

菜点质量是指菜点能满足宾客生理需要的各种特征。宾客对菜点质量的评定，一般是根据以往的经历和经验，结合菜点质量的内在要素，通过嗅觉、视觉、听觉、味觉和触觉等感官鉴定得出。因此，菜点质量的构成要素主要有色泽、香气、滋味、形态、质感、盛器、温度、声响、营养与卫生等方面组成。

1. 色泽

菜品的色泽具有先入为主的特点，是吸引宾客的第一感官指标。菜点色泽是由动、植物组织中天然产生的色素组成，再经过恰当的烹调加工，使原材料颜色转变为理想的色泽，菜品的色泽应以自然清新，搭配和谐悦目，适应季节变化、适合地域跨度，适合审美标准，能给就餐者带来视觉上的美感为佳。

2. 香气

香气是指菜品飘逸出的令人愉悦的芳香气味，人们就餐时总是先闻其香，再尝其味。人们之所以将“香气”作为衡量菜肴质量的标准之一，主要是因为菜肴的香气可以增加就餐时的快感。一般来说，菜肴的温度越高，香气越浓烈，越容易受到就餐者的欢迎，所以，热菜一定要趁热上桌，以免浓香尽失，影响菜肴品质。

3. 滋味

味是菜点质量指标的核心，对中国菜肴而言，尤为重要。人们去餐厅用餐不仅要求菜肴具有令人垂涎欲滴的香气，更要有诱人食欲的美味。酸、甜、苦、辣、咸是五种基本味道，通过对五味的艺术调和，形成了千变万化的复合味道，使菜肴的滋味丰富多彩，也因此成就了不同的菜系。

4. 形态

菜点的形态是指菜肴的成型。食品原料本身的形态、加工处理后的形状及烹制装盘后的造型都会直接影响到菜点的形态。刀工精美，整齐划一，造型饱满，形象生动，讲究拼摆艺术，能给就餐者带来视觉的美感。当然，这些效果的取得要以厨师的高超艺术设计和加工制作能力为基础。

5. 质感

质感是指菜肴进食时留在客人口腔触觉等方面的综合感受，通常的评述如脆、滑、嫩、爽、酥、软、硬、烂等。质感是影响顾客接受性的一个重要指标，每种菜肴都应符合其特有的质感标准。

6. 盛器

俗话说“美食不如美器”，虽然此话有些偏颇，但却反映出我国自古就非常讲究盛器与菜肴之间的搭配。不同的菜肴配以不同的盛器，如果搭配合理，可以互相辉映，使菜点锦上添花。盛器与菜肴的搭配一般应遵循大小适宜、形状吻合、色调对应、身价匹配等原则。

7. 温度

同一种菜肴在不同的温度作用下，其口感、香气、滋味等质量指标会有明显差异。所谓“一热胜三鲜”就是这个道理。如拔丝类菜肴，趁热食之，不仅口味香甜脆，而且可拉出金丝，令人愉悦。如果放凉后再进食，糖液结成一块，难以取食，影响客人食欲。常见菜点食用温度详见表 3-18。

表 3-18 常见菜点食用温度

食品名称	食用温度	食品名称	食用温度
冷菜	15℃左右	砂锅	100℃
热菜	70℃以上	热饭	65℃以上
热汤	80℃以上		

8. 声响

有些菜肴由于厨师的特别设计或特殊盛器的配合使用，菜肴烹饪时或上桌时会发出声响，引起听感官的刺激与享受，激发食欲，为餐桌制造气氛。如牛排煎烤的嗞嗞声等。

9. 营养与卫生

营养与卫生是菜肴及其他一切食品必须具备的共同条件。该指标虽然抽象，但通过对菜点的外表及内在质量指标的判断和把握可不同程度地反映营养、卫生的质量情况。比如，通过已经炒熟的绿叶蔬菜的颜色判断维生素的破坏情况；通过对清蒸鱼肉的品尝，可知该鱼是否受过污染以及其新鲜程度。另外，通过一席菜点用料及口味等的比较，可判断营养搭配是否合理、均衡等。但有些方面不是直观易见的，比如畜肉是否经过检疫，河豚加工是否正确等，光靠外表和普通的品尝是不容易发现和把握的。因此，酒店餐饮必须严格生产管理，始终重视营养和卫生，以保证菜肴品质的安全可靠。

二、菜点质量控制

菜点质量控制是指对菜肴的色、香、味、形、质（质地）等构成要素方面的控制。菜肴质量的标准不易统一，也不能通过化学或物理方式来测试，菜肴质量的高低主要依靠宾客来评定，而且不同宾客对同一道菜住往评价也会不一样，所谓众口难调，适口者为佳。

菜肴质量的检查督促不能搞抽样，这与其他工业产品的抽样检查不同。菜肴是小批量或单个生产出来的，某一道菜做得不好，不等于其他菜肴也做得不好，再加上菜肴烹调过程中可变因素较多，质量的波动较大，所以菜肴质量控制要在“全面”上下功夫。

1. 菜点质量控制的基本要求及方法

菜肴生产质量控制的基本要求就是根据菜肴生产流程，从原料采购、操作规程、烹调技术和成品质量规格等几方面，以产品的色、香、味、形等构成要素为最终表现形式，对菜点生产的整个过程中的质量进行控制。具体如下。

（1）精选原料，合理配料。菜肴质量是以原料选择为基础的，原料选择要求精细、新鲜，讲究原产地、上市季节、加工情况、原料的不同部位等，以符合菜肴的风味和质量要求。配料要求形状相近、质地相似、色泽鲜艳、滋味调和、荤素兼顾、营养成分搭配合理。

（2）刀工精细，讲究造型。原料在正式烹调前须经过屠宰、剖剥、择洗、分档取料、切配后使原料形成一定形状，供烹调使用，特别是切配加工中，必须根据菜肴不同风味和烹调的要求采用精细刀工技术，使原料外形整齐、均匀，厚薄一致，色与形相符，便于原料成形、入味，成菜形态美观。

（3）精于火候，专心烹调。根据原料的特性和菜肴的不同风味要求，采用最恰当的烹调方法，灵活掌握好火候，按规定程序烹调，确保菜肴的色、香、味、形、质是质量控制的关键。

(4) 层层落实，严格检查。在厨房生产管理中，应根据酒店制定的质量检验制度，对提供给宾客的菜肴从色、香、味、形、质等方面严格把关，加强检查和督促，不符合质量规格的产品不能出售给顾客。

2. 按标准菜谱生产菜肴

为进一步提高工作效率，降低成本，确保菜肴质量，酒店可按标准菜谱生产菜肴。标准菜谱是菜肴生产控制的重要工具。它规定了某一菜肴生产过程中所需的各种原料、辅料和调料的名称、数量、规格、操作方法、盛装器具以及其他必要信息。

3. 建立生产标准

建立生产标准就是对生产质量、产品成本、制作规格进行数量化，并用于指导生产的全过程，随时消除一切生产性误差，确保食品质量的优质形象，使之督导有标准的检查依据，达到控制管理的效能。

(1) 加工标准。包括原料用料的数量、质量标准、涨透的程度等，应制定《原料净标准》《刀工处理标准》《干货涨发标准》。

(2) 配制标准。制定菜肴制作用料品种、数量标准，以及按人所需营养成分的原料配制。

(3) 烹调标准。对加工、配置好的半成品、加热成菜规定调味品的比例，以做出色、香、味、形俱全的菜肴。

(4) 标准菜肴。制定统一标准、统一制作程序、统一器材规格和装盘形式，标明质量要求、材料用量、成本、利率和售价。

4. 标准菜谱的制定过程

酒店的管理人员(餐饮部经理、厨师长)须改变观念、统一意见，明确使用标准菜谱对餐饮生产管理的目的和意义。

(1) 编制标准菜谱、确定菜单时，管理人员必须了解菜单上各菜肴使用原料、辅料的供货状况，保证标准菜谱实施的稳定。

(2) 制定标准菜谱时，认真确定菜肴的主料、辅料、调料的份额，菜肴盛器规格，详细说明菜谱上菜肴的烹调方法和制作过程。

(3) 组织酒店的精干厨师，并邀请社会上的名厨师参与标准菜谱确定、测试、论证，同时拍下装盘后菜谱的照片。

(4) 标准菜谱制定后，应根据标准菜谱对所有厨师进行认真培训。通过培训，使所有厨师掌握菜谱的生产方法，并通过监督检查，保证在实际工作中，厨师都能按照标准菜谱进行生产，以确保菜肴的质量。

(5) 标准菜谱的格式为“菜谱名称、主料、辅料、调料名称及份额、操作程序、盛器要求、注意事项、菜肴成品照片”等。

5. 制定标准菜谱的生产控制过程

在制定标准菜谱后，要达到各项标准，必须有训练要素，掌握标准的生产人员和管理人员，以保证制作过程中菜点优质达标。

(1) 加工过程的控制。首先对加工数量进行控制。凭厨房的净料计划单组织采购，实施加工达到控制数量的目的。加工出净率的控制，由加工人员按不同品种的原料，加工出不同档次的净料交给发货员验收，算出净科与边角料的比例，登记入账后发放到各使用者手中，加工质量直接关系到菜点的色、香、味、形。因此，采购、验收要严格按质量标准控制原料质量。加工人员控制原料的加工形成、卫生、安全程度，凡不符合要求的原料均由工序终点者控制，不得进入下一道工序，待处理后另作他用。

(2) 配制过程的控制。配制过程的控制是食品成本控制的核心。在这一过程中必须杜绝失误、重复、遗漏、错配、多配，这是保证质量的重要环节，应遵守凭预订单和账务员的签章认可厨师方可配制的流程，并由服务员将所点的菜肴与订单进行核对，从而相互制约。称量控制，按标准菜谱、用餐人数进行称量，既避免料的浪费又确保了菜点的质量。

(3) 烹调过程的控制。烹调过程的控制是确保菜肴质量的关键，因此，要从厨师烹调的操作规范、出菜速度、成菜温度、销售数量等方面加强监控。严格督导厨师按标准规范操作，实行日抽查考核，用定厨、定炉、定时的办法来控制，统计出菜速度、数量和质量。

6. 标准菜谱控制办法

为了保证控制的有效性，除了理顺生产程序、制定生产标准及生产现场管理外，还需制定有效可行的控制方法。

(1) 程序控制法。按厨房生产流程，从加工、配制到烹调三个程序中，每道工序的最终点为程序控制点，每道工序的终点的生产者为质量控制者。配制厨师对不合格的加工、烹调厨师，不合格的配制有责任并有权提出改正，这样使每个人在生产过程都受到监控。

(2) 责任控制法。按每个岗位的职责，实行监督层控制，由厨师长总把关、部门经理总监督，把责任落实到岗，奖罚落实到人。

(3) 重点控制法。对某些经常容易出现生产问题的环节要重点管理、重点抓、重点检查。及时总结经验教训，找到解决的办法，以达到防患未然，杜绝生产质量问题发生。

7. 菜品销售过程控制

菜点由厨房烹制完成，即交餐厅出菜服务，这里有两个环节容易出差错，需加以控制，其一是备餐服务，其二是上菜服务。

(1) 备餐服务。备餐要为菜肴配齐相应的作料、卫生器具等用品。加热后调味的菜肴(如炸、蒸、白灼菜肴等)，大多需要配带作料，如果疏忽，菜肴则淡而无味；有的菜肴不借助一定的器具用品，食用起来很不雅观或不方便(如吃整只螃蟹等)。因此，备餐间有必要对有关菜肴的作料和用品的配带情况做出规定，以督促、提醒服务员上菜时注意带齐。

(2) 上菜服务。服务员上菜服务要及时规范，主动报菜名；对食用方法独特的菜肴，应对客人作适当介绍或提示。要按照上菜次序，把握好上菜节奏，循序渐进地从事菜点销售服务。分菜要注意菜肴的整体美和分散后的组合效果。要始终注意保持菜品在宾客食用前的形象美观。对客人需要打包和外卖的食品，同样要注意尽可能保持其各方面质量的完好。

阅读链接

餐厅与厨房的协调

餐饮除应具有舒适的环境、优质的服务、美味的饭菜外，还应具有相应的促销、推销、公关等手段，使客人对酒店的建议及想法能够及时地反馈回来，使我们能够在最短的时间内进行调整，改进服务水平，提高菜点质量。只有这样才能够持续不断地加强客人对酒店的满意程度，使酒店财源广进，宾朋八方，这就需要前台与后厨的默契配合与协调。

1. 后厨配菜沽清单

沽清单是厨房在了解当天购进原料的数量缺货，积压原料的一种推销单，也是一种提示单。它告诉服务员当日的推销品种，特价菜，所缺菜品，以便服务员对当日菜式有所了解，避免服务员在当日为客人服务时遇到尴尬、难堪、遭指责等情况，从而造成不必要的换菜，使酒店声誉受到影响。

2. 点菜与菜单

点菜实际就是推销菜，服务员也可以说是推销员，他不只是接受顾客的指令，还应作建议性的推销，让客人乐于接受餐厅的服务。服务员在点菜时必须熟悉菜牌，明白推销菜式的品质和配制方式，介绍时可作解释，在点菜过程中，当客人不能决定要什么时，服务员可提供建议，最好是先建议高中等价的菜式，再建议便宜价的菜式，因为高中档菜的利润较高，且有一部分菜的制作工序较简单，如清蒸蟹、鳜鱼、清炖甲鱼等，在生意高峰期尽量少点一些加工手续比较烦琐的造型菜与加工时间较长的菜，否则这样会加大后厨的工作负担，并且由于太忙，可能会影响上菜速度，造成客人的投诉。对厨房暂时沽清的菜式要及时掌握好，万勿介绍给客人，万一客人问起时，可说“对不起，刚好卖完”，并建议客人用相近的其他菜式。接下来便是向后厨递单，服务员在写完菜单后，应立即把单子递到后厨，入厨单应写清楚后与原单迅速核对，以免遗漏。落单时，味部、厨部、面点部要分单写，若非马上出菜，则在单上写“叫”字，表示叫起才上菜的意思，以便后厨有更多的时间来安排好每一道菜。

3. 上菜与传菜

后厨在接单后，只要不是叫单，凉菜应在 2 分钟内出一道成品菜，热菜在 3～5 分钟内出一道成品菜，上菜前应注意菜肴的色泽，新鲜程度，有无异味、有无灰尘、飞虫等不洁物，检查菜肴卫生，严禁翻动或用嘴吹，必须翻动时，要用消毒过的器具，尤其是凉菜要注意新鲜程度，不能变质、变味、发黏等。由于宴席的不同，上菜的程序也不会完全相同，这需要前厅服务员熟悉菜单及上菜的先后顺序，熟练掌握上菜的操作程序，特别是对一些特殊菜的上菜方法，更应该注意，如火锅、拔丝菜，有声响的菜等，所以要求传菜人员应与后厨相配合，以最快的速度把菜品传递下去，保证菜肴的色、香、味、型俱佳。若客人需演讲祝酒或要求暂停上菜，服务员应及时通知后厨，暂停上菜之后要通知恢复上菜，后厨不仅要出菜快，造型点缀快，更需要划单与传递快。

4. 客人要求退菜、换菜与餐后的征询

一般来说，客人要求退菜和换菜大致有这样几种情况：一是反映菜肴质量有问题，如菜有异味，欠火候或过火等。如确实如此，就属于酒店自身的问题，服务员应无条件地退菜，并诚恳地向客人表示歉意；二是客人没有时间等，这时服务员应马上与厨房联系，尽可能先做；三是客人自己点的菜式，要求退。遇到这种情况，如确实不是质量问题，不应同意退菜，但可尽力耐心地给客人讲道理，劝客人不要退，吃不了可帮助他打包带走；四是客人进餐中不想吃了，菜肴还没有上来，服务员应先去厨房看一下，所点的菜是否已经制成半成品，或成品，如果制成不给予退，但应向客人说明道理。总之，如果想让客人满意，就应该前厅与后厨多配合，在客人就餐后主动询问客人对饭菜的评价，及时反馈给厨房，以便后厨做必要的调整与安排，不要二者相互推卸责任，指责对方的不足。只有共同分析问题、解决问题，才能使工作做得更好。

5. 贵宾意见卡

贵宾意见卡是客人对酒店整体印象的评价，它包括环境服务、菜点等其他方面，客人的评价能促使酒店改进菜点，提高服务质量，改善环境，这样可使酒店的名声远扬，可信度提高，大大增加酒店客源的稳定性，效益也就随之而业，常言道“旁观者清”，我们常常感觉不到自身有哪些不足，这都需要客人的反馈。客人提的意见不是找酒店的碴儿，给酒店难堪，而是酒店提高自身服务水平的“良丹妙药”，便于酒店整体水平的提高。

6. 整体协调

餐饮部前台与后厨是一个不可分割的整体，缺少哪一部分或者双方配合不好，都会使酒店陷入困境，因此，要加强双方协调，每星期厨房与前台应在一起最少开一次座谈会，互相提意见，说说双方的看法，在一起学菜谱，讨论菜式，以及客人都有哪些建议。此外，举行一些活动、比赛增加彼此的感情，为更好地配合酒店服务注入生机。

（资料来源：职业餐饮网，http://www.canyin168.com/glyy/cygl/glct/200807/11599.html）

任务三　菜点开发创新

案例导入

秘制特色创新菜品，有颜值、有味道

新一品豆腐，原料：北豆腐、松茸、马蹄、海苔末、金瓜、蛋清、浓汤。将豆腐去外层硬皮，加少量盐，压成豆腐泥，过筛备用；松茸、马蹄分别洗净，切小粒备用；将松茸、马蹄粒、蛋清与豆腐泥拌匀，倒入模具中，用重物压实，上蒸箱蒸15min，取出，上面盖二维码模具，用海苔末码出二维码图形，上锅再蒸5min；金瓜去皮、瓤，制熟，加浓汤打成汁，浇淋在豆腐外围即可。客人用餐时可以扫二维码，关注公众号。

思考：该道菜的创新之处在什么地方？应如何进行菜点开发创新？

菜点创新是酒店餐饮业永恒的主题。在社会飞速发展和酒店餐饮业激烈竞争的今天，菜点创新已经成为酒店餐饮业一个重要课题。中餐和西餐的中高端餐饮需要以匠人的精神去传承与创新菜品，着重并潜心于菜品的深度研发，将菜品的亮点与卖点显性表现、情怀表达、真切表述，给顾客带来新鲜感、娱乐感和高级感。

一、菜点开发是酒店餐饮发展的必然

消费者往往偏好于选择新的菜点，烹饪工作者应不断地开发新的品种去适应消费者，酒店餐饮也要从经营的角度为赢得更多的消费者而做出种种努力。应该说促进菜点开发的动力是多方面的。

1. 新技术和原料的发展

科学技术和食品加工业的迅速发展导致许多新原料和新技术的出现，加快了菜点更新换代的速度。随着中外交流的日益频繁，国外许多食品原料源源不断地被引进我国的餐饮市场，如荷兰豆、夏威夷果、皇帝蟹、鳕鱼、象拔蚌等进口原料，丰富了我国的餐饮市场。微波技术、多功能设备、自动化设备等为烹饪技术的发展变化起到了巨大的推动作用。科技的进步有利于企业淘汰旧的、顾客不感兴趣的菜点，生产新颖、健康的菜点。

2. 餐饮市场竞争的加剧

随着酒店餐饮对市场依赖程度的不断加深，传统菜点的生产模式已不足以应付市场竞争的局面。为了取得竞争优势或至少在竞争中不被淘汰，越来越多的酒店餐饮将新菜点开发作为一项极为重要的战略问题来考虑。可以说，要想在市场竞争中保持优势，酒店餐饮必须不断创新、开发新产品，增强企业的活力，才能在市场竞争中占据领先地位，才可以提高企业在市场上的信誉、知名度和地位。

3. 消费需求的变化

随着社会的发展和变革，顾客对于酒店菜点的要求也将产生相应的变化。随着人们生活水平的不断提高，消费需求也在不断提高，健康、味美、方便、快捷、独特体验的菜点越来越受到消费者的欢迎，菜点若不能推陈出新，满足或适应这种动态的变化，势必也将被顾客抛弃，从而退出市场竞争的行列。酒店餐饮如果没有适销对路的菜点推向市场，将会逐渐被竞争对手取代直至被淘汰。

4. 菜点生命周期的缩短

在现代高速发展的市场经济中，消费结构的变化也在加快，消费选择更加多样化，菜点的生命周期将日益缩短。菜点产品的生命周期一般经历导入期、成长期、成熟期和衰退期 4 个阶段。当新的菜点出现后，可以迅速被模仿，从而缩短了新菜点的生命周期。这一方面给酒店带来了威胁，酒店不得不淘汰难以适应消费者需求的老产品，同时也给酒店提供了开发新菜点、适应市场变化、占领市场的机会。

二、菜点创新的基本类型

选择适当的菜品开发方式是提高自身专业技术创新能力的重要方面。按技术来源，可将菜品开发方式归纳为自创方式和非自创方式两种。其中，自创方式又进一步分为独创方式和模仿方式。非自创方式可以分为联合开发、技术引进等。每种方式又可以根据需要和其他方式相结合。新菜品的开发是指对新菜品的研究、构思、设计、生产和推广，以确保酒店产品品种和质量，进一步满足市场的需要或引导市场的需要。对创新菜品来说，主要有三种类型：完全的新菜品、改良的新菜品和仿制的新菜品。

1. 完全的新菜品

完全的新菜品是指采用新技术、新原料、新设备等开发出来的创新菜品，在市场上还没有可以与之比较的菜品。这样的菜品虽然具有极强的竞争优势，但开发成本较高，耗费时间较长，而且由于菜品无专利保护，易于模仿，因此，创新菜品的优势难以长久维持。如传统菜“松鼠鳜鱼”“佛跳墙”，最初产生时即属于完全的新菜品。

2. 改良的新菜品

改良的新菜品是指在原有菜品的基础上，部分采用新原理、新技术、新原料、新结构，使菜品的色、香、味、形等有重大突破的菜品。改良的新菜品具有投入少、收效快等特点，且方便制作并能快速生产，如新潮苏菜、现代海派菜、新派鲁菜等，以及各类菜点结合菜、中西结合菜、地方菜融合菜品等都属于此类。

3. 仿制的新菜品

仿制的新菜品是指根据外来菜品模仿制作的菜品，有时在模仿时也会进行局部的改进或创新，如各地纷纷推出当地原来没有的法国大菜、日本料理、韩国烧烤等；川菜风行全国，对四川省以外的地区来说就属于引进川菜的一些品种进行模仿，同时也会根据当地口味调整仿制菜品的麻辣程度。

三、菜点品种创新的具体内容

厨师在菜肴创新中应着重考虑以下几方面，从科学消费角度和绿色消费原则，不断开发菜点的新品种。

1. 原料

当今，酒店餐饮管理者和厨师已深深感觉到，在不能充分满足顾客对菜品的需求时，也感到技术的匮乏。为此，厨师除了要认真学习外，还应认真从原材料创新上下手，引用大批外省市的新菜种，引用中西原料，如挪威三文鱼、澳洲大龙虾、国内的养殖性野味、蔬菜、菌类、花卉、昆虫类等烹饪原料。此外，现代人更注重健康养生，选择有机、绿色、无公害原料以及药膳食材，使酒店在风味研制上有更加广阔的天地，取得更大的成果，给消费者带来全新的感觉。

2. 口味

中国菜肴的口味变化无穷，酸、甜、苦、辣、咸是我们日常生活中所需的最基本的口味。这就要求厨师，在结合传统方法的基础上，采用单一口味和复合口味的交叉技术，做一些科学的改良，创出一批新的、经过实践证明是顾客非常喜欢的新口味。除了在炒菜中味型有突破外，还应在凉菜的口味上加以创新，蒸菜和烤鸭蘸食的口味也要有新变化，还有各类火锅不同口味佐料的创新。另外还可中餐借鉴西餐调味品，如鱼子酱、西柠汁、黄油、绿芥末、XO酱等，运用中西结合方法研究。总之要开动脑筋，口味要在南北调料大交融、八大菜系及更多地方风味调料的借鉴、中西餐调味的结合上，创出更多的时代新口味，更好地满足消费者的需求。

3. 器皿

中国美食在评判标准中不仅设有菜肴的色、香、味、形，还对盛装菜肴的器皿也十分重视。最初菜肴所使用的器皿质地为一般陶瓷产品，随着时代的进步和人们审美观的不断提高，除对菜肴要求美观外，对器皿也有较高的选择标准，所以器皿的创新与改革也势在必行。先后也出现了金器、银器以及木制、竹、贝壳和玻璃器皿，从而提高了用餐时的品位和档次，除了器皿的质地外，多年来在形状上也有创新和突破，由原来单一的圆盘又增加了多边形、双棱、椭圆形以及花卉形、动物形，颜色也是五彩缤纷，为一些新的菜品营造了气氛。除了以上器皿变化外，聪明的厨师还用原材料（食品本身）作为器皿，也是当今的一种新尝试，如金瓜参翅，是把烧炖好的人参和鱼翅装入经雕刻的南瓜中；又如佛手瓜盅、椰子盅、西瓜盅等菜肴，举不胜举。

4. 菜形

成功地在菜肴的色、香、味以外的形的创新也十分重要，当顾客看到上桌的菜肴时，美的感受会使心情愉悦，食欲大增。许多外宾用餐时，当看到如诗如画的菜品上桌时，频频拍照不忍下筷。菜肴形状的创新分一般造型和形象造型：一般造型多为菜肴的出锅、装盘的自然造型；而形象造型则是利用原料本身的可塑性经过刀工处理后的成形。比如形象造型中的一款糖醋鲤鱼，在炸制过程中将鱼头尾相连入油锅，炸后保持一定的形状，再浇上芡汁，配以面塑老翁甩杆垂钓，整个画面已比传统的糖醋鱼（一条平躺着的）要更具观赏价值。为了适应当今菜肴形象美的创意，厨师应着眼于加工方便、实用、卫生等诸多方面，要与各菜系各种不同口味加以交流，给自己带来机遇，使酒店新创菜肴更加受欢迎。

5. 技艺

现代社会的高速发展，导致了国际交往的频繁和扩大，中外国际烹饪大师相互交流学习，中外烹饪技术相互模仿、融合、扩散。各地区和国家在技艺和款式上取长补短，不断借鉴与融合的菜品制作风格将更加明显。

四、菜品创新的基本原则

创新菜随着社会的需要，在全国各地发展迅速，相当一部分创新菜点以新颖的造型、别致的口味被广泛应用，获得了良好的经济效益和社会效益，充分显示了创新菜存在和发展的价值，但不少创新菜也存在着不合情理、制作失当的现象，这就需要不断完善和推敲研究。在创新过程中，除在原料、调料、调味手段，以及名、形、味、器等方面要有突破外，同时也要注意营养的合理性，使菜品更具有科学性和食用性。

1. 食用为先

可食性是菜品内在的主要特点。作为创新菜，首先应具有食用的特性，只有使消费者感到好吃，有食用价值，而且感到越吃越想吃的菜，才会有生命力。不论什么菜，从选料、配伍到烹制的整个过程，都要考虑菜品做好后的可食性程度，应以适应顾客的口味为宗旨。有的创新菜制成后，份量较少，无法去分食；有些菜很好看，但不好吃；有的菜肴原料珍贵,价格不菲,但烹制后未必好吃;有些创新菜的制作,把人们普遍不喜欢的东西显露出来,如猪嘴、鸡尾等。客人不喜欢的创新菜,就谈不上它的真正价值,最终费工费时,得不偿失。

2. 注重营养

营养卫生是食品的最基本的条件,创新菜必须是卫生的、有营养的。一个菜品仅仅是好吃而对健康无益,也是没有生命力的。如今,饮食平衡、营养的观点已经深入人心。在设计创新菜品时,应充分利用营养搭配的原则,把设计创新成功的健康菜品作为吸引顾客的手段。

3. 关注市场

在创新菜点的酝酿、研制阶段,首先要考虑到当前顾客比较感兴趣的东西。研制古代菜、乡土菜,要符合现代人的饮食需求;传统菜的翻新、民间菜的推出,要考虑到顾客的需要。

在开发创新菜点时,也要从餐饮发展趋势、菜点消费走向上做文章。要准确分析、预测未来饮食潮流,做好相应的开发工作,这就要求烹调人员要时刻研究消费者的价值观念、消费观念的变化趋势,去设计、创造、引导消费。未来餐饮消费需求更加讲究清淡、科学和保健,因此,制作者应注重开发清鲜、雅淡、爽口的菜品。在菜品开发中忌精雕细刻、大红大绿,尽量不用有损于色、味、营养的辅助原料,以免画蛇添足。

4. 适应大众

一个创新菜的推出,是要求适应广大顾客的。经调查,绝大多数顾客是坚持大众化的,所以为大多数消费者服务,这是菜肴创新的方向。创新菜的推出,要坚持以大众化原料为基础。过于高档的菜肴,由于曲高和寡,不具有普遍性,所以食用者较少。因此,创新菜的推广,要立足于一些易取原料,要价廉物美,普通消费者能够接受,其影响力必将十分深远。如近几年家常菜的风行,许多烹调师在家常风味、大众菜肴上开辟新思路,创制出一系列的新品佳肴,如三鲜锅仔、黄豆猪手、双足煲、麻辣烫、剁椒鱼头、芦蒿炒臭干等,受到了各地客人的喜爱,饭店、餐厅也由此门庭若市,生意兴隆。我国的国画大师徐悲鸿就曾说过:"一个厨师能把山珍海味做好并不难,要是能把青菜、萝卜做得好吃,那才是有真本领的厨师。"

5. 易于操作

创新菜点的烹制应简易,尽量减少工时耗费。随着社会的发展,人们发现食品经过过于繁复的工序、长时间的手工处理或加热处理后,食品的营养将大打折扣。许多几十年甚至几百年以前的菜品,由于与现代社会节奏不相适应,有些已被人们遗弃,有些菜经改良后逐步简化了。

另外,从经营的角度来看,过于繁复的工序也不适应现代经营的需要,费工费时做不出菜品,也满足不了顾客时效性的要求。现在的生活节奏加快了,客人在餐厅没有耐心等很长时间;菜品制作速度快,餐厅翻台率高,座次率自然上升。所以,创新菜的制作,一定要考虑到简易省时,这样生产的效率才高,如上海的"糟钵头"、福建的"佛跳墙"、无锡的"酱汁排骨"等,都是经不断改良而满足现代经营需要的菜品。

6. 反对浮躁

从近几年来各地烹饪大赛中广大烹调师制作的创新菜肴来看,每次活动都会或多或少产生一些构思独特、味美形好的佳肴。但也经常发现一些菜品，浮躁现象严重，特别是不遵循烹饪规律，违背烹调原理的现象。如把炒好的热菜放在冰凉的琼脂冻上，把油炸的鱼块再放入水中煮等类似的制作。浮躁之风的另一种表现，即是把功夫和精力放在菜品的装潢和包装上，而不对菜品下苦功钻研，如一款“五彩鱼米”，所投入的精力在“小猫钓鱼”的雕刻上，而“鱼米”的光泽、切的大小实在是技术平平。装饰固然需要，但主次必须明确。因此，菜品制作中，急功近利的浮躁之风不可长，而应脚踏实地把每一个菜做好。

7. 引导消费

一个创新菜的问世，有时需要投入很多精力，从构思到试做，再到改进，直到成品，有时要试验许多次。所以，我们不主张一味地用高档原料。菜品的创新是经营的需要，创新菜也应该与企业经营结合起来，所以，衡量一个创新菜主要看其点菜率情况，顾客食用后的满意程度。如果我们注意尽量降低成本，减少不必要的浪费，就可以提高经济效益。相反，如果一道创新菜成本很高，卖价很贵，而绝大多数的消费者对此没有需求，它的价值就不能实现；若是降价，则企业会亏本。因此，这个菜就肯定没有生命力。

我们提倡的是利用较平常的原料，通过独特的构思，创制出人们乐于享用的菜品。创新菜的精髓，不在于原料多么高档，而在于构思的奇巧，如“鱼肉狮子头”，利用鳜鱼或青鱼肉代替猪肉，食之口感鲜嫩，不肥不腻，清爽味醇。“晶明手敲虾”，取大明虾用澄粉敲制使其晶明虾亮，焯水后炒制而成。其原料普通，特色鲜明。所以，创新菜既要考虑生产，又要考虑消费，对企业、对顾客都有益。

8. 稳定质量

随着中国社会经济的健康、快速发展，餐饮业也走向火爆，做餐饮的队伍迅猛壮大，餐饮企业间的竞争从而步入了白热化的纷争阶段。一个不容忽视的竞争力——菜品创新，成为这个时代的宠儿。无论是姜仔鸭、静雅还是张生记、陶然居，都把菜品创新视作各自企业的生命线之一，不遗余力研发菜品，借此扩大自己的市场份额。在创新热的当下，我们有必要保持清醒的头脑，理智地看待菜品创新与质量稳定之间的关系，切忌盲目跟风，最终陷入创新的误区而不能自拔。创新讲究不拘一格，也提倡捕捉灵感，但绝不是漫无边际，也不是把老菜稍微变化而后更换名字，美其名曰创新菜品。创新是讲究根底的，它好比嫩绿的新叶，而老牌拿手菜则是坚实的根。新叶还需要经受风雨的考验，根则为多年的沉淀，显得扎实而厚重，是整个企业菜品大厦的根基。一旦跟风而上，忽视了菜品质量的稳定、标准化，一味追求肤浅的创新，结果是外表枝繁叶茂，泥土下的根却已经开始抓空，面临倾圮的潜在危险。所以，一个酒店餐饮，应先从菜品质量的稳定抓起。所用的菜具是否标准，采购的原料是否保持一致，制作的流程是否规定化，出品的时间是否严格控制，同一菜品的出品在色泽味上是否统一，盛器的使用是否严格如 ，这 切都要面面俱到，下功夫从质量的稳定上把菜品做精做细，直到把该酒店企业的老牌菜变为恒久的招牌菜。

五、新菜点开发的基本程序

新菜品的开发程序包括从新菜品的构思创意到投放市场所经历的全过程。这样的过程一般可分为4个阶段，即酝酿与构思、选择与设计、试制与完善、标准菜谱的制定。在具体制作中又有若干方面需要慎重考虑，某一个方面考虑不周全，都会带来菜品的质量问题。

（一）酝酿与构思

新菜点开发过程是从寻求创意的酝酿开始的。所谓创意，就是开发新菜品的构想。虽然并不是所有的酝酿中的设想或创意都可变成新的菜品，寻求尽可能多的构想与创意却可为开发新菜品提供较多的机会。所以，所有的新菜品的产生都是通过酝酿与构想创意而开始的。新创意主要来源于广大顾客需求和烹饪技术的不断积累。

（二）选择与设计

选择与设计就是对第一阶段形成的构思和设想进行筛选和优化构思，理清设计思路。在选择与设计创新菜点时，首先考虑的是选择什么样的突破口，如原料要求如何？准备调制什么味型？使用什么烹调方法？运用什么面团品种？配置何种馅心？造型的风格特色怎样？器具、装盘有哪些要求？等等。

对于所选品种，其原料不能是国家明文规定受保护的动物，如熊掌、果子狸、娃娃鱼等，也不能是有毒的原料，如河豚。可以用动物性原料，也可以用植物性原料作为主料。烹制方法尽量不要使用营养损失过多或对人体有害的方法，如老油重炸、烟熏等。选择品种和制作工艺应以符合现代人的审美观念和进食要求为目的。为了便于资料归档，创制者应为企业提供详细的创新菜点备案资料。

（三）试制与完善

新菜品构思一旦通过筛选，接下来的一项工作就是要进行菜品的试制。

1. 菜点名称

菜点名称，就如同一个人的名字、一个企业的名称一样，同样具有很重要的作用。菜品名称起得是否合理、贴切、名实相符，是给人留下的第一印象。我们在为创新菜点起名时，要起出一个既能反映菜品特点，又能具有某种意义的菜名，这不是一件简单的事情。创新菜点命名的总体要求是：名实相符、便于记忆、启发联想、促进传播。

2. 营养卫生

创新菜点要做到食物原料之间的搭配合理，菜点的营养构成比例要合理，在配置、成菜过程中要符合营养原则。在加工和成菜中要始终保持清洁，包括原料处理是否干净，盛菜器皿、菜点是否卫生等。

3. 外观色泽

外观色泽是指创新菜点显示的颜色和光泽，它包括自然、配色、汤色、原料色等。菜点色泽是否悦目、和谐，是菜点成功与否的重要一项。

菜点的色泽可以使人们产生某些奇特的感觉，是通过视觉心理作用产生的。因此，菜点的色彩与人的食欲、情绪等方面存在着一定的内在联系。一盘菜点色彩配置和谐得体，可以产生诱人的食欲；若乱加配伍，没有规律和章法，则会使人产生厌恶之感。

热菜的色指主、配、调料通过烹调显示出来的色泽。主料、配料、调料、汤汁等相互之间的配色要求色彩明快、自然、美观。菜点的色需符合成品本身应有的颜色，应具有洁白、金黄、透明等色泽，要求色调匀称、自然、美观。

4. 嗅之香气

香气是指菜点所显示的火候运用与锅气香味，是不可忽视的一个项目。美好的香气，可对顾客产生巨大的诱惑力，有诗形容福建名菜“佛跳墙”是“坛启荤香飘四邻，佛闻弃禅跳墙来”。创新菜点对香气的要求不能忽视，嗅觉所感受的气味，会影响人们的饮食心理和食欲。因此，嗅之香气是辨别食物、认识食物的又一主观条件。

5. 品味感觉

味感是指菜点所显示的滋味，包括菜点原料味、芡汁味、佐汁味等，它是评判菜点最重要的一项。味道的好坏，是人们评价创新菜点的最重要的标准。因此，好吃也就自然成为消费者对厨师烹调技艺的最高评价。

创新热菜的味，要求调味适当、口味纯正、主味突出、无邪味、糊味和腥膻味，不能口咸、口轻，也不能过量使用味精以致失去原料的本质原味；创新菜点的味，要求调味适当，口味鲜美，符合成品本身应具有的咸、甜、鲜、香等口味特点，不能因口重或口轻而影响菜点本身的特色。

6. 成品造型

造型包括原料的刀工规格（如大小、厚薄、长短、粗细等）、菜点装盘造型等，即成熟后的外表形态。

中国烹调技艺精湛，花样品种繁多。在充分利用鲜活原料和特色原料的基础上，包卷、捆扎、扣制、茸塑、裱绘、镶嵌、捏挤、拼摆、模塑、刀工美化等造型方法的运用，构成了一盘盘千姿百态的“厨艺杰作”。创新菜点的造型风格如何，的确是在视觉审美中先入为主的重要一项，是值得去推敲和完善的。

菜点的造型要求形象优美自然；选料讲究，主辅料配比合理；刀工细腻，刀面光洁，规格整齐，芡汁适中；油量适度；使用餐具得体，装盘美观、协调。菜品可以适当装饰，但不得搞花架子，喧宾夺主，因摆弄而影响菜肴的质量。凡是装饰品，尽量要做到可以食用（如黄瓜、萝卜、香菜、生菜等），特殊装饰品要与菜品协调一致，并符合卫生要求，装饰时生、熟要分开，其汁水不能影响主菜。

菜点的造型要求大小一致，形象优美，层次与花纹清晰，装盘美观。为了陪衬菜点，可以适当运用具有食用价值的、构思合理的少量点缀物，反对过分装饰，主次颠倒。

7. 菜品质感

质感是指菜品所显示的质地，是指菜点的成熟度、爽滑度、脆嫩度、酥软度等。它是菜点进入口腔后引起的口感，如软或硬、老或嫩、酥或脆、滑或润、松或糯、绵或黏、柔或韧等。

菜点进入口腔中产生物理的、温度的刺激所引起的口腔感觉，是创新菜品要推敲的一项。尽管各地区人们对菜品的评判有异，但总体要求是利牙齿、适口腔、生美感、符心理、诱食欲、达标准，使人们在咀嚼品尝时，产生可口舒适之感。

不同的菜点产生不同的质感，要求火候掌握得当，每一菜点都要符合各自应具有的质地特点。除特殊情况外，蔬菜一般要求爽口无生味；鱼、肉类要求断生，无邪味，不能由于火候掌握不当，造成过火或欠火；菜点要求使用火候适宜，符合该菜点应有的质地特点。

创造“质感之美”需要从食品原料、加工、熟制等全过程进行精心安排，合理操作，并要具备一定的制作技艺，才能达到预期的目的和要求。

8. 份量把握

菜点制成后，看一看菜点原料构成的数量，包括菜点主配料的搭配比例与数量，料头与芡汁的多寡等。原料过多，整个盘面臃肿、不清爽；原料不足，或个数较少，整个盘面干瘪，有欺骗顾客之嫌。

9. 盘饰包装

创新菜研制以后需要适当的盘饰美化，这种包装美化不是像一般的商品一样去精心美化和保护产品。菜品包装盘饰的最终目的在于方便消费者，引发人们的注意，诱人食欲，从而尽快使菜点实现其价值。所以，需要对创新菜点进行必要的、简单明了的、恰如其分的装饰。装饰要求寓意内容优美健康，盘饰与造型协调，富有美感。反对过分装饰、以副压主、本末倒置。装饰应体现食用价值。

10. 市场试销

新菜品研制以后，就需要投入市场，及时了解客人的反映。市场试销就是指将开发出的新菜品投入某个餐厅进行销售，以观察菜品的市场反应，通过餐厅的试销得到反馈信息，供制作者参考、分析和不断完善。赞扬固然可以增强管理者与制作者的信心，但批评更能帮助制作者克服缺点。对就餐顾客的评价信息需进行收集整理，好的意见可加以保留，不好的方面再加以修改，以期达到更加完美的效果。

（四）标准菜谱的制定

制定标准化菜谱，将原料的选择、加工、配伍、烹饪及其成品特点有机地集中在一起，可以更好地帮助统一生产标准，保证菜品质量的稳定性。

标准菜谱一经制定，必须严格执行。在使用过程中，要维持其严肃性和权威性，减少随意投放和乱改程序导致厨房出品质量的不一致、不稳定，使标准菜谱在规范厨房出品质量方面发挥应有的作用。

阅读链接

菜品创新的方法

1. 老菜重做

当前餐饮业似乎都陷入一个误区，认为菜品再好吃，天天吃也会腻，因此，好多曾经风靡一时的叫座菜已在很多酒店的菜谱上消失匿迹，取而代之的皆是清一色的创新菜、时尚菜。其实，人都有怀旧情结，那些曾备受追捧的传统老菜、乡土菜，几年不见，恐怕大家都会不自觉地怀念起曾经的味道。酒店不妨适时推出老菜，旧事重提，为顾客找回久违的味道，使老菜重新焕发青春。老菜重做，除了可以满足人们的怀旧情结外，更是一种餐饮理念的回归。

2. 素菜荤做

如今,人们的健康饮食观念逐渐增强,加之瘦身男女比例日益增多,因此,以绿色食品为原料的素菜当之无愧地成为时下餐桌上的"流行元素"。而鉴于素菜的鲜美度和荤菜相比还是有很大距离,所以素菜荤做将会成为一种趋势。

所谓素菜荤做,就是以素菜为主要原料。在烹饪过程中添加一定的"荤菜元素",最典型的做法就是用高汤为素菜加一味提一鲜。如小白菜老豆腐,原科皆是素菜,烹制时却是将其放在肉汤里慢慢煨制而成,滋味鲜美却不油腻,就连一些高档菜也可以用素菜制作,比如鲍汁百灵菇。百灵菇外形和鲍鱼很相似,属于档次比较高的菌类。因其所用高汤和烹制鲍鱼的高汤一样,再加上进口鲍汁、美极上汤"吊味",所以口感鲜美度和鲜鱼完全可以媲美,因此,荤做的素菜将成为餐厅里的卖座菜。

3. 粗菜细做

因为用高档原料烹制出的菜品价格昂贵,很大一部分人不敢问津,而"粗菜细做"不但在经济上符合了中层消费者的要求,在感官上和心理上也满足了他们尝鲜、尝新的需求。

粗菜之"粗",是指那些普通或者便宜的原材料。粗菜细做就是将这些普通家常原料通过选料,去粗取精,并运用适当的刀工和烹饪方法将普通的原料精品化。比如炒芹菜,原是一道很普通的家常菜,但若在制作前将每根芹菜都做抽丝处理,口感自然完全不同。

粗菜细做的秘诀之一是将粗菜改头换面,美化外形,使之看起来更加精致,从而加倍引起人们的食欲。二是改变传统烹饪方法,结合多种烹饪方法,增加内在口味,再加上引进新工艺、新器具来美化口味和造型,从而提升菜肴的档次。粗菜细做非常适合当前烹饪发展所依托的社会和经济环境,很有发展前景。

4. 细菜精做

蔬菜各部分中,通常将较为鲜嫩的部分称为细菜,而较为硬的部分称为粗菜。细菜加以精做,往往会成为餐桌上的一绝,比如川菜中的极品菜"开水白菜",就是细菜精做的典型代表。所谓开水并不是普通的开水,乃是用多种原料吊出来的汤,汤汁清如开水,没有半点油星,选来吊汤的鸡一定要是土母鸡,不肥也不能太嫩,宰杀后剔尽腹油,加鲍鱼片、火腿、菇丝等吊鲜,再加足量清水、姜、葱节烧开,改小火炖三四个小时后将整鸡取出同净瘦肉和鸡脯肉一起煨制。最后用细纱布滤出汤汁。汤吊好后取白菜发黄的嫩心氽至断生,漂冷去腥后置于盆内,倒入清汤,上蒸笼蒸七八分钟,取出即可食用,味美胜过鱼翅,这就是细菜精做的功夫所在。

5. 精菜妙做

精菜妙做就是将店里较好的菜品通过巧妙的搭配组合,营造出不同的格调,最终成为餐厅的招牌菜,这是餐厅取得突破性市场效果的关键。比如曾经轰动一时的"桑拿虾",巧妙地运用烧烫了的卵石现场制作白灼基围虾,颇具观赏性,不仅给食客增添了美食之外的乐趣,还让顾客清楚地看到这是上等的活虾,而不是冻虾或死虾。再如"蓉和第一骨",乃是将猪棒子骨内的骨髓调味后插上吸管上桌的,不仅成菜大气,敲骨吸髓也给了顾客新奇感和王者之尊的感觉,因此,成本虽低而售价却不低,在餐厅销路相当好。在摆盘方式或出品形式上推陈出新,这样的构思难道不是很巧妙吗?

6. 妙菜炒作

有了妙菜，其实此时的餐厅就已经有了卖点。所谓的妙菜，就是已经具备了特殊的口味，美观外形、丰富的营养等特点的菜肴，这时就要抓住时机，趁热打铁，进行进一步的包装和宣传。现在是酒香也需要吆喝的年代，任何一个成功的企业都知道借助媒体的力量，从而将好的菜品及时告诉消费者。酒店业中常用的媒体有印刷媒体、广播、电视、互联网、户外、交通运输的场所招贴画、灯箱、展览会等，酒店应通过适当的媒体渠道大力推广、宣传，将妙菜炒热、炒烫、炒出更多的香味。

7. 高档菜简单做

所谓高档菜，是指那些价格高昂的烹饪原料，如鱼翅、鲍鱼、燕窝、辽参等。话说"好菜简单做，粗菜要细做"，因此，高档菜要尽量保持原形原汁、原味，一上桌就让客人清楚这是知名的高档原料，以体现宴席的高档次。高档菜若做得太复杂，其他调味太多就会掩盖其本色和本味，反而失去了应有的高档。此类菜品可以在器皿和装饰上下功夫，俗话说："红花配绿叶"，一道出色的高档菜不仅要有好的味道、色泽、盛器，还要有漂亮的盘饰相衬托。

8. "四化"法

家常菜精细化、融合菜口味化、高档菜平民化、特色菜标准化是厨师团队研发时把握的四个方向。家常菜精细化就是让喜爱吃家常菜的食客能够体验到精细料理，从家常菜中吃出档次；融合菜口味化就是融合菜要既中看又中用，好吃也要有好味道；高档菜平民化就是认识到有些高档菜品华而不实的缺点，将它们改良成价格不高，更容易被老百姓接受的菜品。还要保证菜品的加工要标准化。

（资料来源：职业餐饮网，http://www.canyin168.com/glyy/chu/cfzlgl/201201/37823.html）

任务四　厨房卫生与安全管理

案例导入

酒店厨房重大安全事故

2017 年 11 月 2 日，中午 12 点左右，厦门环岛东路五缘湾一号一家日式餐饮店的厨房中，餐馆烘焙装置突然出现爆燃，现场一共有 5 名店员不同程度被烫伤，其中 1 人伤情相对严重，其余 4 人伤情较轻，"120"很快赶到现场救援。

思考：酒店厨房不安全因素有哪些？应如何预防？

一、厨房卫生管理

卫生是厨房生产需要遵守的第一条准则。厨房卫生管理就是要保证食品在选择、生产和销售的全过程中都处在安全的状态。为了保证厨房生产出来的产品具有安全性，采购的食品原料必须是未受污染、不带致病菌的，食品原料须在卫生许可的条件下贮藏；厨房在食品生产过程中必须符合卫生条件；厨房环境设备等要求清洁，厨房生产人员身体必须健康。销售中要时刻防止污染，将食品安全可靠地提供给宾客。因此，一切与食品有关的人员和管理者，在食品生产中必须自始至终地遵循卫生准则，并承担各自的职责。

（一）厨房环境的卫生控制

（1）厨房内，保持个人卫生和工作区域的用品和地面卫生，废水废物及时清理，注意抽油烟机外表面、橱柜下内侧、厨房死角的卫生清理。

（2）如发现地面和天花板、门窗、墙壁有孔洞缝隙、必须上报直接领导，由领导安排处理，以免老鼠、蟑螂等害虫进入。

（3）每周清洗油网烟罩一次，按照相关的清洗方法清洗。清洗地面、倒垃圾和清洗油烟机的值日人员按值日表安排进行，如有值日人员请假，请厨房管理者安排其他员工换位。

（4）按照食物管理和处理规定，保证食材和菜肴的卫生。

（5）厨房内部区域不能放与工作无关的个人用品。

（二）厨房各作业区的卫生控制

1. 冻库卫生管理制度

（1）严格把好入库关，严禁未经过粗加工的原料，以及其他不符合食品卫生要求的原料入库。严禁有毒、有害、不洁物质、个人生活用品进入冻库。

（2）各种食品原料坚持生熟分开原则，盛装容器严格分开并贴上标识；在同一库房内，各种原料分开、分类、分架存放，严禁将食品原料直接放在地面上。

（3）卫生负责人员应加强库存原料的日常检查，如发现其变味、变质，应及时处理；同时做好冰箱及库房的清洁卫生。

（4）加强对冻库温度显示器及库房内设备的巡查，发现异常情况及时通知相关部门进行维修，以防食品原料腐烂变质。

（5）库房食品原料坚持“先进先出”的原则进行取料用料。

（6）坚持每日打扫一次库房内的卫生，保持良好的食品存放环境，并对冻库定期进行清洗、消毒、检修，保证设备正常运行。

2. 干货原料、调料二级仓库管理制度

（1）认真履行本岗位的卫生职责；坚持食品入库前的验收制度，做到凡腐败变质的、有毒有害的、感官异常及可疑的食品不入库、生熟食品、食品与非食品、有气味食品和易吸味食品要分库(柜)存放。

（2）定期检查库内食品，发现问题应及时处理。

（3）存放食品做到分类上架，离地隔墙，吊牌建卡，先进先出。

（4）做好防尘、防蝇、防腐、仿鼠和食品保洁工作。

（5）坚持每日清扫工作区，保持食品卫生良好的存放环境。

（6）各厨房指定专人到总仓库领取干货原料、调味料。

3. 食品切配岗位卫生管理制度

（1）加工前认真检查待加工食品，发现有腐败、变质或其他感官性异常的，不得加工使用。

(2) 各种原料在使用前应洗净。肉类、水产类、蔬菜、瓜果类、禽蛋类分开清洗，必要时进行消毒处理。

(3) 易腐食品原料应尽量缩短在常温下的存放时间，加工后应及时使用或冷藏。

(4) 切配好的半成品与原料分开，并依据性质分类存放，以避免污染。

(5) 切配好的食品原料应按照加工操作规程，在规定的时间内使用。

(6) 已盛装食品原料的容器不得直接放在地面上。

(7) 加工容器应符合食品卫生要求，生、熟食品加工容器分开使用。

(8) 切配完成后应将砧板、刀具清洁干净，放到规定位置，做好工作台和工作区域卫生。

4. 烹调加工卫生管理制度

(1) 加工人员在烹调前应认真检查待加工原料，发现有腐败、变质或感官性状异常的，不得进行烹调加工。

(2) 需要熟制加工的食品应当煮熟、煮透，其中心温度不得低于70℃。

(3) 加工后的成品与半成品、食品原料应分开存放，防止成品被污染。

(4) 需要冷藏的熟制品，应尽快冷却后冷藏。

(5) 烹调过程中严禁超范围滥用、超量使用食品添加剂。

(6) 不准将回收后的食品经过烹调加工后再次供应给顾客。

(7) 不准将炸制食品后的植物油倒入下水道内。

5. 凉菜房卫生管理制度

(1) 凉菜间的生产、保藏必须做到专人、专室、专工具、专消毒、单独冷藏。

(2) 操作人员严格执行洗手、消毒规定，洗涤后用75%浓度的酒精棉球消毒，操作中接触生原料后，切制冷荤熟食、制作凉菜前必须再次消毒，使用卫生间后必须再次洗手消毒。

(3) 冷荤制作，储藏都要严格做到生熟食品分开，生熟工具(刀、墩、盆、秤、冰箱)严禁混用，避免交叉污染。

(4) 冷荤专用刀、砧、抹布每日用后要洗净，次日用前消毒，砧板定期消毒。

(5) 盛装冷荤、熟肉、凉菜的盆、盛器每次使用前刷净、消毒。

(6) 生吃食品(蔬菜、水果等)必须洗净后，方可放入冰箱。

(7) 凉菜间紫外线消毒灯要定时开关，进行消毒杀菌。

(8) 冷荤熟肉在低温处存放次日要回锅加热。

(9) 保持冰箱内整洁，并定期进行洗刷、消毒。

(10) 非凉菜间工作人员不得进入凉菜厨房。

(11) 进凉菜间要求做到二次更衣。

6. 点心厨房卫生制度

(1) 工作前需先洗擦工作台和工具，工作后将各种用具洗净、消毒，注意通风保存。

(2) 严格检查所用原料，严格过筛、挑选，不用不合格原料。蒸箱、烤箱、蒸锅和面机等用前要洁净，用后及时洗擦干净，用布盖好。

(3) 盛装米饭、点心等食品的笼屉、箩筐、食品盖布，使用后要热碱水洗净、盖布、纱布要标明专用，定期拆洗净，定位存放，保持清洁。

(4) 面杖、馅机、刀具、模具、容器等用后洗净，定位存放，保持清洁。

(5) 面点、糕点、米饭等熟食品凉后存入专柜保存，食用前必须加热蒸煮透彻，如有异味不再食用。

(6) 制作蛋类制品，需选清洁新鲜的鸡蛋，散黄变质的鸡蛋不得使用。

(7) 使用食品添加剂，必须符合国家卫生标准，不得超标使用。

7. 裱花间卫生管理制度

(1) 裱花间内由专人进行操作。

(2) 工作人员在无人的情况下应开启紫外线灯消毒30min以上。

(3) 工作人员在进入前应更换洁净的衣服、工作帽并将手洗干净，用75%的医用酒精消毒，工作时戴上口罩。

(4) 专间内使用的专用工具和容器，用前必须消毒，刀具和砧板使用前用75%的医用酒精灼烧消毒，用后应洗净，并保持清洁。

(5) 蛋糕胚应在专用的冰箱内储藏，温度5℃以下。

(6) 裱浆和新鲜水果应当天加工当天使用。

(7) 植物奶油裱花蛋糕储藏温度为3±2℃，蛋白裱花蛋糕、奶油裱花蛋糕、人造奶油裱花蛋糕贮存温度不超过10℃。

(8) 不得超量、超范围使用食品添加剂。

8. 烧烤房卫生管理制度

(1) 加工前认真检查待加工食品，发现有腐败、变质或其他感官性异常的，不得加工使用。

(2) 烧烤各工序分别在腌制间、烧卤间、晾凉间单独操作；烧烤成品的解切工作应在凉菜房专间操作。

(3) 烧烤时应避免食品直接接触火焰和食品中油脂滴落在火焰上。

(4) 烧烤的成品应有专门的出品通道，避免成品受到污染。

(5) 加工人员应做防尘、防虫、防鼠设施的检查，并做好工作区域台面、地面卫生。

9. 备餐间卫生管理制度

(1) 备餐间内由专人进行操作。

(2) 工作人员在无人的情况下应开启紫外线灯消毒30min以上。

(3) 工作人员应认真检查待供应食品，发现感官性状异常的不准供应。

(4) 菜肴装饰的物品使用前必须经过消毒处理。

(5) 食品在烹饪后至食用前存放超过2h，应该马上转存到高于60℃或低于10℃的条件下存放。

(6) 备餐间工作人员不准佩戴任何首饰，严格遵守酒店仪容仪表规范。

10. 水果房卫生管理制度

(1) 在每天开始工作前，应开启紫外线消毒灯，对制作间的空气和台面消毒，消毒时间应在室内无人的情况下消毒30min以上。

(2) 从事现榨果蔬汁和水果拼盘加工的人员操作前应更衣、洗手并进行手部消毒，操作时佩戴口罩。

(3) 水果房的设备及工具应专用。每餐次使用前应消毒，用后应洗净并在专用保洁设施内存放。消毒后应用专门的记录本做好消毒记录。

(4) 用于现榨果蔬汁和水果拼盘的瓜果应该新鲜。未经清洗处理的不得进入水果房使用。

(5) 切开未用完的瓜果应用保鲜膜封口后存放冰箱内。

(6) 水果冰箱(柜)内不得存放私人物品。

11. 餐、饮具清洗消毒卫生管理制度

(1) 餐、饮具的清洗消毒在洗碗间由专人负责操作。

(2) 餐具的清洗消毒严格按照“一刮、二洗、三冲、四消毒、五保洁”的程序进行。一刮是指将剩余在餐具内的食物残渣倒入废物桶内并刮干净;二洗是将刮干净的餐具用2%的热碱水或在水中加入适量的食品洗涤剂清洗干净;三冲是将经清洗的餐具用流动水冲去残留在餐具表面的碱液或洗涤剂;四消毒是将已清洗的餐具用不同的消毒方式杀灭餐具表面的病菌;五保洁是将洗净消毒后的餐具存放到密闭的保洁柜中保持干净。

(3) 采用洗碗机对餐、饮具进行消毒时,漂洗过水温度应该在80℃以上。

(4) 采用远红外线消毒柜对餐、饮具消毒时,应先将饮具清洗干净,沥水后放入柜内,启动电源开关,当柜内温度上升到120℃时消毒15～20min。消毒过程中不能任意开关柜内或添取餐、饮具。

(三) 厨房工作人员的卫生控制

1. 厨房员工卫生要求

(1) 必须持健康证才能上岗工作。

(2) 厨房人员应养成沐浴清洁的习惯,保持个人清洁卫生。

(3) 工作时应穿戴整齐工作衣帽,以防异物落入食品中。

(4) 工作时不得佩戴(没有宝石和表面平滑的结婚指环除外)戒指等饰品及留指甲、擦指甲油,或足以发生污染的物品。

(5) 养成工作前、如厕后用肥皂或清洁剂洗手的习惯。

(6) 工作时要有良好的工作习惯,不随地吐痰或在厨房吸烟、饮食、嚼口香糖等。不用手摸嘴巴和鼻子,不可对着食物咳嗽和打喷嚏。

(7) 从业人员勿在厨房留宿或将私人衣物留置于厨房内。

(8) 厨房人员打菜时需戴口罩、手套及帽子,除非有必要,否则禁止谈话。

(9) 厨师调理熟食时应戴手套,不得使用炒菜之大匙来试汤口味,试调理味道时,应以随身自备之小汤匙来用,用后立即清洗。

(10) 在接触直接入口食品时使用一次性手套。在戴手套前要先洗手。手套在连续使用了30min后,应更换。当手套有破损或洞时,应及时更换。

2. 员工健康检查管理制度

(1) 各部门指定专人负责监管在职员工的体检工作。

(2) 对新入职员工,坚持先体检后上岗的原则,对不符合相应岗位健康要求的不予以录用。

(3) 各部门卫生管理员每月25日前到医务室抄录下月需要体检的在职员工名册,并通知所属部门的员工到疾控中心体检。

(4) 发现体检不合格者不允许办入职手续,老员工体检不合格者,立即调离其工作岗位，并做好相应记录。

(5) 日常工作中如发现员工手指化脓、感冒咳嗽等病症，部门负责人应通知员工调离相关工作岗位。

(6) 对于以种种理由推诿、不去体检、造成健康证过期的，按照过期10元/天处罚，超过一周的按照20元/天处罚并按照“不服从上级工作安排”的过失累加处罚，并追究其上级主管的责任。

二、厨房安全管理

所谓安全，是指避免任何有害于企业、宾客及员工的事故。事故一般都是由于人们的粗心大意而造成的，往往具有不可估计和不可预料性。执行安全措施，具有安全意识，可减少或避免事故的发生。因此，无论是管理者还是员工，都必须认识到要努力遵守安全操作规程，并承担维护安全的义务。

(一) 酒店厨房安全管理的目的

厨房安全管理的日的，就是要消除不安全的因素，消除事故的隐患，保障员工的人身安全和酒店及厨房财产不受损失。厨房不安全因素主要来自主观、客观两个方面：主观上是员工思想上的麻痹，违反安全操作规程及管理混乱；客观上是厨房本身工作环境特殊，设备、器具繁杂集中。因此，加强厨房安全管理从以下三方面着手。

(1) 加强对员工的安全知识培训，克服主观上的麻痹思想，强化安全意识。未经培训的员工不得上岗操作。

(2) 建立健全各项安全制度，使各项安全措施制度化、程序化，特别是要建立防火安全制度，做到有章可循、责任到人。

(3) 保持工作区域的环境卫生，保证设备处于最佳工作状态。对各种厨房设备采用定位管理等科学管理方法，保证工作程序的规范化、科学化。

(二) 厨房安全管理的主要任务

厨房安全管理的主要任务就是实施安全监督和检查机制。通过细致地监督检查，使员工养成安全操作习惯，确保厨房设备和设施正确运行，避免事故发生。安全检查的工作重点可放在厨房安全操作程序检查和厨房设施设备检查两个方面。

各厨房可根据实际情况，制定细致、全面的检查表，以督促、规范员工的工作。此外，厨房的安全工作还需要工程部、安全保卫部等部门密切配合，从“大处着眼，小处着手”，持之以恒，常抓不懈，才能达到预期效果。

(三) 厨房常见事故的预防

1. 食品中毒事故的预防和处理

(1) 预防。

① 在进货、烹饪及保管中防止食物及原料受细菌感染，产生毒素。

② 防止细菌在食物上繁殖。

③ 有毒化学物品与食物必须严格分开。

④ 严防有毒化学品引起中毒。

⑤ 注意食品本身含有的毒素。

(2) 一旦发生食物中毒事件,按下列程序处理。

① 报酒店值班经理,总经理,并立即送患者到就近医院救治。

② 召开食品卫生小组工作会议,研究情况,制定有效措施,具体落实人员分工。

③ 做好食物中毒事件的专册登记,统计患者的具体情况:人数、发病日期、主要症状、就医情况等,积极配合卫生监督所进行调查。

④ 将可能引起食物中毒的食品留样并加以封存。

⑤ 立即通知律师出具法律专业意见,寻求最佳解决途径。

2. 割伤的预防和处理

主要由于使用刀具和电动设备不当或不正确而造成。其预防措施如下。

(1) 在使用各种刀具时,注意力要集中,方法要正确。

(2) 刀具等所有切割工具应当保持锋利,实际工作中,钝刀更易伤手。

(3) 操作时,不得用刀指东画西,不得将刀随意乱放,更不能拿着刀边走路边甩膀子,以免刀口伤着别人。

(4) 不要将刀放在工作台或砧板的边缘,以免振动时滑落砸到脚上;一旦发现刀具掉落,切不可用手去接拿。

(5) 清洗刀具时,要一件件进行,切不可将刀具浸没在放满水的洗涤池中。

(6) 禁止拿着刀具打闹。

(7) 在没有学会如何使用某一机械设备之前,不要随意地开动它。

(8) 在使用具有危险性的设备(绞肉机或搅拌机)之前,必须先明确设备装置是否到位。

(9) 在清洗设备时,要先切断电源再清洗,清洁锐利的刀片时要格外谨慎,洗擦时要将抹布折叠到一定的厚度,由里向外擦。

(10) 厨房内如有破碎的玻璃器具和陶瓷器皿,要及时用扫帚处理掉,不要用手去拣。

(11) 发现工作区域有暴露的铁皮角、金属丝头、铁钉之类的东西,要及时敲掉或取下,以免划伤人。

遇有轻微刀伤,先用医用双氧水擦拭,然后在伤口处撒上适量的云南白药,用邦迪创可贴或医用纱布包扎。如严重者,用药品处理伤口的同时,迅速上报店经理及行政总厨,同时由厨师长陪同到医院治疗。

3. 防跌伤和砸伤

由于厨房内地面潮湿、油腻、行走通道狭窄、搬运货物较重等因素,非常容易造成跌伤和砸伤。

(1) 工作区域及周围地面要保持清洁、干燥。油、汤、水洒在地上后,要立即擦掉,尤其是在炉灶操作区。

(2) 厨师的工作鞋要有防滑性能,不得穿薄底鞋、易磨损的鞋、高跟鞋、拖鞋、凉鞋。

平时所穿的鞋，脚趾脚后跟不得外露，鞋带要系紧。

(3) 所有通道和工作区域内应无障碍物，橱柜的抽屉和柜门不应当敞开。

(4) 不能把较重的箱子、盒子或砖块等留在可能掉下来会砸伤人的地方。

(5) 厨房内员工行走路线要明确，尽量畅通，避免交叉相撞。

(6) 存取高处物品时，应当使用专门的梯子，用纸箱或椅子来代替是不安全的。过重的物品不能放在高处。

4. 防扭伤

扭伤也是厨房较常见的一种事故，多数是因为搬运超重的货物或搬运方法不恰当而造成的。具体预防措施如下。

(1) 搬运重物前首先估算自己的搬运能力，若搬不动应请人帮忙或使用搬运工具，绝对不要勉强或逞强。

(2) 抬举重物时，背部要挺直，膝盖弯曲，要用腿力来支撑，而不能用背力。

(3) 举重物时要缓缓举起，使所举物件紧靠身体，不要骤然一下猛举。

(4) 抬举重物时如有必要，可以小步挪动脚步，最好不要扭转身体，以防伤腰。

(5) 搬运时当心手部被挤伤或压伤。

(6) 尽可能借助于起重设备或搬运工具。

5. 防烧烫伤

烧烫伤主要是由于员工接触高温食物或设备、用具时不注意防护而引起的。其主要预防措施如下。

(1) 在烤、烧、蒸、煮等设备的周围应留出足够的空间，以免因空间拥挤、不及避让而烫伤。

(2) 在拿取温度较高的烤盘、铁锅或其他工具时，手上应垫上一层厚抹布。同时，双手要清洁且无油腻，以防打滑。撤下热烫的烤盘、铁锅等工具应及时作降温处理，不得随意放置。

(3) 在使用油锅或油炸时，特别是当油温度较高时，不能有水滴入油锅，否则热油飞溅，极易烫伤人，热油冷却时应单独放置并设有一定的标志。

(4) 在蒸笼内拿取食物时，首先应关闭气阀，打开笼盖，让蒸气散发后再使用抹布拿取，以防热蒸汽灼伤。

(5) 使用烤箱、蒸笼等加热设备时，应避免人体过分靠近炉灶或灶体。

(6) 在炉灶上操作时，应注意用具的摆放，炒锅、手勺、铁筷等用具如果摆放不当极易被炉灶上的火焰烤烫，容易造成烫伤。

(7) 烹制菜肴时，要正确掌握油温和操作程序，防止油温过高，原料投入过多，油溢出锅沿流入炉膛，致使火焰加大，造成烧、烫伤事故。

(8) 在端离热油锅或热大锅菜时，要大声提醒其他员工注意或避开，切勿碰撞。

(9) 在清洗加热设备时，要先冷却后再进行。

(10) 禁止在炉灶及热源区域打闹。

6. 防电击伤

电击伤主要是由于员工违反安全操作规程或设备出现故障引起的，其预防措施如下。

(1) 所有电器设备必须安装安全接地线。

(2) 使用机电设备前，首先要了解其安全操作规程，并按规程操作，如不懂得设备操作规程，不得违章野蛮操作。

(3) 使用电器设备前必须对设备作安全检查。使用电器设备若有故障发生或发现有冒烟、焦味、电火花等异常现象时，应立即切断电源并停止使用，申报维修，不得强行继续使用。

(4) 厨房员工不得随意拆卸、更换设备内的零部件和线路。

(5) 清洁设备前首先要切断电源。当手上沾有油或水时，禁止触摸电源插头、开关等部件，以防被电击伤。

(6) 使用完电器后，应立即切断电源。

(7) 作好员工安全教育与培训工作，新员工到岗时要进行岗前安全知识培训，对现场设施设备进行实操练习，学徒工操作专业性强的设施时必须要有师傅在现场指导，每一季度对员工进行安全知识考核，成绩与工资挂钩，对不合格的员工要进行重新培训直至合格为止。

7. 厨房火灾预防

(1) 尽量使用不燃材料制作厨房构件。炉灶与可燃物之间应保持安全距离，夏季厨房消防培训，防止引燃和辐射热造成火灾。

(2) 炉具使用完毕，应立即熄灭火焰，关闭气源，通风散热；炉灶、排气扇等用具上的油垢要定时清除；离开前要检查厨房电器具是否断电，厨房消防、燃气阀门是否关闭，明火是否熄灭。

(3) 油炸食品时，油锅搁置要平稳，油不能过满，并控制好油温。

(4) 起油锅时，人不能离开，油温达到适当高度，应立即放入菜肴、食品。

(5) 遇油锅起火时，特别注意不可向锅内浇水灭火，可直接用锅盖或湿抹布覆盖，甚至用切好的蔬菜倒入锅里也可以熄灭火。

(6) 煨、炖、煮各种食品、汤类时，应有人看管，汤不宜过满，在沸腾时应调小炉火或打开锅盖，以防外溢熄灭火焰，造成燃气泄漏。

(7) 厨房工作人员必须遵守安全操作规程和防火规定。

(8) 各种煤气炉灶点火时，要用点火棒，不得使用火柴、打火机或纸张直接点火。

(9) 在炼油、炸制食品时，必须有专人看管，锅内不要放油过多，油温不能过高，严防因油溢出和油温过高自燃引起火灾。

(10) 使用煤气时，随时检查煤气阀门或管道有无漏气现象，发现问题及时通知物业部门进行维修。安全、可靠的检查燃气漏气的方法是用软毛刷或毛笔蘸肥皂水涂抹，发现肥皂水连续起泡的地方即为漏气部位。

(11) 经常检查各种电器和电源开关，防止水进入电器，以免造成漏电、短路等。

(12) 要及时清理烟罩、烟囱和灶面及其他灶具，避免因油垢堆积过多而引起火灾。

(13) 使用罐装液化气时，气罐与灶具要保持 1.5m 以外，不准在气罐的周围堆放可燃杂物，严禁对气罐直接加热。

(14) 定期清理吸油烟器中的油污，防止夏天温度过高，导致油烟机自燃。

(15) 下班时，对安全情况进行全面检查，做到人走炉灶熄火，并关闭电、气源。及时消除火灾隐患。

(16) 厨房应按要求配备相应的消防装置，加大对酒店厨房员工的消防安全教育，定期对其进行培训，并制定相应的消防安全管理制度。工作人员要熟悉报警程序和各种消防设施，学会使用灭火器材，遇有火灾，设法扑救。使用 iFire 消防宝 APP，实现智能巡更，确保消防安全巡逻质量，及时发现安全隐患。

阅读链接

4D 现场管理体系

酒店业餐饮业的“4D 现场管理体系”就现场管理中要做到的“四个到位”，即整理到位、责任到位、执行到位、培训到位。

1D——整理到位

定义：判断必需与非必需的物品，并将必需物品的数量降低到最低程度，将非必需的物品清理掉。目的：把“空间”腾出来活用，并防止误用。

做法：

(1)对所在的工作场所进行全面检查。

(2) 制定需要和不需要的辨别基准。

(3) 清除不需要物品。

(4) 调查需要物品的使用频率、决定日常用量。

(5) 根据物品的使用频率进行分层管理。

2D——责任到位

定义：要用的东西依规定定位、定量、明确标示地摆放整齐。目的：整齐、有标示，不用浪费时间寻找东西，30s 找到要找的东西。

做法：

(1)对可供放的场所和物架进行统筹(划线定位)。

(2) 将物品在规划好的地方摆放整齐(规定放置方法)。

(3) 标示所有的物品(目视管理重点)。

达到责任到位的四个步骤：分析现状，物品分类，储存方法，贯彻贮存原则。

3D——执行到位

定义：清除工作场所各区域的脏乱，保持环境、物品、仪器、设备处于清洁状态，防止污染的发生。目的：环境整洁、明亮、保证取出的物品能正常使用。

做法：

(1) 建立清洁责任区。

(2) 清洁要领。

① 对工作场所进行全面的大清扫，包括地面、墙壁、天花板、台面、物架等地方都要清扫。

② 注意清洁隐蔽的地方，要使清洁更容易，尽量使物品从高到低放置。

③ 仪器、设备每次用完清洁干净，并上油保护。

④ 破损的物品要清理好。

⑤ 定期进行清扫活动。

(3) 履行个人清洁责任。清洁并不是单纯的弄干净，而是用心来做。

4D——培训到位

定义：连续地、反复不断地坚持前面的3D活动。养成坚持的习惯，并辅以一定的监督措施，要求人人依规定行事，养成好习惯。目的：通过制度化来维持成果，通过培训改变"人质"，养成工作规范认真的习惯。

做法：

(1) 认真落实前面的3D工作。

(2) 分文明责任区、分区落实责任人。

(3) 视觉管理和透明度。

(4) 制定稽查方法和检查标准。

(5) 维持4D意识。坚持上班4D一分钟，下班前4D五分钟，时刻不忘4D。

(6) 制定共同遵守的有关规则、规定，持之以恒。

(7) 加强4D现场管理：每季度第一周为"4D加强周"，纳入质量检查工作规范。

4D管理一旦在企业里能得到推广和坚持，将产生以下五大效果：提高效率、减低成本、增强员工工作的自觉性、提升环境的整洁度、提高员工素质。

(资料来源：周忠亭，郭海鸥，马磊. 餐饮酒店4D现场管理[M]. 北京：中国青少年音像出版社，2012.)

项目四 餐饮销售管理

教学目标

- **知识目标**：能熟记餐饮营销的含义、营销策略和促销的方法、销售控制方法、销售方案策划内容。
- **能力目标**：能根据酒店实际运营，策划销售方案、组织销售活动。
- **素质目标**：具备先进的销售理念，销售方法实际运用能力，组织协调与沟通能力。

任务一 餐饮销售策略选择

案例导入

餐企出招应对节后淡季

春节假期结束，餐饮业特别是正餐企业又迎来一年中最漫长，也是最疲软的经营淡季。如何采取有效措施应对节后淡季，成为当下餐饮行业面临的重要课题。北京商报记者采访多家餐饮企业了解到，餐企应对节后淡季可谓各有高招：有的选择对员工进行轮休和调整，以缓解春节期间紧张的工作状态；有的借助淡季经营期开展员工培训，通过苦练内功提升服务水平；还有不少餐饮企业选择在淡季推出新菜品或营销活动，吸引消费，塑造品牌，提升企业市场竞争力。

不少企业都推出了满减促销、特价菜品、买一赠一等多样的营销活动。有餐饮企业负责人对记者表示，正月十五过后，餐饮消费人数开始下滑，为吸引消费者再次就餐，餐厅会适时推出一些新的菜品或者团购活动，外卖方面也会推陈出新，增加消费者的新鲜感，多渠道提高企业营收。

事实上，一些中大型餐饮企业的营销活动更是早在旺季就已经开始，称得上为拉动节后淡季销售未雨绸缪。在春节用餐高峰期，包括全聚德、四川饭店等很多餐饮企业都推出充值优惠活动，通过返送代金券等方式增加消费者的二次消费，而这些代金券的有效期多在销售淡季。同时，随着新媒体的发展，品牌餐饮企业在各大客户端都积累起了大量粉丝会员，而在淡季举办会员活动，加强老顾客的回流，也成为不少餐饮企业淡季营销的招数之一。

此外，餐饮企业在淡季借助节日营销也屡见不鲜，诸多餐饮品牌在情人节、妇女节、端午节等节日期间，都会推出相应的菜品、产品或者礼品，增加消费者的品牌认可度，在带动企业营业收入的同时也捕获一批新粉丝，为日后深入营销做好准备。值得注意的是，除了日常的各种节日外，餐饮企业造节营销的方式也正在兴起，如外婆家的“62 外婆节”、西贝的“214 亲嘴节”都已举办超过两届，培养了一定的受众人群，造节也成为餐企营销的趋势之一。

思考：餐饮销售有哪些方法？

餐饮业快速发展，随之而发展起来的餐饮销售观念也从原来的以自我为中心的产品观念、生产观念和推销观念，逐步发展成为以食客需求为依据的市场营销观念。餐馆营销的重点在于餐饮企业不仅选择眼前利益，同时也更加注重社会效益，注重树立企业自身的整体形象以及长远利益。餐饮营销，不仅是指单纯的餐饮推销、广告、宣传、公关等，还包含餐饮经营者为使食客满意，并为实现餐饮经营目标而展开的一系列有计划、有组织的广泛的餐饮产品以及服务活动，如广告营销、宣传营销、菜单营销、人员营销、餐厅形象营销、电话营销、公关营销以及特殊营销活动等，都属于餐饮企业营销手段。

一、餐饮销售策略

（一）餐饮定价策略

众所周知，餐饮企业对其餐饮产品的价格制定是一把双刃剑。如果这一定价过程出现决策错误，不仅会把自己的潜在和现有客源推向竞争者，而且会极大程度地破坏企业形象和利益，使得企业的经营功亏一篑。应该说，各餐饮企业经营在不同生命周期，面对变化的客源需求以及竞争挑战，其应对的价格策略也应相应调整，以便有的放矢，赢得经营的先机和上风。

这里主要从五个方面去介绍餐饮企业的定价策略，即以扩大市场份额为导向的定价策略；以企业盈利为导向的定价策略；以竞争为导向的定价策略；以顾客心理为导向的定价策略；以节事消费为导向的定价策略。

1. 以扩大市场份额为导向的定价策略

餐饮企业在新开业或推出其新近开发的新菜品新服务模式时，往往力求快速建立市场知名度和口碑，提升其企业声望和扩大其市场占有率，其定价策略也往往以扩大市场占有率为主，而在短期内摒除其企业盈利的考量。这个时候，餐饮企业的定价一般较低、有足够针对目标客源的诱饵吸引就餐者前来尝试其餐饮产品，从而获得市场途径，以便其产品被市场快速认可和追捧。比如杭州的著名餐饮企业阳光集团公司在开设第一家阳光分店“老阳光”时，就针对性地向附近的企事业单位和其他重要客户免费赠予数千张就餐券，迅速在市场获得了消费者的了解、认可和追捧，为其今后连续开出多家餐饮分店、成为杭州知名的餐饮品牌打下了坚实的基础。

也有一些新开业的餐饮企业会利用定价以外的策略，如制定其服务以及收费上的新举措作为诱饵来吸引目标客源的光顾，扩大其市场占有率。比如欧洲就出现过一种新的餐饮收费方式，就是餐厅对自己的餐饮产品不定价，而由消费者在结账时根据自己的心理满足感自我定价付费，消费者付多付少甚至不付费都可以。这一新颖的付费模式就足以成为该企业吸引顾客的诱饵，帮助其迅速扩大市场声誉和市场份额。

当然，也有一些新近开张的餐饮企业因其建筑装饰、设施设备等的高额资金投入和豪华奢侈程度，以及其新近研发的菜品的独特性和无法模仿更替性特点，在其开张入市之初，在定价上反其道而行之，反而将其餐饮产品的价格制定得高高的，以吸引市场尤其是高端客户的关注和光顾，以牟取暴利并尽快缩短其投资回报的周期。

2. 以企业盈利为导向的定价策略

当餐饮企业进入成熟发展期时，毫无疑问，其定价策略就要转向以提高企业的经营收入和利润为导向的经营方针。企业决策者往往会根据其已定的盈利目标，预测其经营周期内可能会涉及的经营成本和税费，然后计算出要完成该盈利目标所必须完成的销售额指标，再根据目前的就餐人数了解到每客平均消费额指标，最后通过各类菜品销售额百分比来确定其定价范围。

餐饮企业要求完成的销售额指标 ＝餐饮企业的盈利目标＋食品饮料的原料成本＋经营费用＋营业税

而餐饮企业销售额指标取决于企业的餐位周转率和每客平均消费额，因此，通过总结和预测企业的餐位周转率，就可以预测出其每客平均消费额，其计算公式如下：

餐饮企业的每客平均消费额 ＝其经营周期内销售额指标 /（餐位数×餐位周转率×每日供餐数×经营周期总天数）

3. 以竞争为导向的定价策略

以竞争为导向的定价策略往往适用于同类型餐饮企业云集，目标顾客群雷同，餐饮市场基本供过于求的买方市场。在这样的市场环境中，各家企业往往绞尽脑汁、各显神通，想方设法要从别的餐饮企业手中争夺客源，因此，往往会出台一些相应的定价策略。比如采取价格渗透的策略，利用企业相对雄厚的实力，不惜以微利或亏本的价格为企业的餐饮产品定价，以吸引更多的目标客源到餐厅就餐，扩大其市场份额，并打击那些资金实力不足的企业，使得它们在短期内迅速流失客源，无法回笼资金扩大生产和销售，意图让这些企业在一段时间内经营落入窘境，最后难以为继，陷入破产或转业的命运，从而达到其"大鱼吃小鱼"的目的，这时，由于市场的竞争对手已经除去不少，企业再逐步回升价格，提高经营利润。

当然，也有一些著名的餐饮品牌企业反其道而行之，它们会利用其在餐饮市场上早已形成的良好声誉和口碑，利用其餐饮产品烹制和服务的独特性以及不可替代性，用差别定价法或声望定价法的定价策略，有意将其产品价格定得比市场上其他餐饮企业的产品价格高一点，以形成其在目标顾客心目中的高贵形象和市场号召力。比如北京全聚德烤鸭店就利用其选料、养殖、烹制烤鸭过程中的独特性和不可复制性，在烤鸭产品的生产企业中因其生产的烤鸭口感鲜嫩美味而独树一帜，成为国内乃至国际的知名饮食品牌。

餐饮企业不仅自己在制定销售政策时要考虑如何对竞争对手发起挑战，争夺客源，而且必须时时关注各竞争对手的销售和经营动态，了解他们是否制定了新的价格优惠政策，是否推出了新的促销手段或开发了新的菜品菜系，等等，这样通过知己知彼，才能有的放矢，制定相对应的价格策略应对，不致落入被动挨打的局面。

4. *以顾客心理为导向的定价策略*

在经营过程中，餐饮企业也必须不断观察和总结分析消费者的就餐消费行为特征，研究目标顾客的消费心理，以便制定相应的价格策略，顺应和引导其消费需求。以顾客心理为导向的定价策略不外以下几种：诱饵定价策略、折扣优惠策略、心理高价策略、零头标价策略等。

诱饵定价策略是指餐饮企业有意选择一些顾客喜爱的菜品，将其价格制定得格外便宜甚至以亏本价销售，目的是以这些菜做诱饵，吸引那些实惠型消费者到餐厅就餐，因为一旦这些消费者来到餐厅，他们就不会仅仅点这一道菜，一定会点一些其他的菜和饮品，这样一来，餐饮企业虽然在这一道菜上失去了盈利的机会，但这些作为诱饵的菜品却大大拉动了企业其他产品的销售，为企业带来更多的客源和经营利润。

折扣优惠策略也是餐饮企业针对目标客源所经常采取的一种定价策略。比如餐饮企业会对常客实施累积进餐数量优惠政策，根据消费者光顾餐厅的次数、频率和消费金额，对其进餐给予折扣优惠，以吸引和留住这些回头客，并通过这些常客的口口相传，扩大其市场知名度和社会影响力。另外，餐饮企业也会对大批量就餐的客源如会议、旅游团队、婚宴等给予相当的折扣优惠，以吸引这些客源的经常光顾。

5. *以节事消费为导向的定价策略*

现阶段，节事消费的井喷现象正日益引起各餐饮企业的重视。随着人们收入的增加，消费观念的转化，家务劳动越来越为现代人尤其是年轻人所不为，很多人选择在每年的重大节庆日子和家人朋友等外出就餐，犒劳自己、享受生活。节事消费已经越来越成为一种重要商机，其消费的积聚性和井喷性特点已是很多餐饮企业研究关注并涉及应对的目标所在，目前我国主要假日消费如春节期间的年夜饭、国庆中秋期间的团圆饭、元旦新年家宴以及西方的一些重大节日如圣诞节、情人节等正成为各餐饮企业争夺客源、扩大市场美誉的良机，因此，一些相应的针对节事消费的定价策略也随之出台。比如年夜饭全家宴套餐价、情人节情侣套餐价、圣诞节套餐价等。

（二）餐饮促销策略

餐饮企业的菜品和饮料销售价格确定以后，进入菜品的销售环节。但餐厅的客源增加、食品饮料销量的提高需要餐饮经营者采取多种促销手段，进行一些促销活动。餐饮促销是指餐厅向目标顾客宣传介绍餐饮食品和服务项目及配套设施，促使顾客前来消费的市场营销活动。餐饮促餐是营销组合中一个重要的组成部分，其目的在于扩大餐厅服务在公众和目标市场中的声誉和影响，促进餐饮食品的销售。促销是企业取得良好的经营成效的重要环节，因为，在目前竞争激烈的市场环境下，有效的促销手段是企业参与竞争的重要法宝；同时，现时的餐饮消费者，尤其是高星级酒店的餐饮消费者的餐饮消费主要是享受性消费，菜品的特色、就餐环境等已成为消费者的消费兴趣所在，而这些信息的获得有赖于餐饮企业的宣传、促销活动。促销是企业经营活动中长期的工作，不同的餐饮企业应依据其经营目标、目标市场、内部条件等制定中长期的促销策略和手段。目前餐饮企业常见的促销策略和手段主要有以下几种：亏损先导、清淡时间优惠策略、延长经营时间策略等。

（三）人员策略

人员推销一般又可以分为两种情形，专人推销和全员推销。一般餐饮业可设专门的推销人员来进行餐饮产品的营销工作，也可以利用酒店所有员工的力量为酒店营销。对于专人营销员，则要求他们必须精通餐饮业务，了解市场行情，熟悉酒店各餐饮设施设备的运转情况。全员营销员又分为两个层次：第一层次是由专职人员如营销总监、餐饮销售代理、销售部经理、销售人员等组成的；第二层次由兼职的推销人员构成，如餐饮总监（或餐饮部经理）、宴会部经理、餐厅经理、预订员、迎宾员以及各服务人员等。经理们可在每餐前至餐厅门口迎候食客；餐中巡视，现场解决各种投诉疑难问题；餐毕向食客们诚恳道谢，并征询食客对菜点、酒水以及服务的不同意见；服务人员则通过他们热情礼貌的态度、娴熟高超的服务技巧、恰当得体的语言艺术，向食客进行有声或无声的推销。

（四）产品策略

餐厅根据自身的定位标准以及客人的需求，向其提供所需产品和服务。如酒店专门为老客户准备了顾客会员制服务。只要顾客出示有效身份证，并到酒店会员办公室存入一定的消费金额（2万元为最低起点），便可以获得会员账户，成为酒店的VIP会员。在会员区，服务员配有类似于对讲机的服务器，就餐客人如果有事情随时可以按桌子上的按钮“呼喊”服务员，享受“无声服务”。此外，酒店还为会员设置了专门订餐电话，并且有专人负责接听。此电话和存有会员档案的计算机相连，会员订餐电话响起时，计算机屏幕便直接显示该会员的档案内容，姓名、性别、爱好、喜欢的菜品等一览无余，方便酒店为顾客提供完美的服务。

利用各种形式的菜单和菜品向就餐食客推销。其一，菜单的种类做到丰富多彩。可以设计固定式菜单、循环式菜单、特选菜单、今日特选、厨师特选、每周特选，本月新菜、儿童菜单、中老年人菜单、情侣菜单、双休日菜单、美食节菜单等来进行宣传和营销。其二，格式、大小灵活变化。各种菜单可以根据情况来选择不同质地，设计出意境不同、情趣各异的封面，格式、大小，可灵活变化，并可以分别制作成纸垫式、台卡式、招贴式、悬挂式、帐篷式等。其三，考虑色彩。菜单的色彩或艳丽，或淡雅，式样或豪华气派，或玲珑秀气。

（五）包装策略

酒店可以在店徽的设计、餐厅主题的选择、餐厅的装饰格调、家具、布局、色彩灯饰等方面下功夫，使之起到促销的功用。如可营造出20世纪30年代旧上海情调的上海餐厅；越南风情的芭蕉别墅；傣族风格的竹楼餐厅；富有浪漫、高雅艺术气息的西餐扒房；以红木（或仿红木）家具出现的太师椅、清宫服饰等面貌出现的高档中餐厅；以蒙古包、小方桌、花地毯作为主题形象，散发着粗犷、野味气息的蒙古餐厅；在餐厅门口的小黑板上以手写菜单以示古韵的方式招待顾客，餐厅内到处可见的红、白、绿三种鲜艳国旗色的意式餐厅；手提小红灯笼，身着红花绿叶小袄的迎宾员，操着清亮的川腔迎候食客，着中式大褂的后生，则手提一把有着长长壶嘴的大铜壶，犹如飞瀑一般；都属于餐厅形象营销成功的例子。

二、餐饮促销方法

1. 服务促销法

服务促销法，就是寓促销于提供额外服务之中，主要可分为以下几类。

（1）知识性服务。在餐厅里面准备报纸、杂志、书籍等，以便客人阅读，或者播放外语新闻、英文会话等节目；还可以将餐厅布置成图书馆风格。

（2）附加服务。例如，在午茶服务时，餐厅为顾客赠送一份蛋糕；扒房给女士送一支鲜花等。

（3）表演服务。餐厅运用乐队伴奏、钢琴演奏、歌手演唱、歌舞表演、现场电视、卡拉OK、现场烹调表演等形式来进行促销。

（4）信息服务。在餐厅提供Wi-Fi、播放商品信息等。

2. 优惠促销法

优惠促销法就是为鼓励客人反复光顾和在营业的淡季时间里购买、消费餐饮产品和服务而采取的一系列折扣办法。餐厅的优惠促销主要有以下形式。

（1）赠券。赠券的使用在餐饮业极为普遍，尤其在营业淡季更多地被采用。赠券通常免费或以较低的价格向消费者销售产品，常与其他促销方式，例如，发奖品、给予折扣等结合运用。

（2）试用样品。酒店开发出新的餐饮产品和服务时，可将样品送给某些客人品尝，以了解他们是否喜欢这种产品；同时建议客人再次光顾酒店或立刻购买产品。当新产品和服务得到客人的认可后，餐厅再将其列入菜单。大型宴会经常使用样品试用的方法来吸引客人，先请主人品尝宴会菜单上的菜肴，这样既能取得客人的认可，又能使客人放心。

（3）套餐折扣。当经过仔细设计将若干种菜肴组合成一种套餐时，餐厅可以按较低价格将其出售，即以一定的折扣价格吸引新顾客，增加整体收入。有宴会场地和可以承办婚礼的餐厅通常这样做。

(4) 额外赠品。餐厅在以正常价格供应食品饮料给顾客后，另外再赠送其他一些小礼品。赠品不仅对儿童有吸引力，对成人也同样有吸引力。

(5) 折扣。折扣是优惠促销的常见形式。餐厅不但可以根据客人消费额的多少，确定折扣的高低，还可以在餐饮销售的淡季和非营业高峰期间，实行半价优惠和买一送一等优惠促销活动，以吸引更多的客人，进而增加销售额。

(6) 积分奖励。积分奖励是一种用于奖励餐厅常客，提高客人忠诚感的优惠促销方法，即餐饮按照客人消费额的大小计算客人的分数。客人每次在餐厅消费后获得的分数可以累加，形成客人的总积分数。餐厅根据客人的积分多少，制定和实施不同档次的奖励计划，例如，给予较高的折扣优惠、免收服务费、免费消费等。

(7) 联合促销。联合促销是指两家或两家以上的餐厅及餐厅与其他企业基于相互利益的考虑，以某种能够接受的形式与运作手段共同进行市场沟通和产品推广的促销手段。例如，餐厅与葡萄酒生产商合作，举办"葡萄酒节"，促销期间，餐厅不但供应优惠的葡萄酒，而且菜肴价格打折销售，从而提供给客人更多的实惠。这种联合促销策略不但使葡萄酒商获得了向目标市场有效推销产品的机会，而且带动了餐厅的其他相关产品和服务的销售，降低了餐厅独自促销时应负担的促销费用。

3. 节日促销法

促销要抓住各种机会甚至创造机会来吸引客人购买，以增加销量。各种节日是难得的促销时机，餐饮部门一般每年都要做自己的促销计划，尤其是节日的促销活动应当生动活泼，富有新意，以取得较好的促销效果。以下时机值得饭店餐饮部门注意。

(1) 重大会议期间。在当地举办国际性或全国性的大型会议期间，外国、外地客人较多，餐厅可以举办以本地特色菜肴或地方风味小吃为主题的促销活动。

(2) 重要节日、纪念日、庆典日期间。春节、元宵节、中秋节、圣诞节、新年等节日，人们常以团体或家庭的形式在外就餐。若恰逢大型庆典日、节日举办独具特色的促销活动，餐厅不但能为节日助兴，而且能为自身带来一定的经济效益。

(3) 季节性假期，或当地风俗。季节性假期、风俗节假日时的餐饮促销活动应当借题发挥，突出节日的气氛。

4. 环境促销法

餐厅通过照片、文字、实物等营造的环境、气氛和情调，是对客人的一种无形推销，是客人就餐的重要因素。环境将直接影响客人的就餐情趣和满意程度。为此，饭店可在电梯内或大堂等地，设置餐饮告示牌或橱窗，招贴诸如菜肴特选、特别套菜、节日菜单和新增项目等信息，或刊登特色菜肴、餐厅的照片等。此外，餐厅还可以通过食物推车进行现场销售，如酒水、冷菜、甜品、水果等，从而营造出适应其经营方式和产品特色的气氛和情调，充分满足客人进餐时的精神享受的需求。展示厨房也是现代餐厅经常使用的环境促销方法。有的餐厅用玻璃墙将餐厅和厨房隔离开来，客人可以看着厨师烹调菜肴；还有的在餐厅设置大屏幕彩电，进餐的顾客可以在电视屏幕上观看配菜加工和烹饪制作等一系列精彩场面。这种展示厨房的促销方法，增加了餐厅的进餐气氛，同时也提高了顾客的食欲。

5. 对象促销法

对象促销法,就是选择某类客人作为销售对象,并据此组织餐饮销售活动的方法。该类对象的选择一般为餐饮的重要客人,对餐饮的销售具有重要的影响,下面以儿童促销为例说明。

根据专家统计,儿童是影响就餐决策的重要因素,许多家庭到餐厅常常是因儿童要求的结果。儿童常去的餐厅是咖啡厅和快餐厅,因为这些餐厅往往设有专为儿童服务的项目,针对这种情况,餐厅要做好以下工作。

(1) 设计并制造具有儿童气息的就餐环境。例如,灯光、壁挂摆设等要能激发儿童的兴趣,必要时,可在餐厅一角放置一些电动木马等玩具,以吸引儿童。餐厅提供儿童菜单和儿童份额的餐食和饮料,多给予儿童一些特别关照会使家长备感亲切而经常光顾。

(2) 提供为儿童服务的设施。为儿童在餐厅创造欢乐的气氛。餐厅可提供儿童座椅、儿童围兜、儿童餐具及儿童活动室等服务项目和设施。一视同仁地接待小客人。

(3) 赠送儿童小礼品。礼物对儿童的影响很大,要选择他们喜欢的与餐厅宣传密切联系的礼品。如孩子离开餐厅时,可送一只印有餐厅名称的气球作为纪念,以起到良好的促销效果。

(4) 娱乐活动。儿童对新奇好玩的东西较感兴趣。重视接待儿童的餐厅常常为儿童开设木偶戏表演、魔术和小丑表演、口技表演,播放动画片等,当然也可请就餐的儿童上台表演,尤其在周末,这是吸引全家用餐的好方法,儿童尽情玩耍的时候,其父母也可悠闲地享用他们的佳肴。

(5) 现场比赛。儿童一般都有强烈的表现欲。所以,如果在餐厅进行一些适应儿童的知识和趣味活动的比赛,可增强餐厅对这些小客人的吸引力。

(6) 儿童生日促销。现在,孩子的生日越来越受家长的重视,餐厅可以印制生日菜单进行宣传,并给予一定的优惠。

(7) 赞助儿童事业,树立餐厅形象。酒店可为孤儿院等儿童慈善机构进行募捐,支持儿童福利事业,树立企业在公众中的形象,也可设立奖学金,或赞助儿童绘画比赛、音乐比赛等,可起到同样的公关效应。

三、餐饮促销的分类

(一) 线下促销

餐饮促销的实质就是餐饮产品的供应者与餐饮消费者之间的信息沟通。餐饮企业的线下促销活动依据其形式的不同,可以分为以下六类。

1. 广告

餐饮广告是指餐饮企业以促进销售为目的,通过购买各种宣传媒介的空间或者时间,向公众和特定市场中的潜在顾客宣传其餐饮产品,以吸引顾客到餐厅用餐的一种市场营销工具。

2. 人员销售

人员销售是指餐饮市场营销人员通过直接与消费者的面对面交流，宣传介绍餐饮产品信息，并劝说消费者购买的一种促销活动。

3. 营业推广

营业推广是指在一定的时期内，餐饮企业运用除广告、人员推销和公共关系以外的各种特殊手段对消费者实行强烈的刺激，以促进产品销售迅速增长的促销活动。

4. 直邮推销

直邮推销是指通过邮政线路把餐饮企业的商业性信件、宣传小册子、餐厅新闻信、明信片等产品信息直接寄给消费者和潜在消费者，以达到宣传餐饮产品的促销活动。

5. 公共关系活动(广告)

这是指餐饮企业利用多种传播手段，同包括消费者、社会民众、政府机构和新闻媒体等在内的公众进行相互交流，建立良好的社会形象和市场营销环境的一种促销活动。

6. 展销推销

这是利用视觉效果，激起顾客的消费欲望，吸引顾客购买餐饮产品，并刺激顾客增加购买的一种促销形式。展销推销是无形产品有形化思想的具体体现。

(二) 线上促销

餐饮网络营销是在互联网的基础上利用信息和网络媒体来辅助营销目标，进而实现的一种新型的营销模式。餐饮网络营销将成为餐饮行业营销的新战场。

1. 线上促销工具

(1) 建设企业官方网站。作为餐饮企业的互联网“门面”，企业官网承担着展示和传达企业品牌形象、特色菜品、文化内涵等企业标志性信息，让餐饮品牌在网上有所归属，也让消费者能快速、便捷、充分地了解和感知餐饮企业。部分餐饮企业官网上线了网上订座、菜品点评、订购外卖等功能，便充当了餐饮企业的电商平台，官网的职能效用进一步提升。但是建立和维护网站的成本偏高，需要专门的团队来长期维护和运营，同时消费者对餐饮企业官网需求程度不高，可能存在企业在官网上的投入成本远远大于产生收益的情况。但长期来看，有利于餐饮企业品牌形象的树立和传播。

(2) 搜索引擎营销。在 PC 时代，互联网最大的入口即是搜索引擎，如百度等，做好企业官网的搜索引擎优化有助于消费者更快速和直接地了解企业官方信息。如若投放了关键词广告，则将大大地增加品牌曝光机会，甚至争夺竞争对手的市场份额，拉进新顾客，导入流量，最终提升品牌价值和销售额。但是随着用户越来越多地通过搜索引擎来获取网上信息，搜索引擎优化的竞争便日益激烈，搜索引擎营销的成本也越来越高，甚至出现了诸多搜索引擎不正当竞争，对餐饮企业而言更是一把双刃剑。

(3) 电子邮件营销。电子邮件营销覆盖消费者的面积广，成本低。对于餐饮企业群发优惠折扣信息，传播餐饮品牌形象，进行客户关系管理都有一定的效果。但是近年来，电子邮件营销比较泛滥，消费者普遍有抵触情绪；同时当下常用的电子邮件运营商对广告邮件的拦截力度较大，导致营销邮件无法传达到消费者，这在很大程度上降低了营销效果。邮件传达率、打开率都在逐渐下滑，营销效果一般。

(4) 微博营销。微博营销属于社会化媒体营销，企业微博营销具有成本低、信息量大、互动性强、覆盖面广的特点，能与消费者进行一对一的互动评论，拉近与消费者的距离，增加用户黏性。同时，企业微博的粉丝大部分可能就是潜在的消费者群体，企业可以针对潜在消费者进行有效的精准营销。微博的转发功能让信息的二次传播性更强，企业可以基于微博做很多的营销活动，发挥空间极大。但是人气旺是微博营销的基础，前期粉丝积累过程比较缓慢，很难把真正的潜在消费者吸引过来并留住；另外微博更新速度太快，一条微博如果没有被及时看到，则很快便被新的内容所淹没。同时微博的传播速度也极快，转发传播会引起裂变，传播成指数增长，对企业不利的信息也容易快速传播，把控不当容易失控。微博营销适用于所有企业，尤其是以年轻人为主要目标消费者的餐饮企业，通过在微博上的长期精耕细作，对餐饮企业的品牌渗透和消费者关系维系都有很大裨益。

(5) 社区、论坛营销。社区、论坛有人气高，信息量大，互动性强的特点，餐饮企业可以利用各大网络社区、论坛来传播企业优惠信息，发布促销活动、宣传新开门店等，具有效果好而且针对性强的优势，并且可以在论坛上汇集潜在消费者，进行客户管理和互动。但是社区、论坛对发帖数量、内容一般都会有所限制，餐饮企业在论坛里进行营销时需要注意减少商业广告的发布；同时论坛的版块多，功能全，新手一般需要一段时间才能玩转，因此，论坛营销不适合大规模的快速推广。论坛营销适用于小型单店餐饮企业和连锁餐饮企业的各个门店，具有低成本传播、信息沉淀长效性的特点，需要营销从业者长期积累和沉淀。

(6) 点评口碑类网站营销。随着电子商务的普及，人们逐渐养成了消费前先看看商品评论信息的习惯，尤其是对餐饮服务这类一次性消费的产品，消费不可逆，对产品主观上的不满意也不能退换。点评口碑类网站汇集了全国各地各个商家，特别是餐饮企业的评论信息，消费者可以提前获得足够多的信息，一定程度上降低了选择风险。同时越来越多的消费者愿意网上分享自己的消费经历，感受体验，大大丰富了点评内容。餐饮企业做好这类网站的维护，不仅可以增加餐饮品牌曝光的机会，好的口碑还能为餐饮企业做免费宣传，带来新的顾客；坏的口碑督促餐饮企业及时解决存在的问题，及时改进。口碑网站上的评论对餐饮企业有利也有弊，评论会对新来的潜在消费者产生影响，差评往往影响更大，因此餐饮企业应定期维护各大口碑网站，对误解、造谣等言论及时做出反应。

(7) 团购营销。餐饮企业参加团购网站的团购活动可以在短时间内聚集人气，宣传自身餐饮品牌，大大提升知名度和团购商品销量，带来可观的顾客，一定程度上提升了回头客的数量。但是目前的团购模式大都在一定程度上会损害餐饮企业的价格体系，消费者一旦尝到了低价的甜头后，就有了特定餐厅价格的心里预期，当恢复原价后则不再消费，长期来看是有损餐饮企业品牌的，还需要团购网站和餐饮企业积极探索和创新，做到既对消费者有利，又让餐饮企业健康发展。

(8) 社交网站营销。餐饮企业利用社交网络进行网络营销，与消费者实时交流，融入社交因素，与消费者平等对话，实时互动，更能打动消费者。同时社交网站的用户以年轻人居多，有利于企业培养消费者的品牌忠诚度。随着年轻群体年龄的增长，其消费能力会不断提高，逐渐成为餐饮企业坚实的顾客群体，因此，抓住年轻群体是企业获得未来市场的关键。但近年来随着微博、微信对人们碎片化时间的占用，社交网站逐渐冷清下来，餐饮企业在做好社交网络营销的同时，还需要寻找新的营销增长点。

(9) 网上订餐外卖。开通网上订餐外卖业务，餐饮企业可以增加销量和品牌曝光机会，更加满足消费者的用餐需求，培养消费者的长期忠诚度。目前有两种外卖平台可供企业选择。一是企业自己搭建外卖平台网站，可以附属于企业官网，适合大型连锁餐饮企业，需要投入大量资金和人力物力组建外卖配送部门。有用户体验好、配送速度快等优势。二是借助第三方外卖平台，接入自己餐饮企业信息，在第三方平台上完成菜品展示、订单交易、支付结算、服务点评等功能，当下较常用的外卖平台有饿了么、美团外卖等。企业可以借此增加销售渠道，节约网站平台开发和运营成本，专心做好菜品和服务，但也存在发展受制于第三方平台，缺乏管控力等问题。

2. 移动互联网下新型网络营销手法

移动互联网营销整合了互联网与移动通信技术，以智能移动设备作为接收终端，将网上的各类信息和不同企业提供的业务通过网络直接流向消费者，为企业和消费者共同搭建了一个适合业务和管理需要的多功能信息化平台，全方位、多样化地连接企业和消费者。移动互联网的“移动”和“互动”属性很强，人们的碎片化时间得以充分利用，其随时随地互动沟通属性使的移动互联网天生具有非常强的社交基因，有利于信息的快速广泛传播。基于以上特性，移动互联网下餐饮企业的新型网络营销策略有以下几种。

(1) 餐饮企业 APP。餐饮企业开发自己的手机应用程序，主要用于订座、点餐、支付等功能。有助于树立餐饮企业形象，顾客可直接在 APP 上完成查看菜品信息、优惠活动、提前订位、点送外卖、移动支付等功能，简单方便，同时能有效地进行会员管理，推送信息等。但是，开发和运营成本较高，应用程序上只有一家餐饮企业的信息，使得下载和安装使用量不高，使用频次也相对较少。

(2) 微信运营。餐饮企业的微信运营包括订阅号(服务号)的开通和运营，微信朋友圈营销等。餐饮企业开通微信公众号后，可以接入查信息、订座位、享优惠的基础功能。通过微信运营，企业可以直接接触庞大的微信用户，做到与消费者的即时沟通和提供服务，订阅号的文章推送也是传播餐饮企业品牌文化的途径，朋友圈营销增加了餐饮企业品牌曝光的机会。餐饮企业做微信运营要结合自身情况，从用户需求出发，做出有特色、有新意的营销活动，切忌盲目追求大而全，急功近利。微信营销尚处在摸索阶段，餐饮企业应大胆探索，勇于创新，做出让消费者喜闻乐见的营销活动来，把握移动互联网的时代红利，占据有利位置。

(3) 与地图 APP 合作。餐饮企业与知名地图 APP 合作，接入附近的餐厅等功能，增加与顾客的接触曝光机会，方便顾客快速找到相应的餐厅。根据地理位置查找餐厅具有很强的场景性，可以为消费者带来方便的同时为餐饮企业引流，增加品牌曝光的机会。但是，目前查找餐厅作为地图的附属功能，其实用性还有待考究。

不同的促销手段各有特点，不同的企业、产品在不同的时间、空间等情况下，应选择适合本企业需要的促销策略和手段。一般来说，餐饮企业常常同时使用多种促销手段的组合来促进销售。

四、餐饮促销的意义

近年来，餐饮促销活动越来越被餐饮企业重视，其意义如下。

(1) 新产品的不断推出，必须以促销来诱导消费者购买，并以此为契机展示企业的理念、目标和研发实力。

(2) 餐饮促销常采用短期作战的方式，加速产品的更换和进入市场的进程。

(3) 餐饮多属于地区性的生意，而促销常比较符合区域性特性。

(4) 促销可增加市场对产品的需求，促销期间餐饮营业额可大幅增加。

五、餐饮促销的作用

餐饮促销的作用体现在以下几方面。

(1) 传递信息。餐饮企业通过促销手段及时向消费者传递产品信息，并引起社会公众的广泛关注，吸引他们注意餐饮产品的存在。

(2) 诱导需求。通过介绍新的产品或新的产品信息，展示合乎潮流的消费形式，提供满足消费者生存和发展需要的承诺，从而唤起消费者的购买欲望，创造出新的消费者需求。

(3) 突出特点。突出产品特点和优势，显示消费产品可以给消费者带来的满足程度，以及购买产品给消费者带来的附加利益等，加深消费者对产品的了解，从而增进消费者的购买欲望。

(4) 稳定销售。通过促销，提高原有消费者对产品的信任感，使更多的消费者偏爱其产品，进而产生惠顾动机，稳定产品销售。

阅读链接

“菜品是根，营销是魂”——餐饮做好菜品才是营销的基础

2018年是菜品品质年，做好菜品的重要性远远大于以往任何一年。提到菜品的时候，大家知道：做菜品，也就是菜品要好，最好的菜品广告也是菜品本身，好的菜品自己会说话。如何让菜品说话，就要把更多的时间、精力和资源都投入到菜品上，做好菜的品质，用品质说话。但是，在一个营销万能的年代，菜品本身的话语权就被淡化了，都是营销冲在前面，就造成了大家只重营销不重菜品的误区。

自己去猜测用户的口味和对菜品的认知，认为自己就可以代替顾客，他们的理论是，站在顾客的角度看问题。问题是，你真的能代表顾客吗？你代表的是哪一位顾客？是年老的还是年轻的，是南方的还是北方的，是男性还是女性，又或者你是一个百变天使。显然都不是，那么你怎么可以代表顾客？

既然你不能代表顾客，那么就简单了，你只要让菜品说话，就可以把剩下的问题交给顾客，让顾客去选择这个菜品是不是他们想要的，就好比鞋子舒不舒服只有自己的脚知道。

如果你是一个厨师，在厨房里面，一次次试验菜品，难道不是菜品在说话吗？

如果你是酒店的店长经理人，一次次为菜品摇旗呐喊，难道不是菜品在说话吗？

供应商说菜品原料品质有保证，难道不是菜品在说话吗？

顾客说你的菜品好，难道不是菜品在说话吗？

这些点滴积累就汇成了菜品自己的语言。那么菜品如何说话，怎么让顾客看到、听到呢？有了微信这个工具以后，让菜品自己说话便有了可能。

有了微信，可以在微信里面展示菜品的新鲜、美味，展示菜品的品质和制作工艺，展示你的优质服务，展示店面的卫生和环境的优雅，这都是菜品在说话。

当你每天在微信里面不断分享信息的时候，你的顾客就会潜移默化，就会每天关注，当你的图片和视频的品质超群的时候，就会深深地影响顾客，顾客就会慢慢被吸引，就会产生想要来品尝的冲动。

菜品自己并不会说话，会说话的是人，所以作为一个管理者，你要利用微信创造这一切，让菜品发声。如菜品的装盘，菜品的主辅料搭配，菜品的名字都需要传播出去，让更多的顾客知道，知道你的价格、你的品质，知道你的菜品。顾客对你的菜品越熟悉，其购买欲望就越大。

前几天看到的著名作家开的众筹小龙虾店，众筹了 2 000 万元的现金，他本人就是一个著名的吃货，对吃也很有研究，又有大量的粉丝自带流量，还有 2 000 万元的众筹，资金也不是问题，结果却倒闭了，据一个食客的口述，菜品口味很水，没有味道，品质不稳定。除此以外，还有很多的食客也纷纷曝出菜品的问题。所以不管你的店面有多牛，不管你的粉丝有多少，不会有人为难吃的菜品埋单并重复消费。营销手段只是在菜品前提下的一个延伸和菜品的辅助手段，一个仅靠营销而没有品质，甚至菜品很差的店面，只有一个结局，就是关门大吉。

记住，餐饮做好菜品才是营销的基础，菜品是根，营销是魂，没有灵魂的菜品是没有未来的，是不值得投入的。

当你甩开品质裸奔的时候，就是在脱离市场，脱离顾客，虽然营销会吸引一些不知情的顾客，但只能暂时取得一些阶段性的收入，最终必将被后浪拍死在沙滩上。

（资料来源：职业餐饮网，http://www.canyin168.com/glyy/yxch/yxgl/201803/72677.html）

任务二 餐饮销售控制

案例导入

顾客对账单有异议怎么办

餐饮服务经常会碰到这种情况，即顾客对账单持有异议。一般是顾客认为菜价不符或者菜价弄混弄错。有的顾客可能会提出店内菜品的价格太贵等要求，拒绝付账。

思考：当遇到此类事件的时候，服务员该怎么做？

餐饮销售控制是从控制角度保证餐饮产品最终变化为餐饮商品的过程。这一过程的圆满实现，需要餐饮经营管理人员建立一个完整的餐饮销售控制体系，这个体系包括对菜单的控制、对出菜检查过程的控制、对收银员的控制、对酒吧销售的控制，以及相应的销售控制指标与销售报表的建立与考核。

一、餐饮销售控制的意义

销售控制的目的是要保证厨房生产的菜品和餐厅向客人提供的菜品都能产生收入。成本控制固然重要，但销售的产品若不能得到预期的收入，则成本控制的效率就不能实现。假如餐厅售出金额为 1 000 元的食品，耗用原料的价值为 350 元，食品成本率为 35%。如果餐厅销售控制不好，只得到 900 元的收入，则成本率会提高至 38.9%，这样毛利额就减少 100 元，成本率就提高了 3.9%。

由此可见，对销售过程要严格控制。如果缺乏这个控制环节，就可能出现内外勾结、钻制度空子、使企业利润流失等问题。销售控制不力通常会出现以下现象。

1. 吞没现款

服务员对客人订的食品和饮料不记账单，将向客人收取的现金全部吞没。

2. 少计品种

对客人订的食品和饮料少记品种或数量，而向客人收取全部价款，二者的差额装入自己腰包。

3. 不收费或少收费

服务员对前来就餐的亲朋好友不记账、不收费，或者少记账，少收费，使餐厅蒙受损失。

4. 重复收款

对一位客人订的菜不记账单，用另一位客人的账单重复向二位客人收款，私吞一位客人的款额。在营业高峰期往往容易出现这种投机取巧的现象。

5. 偷窃现金

收银员(或服务员)将现金柜的现金拿走并抽走账单，使账、钱核对时查不出短缺。欺骗顾客，在酒吧中，将烈性酒冲淡或售给顾客的酒水份量不足，将每瓶酒超额量的收入私吞。

6. 逃账、漏账

到餐厅就餐的顾客，偶尔会出现顾客恶意逃账的事件。虽然数量不多，但是一旦发生，也会给餐厅带来损失。

此外，餐饮收入工作复杂，计算、汇总环节多，容易出现差错，餐单遗漏内容、计算错误、外汇折算不正确、给予客人的优惠折扣错误、汇总计算错误等。

上述内容说明，如果餐厅对销售控制不严，会使餐厅蒙受损失，管理人员忽视销售控制这一环节会造成很大的漏洞。

二、出菜检查员控制

具有一定规模的餐厅，需要在厨房中设置一名出菜检查员。在西方国家的饭店，出菜检查工作通常由厨师长亲自兼任。出菜检查员必须熟悉餐厅的菜品品种与价格,要了解各种菜的质量标准。他的岗位设在厨房通向餐厅的出口处。出菜检查员是食品生产和餐厅服务之间的协调员,是厨房生产的控制员。主要责任如下。

(1) 保证每张订菜单上的菜都能得到及时生产,并保证服务员取菜正确和送菜到对应的餐桌。

(2) 保证厨房只根据账单副联所列的菜名生产菜品,每份送出厨房的菜都应在订菜单副联上有记载。这样可防止服务员或厨师无订菜单私自生产或擅自免费把食品送给客人。

(3) 有的餐厅要求出菜检查员检查客人账单上填的价格是否正确,防止服务员为某种私利或粗心将价格写错。

(4) 检查每份生产好的菜品的份额和质量是否符合标准。

(5) 注意防止客人账单副联丢失。

三、餐饮销售指标控制

所谓餐饮销售额是指餐饮产品和服务的销售总价值。此价值可以是现金,也可以是保证未来支付的现金值,例如支票、信用卡等。销售额一般是以货币形式来表示。影响餐饮销售总额高低的主要有以下一些控制指标。

1. 平均消费额

管理人员一般十分重视平均消费额。平均消费额是指平均每位客人每餐支付的费用。这个数据之所以重要,是因为它能反映菜单的销售效果,反映餐饮销售工作的成绩,能帮助管理人员了解菜单的定价是否过高或过低,了解服务员和销售员是否努力推销高价菜、宴会和饮料。通常,餐厅要求每天都分别计算食品的平均消费额和饮料平均消费额,其计算方法是:管理人员应经常注意平均消费额的高低,如果连续一段时间平均消费额都过低,就必须检查食品饮料的生产、服务、推销或定价是否有问题。

2. 每座位销售量

每座位销售量是以平均每座位产生的销售金额及平均每座位服务的客人数来表示。平均每座位销售额是由总销售额除以座位数而得。

每座位销售额这一数据可用于比较相同档次、不同饭店的经营好坏的程度。比如A餐厅的年销售额为458万元,具有餐座200座;而B餐厅的年销售额为250万元,具有餐座100座;A餐厅的每座位年销售额为2.29万元,而B餐厅的每座位年销售额为2.5万元,可见B餐厅的经营效益要好一些。

每座位销售额也常用于评估和预测酒吧的销售情况。在酒吧中,一位客人也许喝一杯饮料匆匆而去;也许整个下午在那里商谈公务,要订十几次饮料。这样难以统计座位周转率和平均消费额,所以往往用座位销售额来统计一段时间的销售状况。

3. 平均每座位服务的客人数

平均每座位服务的客人数也常常被称作座位周转率,它以一段时间内的就餐人数除以座位数而得。

餐厅早、午、晚餐客源的特点不同，座位周转率往往分餐统计。座位周转率反映餐厅吸引客源的能力。上例中，A餐厅吸引客源能力高于B餐厅，但每座位产生的收入却低于B餐厅，说明A餐厅的菜单价格较低或销售低价菜的比例较高。

4. 每位服务员销售量

每位服务员销售量也有两个指标：一是以每位服务员服务的顾客人数来表示。这个数据反映服务员的工作效率，为管理人员配备职工、安排工作班次提供基础，也是职工成绩评估的基础。当然，该数据要有一定的时间范围才有意义，因为服务员每天、每餐、每小时服务的客人数是不同的。一位服务员在一天两餐服务中接待的客人总数为120名，该服务员每小时服务20名客人。不同餐别每位服务员的客人数不同，一位服务员在早餐能服务的客人数多于晚餐。不同的餐厅的服务员能够服务的客人数也不同，高档餐厅的服务员不如快餐厅服务的人数多。

每位服务员的销售量也可以用销售额来表示。每位服务员的客人平均消费额是用服务员在某段时间中产生的总销售额除以他服务的客人数而得。例如，某餐厅在月终对服务员工作成绩进行比较时，应用下列销售数据。

服务员甲：服务客人数1 950人、产生销售额51 675元、客人平均消费额26.50元。

服务员乙：服务客人数2 008人、产生销售额51 832.20元、客人平均消费额25.81元。

上述数据明显地反映了，服务员乙无论在服务客人数和产生的销售额方面都超过了服务员甲，说明他在积极主动接待客人方面以及他的工作量都比服务员甲更为出色，但是他服务的客人平均消费额比服务员甲少0.7元。说明服务员乙在推销高价菜、推销菜点和点饮料方面不如服务员甲。管理人员可向服务员乙指明努力方向，指出如果他在上述方面努力，则在提高餐饮销售额方面还有潜力。

服务员的销售数据可由收银员对账单的销售数据进行汇总，也可由餐厅经理对账单存根的销售数据进行汇总而得。

5. 时段销售量

某时段（各月、各天、每天不同的钟点）的销售数据对于计划人员的配备、餐饮推销和计划餐厅最佳的开始营业和打烊时间是特别重要的。

时段销售量可以用两种形式表示：一段时间内所服务的客人数和一段时间内产生的销售额。例如，某咖啡厅下午3：00—6：00所服务的客人数为40位，产生的销售额为900元；而在6：00—9：00所服务的人数为250位，产生的销售额为7 000元。很明显，在这两个不同时段应配备不同人数的职工。又如某餐厅原定于午夜12：00停业，但在晚上10：00—12：00只产生60元的销售额，管理人员经过计算发现这两个小时开业时间的费用和成本会超过收入，因此他决定提前停业。

6. 销售额指标

销售额是显示餐厅经营好坏的重要销售指标。一段时间的销售额指标可以通过下式来计划：

一段时间的销售额指标＝餐厅座位数×预计平均每餐座位周转率
×平无每位客人消费额指标×每天餐数×天数

由于各餐每位客人的平均消费额相差较大，故销售额的计划往往要分餐进行。例如，A 餐厅计划明年晚餐每位客人的平均消费额指标为 30 元，晚餐平均座位周转率指标为 1.6，A 餐厅计划明年晚餐的销售额指标为：30×200×1.6×365＝3 504 000(元)。

四、酒吧销售控制

有些小型的酒吧为节省人力，让调酒师兼作服务员，负责为客人订饮料，向客人提供酒水服务，填写销售记录，收取客人交付的现金并让客人在账单上签字。这些工作由一个人承担，往往会因缺乏控制而发生一系列经营问题。因此，管理人员对酒吧销售控制要采取严格的措施。

如果酒吧使用收银机，要求服务员或调酒师将向客人售出的饮料数量和金额输入收银机。但如果无其他控制手段，就会造成输入不正确或不足量的收入、将差额装入自己的腰包的漏洞。所以，酒吧也应该使用书面账单。使用收银机的酒吧，服务员收到现金应立即输入收银机，并打出账单给顾客，这样如果现金不对，顾客会及时发现。在单纯使用账单的酒吧，调酒师调制的向客人服务的酒水要记载在账单上，这样便于每日审查收入。大型企业中的酒吧有专职收银员，由于劳动有分工，舞弊较困难。

客房小吧是为方便客人而设置的。为加强对客房小吧酒水销售的控制，在小冰箱上要设小吧的饮料订单。小吧内配备的饮料应有规定的品种和数量，客人饮用后，应填写在饮料订单上。每日由客房服务员检查小吧的饮料消耗数并补充至额定量，服务员还要检查客人是否填写饮料单，如没有写，应帮助填写并请客人签字。在客人退房结账时，前台收银员要问客人有否使用小吧饮料，而客房部也要及时将客人饮料账单转至前厅。

五、餐饮销售收入控制

1. 餐饮收入单据控制

餐饮收入涉及钱、单、物三个方面。三者的关系是，物品消费掉，账单开出去，货币收进来，从而完成餐饮收入活动的全过程。在钱、单、物三者之间，物品是前提，单据是关键，货币是中心。因此，设计餐饮收入内部控制的基本程序，既要把握三者的有机联系进行综合考虑，又要对三者单独进行考察和控制。对此，饭店可以采用“三线两点”控制法。

所谓“三线两点”，就是指把钱、单、物分离成三条各自独立的线进行传递，在三条传递的终端设置“点菜单与餐单”核对点和“餐单与货币”核对点，以联络三线进行控制。经手物品的人不经手餐单和货币，而仅仅从事物品传递，形成一线；经手餐单和货币的人又将餐单和货币分开进行传递形成另两线，从而形成餐饮收入的三条传递线运作。而每一条传递线又由许多紧密相连、缺一不可的传递链条或传递环节组成。每向前传递一步，就对上一步的传递核查、总结一次，以保证每条传递线传递结果的正确性。最后再将三个传递结果互相核对、比较，从而进一步提高了整个控制系统的可靠程度。

2. 顾客逃账预防

到餐厅就餐的顾客，偶尔会出现恶意逃账的事件。虽然数量不多，但是一旦发生，就会给餐厅带来损失。因此，饭店应设计程序，尽可能减少损失。顾客逃账一般有下列几种情况。

(1) 顾客使用假信用卡或无用的支票。对此,收银员必须严格遵守接受信用卡付款程序,执行信用卡公司有关接受信用卡之前必须得到许可的所有规定。顾客必须在信用卡付款凭单和客账单上签名,员工应认真核对信用卡付款凭单所需的各种信息,并对未正确填写的凭单负责。不可接受过期的信用卡或本企业不予使用的信用卡。

(2) 利用服务人员疏忽逃账。即顾客用餐接近尾声,利用服务人员忙于服务其他顾客时溜之大吉,或者借上洗手间、接听电话为名而逃之夭夭。对此,饭店应通过对服务人员的培训,注意即将吃完及准备离开的顾客。

(3) 用伪币或假旅行支票付款。一般来说,除了特别专业化的伪造之外,服务人员是不难发现伪币或假旅行支票的。发现之后,饭店应立即通知当地公安机关,并记下顾客姓名。虽然这类顾客并不一定是伪造者,但他们往往能提供一些破案的线索。

3. 餐饮应收账款控制

餐饮应收账款是指饭店餐饮产品已经销售但款项尚未收回的赊销营业收入。饭店可以通过自身信用政策的变化,来改变或调节应收账款的数额,对餐饮应收账款加以控制。饭店的信用政策包括信用标准、信用期限和收款方针等内容。信用政策的松紧直接决定了饭店赊销数额的大小,决定了餐饮应收账款数额的大小。

(1) 信用标准。信用标准是指饭店同意给顾客以信用所要求的最低标准,即什么样的顾客才可以得到信用。从饭店角度来看,如果信用标准很严,只给信用最好的顾客赊欠,那么饭店遭受坏账损失的可能性就很小,与信用管理相关的许多费用也可避免。可是,饭店一旦采用了这种严格的信用标准,那么在减少支出的同时,势必也会失去一部分机会,丧失一部分顾客的消费和由这一部分收入产生的利润,更何况这种失去的收益可能会大于所希望避免的支出。因此,饭店在研究信用标准变化的同时,同样会对增量利润的变化做出分析。

(2) 信用期限。信用期限是指饭店允许顾客推迟付款的时间。饭店信用政策在期限上的变化,无非是将信用期限延长或缩短。延长信用期限,给客户的信用条件就较为优越,因此可以增加饭店的竞争能力,刺激销售。但是,信用期限的延长也造成了平均款期的延长,结果使得饭店占用在应收账款上的资金增加,饭店需要另外筹资填补这一部分流动资金的短缺。同时,平均收款期的延长,使得餐饮应收账款得不到回收的可能性增大,有可能增加坏账损失。因此,饭店是否延长信用期限就取决于信用期延长后的利润增加部分,即增量利润数值的大小。

(3) 收款方针。收款方针是指饭店对超过信用期限尚未付款的餐饮应收账款所采用的收款程序。酒店对逾期未付的餐饮应收账款,可以采用各种不同的方式加以催收。但是,要注意适当与适度。

阅读链接

餐厅如何处理顾客的账单投诉

结账时,顾客认为餐饮店多收账款是经常会遇到的事件。如果餐饮店确实多收了账款，处理不当不仅会影响餐饮店的声誉，甚至会造成顾客流失，严重的还会影响餐饮店的生存和发展。那么一旦遭遇顾客的账单投诉，餐饮店又该如何处理呢？

1. 顾客对账单金额有疑虑

有些顾客在点菜时从不看菜单，或者有些顾客只看菜单的菜却不注意价格，而在结账时却认为价格不对。为了打消顾客的疑虑，服务员最好马上拿来菜单，耐心地与顾客一起核对账单，不要嫌顾客麻烦。

当然，为了预防顾客对账单产生疑虑，服务员还需要做到两点。

(1) 熟记菜品、酒水价格：服务员必须熟记餐饮店各种菜品、酒水的价格，客人一旦询问价格，能立即做出流利而肯定的答复。

(2) 涉及优惠活动等的处理：餐饮店如果进行打折、优惠、特价菜销售以及抽奖等活动时，如果涉及客人的消费数额，则应在点餐时就明确告知顾客。

2. 顾客自己计算错误

顾客一时大意计算错误也是常有的事，应对顾客计算失误时，服务员要做到以下两点。

(1) 态度要温和：如果顾客算错了，要主动递上价格清楚的账单和计算器。服务员一定不能有不耐烦的情绪，要始终态度温和，否则容易与顾客发生口角。

(2) 给顾客留面子：顾客一旦发现是自己算错了，定会感觉没面子，这时如果服务员再冷嘲热讽，不但会让顾客更加没面子，严重的甚至会引起一场冲突。因此，服务员一定要给顾客留面子，可以找个理由掩盖他计算的错误，比如可以说“是我的责任，点菜时写得不够清楚。”“今天消费数额较大，不太好算，我也是算了好几遍的。”

3. 点菜时有些菜品价格没有解释清楚

点菜时由于某种原因，服务员对菜品计价没有解释清楚主要包括以下两点。

(1) 按时价计的菜品：按时价计的菜品一般都按重量或数量计价，但顾客往往会认为是按份数计算的。

(2) 数量不同计价不同：虽然是同一种菜品，但由于菜量不同其计价往往也会存在差别，如果在点菜时没有向顾客解释清楚，可能导致结账时顾客有被欺骗的感觉。

当出现服务员没解释清楚、客人不认账时，餐饮店应按客人已知的价格计价或者视情况对菜品打折。

为了预防这种投诉事件的发生，无论是按时价计的菜品，还是按不同数量计的菜品，在点菜时，服务员都应该明确告知顾客。

4. 因顾客所点菜品没上全

有时候由于某些原因，菜品没上全，但服务员可能没意识到，顾客虽然用餐时不提出，但结账时却会声明有误。遇到这种情况时，值台服务员应立即拿回账单，将没有上的菜减去，并真诚向顾客道歉后再结账。

在上菜过程中，值台服务员应手持一份客人的点菜单，上一道划一道，这样就清楚哪道菜还没上。

5. 因服务员工作失误造成账单错误

有时会因为值台服务员工作失误，在顾客结账前不曾认真核对账单致使账单错误。

这完全是服务员的责任。因此，应当立即收回账单，重新认真做核对，该减的必须减去，并向顾客道歉，取得顾客谅解后再结账。

需要注意的一点是，在道歉时一定要真诚，否则会让客人感觉服务员是“故意”的。

6. 服务员故意“宰客”

有些服务员在顾客的菜单上多填写菜品、饮料，甚至金额，故意“宰客”。这种情况涉及服务员的素质问题，所以一定要严肃处理，而且必须由餐厅负责人出面解决。不仅要让服务员向顾客道歉，减去多余的款项，必要时还要将整单免费，以确保餐饮店的声誉。

（资料来源：中华餐饮网，http://www.cy8.com.cn/cyglzs/104620）

任务三　餐饮销售活动策划与组织

案例导入

逢节促销未必有效

节日促销成了不少商家再掀高潮的大好日子，他们看中了节日是人们愿意庆祝和娱乐的时光，所以是餐饮工作人员举办特殊促销活动的大好时机。

在节日搞餐饮促销，需要将餐厅装饰起来，烘托节日的气氛，并且，餐饮管理人员要结合各地区民族风俗的节庆传统组织促销活动，使活动多姿多彩，使顾客感到新鲜。

在一年的各种节日里，如春节、圣诞节、情人节、中秋节、国庆节等都可以举办各种活动。例如，北京丽都假日酒店，在各国的国庆节推出各国的风味餐饮和庆祝活动，将驻北京的各国外交人员和商务人员吸引到丽都来就餐。又如新加坡皇冠太子酒店，在圣诞节与元旦期间，各餐厅都组织丰富多彩的特殊促销活动，其龙江川菜馆利用节日在推出特别节日套餐的同时，会举办迪斯科舞会和赠送节日礼品。皇太子咖啡座推出自助餐，并会有“圣诞老人”光临助兴。酒廊中备有风味别致的“圣诞鸡尾酒”，并邀请歌星演唱为客人助兴。

借着节日人们愿意消费、舍得消费的大好心情发财，成了近年不少餐饮店的拿手招数，有不少人是屡试屡赢，但是随着人们消费观念越来越成熟，消费行为会变得越来越理性，所以，逢节日就搞促销活动未必都能有效。

思考：节日促销怎么做最有效呢？

餐厅为了吸引顾客、娱乐顾客，通常都会举办一些促销活动，同样的活动方案，在不同的餐厅举办，效果也可能截然不同，最佳的办法还是要针对自己的目标顾客群，量身订做出一套适销对路的餐饮产品。

一、常见的促销活动类型

1. 根据活动载体分

(1) 演艺型：卡拉 OK、爵士音乐、轻音乐、电影、剧场、民歌活动等。

(2) 艺术型：书廊、漫画、古董活动等。

(3) 知识型：书香、新闻、英语会话活动等。

(4) 实用性：各种美食节及相应馈赠和优惠活动等。

2. 根据活动开展时间分

(1) 常设性活动。

① 利用空间型，如交际广场、周日广场的创设。

② 展示型，如水池、喷水、小溪、庭院式、复古式等。

(2) 企划性活动。

① 短期举办活动：从传统与新创意设定各种活动。

② 定期型活动：季节性剧本活动，相当容易实行，只要配合一年中的各种节庆举办活动即可。例如，春节、情人节、元宵节、母亲节、父亲节、端午节、教师节、中秋节、感恩节等。如此配合各季节的节庆，筹划举办活动，必能使活动丰富多彩，顾客就会觉得非常新鲜、有趣。

③ 利用区域特色举办活动：配合当地民俗节庆实施特别活动，此时，必须有由各地闻风而来看热闹的群众。不妨内外配合将节日色彩装饰一番，再举办活动以招徕顾客，如各民族和各国美食节、啤酒节、各原料美食节、文化美食节、特色菜肴美食节、特色餐具容器美食节、食品功能美食节等。此外，旅游胜地的餐饮店可以悬挂旅游向导地图，提供信息服务。

3. 促销活动需要注意的事项

在举办促销活动时，要注意以下事项。

(1) 话题性：举办的活动具有新闻性，能产生话题，引起大家传播的兴趣，间接带动顾客。

(2) 新潮性：即要具有新鲜感。陈腔滥调的花样，毫无新意可言，倘若能以"氧气供应"为号召，在环境污染日趋严重的情况下，此招颇能满足现代顾客的心理。

(3) 戏剧性、新奇性：这一特征也称非共性、非日常性，即以奇取胜，以不同的活动引起大家的注意。

(4) 单纯性：这一点通常为业者所忽略，有时意见极富创意，却由于过分拘泥而变得复杂化，失去了效果。例如，"优待券"的赠送，与其按照总消费额的一成，再开设优惠券，不如简化手续，按照顾客消费额分等级，即刻发送，比较能让顾客接受。

(5) 视觉性：人的感觉器官所获得的信息有 70％是通过视觉而来，可见眼睛所扮演的角色十分重要。新闻杂志的图片与插图比密密麻麻的文字更受读者注意。菜单上，图片介绍比文字更具吸引力与亲切感。举办活动当然也是同样的道理。

(6) 参与性：歌星演唱、钢琴演奏的音乐餐饮店，顾客参与性不如卡拉 OK 的餐饮店高。同样的，画廊餐饮店顾客参与性也比不上涂鸦餐饮店。

(7) 演出性：并非自然发生，而是经由企划所产生。例如，酒店盛行为小朋友庆祝生日，凡当天光顾该店的小客人可以在店内享受一系列的优惠。

策划餐饮的促销活动除了要了解和掌握以上几种类型和注意要点外，安排和确定推销的时间也很重要。

二、促销活动策划与组织

1. 确定活动主题

根据促销目标，确定促销主题，重点关注消费者的敏感点。酒店抓住一切契机，从不同角度、不同层次寻找促销主题。

2. 确定活动时间

根据餐饮供给平衡，充分发挥酒店人力、物力和财力，合理安排活动的时间，特别是淡季，以弥补季节性需求不足带来的收益流失。

3. 制定产品内容

餐饮促销活动主题产品是菜品，针对餐饮促销群体目标，每次的菜点产品要有创新，符合市场餐饮发展的趋势和消费者的需求，激起消费者的购买欲望并参与消费行动。

4. 策划活动方式

促销活动的形式灵活多样，不同的主题，既是同样的主题，每次的活动内容、具体方式、菜点供应、就餐地点和环境布置都各不相同，其管理方法、原料组织、服务内容及方式、人员安排、产品价格等都不一样，十分灵活。

5. 活动组织和管理

促销活动，往往需要投入大量的人力、物力和财力，策划主题、活动、时间、场地，准备货源、菜单、试菜、组织人员、经费预算使用、活动后评估总结等工作，涉及餐饮、营销、公关、财务、采供、工程等不同部门，需要管理人员、服务人员、技术人员（厨师、广告制作顾问、策划人员）等通力合作。因此，在组织管理上呈现较明显的严谨性和复杂性。

6. 活动实施与评估

根据活动策划方案，认真实施落实好每个环节和过程的工作，通过实物产品的有形展示和使用，无形产品的优质服务，感受活动带来的不一样体验，并且是超越期望的难忘体验。从而为酒店带来收益和树立良好声誉。

活动结束后，餐厅转入正常经营。餐饮部经理、总厨师长要认真总结经验教训，全面分析促销活动效果。对活动的计划安排、准备工作、各级各部门的协调情况、产品销售情况，服务质量、宾客反馈等，做出具体分析，写出总结报告。肯定成绩，同时找出问题及改正措施，为今后促销活动积累经验。

三、促销策划方案书的编写

（一）编写准备

1. 构建框架

在编写促销策划方案书之前，先用因果关系图（又称鱼刺图），将有关概念和框架汇集于一张纸上，来描述策划的整体构思，其目的在于将核心问题、内外部环境因素，以及解决问题的思路清晰地展示出来。

2. 整理资料

对所收集的资料加以整理、分类，再按照促销策划方案书的框架顺序一一列入。不要将无关紧要的资料硬塞进策划方案。在进行资料整理前，要进行充分的市场调研，掌握最新市场信息。

3. 设计版面

版面设计主要是确定策划方案书的版面大小，每页标题的位置，在版面中的哪个位置放置文本，哪个位置放置图片，页码的位置与设计，目录的设计等。版面设计不能一成不变，要多运用表格、图片等，并辅以文字说明，以增加促销策划方案的可读性。版面设计要尽量做到形象具体，同时有所创新，有自己的特色。

（二）编写原则

为了提高促销策划方案的准确性与科学性，应把握以下几个编写原则。

1. 逻辑性原则

策划的目的在于解决酒店餐饮营销中的问题，因此编写促销方案的思路应符合解决问题的逻辑。首先，设定情况，交代策划背景、分析产品市场现状，然后把策划的中心目的和盘托出；其次，进行具体策划内容的详细阐述；最后，明确提出解决问题的对策。

2. 简洁朴实原则

要突出重点，抓住酒店餐饮促销中要解决的核心问题，深入分析，提出具体可行的相应对策，针对性强，不说废话、大话、套话。

3. 可操作性原则

促销策划方案书是要用于指导性促销活动的，其指导涉及促销活动中每个人的工作及各个环节关系的处理。因此，可操作原则对于策划方案来说非常重要。不能实施的方案，创意再好也无任何价值；而不易操作的方案也必然要耗费大量的人力、物力、财力，且管理复杂、见效慢。

4. 创意新颖原则

新颖的创意是促销策划方案的核心内容。同时，策划的内容和表现形式也要有创意，要给人耳目一新的感觉。

（三）编写的内容

1. 分析背景

(1) 行业分析。竞争对手分析：集中在竞争强度、促销方式、促销手段等方面，了解竞争对手的促销策略及促销策略。市场分析：收集同类产品、价格、促销方式等相关信息，分析产品的市场经营状况。

(2) 目标消费者分析。促销活动针对的是目标市场的每一个人还是某一特定群体？活动控制在多大范围？哪些人是促销的主要对象？目标消费者的特征、消费习惯、敏感点是什么？哪些人是促销的次要对象？这些问题的答案正确与否会直接影响促销的最终效果，具体分析内容为：目标消费者的特征；目标消费者的兴趣及对产品刺激的敏感点；目标消费者获取本产品的相关信息途径。

(3) 产品分析。产品卖点(比较优势)、诉求点；产品市场生命周期及本产品所处的销售阶段；其他相关因素。

(4) 企业资源分析。重点分析企业的资金状况、营销能力。

2. 确定促销目标

(1) 根据以上背景分析，确定促销产品所处销售阶段和相应的促销重点，进而确定促销总体目标。只有目标明确，才能使活动有的放矢。

(2) 针对促销重点，制定促销具体目标。

3. 确定促销主题

(1) 根据促销目标，确定促销主题，重点关注消费者的敏感点，准确、鲜明地描述促销主题。

(2) 确定实现促销主题的手段。在确定了促销主题之后，要尽可能艺术地表现出主题，淡化促销的商业目的，使促销活动更接近消费者，更能打动消费者。这一部分是促销策划方案的核心部分，应该力求创新，使促销活动具有震撼力和排他性。

4. 选择促销方式

根据促销主题，选择合适的促销方式。

5. 选择促销时机

根据目标消费者的消费习惯和竞争者对手的情况以及市场的变化，选择合适的促销时机。

6. 制订促销方案

促销方案包含了一些对细节的安排，如促销活动的宣传口号或广告词，促销活动的时间、地点，促销活动的内容，执行促销活动的人员，促销进度，促销活动所需物资清单以及相关制度、文件、表格等。所有促销工作应安排到日，落实到人，并列表详细说明方案所需资金的投入、人力投入、组织构建等。

7. 预测促销效果与促销经费

根据所收集的资料预测策划方案实施的效果和促销活动所需经费。

8. 评估促销效果

评估促销效果的主要标准是消费者对促销信息的知晓程度及购买行为。对促销效果进行评估，其目的不仅仅是改良那些效果不佳的促销手段，同时也使以后的促销方案能够更有效地为实现促销目标服务。

9. 其他

(1) 注意事项。提出预防措施，制定应急预案，做到有备无患。

(2) 参考资料。列出编写策划方案书的参考文献资料，增加策划方案的可信度和可行性。

总之，促销策划方案书要尽可能周到、详细、具体，越具体就越便于操作实施。

阅读链接

餐厅店庆活动策划方案

餐厅店庆是提高餐厅品牌知名度、改善餐厅服务形象、增加餐厅企业竞争力、提升餐厅经营销售利润的绝好时机，也是餐厅回馈消费者信任和支持、增强餐厅员工凝聚力和向心力、宣传餐厅企业文化的绝好时机，因此，值此餐厅经营X周年之际，餐厅特推出如下餐厅店庆活动策划方案。

一、餐厅店庆活动目的

增加餐厅品牌影响力，提升餐厅知名度和美誉度；提升餐厅形象，增加餐厅竞争力；加强餐厅员工的企业忠诚度和向心力；提高全员服务意识、工作积极性；展现餐厅文化底蕴，进一步提升餐厅的企业文化；提升餐厅销售额，增加利润；为以后的发展打下良好的基础。

二、餐厅店庆活动时间

××××年××月××日至××××年××月××日，共计10天。

三、餐厅店庆活动地点

××××餐厅。

四、餐厅店庆活动参与人员

餐厅全体员工、餐厅新老顾客。

五、餐厅店庆活动主题

提升顾客满意度、增强员工凝聚力、扩大品牌影响力。

六、店庆活动内容

(一) 外部顾客活动

1. 打折促销

(1) 每日推出一款特价菜，每日不重样。

(2) 随顾客所点菜品加赠部分菜品，如当次消费满100元，加赠2碟凉菜；满200元加赠4碟凉菜等。

(3) 打折，这是一个迅速提高销售额的法宝，建议适当打折刺激消费。

2. 赠送礼品

有计划发放餐厅店庆纪念品、小礼物，增强与客人亲近感，扩大宣传面。餐厅统一印制部分店庆纪念品要求小而实用、漂亮大方，如带有店庆标志的签字笔、气球、打火机、帽子等，按桌发放。

3. 抽奖活动——“品美食、中大奖、游杭州”

凡是于××日至××日店庆期间，当日当次消费满150元以上的顾客均可以参加。每店设立一等奖2名，奖励“杭州一日游”，餐厅统一组织，中奖顾客食宿住行完全免费；二等奖11名，奖店庆红包1个，现金100元；三等奖100名，奖店庆红包1个，现金5元。

(二) 内部员工活动

1. 服务大比武

各店召开动员大会；服务员之间开展“服务大比武”竞赛，在大厅设立一个专门版面，每日评出“当日服务最优之星”，并给予物质奖。

2. 内部征文——“我的选择——×××餐厅”

要求：①题材围绕××餐厅所发生的事情，可以是工作经历、感想、看法、寄语等。②体裁不限。散文、杂文、记叙文、议论文、诗歌皆可。③截止时间为××月××日。希望全体员工积极投稿。本次征文活动将评出一等奖1名，奖金200元；二等奖2名，奖金

100 元；三等奖 5 名，奖金 50 元，并进行集中展出。

七、店庆活动推广

在信息发达的现代社会，媒体无疑是吸引大众眼球的媒介。餐厅根据不同媒体有不同媒体受众的特点，合理进行自己的市场定位和目标客户的定位，合理选择媒体投放广告，不可片面追求覆盖率，造成广告的浪费。

(一) 餐厅外部广告推广

(1) 人流量集中的地方，如在火车站、公交车站等做户外广告。

(2) 报纸、本地电视台也可以进行宣传。

(3) 同时进行传单发放。

(4) 在线网络宣传(电子优惠券等)。

(二) 餐厅内部产品宣传

(1) 在推行传统餐饮的同时，如在推进情侣套餐、商务套餐、家庭套餐、孝心套餐等，如情侣套餐可推出 18 元、28 元、38 元、48 元套餐等。

(2) 绿色家宴。随着生活水平的提高，人们饮食已经不仅仅是为了解决温饱，而是吃“绿色”、吃“健康”。绿色家宴的推出，无疑会受到消费者的青睐。在原材料使用上，力推生鲜类绿色食品；烹饪方式上结合现代人的消费时尚，使菜肴风味化、营养化；在家宴的菜谱上，注重菜肴的营养搭配，平衡膳食，满足人们的健康要求。

(3) 根据季节引进高档营养滋补菜品。

(三) 餐厅企业文化宣传

(1) 借餐厅店庆之机，向消费者宣传餐厅的企业文化，增强餐厅在目标消费者中的影响力。店庆期间，设立大型宣传板，张贴餐厅的精神口号，风景图片，菜点的制作流程，餐厅图片资料，餐厅员工寄语等，让顾客把“吃”当作一种享受，使顾客乐而忘返。

(2) 餐厅现场气氛，包括灯光、音响、海报、POP、LED 电子屏等。

八、餐厅店庆现场布置

1. 现场布置条件准备

氢气球、条幅、餐厅吉祥物、大型宣传海报、宣传单、展板、POP、礼仪小姐、纪念品等。

2. 餐厅店外现场效果

氢气球带着条幅在空中飘飘欲飞；吉祥物热情向你招手；楼体外打出“××周年店庆”醒目标志和优惠项目的大条幅，以及供应商等祝贺单位的条幅；进门处设置一个高精度喷绘的店庆告示牌；礼仪小姐发放餐厅店庆纪念品；整体呈现出一种喜气扬扬的气氛。营造出简洁又有品位的节日氛围，消费者从门前一过，就会被这种气氛所吸引。

3. 餐厅店内现场效果

服务员穿戴整齐，面带微笑，热情洋溢；总台服务细致耐心；地面光可鉴人；桌椅一尘不染；餐厅各种宣传资料随手览阅；灯光明亮柔和；音乐如高山流水；绿色盆景赏心悦目；顾客从进店时刻起，即能享受到一流的服务和视、听、触、嗅觉的全方位感官享受。进餐完毕，还可以参与抽奖，并赠送纪念品。

九、费用预算

①氢气球 1 500 元；②纪念品 1 000 元；③条幅 200 元；④宣传资料海报 500 元；

⑤杭州一日游 2 200 元；⑥内部竞赛 1 650 元；⑦广告费用 10 000 元；合计 17 050 元。

十、效果分析

(1) 宣传造势，集团酒店联合店庆，气势宏大，让消费者产生强烈的记忆感，引起良好的口碑宣传，可提高餐厅的知名度和美誉度。

(2) 店内外造型富有人情味，服务周到，能提升目标消费者的忠诚度。

(3) 通过服务比赛、征文比赛、成本节约比赛，能极大地增强本餐厅员工的企业归属感和向心力，提高工作积极性。

(4) 通过促销，提升餐厅营业额。

(5) 本次活动规模大，而费用相对低廉，能取得事半功倍的效果，形成轰动效应。

项目五　餐饮成本管理

教学目标

- □ **知识目标**：了解餐饮成本核算的概念，熟悉成本的分类和成本控制与分析的特点，理解餐饮成本核算的方法、成本控制的内容。
- □ **技能目标**：具备餐饮成本核算能力与分析能力，能掌握成本控制的程序，能进行餐饮部成本差异分析，能解决餐饮成本管理中的实际问题。
- □ **素质目标**：具备优秀餐饮服务与管理人员的必备素质、良好的职业意识和岗位意识。

任务一　餐饮成本核算

案例导入

菜品成本核算

番茄炒蛋是大家比较喜欢的一道家常菜，番茄每 500g 的进价是 5 元，净料率是 75%，用量是 150g，鸡蛋每 500g 进价是 5 元，净料率是 85%，用量是 200g，调味料成本是 1 元。

思考：这一道菜的成本是多少，应如何计算？

一、餐饮成本核算的意义

(1) 维护消费者的利益，正确执行国家的物价政策。

(2) 使企业合理赢利。

(3) 促进企业改善经营管理。

二、餐饮成本核算的作用

1. 为制定销售价格打下基础

餐饮部门生产制作各种菜肴点心，先要选料，并测算净料的单位成本，然后按菜点的质量、构成内容确定主料、配料、调料的投料数量，各种用料的净料单位成本和投料数量确定后，算出菜点的总成本。显然，饮食产品的成本是计算价格的基础，成本核算的正确与否，将直接影响定价的准确性。

2. 为厨房生产操作投料提供标准

各餐饮企业根据本企业的经营特点和技术专长，都有自行设计和较定型的菜谱，菜谱规定了原料配方，规定了各种主、配料和调味品的投料数量以及烹调方法和操作过程等，并填写到投料单上后，配份时按标准配制。因此，成本核算为厨房各个工序操作的投料数量提供了一个标准，防止缺斤少两的现象，保证菜肴的质量稳定。

3. 找出产品成本升高或降低的原因以促进降低成本

餐饮企业制定出来的菜谱标准成本，虽然为厨房烹饪过程中的成本控制提供了标准依据，但饮食产品花色品种繁多，边生产边销售，各品种销售的份数不同，且烹制过程中手工操作较多，因此，实际耗用的原料成本往往会偏离标准成本。我们通过成本核算查找实际成本与标准成本间产生差异的原因，如原料是否充分利用、净料率是否测算准确、净料单位是否准确、是否按规定的标准投料，从而找出原因，促进相关部门采取相应措施，使实际耗用的原料成本越来越接近或达到标准成本，以便使这种偏差越来越小，从而达到成本控制的目的。

4. 为财务管理提供准确的数据，促进企业实施正确的经营决策

没有正确完整的会计核算资料，财务管理的决策、计划、管理、控制、分析就无从谈起，只有以核算方法、核算结果为根据，科学的成本核算作手段，进行科学管理，从核算阶段发展到管理阶段，才能达到提高企业经济效益的目的。

三、成本核算工作的要求

(1) 必须学习和掌握成本核算的基本知识和方法，做到既懂烹饪技术，又懂得成本核算。

(2) 参与成本管理，切实做好本部门、本岗位的成本控制工作。

(3) 建立和健全各种管理制度(如岗位责任制、质量责任制、经济责任制等)。

四、餐饮成本核算的概念和特点

1. 成本的概念

(1) 广义的成本。广义的成本包括原材料、工资费用、其他费用(包括水、电、煤气费；

购买餐具、厨具费用；餐具破损费用；清洁、洗涤费用；办公用品费；银行利息；租入财产租金；电话费、差旅费等)，其计算公式如下。

广义成本 = 直接材料 + 直接人工 + 其他费用

(2) 狭义的成本。狭义的成本仅指餐饮企业各营业部门为正常营业所需而购进的各种原材料费用。通常餐饮企业的成本核算仅指狭义的成本核算。

2. 成本的组成

餐饮企业成本一般包括直拨成本、出库成本、毁损成本(盘点净损失)三个部分，计算公式如下。

餐饮企业成本 = 直拨成本 + 出库成本 + 盘点净损失

所有餐饮企业物资在进入餐饮企业时须经过收货部验收(参与收货的人员有收货员和使用部门主管)，收货部验收后，根据物资申购部门和物资性质区别其是否入仓，入仓的下入仓单，不入仓的下直拨单，直接拨给使用部门使用。盘点净损失是指通过实地盘点，盘点数与账存数之间的差异。餐饮企业运作期间由于各种原因，不可避免会造成账实不符的情况，如出品后因没及时开单导致没收到钱、酒吧员不小心打破酒水、服务员打破餐具、失窃等。

3. 成本核算的特点

由于餐饮业具有生产加工、劳动服务、商业零售于一体的独特行业特点，除原材料成本外，其他如职工工资、固定资产折旧等，很难分清用于哪个环节，所以，计算中就习惯以原材料作为其成本要素，即构成菜点的原材料耗费之和，它包括食品原料的主料、配料和调料。

五、餐饮成本的分类

成本分类是为做好成本核算和成本管理服务的。成本核算和成本管理的方法和目的不同，成本分类也不一样，餐饮产品的成本从不同角度可分成不同的种类。

1. 按成本可控程度划分

按成本可控程度可以分为可控成本和不可控成本。

(1) 可控成本。可控成本是指餐饮管理中，通过部门职工的主观努力可以控制的各种消耗。有些成本如食品原材料、水电燃料、餐茶用品等消耗，通过部门人为的努力是可以控制的。

(2) 不可控成本。不可控成本是指通过部门职工的主观努力很难加以控制的成本开支。如还本付息分摊、折旧费用、劳动工资等，通过部门人为的努力，在一定经营时期是很难控制的。

2. 按成本性质划分

按成本性质可分为固定成本和变动成本。固定成本和变动成本是根据成本对产销量的依赖关系来分类的，它反映了餐饮产品的成本性质。

(1) 固定成本。固定成本是指在一定时期和一定经营条件下，不随餐饮产品生产的销量变化而变化的那部分成本。在餐饮成本构成中，广义成本中的劳动工资、折旧费用、还本付息费用、管理费用等在一定时期和一定经营条件下是相对稳定的，所以称为固定成本。

(2) 变动成本。变动成本则是指在一定时期和一定经营条件下,随产品生产和销售量的变化而变化的那部分成本。在餐饮成本构成中,食品原材料成本、水电费用、燃料消耗、洗涤费用等总是随着产品的产销量而变化,所以称为变动成本。

3. 按成本与产品形成关系划分

按成本与产品形成关系可分为直接成本和间接成本两种。

(1) 直接成本。直接成本是指在产品生产中直接耗用,不需分摊即可加入产品成本中去的那部分成本,如直接材料、直接人工、直接耗费等。

(2) 间接成本。间接成本是指需要通过分摊才能加入产品成本中去的各种耗费,如销售费用、维修费用、管理费用消耗等。

4. 按成本和决策关系划分

按成本和决策关系可分为边际成本和机会成本。

(1) 边际成本。边际成本是指增加一定产销量所追加的成本。在餐饮管理中,增加餐饮产品的产销量可以增加收入,但同时,其成本也会相对增加。当固定成本得到全部补偿时,成本的增加又会相对减少,从而增加利润,但产销量的增加不是没有限制的,当超过一定限度时,市场供求关系变化,成本份额也会发生变化,从而使利润减少。从经营决策来看,当边际成本和边际收入相等时,利润最大。所以,边际成本是确定餐饮产品产销量的重要决策依据。

(2) 机会成本。机会成本是从多种方案中选择一个最佳方案时,被放弃的次优方案所丧失的潜在利益。

六、餐饮成本核算的方法

(一) 成本核算的基本事项

1. 餐饮成本核算的类别

餐饮成本核算分厨房核算和会计成本核算两个方面。

(1) 厨房核算。厨房核算主要是指为厨房生产和产品定价服务,控制厨房实际成本消耗,同时为会计成本核算提供基础数据。

(2) 会计成本核算。会计成本核算主要从会计专业化管理角度核算各餐厅和企业餐饮成本消耗及成本率,控制餐厅和企业成本,同时为企业餐饮经营者和高层领导提供决策依据。

2. 基本事项

厨房核算和会计成本核算必须提前做好成本核算的基本事项,主要包括三个方面的内容。

(1) 成本核算原始记录。原始记录也可叫原始凭证,是成本核算的依据。正确进行成本核算,必须建立原始记录制度并予以详细记录,如采购、储存、发料及生产销售等各个环节都要做好原始记录,并一式几份,以便完成记账、对账、查账等财务工作。原始记录主要包括原料进货发票、领料单、转账单、库存单、原料耗损报告单、生产成本记录表、生产日报等。

(2) 成本核算计量工具。厨房为准确计量各种食品原材料的采购、领取、销售等各个环节原材料消耗,必须配备必要的计量工具。成本核算计量工具主要有三种:①台秤,用于大宗食品原料计量,如米、面、肉、青菜等。②天平秤或电子秤,用于贵重或小宗食品原料计量,如鱼翅、奶油等。③量杯或量筒,用于调味品原材料计量,如油、黄酒等。

(3) 成本核算数据处理。餐饮成本核算是通过原料计量、计价和单位成本来计算实际成本的,其数据处理要正确,以便为成本控制提供客观依据。在成本核算中,必须保证核算制度统一、方法一致、计算准确,不重复、不遗漏,以保证数据的可比性和可用性。

(二) 成本核算方法分类

餐饮产品品种繁多,在核算时应根据厨房产品生产方式及花色品种不同,采用不同的核算方法,从而提高成本核算的准确性和科学性。

1. 顺序结转法

顺序结转法根据生产加工中用料的先后顺序逐步核算成本,适用于分步加工、最后烹制的餐饮产品。在餐饮管理中,大多数热菜食品都采用分步加工,其成本核算方法是将产品的每一生产步骤作为成本核算对象,依次将上一步成本转入下一步成本核算中,顺序类推便计算出餐饮产品总成本。

2. 平行结转法

平行结转法主要适用于批量生产的产品成本核算,它和顺序结转法又有区别。生产过程中,批量产品的食品原料成本是平行发生的,原料加工一般一步到位,形成净料或直接使用的食品原材料,这时只要将各种原料成本相加,即可得到产品成本。如冷荤中的酱牛肉、酱猪肝;面点中的馅料食品,如三鲜馅的饺子、包子等。特别提示:这些食品在加工过程中,其各种原料成本是平行发生的,只要将各种同时发生的原料成本汇总,即可得到产品总成本和单位成本。

3. 订单核算法

订单核算法是按照客人的订单来核算产品成本,主要适用于会议、团队、宴会等大型餐饮活动。这些类型的客人用餐事先都会预订,且用餐标准十分明确。在成本核算时,首先必须根据订餐标准和用餐人数确定餐费收入,其次根据预订标准高低确定毛利率高低,计算出一餐或一天的可容成本,最后在可容成本的开支范围内组织生产,而这一过程都是以订单为基础和前提的。

4. 分类核算法

分类核算法主要适用于餐饮核算员和餐饮成本会计的成本核算。如成本核算员每天核算成本消耗,先要将各种单据按餐厅和厨房分类,然后在每一个厨房或餐厅内将成本单据按食品和饮料分类,再按食品原料种类分类记账,最后才能核算出每个餐厅或厨房的各类成本。此外,在月、季成本核算中还可以分别核算出蔬菜、肉类、鱼类成本或冷菜、热菜、面点、汤类等不同种类的成本。

(三) 餐饮产品成本核算的步骤

1. 收集成本资料

收集成本资料是成本核算的前提和基础,要以原始记录和实测数据为准,不能用估计毛值，以保证成本核算的准确性。

2. 餐饮成本核算

餐饮成本核算分为采购成本核算、库房成本核算、厨房加工核算、餐厅成本核算和会计成本核算等多种。成本核算往往要分类进行，各个环节数据互相联系。

3. 成本分析

在成本核算的基础上，应定期对成本核算的结果及其核算资料进行成本分析，提出分析报告。一般来说，每周、每月都应进行一次成本分析，以指导餐饮生产经营活动的顺利进行。

4. 提出改进建议

根据成本核算和分析的材料，对采购、储存、出库、领用以及库房、厨房、餐厅等各个环节、各个部门进行分析，找出影响成本的原因，并针对主要原因提出改进建议，以便为加强成本控制、降低成本消耗提供客观依据。

七、餐饮原料成本核算

1. 原料成本组成要素

原料成本由主料、配料、调料三个要素构成。①主料是指构成各个具体品种的主要原料，通常是指肉料。②配料是指构成各个具体品种的辅助原料，通常是指植物类的原料。③调料是指烹制品种的各种调味料。

主配料的分别是餐饮行业约定俗成的，不一定是量上的区别。特别提示：虽然原料成本的构成因素只有三个，但由于食品原料范围非常大，原料来源不同，特点味性不同，要认识每一种原料特点和味性不是件容易的事。

2. 原料相关知识

(1) 毛料。毛料是指未经加工处理的食品原料，即是原料采购回来的市场形态。有些原料本身是半成品，但对餐饮企业来说，采购回来还只是市场状态，因为这些原料半成品还需要经过加工才能参与配菜，一旦经过加工后，其原料成本已经发生变化(有时尽管这种变化不是很大)。

(2) 净料。净料是指经加工后可用来搭配和烹制品种的半成品。所有原料采购回来，都必须经过加工(如清洗、刀工处理、热处理)，就算是一些本身已经是半成品的原料，也要经相应的处理，如鲮鱼罐头，开罐后倒出也存在着一种成本变化。

(3) 净料成本。净料成本是指由毛料经加工处理后成为净料的成本变化，又称为起货成本。

(4) 净料率。净料率是指净料重量占毛料重量的百分比，又称为起货率。净料率是指食品原材料在初步加工后的可用部分的重量占加工前原材料总重量的比率，它是表明原材料利用程度的指标，其计算公式如下。

$$净料率 = 加工后可用原材料重量 \div 加工前原材料总重量 \times 100\%$$

在原材料品质一定，同时在加工方法和技术水平一定的条件下，食品原材料在加工前后的重量变化是有一定的规律可循的，因此，净料率对成本的核算、食品原材料利用状况分析及其采购、库存数量等方面，都有很大的实际作用。

【例 1】 某餐饮企业购入带骨羊肉 16.00kg，经初步加工处理后剔出骨头 4.00kg，求羊肉的净料率。

羊肉的净料率＝加工后可用原材料重量÷加工前原材料总重量×100%

＝(16.00－4.00)÷16.00×100% ＝75.00%

【例 2】 某餐饮企业购入黑木耳 3.00kg，经涨发后得水发黑木耳 8.50kg，但从涨发好的黑木耳中拣洗出不合格黑木耳和污物 0.20kg，求黑木耳的净料率。

黑木耳的净料率＝加工后可用原材料重量÷加工前原材料总重量×100%

＝(8.50－0.20)÷3.00×100% ＝276.67%

3. 影响净料率因素

净料成本核算是品种成本核算的基础，影响净料成本的因素如下。

(1) 进货的价格。原料的采购价格高低直接决定了起货成本的高低。

(2) 进货的质量。进货质量好坏，也会影响到起货成本的高低。

【例 3】 采购回来的菜心质量不好，剪成后只有 100g，而按照正常的起货率计，每 500g 的菜心剪成后应该有 150g，这在无形中就影响了净料率。虽然是同样的原料，因产地不同，其净料率也会不同。

4. 净料成本计算公式

大部分采购回来的食品原料经过加工后都会有净料成本的变化，这样其单位成本也发生了变化，所以必须要进行净料成本的核算，其核算公式如下。

净料成本＝(毛料总值－副料总值)÷净料率

式中，毛料总值就是指采购回来的食品原料的市场形态；副料总值就是指对毛料加工后剔除出来的原料还可以作为其他用途的部分。比如，毛鸡经宰杀后，剔除出来的鸡血、鸡肾、鸡肠等还可作为其他用途的，应另计算。净料率一般都有行业约定俗成的百分比。

5. 一料一档成本核算

一种原材料经过加工处理后只有一种净料，下脚料已无法利用，其成本核算是以毛料价值为基础，直接核算净料成本，其计算公式如下。

净料成本 ＝ 毛料总值 ÷ 净料率

【例 4】 菜心每 500g 的进货价格是 1 元，每 500g 的菜心改成菜远是 125g，求每 500g 菜心的净料成本。

菜心净料成本＝1÷(125÷500)＝4(元)

每 500g 菜远的起货成本是 4 元。

【例 5】 某餐饮企业购入原料甲 15.00kg，进价 5.70 元/kg。经初步加工处理后得净料 11.25kg，下脚料没有任何利用价值，求原料甲的净料成本。

原料甲的净料成本＝ 毛料进价总值 ÷ 净料总重量

＝ 15.00 × 5.70 ÷ 11.25 ＝ 7.60(元/kg)

如果毛料经初步加工处理后，除得到净料外，尚有可以利用的下脚料，则在计算净料成本时，应先在毛料总值中减去下脚料的价值，其计算公式如下。

净料成本＝(毛料进价总值－下脚料价值)÷净料总重量

【例6】 某餐饮企业购入原料乙10kg，进价6.8元/kg，经初步加工处理后得净料7.5kg，下脚料1kg，单价为2元/kg，废料1.50kg，没有任何利用价值，求原料乙的净料成本。

原料乙的净料成本＝(毛料进价总值－下脚料价值)÷净料总重量
＝[(10×6.8)－(1×2)]÷7.5＝8.8(元/kg)

6. 一料多档成本核算

一种原材料经加工处理后可以得到两种或两种以上的净料或半成品，这时要分别核算不同档次的原料成本。

食品原材料加工处理形成不同的档次后，各档原料的价值是不相同的，为此，要分别确定不同档次的原材料的价值比率，然后才能核算其分档原料成本，其核算公式如下。

分档原料单位成本＝(毛料价格×毛料重量×各档原料价值比例)÷各档净料重量

【例7】 猪腿10kg，单价为30元/kg，共计300元，经拆卸分档，得到精肉6kg、肥膘2kg、肉皮1kg、筒骨1kg，各档原料其价值比率分别为64%、19%、11%、6%，请核算各档原料单位成本

精肉单位成本＝(300×64%)÷6＝32(元/kg)
肥膘单位成本＝(300×19%)÷2＝28.5(元/kg)
肉皮单位成本＝(300×11%)÷1＝33(元/kg)
筒骨单位成本＝(300×6%)÷1＝18(元/kg)

【例8】 某餐饮企业购入鲜鱼60kg，进价为9.6元/kg，根据菜肴烹制需要进行宰杀、剖洗分档后，得净鱼52.5kg，其中鱼头17.5kg，鱼中段22.5kg，鱼尾12.5kg，鱼鳞、内脏等废料7.5kg，没有利用价值。根据各档净料的质量及烹调用途，该餐饮企业确定鱼头总值应占毛料总值的35%，鱼中段占45%，鱼尾占20%，求鱼头、鱼中段、鱼尾的净料成本。

鲜鱼进价总值＝60×9.6＝576(元)

鱼头的净料成本＝(鲜鱼进价总值－鱼中段、鱼尾占毛料总值之和)÷鱼头净料总重量
＝[576－(576×45%＋576×20%)]÷17.5
＝201.6÷17.5＝11.52(元/kg)

鱼中段的净料成本＝(鲜鱼进价总值－鱼头、鱼尾占毛料总值之和)÷鱼中段净料总重量
＝[576－(576×35%＋576×20%)]÷22.5
＝259.2÷22.5＝11.52(元/kg)

鱼尾的净料成本＝(鲜鱼进价总值－鱼头、鱼中段占毛料总值之和)÷鱼尾净料总重量
＝[576－(576×35%＋576×45%)]÷12.5
＝115.2÷12.5＝9.22(元/kg)

分档定价后，鱼头的净料总值为201.6元(11.52元/kg×17.5kg)，鱼中段的净料总值为259.2元(11.52元/kg×22.5kg)，鱼尾的净料总值为115.2元(9.22元/kg×12.5kg)，平均的净料成本为10.97元/kg。

7. 半成品成本核算

半成品是指经过制馅处理或热处理后的半成品，如虾胶、鱼胶、炸有皮上肉等。

半成品成本核算的公式如下。

半成品成本 =（毛料总值 − 副料总值 + 调味成本）÷ 净料率

【例 9】 每 500g 鱼肉的进货价格是 8 元，制作鱼胶的调味料成本是 1 元，由鱼肉制作成鱼胶的净料成本是 95%，无副料值，求鱼胶的净料成本。

鱼胶净料成本 =(8+1)÷95%≈9.47(元)

每 500g 鱼胶的净料成本是 9.47 元。

调味成本核算方法有两种：一种是计量法，也是传统做法；另一种是估算法，也是现代较流行的做法。计量法就是根据使用多少量的调味料，按照每 500g 的进价来计算实际的调味成本，这种计算办法由于比较烦琐，在实际使用过程中较少使用。最多使用的是估算法，即根据企业本身的实际情况，计算出每种销售规格的平均调味成本。特别提示估算法适用于一般的品种成本核算，如果是一些特别的品种（特别是高档的品种），应该使用计量法，这样才能准确算出调味成本。

八、餐饮产品的成本核算

1. 餐饮产品成本核算方法

餐饮产品成本核算方法主要包括先分后总法和先总后分法两种，其中，先分后总法适用于单件制作的菜点的成本计算，先总后分法适用于成批产品的成本核算。

2. 单件产品成本核算方法

单件产品成本核算，采用先分后总法，随机选择产品抽样，测定单件产品实际成本消耗，根据产品抽样，测定单件产品实际成本消耗，根据抽样测定结果，计算成本误差，填写抽样成本核算报表，分析原因，提出改进措施。

【例 10】 "西兰花带子"，鲜带子每 500g 的进价是 25 元，净料率是 95%，用量是 150g，西兰花每 500g 进价是 3 元，净料率是 65%，用量是 200g，调味料成本是 1 元，求该品种成本。

鲜带子净成本 = (25 ÷ 95%) × (150 ÷ 500) ≈ 7.89(元)

西兰花净成本 = (3 ÷ 65%) × (200 ÷ 500) ≈ 1.80(元)

原料总成本 = 7.89 + 1.80 + 1 = 10.69(元)

"西兰花带子"的原料总成本是 10.69 元。

这是一个较标准的品种成本核算，即是将各种主料、配料的每 500g 净成本乘以用量，然后按照品种标准成本配置（无论有多少种主配料）相加到一起就是该品种的原料总成本。

3. 批量产品成本核算方法

批量产品成本核算是根据一批产品的生产数量和各种原料实际消耗进行的。批量产品成本核算采用先总后分法，其计算公式如下。

单位产品成本 = 本批产品所耗用的原料总成本 ÷ 产品数量

其成本核算方法包括以下三个步骤。

(1) 根据实际生产耗用，核算本批产品各种原材料成本和单位产品成本。

(2) 比较单位产品实际成本和标准成本，计算成本误差。

(3) 填写生产成本记录表。若成本误差较大，应分析原因，采取控制措施，如凉菜、点心等。

【例 11】 猪肉包子 60 个，用料：面粉 1kg，进价为 4 元/kg；猪肉 500g，单价为 30 元/kg；酱油 150g，单价为 5 元；味精 3g、葱末 50g、姜末 5g，作价 1 元。求猪肉包子的单位成本。

$$\text{每个猪肉包子成本}=(4\times1+30\times0.5+5\times0.15+1)\div60\approx0.35(\text{元})$$

任务二　餐饮成本控制

案例导入

混批当季海鲜

秋冬是黄鱼的上市季节，以前我们大批量采购黄鱼都是按照规格分别采购。今年我们采用了混批的方法，采购价是 15 元/500 克。采购回来后按照鱼的大小，分成大、中、小三类存放。目前，小黄鱼的市场价是 15 元/500 克，大黄鱼的市场价是 30 元/500 克，计算下来，黄鱼的采购成本比以前降低了 30%。

思考：你觉得在采购海鲜食材方面，还应该注意哪些方面？比如如何应对我国沿海的封海期。

餐饮成本控制是餐饮经营管理的重要内容，由于餐饮的成本结构制约着餐饮产品的价格，而餐饮的价格又影响着餐厅的经营和餐厅入座率，因此，餐饮成本控制是餐饮经营的关键。在餐饮经营中，保持或降低餐饮成本中的生产成本和经营费用，尽量提高食品原料成本的比例，使餐饮产品的价格和质量更符合市场要求，更有竞争力，是保证餐饮经营效益、竞争能力的具体措施。

一、餐饮成本的概念

1. 餐饮成本的含义

餐饮成本指制作和销售餐饮产品所发生的各项费用，它包括制作和销售菜肴的各种食品原料成本、管理人员、厨师与服务人员等的工资、固定资产的折旧费、食品采购和保管费、餐具和用具等低值易耗品费、燃料和能源费及其他支出等。因此，餐饮成本的构成可以总结为三个方面：食品原料成本、人工成本和经营成本。

2. 餐饮成本的特点

(1) 在餐饮成本中，变动成本占大部分，例如，餐厅常见的食品成本率的多和少决定于餐厅的级别、餐厅的规格、餐厅的经营策略等。通常餐厅的级别越高，其人工成本和各项经营费用越高，而食品成本率越低的餐厅，它在市场的竞争力难度也就越大。

(2) 在餐饮成本中，可控制成本占绝大部分。例如，食品成本，临时工作人员工资、燃料与能源成本、餐具、用具与低值易耗品成本都是可控制成本。餐厅与厨房管理人员完全可以加强厨房与餐厅的生产和经营管理以控制其成本。

二、餐饮成本的控制

1. 餐饮成本控制的含义

餐饮成本控制指在餐饮生产经营中，管理人员按照餐厅规定的成本标准，对餐饮产品的各成本因素进行严格的监督和调节，及时揭示偏差并采取措施加以纠正，以将餐饮实际成本控制在计划范围之内，保证实现企业成本目标。此外，现代餐饮成本控制还包括控制餐饮食品的成本，使之不低于相同级别的餐厅的食品成本。同时，控制餐饮经营费用，使之不高于相同级别的餐厅，以提高餐厅在市场上的竞争力。

2. 餐饮成本控制的意义

科学组织餐饮成本控制可以提高餐厅的经营与管理水平，减少物质和劳动消耗，使餐厅获得较大的经济效益。餐饮成本控制关系到餐饮产品的规格、质量和价格，关系到餐厅营业收入和利润，同时，也关系到顾客的利益及满足顾客对餐饮质量和价格的需求，从而促进餐饮产品的销售。因此，餐饮成本控制在餐饮经营和管理中确实有着举足轻重的作用。

3. 餐饮成本控制的特点

餐饮成本控制贯穿于它形成的全过程，即凡是在餐饮制作和经营成本形成的任何过程中影响成本的因素，都应成为餐饮成本控制的内容。餐饮成本形成的全过程包括食品原料的采购、贮存和发放，菜肴的加工、烹调和销售（服务）等。所以，餐饮成本的控制点较多，而每一个控制点都应当有自已的控制措施，否则，这些控制点便成了泄露点。

4. 餐饮成本控制的程序

（1）制定标准成本。在餐饮成本控制中，应当先制定生产和经营餐饮产品中的各项标准成本。标准成本是对各项成本和费用开支所规定的数量界限。此外，被制定出的标准成本必须有竞争力。

（2）实施成本控制。实施成本控制就是依据餐厅制定的标准成本，对成本形成的全过程进行监督，并通过餐厅的每日或定期的成本与经营情况报告，及管理人员现场考察等信息反馈系统及时揭示餐饮成本的差异，实行成本控制不能纸上谈兵，一定要落实在实践上，管理人员不能只看报表，一定要对餐饮产品的实际成本进行抽查和定期评估。

（3）确定成本差异。成本差异是标准成本和实际成本的差额。管理人员通过对餐饮产品的制作和销售中的实际成本和标准成本的比较，计算出成本差额（包括高于实际成本或低于实际成本两个方面）并分析差异的原因和责任，以便为消除这种成本差异做好准备。此外，本企业的食品成本低于市场上同级别餐厅的食品成本，或企业的餐饮经营成本高于同行业的水平，也属于成本差异。酒店必须及时消除这种差异，否则，会导致经营失败。

（4）消除成本差异。餐厅的管理人员和厨师长通过组织职工挖掘潜力，提出降低或改进成本的新措施或修订原来的标准成本的建议，或对成本差异的责任部门和个人进行相应的考核和奖罚等一系列措施,使他们重视成本控制,并加强生产和经营的管理,以使实际成本尽量接近标准成本。

三、餐饮成本控制的内容

(一) 食品原料的成本控制

食品原料的成本是中餐和西餐菜肴的主要成本,它包括主料成本、辅料成本和调料成本。餐饮食品原料成本通常由食品原料的采购量和消耗量两个因素决定。因此,餐饮食品成本控制的主要环节包括两个方面:食品原料的采购和食品原料的使用。

1. 食品原料成本的构成和特点

(1) 主料成本。主料成本指菜肴的主要原料成本,不同的菜肴主料也不同,某些菜肴中的主料可以是一种食品原料,而某些菜肴中的主料可能由两种或更多种类的食品原料构成。通常,主料在菜肴中的数量最多,价格最高,在菜肴中起主要作用。菜肴中的色、香、味、形和特色都是以主料的特点为基础的,菜肴常根据主料的名称、产地和特点命名。

(2) 辅料成本。辅料成本又称为配料成本,辅料是菜肴中的辅助原料,在菜肴中起着衬托主料的作用。辅料成本是不可忽视的成本,它在中餐和西餐菜肴成本中都占有一定的比例。

(3) 调料成本。调料成本指菜肴中的调味品成本,调味品在菜肴中起重要的作用,它关系到菜肴的味道。调料成本是餐厅的一项重要开支,它的重要性不仅表现在对菜肴的作用,还表现在它的成本数额有时超过主料。

2. 食品成本控制的主要环节

(1) 食品原料采购控制。食品原料采购控制是食品成本控制的第一个环节。食品原料的采购,应符合菜肴的质量要求,然后是价廉物美。应本着同价论质,同质论价,同价同质论费用的原则,合理选择食品原料。严格控制因生产急需购买高价食品的原料,并且应从管理制度上规定食品原料的采购价格,控制食品原料采购的运杂费。要做好这项工作,采购部门或采购者应尽量在餐厅所在地采购,就近取材,并减少中转环节,优选运输方式和运输路线,提高装载技术,避免不必要的包装,降低食品原料采购的运杂费,并应控制运输途中的消耗。当然,餐厅的采购部门应合理地规定食品原料的运输损耗率。此外,还应严格控制食品原料的保管费用,健全食品原料的入库手续,合理储备,防止积压、损坏,腐烂和变质,避免或减少库存损失。

(2) 食品原料的使用控制。食品原料的使用控制是食品成本控制的第二个环节。对于食品原料的消耗量控制,常采用的方法是:厨房根据食品原料的消耗定额填写领料单,厨房在规定的限额内领用一定数量的食品原料。此外,厨师长还要控制食品原料的使用情况,及时发现原材料超量和不合理使用情况。一旦发现问题,管理人员应当分析原因,采取有效措施,及时纠正,为了不断掌握食品原料的使用情况和做好食品成本控制,管理人员和厨师长应实施日报和月报食品成本制度,必要时要求厨房按工作班次填报。通过这种形式,对食品成本进行控制。

（二）人工成本控制

人工成本主要包括用工数量和职工的工资率控制。所谓用工数量主要指用于餐饮生产和经营的工作时间数量，职工的工资率是餐饮生产和经营全部职工的工资总额除以职工生产和经营的工时总额。人工成本控制就是对餐饮生产和经营总工时及工作人员的工资总额控制。现代化的餐饮经营和管理应从实际生产和技术出发，充分挖掘职工潜力，合理地进行定员编制，控制非生产和经营用工，防止人浮于事，以定员、定额为依据控制餐饮生产和经营职工人数，使工资总额稳定在合理的水平上。

1. 用工数量控制

在人工成本控制中，管理人员应先对用工数量进行控制，也就是对工作时间的控制。做好用工数量控制在于尽量减少缺勤工时、停工工时、非生产和服务工时等，提高职工出勤率、劳动生产率及工时利用率，严格执行劳动定额。

2. 工资总额控制

为了控制好人工成本，管理人员应控制好企业的工资总额，并逐日地按照每人每班的工作情况进行实际工作时间与标准工作时间的比较和分析，并做出总结和报告。

（三）燃料和能源成本控制

燃料和能源成本是菜肴生产和经营中不可忽视的成本，尽管它在一般菜肴中可能占有很少的比例，但是，它在一个餐厅的经营中仍然占有一定数额。控制燃料和能源成本主要是教育和培训全体职工，使他们重视节约资源，懂得节约燃料和能源的方法。此外，管理人员还应当经常对职工的节能工作和效果进行检查、分析和评估，并提出改进措施。此外，控制燃料和能源成本与制定厨房节能措施分不开。厨房节约热能常用的措施如下。

（1）不要过早地预热烹调设备，通常在开餐前15～20min进行。

（2）某些烹调设备，如烹调灶、扒炉和热汤池柜等，暂时不需要它们工作时，应关闭开关，避免无故消耗能源。

（3）在烤制用锡箔纸包裹的食物时，要注意烤制的先后顺序，这样可以节约大量的热源，因为通常烤制锡纸包裹的食物会降低75%的热效能。

（4）定时清除扒炉下破碎的石头。

（5）油炸食品时，应先将食品外围的冰霜或水分去掉以减少油温下降的速度。

（6）油炸食品时，最好用一重物按压食品，从而加快烹调速度。

（7）带有隔热装置的烹调设备，不仅对厨师健康有益，还节约能源。通常，它会提高食物的烹调效率，节约25%的烹调时间。

（8）连续和充分地使用烤箱可以节约许多热源。

（9）待食物摆放在烤箱中时，应使被烤食物保持一定距离，一般的间隔距离是3cm，以保持热空气流通，加快菜肴的烹调速度。

（10）用煮的方法制作菜肴时，不要放过多的液体或水。否则浪费热源。

（11）烤箱在工作时，每打开1s，其温度会下降1℃。

（12）厨房中使用的各种烹调锅都应当比西餐灶的燃烧器的尺寸略大些，这样可充分利用热源。

(13) 向冷藏柜存放食品或从冷藏柜拿取食品时，最好集中时间，尽量不分散，以减少打开冷藏柜的次数。

(14) 不需要冷热水时，一定要将水龙头关闭好。

除了食品成本、人工成本和能源成本，餐饮生产和经营成本还有许多项目，如固定资产的折旧费，设备的保养和维修费，餐具、用具与低值易耗品费、排污费、绿化费及因销售发生的各项费用。这些费用中有的属于不可控成本，有的属于可控成本。经营费用的控制方法只有通过加强餐厅的日常经营管理才能实现。

四、食品采购管理部门的确定

在餐饮成本控制工作中，确定食品采购管理部门是非常重要的工作。然而，不同等级、不同大小、不同管理模式的餐厅，其采购管理部门的确定也不相同。

1. 食品采购工作由管理部门直接管理

管理部门直接负责食品采购工作有利于采购员、保管员和厨师之间的沟通。同时，管理部门的工作人员熟悉食品原料，方便原料的购买，还可以节省采购的时间与费用。

2. 食品采购工作由管理部门和财务部双方管理

这种管理方法的优点是，财务部门负责食品采购工作更易于餐饮成本的监督和控制。而指定的采购员要熟悉采购业务。

3. 食品采购工作由采购部独立管理

这种管理让总经理和财务管理人员可直接管理和控制食品成本。

4. 酒店管理公司的集中采购管理

这种采购方式购进的食品原料既可以得到统一的监督，又可以获得优惠的价格。

五、食品原料的质量与规格控制

食品原料的质量指食品的新鲜度、成熟度、纯度、质地、颜色等标准。而食品原料的规格指原料的种类、等级、小大、重量、份额和包装等。控制食品原料的质量与规格必须先制定出本企业所需要的食品原料质量和规格，而且，要详细地写出各种食品原料的名称、质量与规格要求。

1. 食品原料质量和规格的制定

食品原料的质量和规格常常根据菜单的需要做出具体规定。由于食品原料的品种与规格繁多，其市场形态也各不相同(新鲜、罐装、脱水、冷冻)。因此，餐厅必须按照自己的经营范围和策略，制定本企业食品原料的采购规格(各种原材料的规格)，以达到预期的使用要求和作用，作为单位供货的依据。

2. 制定食品原料采购标准应注意的问题

为了使制定的各种食品原料的规格符合市场供应，满足生产需求，管理人员在制定食品原料采购标准时，应写明食品原料的名称、质量与规格要求。内容应具体，如写明原料名称、产地、品种、类型、式样、等级、商标、大小、稠密度、比重、净重、含水量、包装物、容器、可食量、添加剂含量及成熟程度等标准，文字应简明。

六、食品原料的采购数量控制

(一) 食品原料采购数量的因素

食品原料的采购数量是食品采购控制的重要环节。由于食品采购数量直接影响食品成本的构成和食品成本的数额，因此，餐厅和厨房的管理人员应当根据该店的经营策略，制定合理的采购数量。通常，食品原料采购数量受许多因素影响，这些因素如下。

1. 菜肴的销售量

当菜肴的销售量增加时，食品原料的采购量必然增加。

2. 食品原料的特点

各种食品原料都有自己的特点，它的贮存期也不相同，新鲜的水果和蔬菜，鸡蛋和奶制品的贮存期都很短。各种粮食、香料等干货原料贮存期都比较长。某些可以冷冻保存的食品原料可以贮存数天至数月。

3. 贮存条件

根据贮存空间大小及设施情况计算采购量。

4. 市场供应

根据货源情况决定各种原料的采购量，供应旺季的食品原料的价格不仅比淡季低，还容易购买。

5. 标准库存量

根据各类食品原料的需求量制定仓库的标准贮存量。

(二) 鲜活食品原料的采购数量

1. 鲜活食品原料的采购策略

购进新鲜的奶制品、蔬菜、水果及活的水产品等原料应在当天使用，第二天再重新购买新鲜的原料。这样，既可以保持食品原料的新鲜度，又减少了原料的损耗。因而，鲜活原料的采购频率较大，需要每日采购。采购方法是根据实际的使用量采购，要求采购员每日检查库存的余量或根据厨房及仓库的订单采购。每日库存量的检查可采用实物清点与观察估计相结合的办法。对价值高的原材料应清点实际存量；对价值低的原料只估计大约数就可以。为了方便采购，采购员将每日应采购的鲜活原料编制成采购单。采购单上应列出鲜活原料的名称、规格、需采购量等，有时还要加上供应商的报价，交给供应商。

2. 鲜活食品原料的采购数量

鲜活食品原料的采购量＝鲜活食品原料当日需求量－鲜活食品原料现存量

3. 日常食品原料的采购策略

在鲜活食品原料中，有些原料其本身价值不很高，但是，它们消耗量比较稳定，这些原料没有必要每天填写采购单，可以采用长期订货法。酒店可以把奶制品、鸡蛋、蔬菜、水果等日常大量使用的原料交与供应商，签合同，以固定市场价格，每天向酒店供应规定的食品原料。

（三）干货及可冷冻贮存的原料采购数量

1. 干货及可冷冻贮存的原料采购策略

干货原料属于不容易变质的食品原料，它包括粮食、香料、调味品和罐头食品等。可冷冻贮存的原料包括各种肉类、水产品类原料。为减少采购工作的成本，将干货原料采购量规定为数天或1～2周的使用量。干货原料和可冷冻贮存原料一次的采购数量、采购时间，均根据酒店的经营和采购策略而定。

2. 干货及可冷冻贮存的原料采购数量

通常，酒店对干货原料和可冷冻贮存的原料采用最低贮存量采购法。所谓最低贮存量采购法是酒店对各种食品原料分别制定其最低贮存量（采购点贮存量），采购员对达到或接近最低贮存量的食品原料进行采购的方法。使用这种方法，要求食品仓库管理员对每种食品原料都要建立库存卡。收发的食品原料必须随时登记在卡上，填上正确数量、单位、单价和金额，并记录在计算机中。除此之外，食品仓库应有一套行之有效的食品原料检查制度，及时发现已经达到或接近最低储存量的原料，并发出采购通知单和确定采购数量。

(1) 干货和可冷冻贮存的食品原料最低贮存量。通常，干货和可冷冻贮存的各种食品原料都有一定的标准贮存量，当某种食品原料经过使用后，它的数量降至需要采购的数量，而又能够维持至新的原料到来的时候，这个数量称为某种食品的最低贮存量。计算方法是：

食品原料最低贮存量 = 日需要量 × 发货天数 + 保险贮存量

(2) 干货和可冷冻贮存食品原料的采购数量。食品原料的采购数量是由酒店对各种食品原料的标准贮存量减去当时的仓库贮存数量（最低贮存量），再加上食品原料从供应商发送到酒店期间所需要的数量计算出的。计算方法是：

原料采购量 =（标准贮存量 − 最低贮存量 + 日需要量）× 发货天数

(3) 干货和可冷冻贮存的食品原料标准贮存量。食品原料的标准贮存量也是酒店某种原料的最高储备量，它由某一种食品原料的平均日需要量及酒店对这种原料的计划采购间隔天数相乘，再加上一定的保险贮存量而定。计算方法是：

原料标准贮存量 = 日需要量 × 采购间隔天数 + 保险贮存量

(4) 保险贮存量。所谓保险贮存量是酒店为防止市场的供货问题和采购运输问题预留的原料数量。当然，酒店对某种原料的保险贮存量的确定要考虑市场原料的供应情况和采购运输的方便程度而确定。

(5) 原料的日需要量。原料的日需要量通常指酒店每天对某种食品原料需求的平均数。当然，日需要量也指食品原料在某一天的实际需要量。

七、食品原料的采购程序控制

食品原料的采购程序控制是食品采购控制的重要内容，酒店应为采购工作规定工作程序，从而使采购员、采购部门及有关人员都明确自己的工作和责任。通常，采购程序要根据酒店的规模、管理模式而定。

1. 大型酒店食品原料的采购程序控制

在大型酒店，当仓库保管员发现库存的某种原料达到采购点(最低贮存量)时，要立即填写采购申请交给采购员或采购部门，采购员或采购部门根据仓库的申请，填写订购单并向供应商订货。同时，将订货单中的一联交于仓库验收员，以备验货物时使用。验收员接到采购的货物时，要将货物与采购部的订货单、供应商的发货票一起进行核对，经检查合格后，将干货的可冷冻贮存的食品原料送至仓库贮存起来。对于蔬菜和水果等新鲜的原料可直接发送到厨房，并办理出库手续。验收员在验收货物时一定要做好收货记录，并在货物的发货票上盖上验收章，再将发货票交于采购员或采购部门，采购员或采购部门在发货票上签字与盖章后将它交于财务部，发货票经财务负责人签字后才能向供应商付款。

2. 小型酒店食品原料的采购程序控制

小型酒店或独立经营的酒店的采购程序要简单得多，采购员仅根据厨师的安排和计划进行采购即可。

阅读链接

给老菜提提身价

在新推出的菜单中，我们改良了多款老菜，不仅给食客带来了新鲜感，而且让我们从中小赚了一把。一道是响油鳝糊，以前都是将鳝鱼做好后直接上菜，菜品售价一般也就是38元。现在，我们借鉴烤鸭的上菜方式，给这款老菜增加了四种配料，分别是荷叶饼、京葱丝、香菜和黄瓜丁。菜肴上桌后，用荷叶饼夹食鳝糊、京葱丝、香菜和黄瓜丁。别看只是一个小小的改良，改良后菜肴的成本也仅仅增加了2元，但是此菜的售价却涨到了58元，一份菜就多赚了18元，而且食客特别喜欢。尝到甜头后，我们又对炒蜗牛进行改良，搭配法式蒜香面包一起上菜，菜肴比没有改良前多卖了10元。还有一道菜是上汤豆苗，一般售价是20元左右。现在我们将做好的上汤豆苗用烧烫的石锅盛装，再磕上一个生鸡蛋，一道窝蛋石锅上汤豆苗就完成了。还是原来的做法，还是原来的用量，只不过把容器换成了石锅，又加入了一个几毛钱的生鸡蛋，但是这道菜的售价却达到32元。

很实用的一种增加菜品毛利率的方法，借鉴这个思路，我们可以改良很多菜。比如杭椒牛柳，可以搭配香酥口袋饼一起上桌，菜品多卖五六元不是难事，而且对客人来说，能够从老菜中吃到新意，也是件好事。

(资料来源：职业餐饮网，http://www.canyin168.com/glyy/cbkz/201412/62327.html)

任务三 餐饮成本分析

案例导入

凉菜间减少两名员工

现在的人力成本越来越高，如何更好地利用人效，就成为厨房管理者的一大难题。

幸好提前下手，找到了节省人力的好方法。以凉菜间为例分享如下：原本凉菜间需要6个人才能正常运转，现在将人数调整为4人，并对工作时间进行了微调，菜品总数和品种都没变，4个人干原本6个人的活却游刃有余。以前凉菜间的上班时间是9：30—13：30和16：00—21：00，现在每天早上安排一名厨师早上班1小时，提前制作需要加热的冷菜，中午14：00—16：00再安排一名厨师值班，提前制作晚餐需要的冷菜，晚上还要安排一名厨师工作到22：00，提前准备第二天需要的东西。经过调整后，凉菜间从8：30—22：00每个时间段都有人在工作，人效大大提高。当然，光提高人效还不行，精简的两名员工每月工资合计是4 000元，拿出3 000元用来给现有的4名厨师涨工资，这样精减人员后的人工成本每个月还降低了1 000元。

思考：怎样才能发现餐饮成本高在何处，如何降低成本？

一、成本分析方法

财务上现代餐饮成本分析方法主要有以下几种。

1. 比较分析法

比较分析法是将经济指标进行对比的一种方法，通常以本期实际指标与下列各项指标相比较。

(1) 与本期计划指标比较，用来检查计划完成程度，了解实际与计划的差异。

(2) 与上期、上年同期或历史最好水平的实际指标相比较，用以了解各项指标的升降情况和发展趋势。

(3) 与条件大致相同的饭店的实际指标相比较，找出本单位的薄弱环节，向先进企业看齐。

2. 比率分析法

比率分析法表示计算有内在联系的两项或多项指标之间的比例关系，据以分析企业经营活动的质量、结构、水平。现代饭店成本分析通常运用下列两类比率。

(1) 以收入为计算基数的经营效益指标，如资金占有率、费用率、利润率、劳动效率等。

(2) 以利润为对比对象的综合经济效益指标，如资金利润率、人均创利额等。

3. 动态分析法

动态分析法是将某项成本指标历年的数据按时间顺序排列成动态数列，据以分析其发展趋势、发展速度、发展规律的分析方法。具体有两种形式。

(1) 定基对比。即均以一个固定的年份为基数进行对比。

(2) 环基对比。即各年的同一指标都以上年为基数进行连续对比。

4. 平衡分析法

平衡分析法是利用指标间的平衡关系，分析指标间的差异，测定指标变动影响因素的一种办法。

二、成本差异的确定和分析

餐饮管理人员定期召开成本分析会，并寻找原因，是餐饮成本控制的一项重要工作。

1. 每月食品饮料成本核算

餐饮成本控制应以目标成本为基础，对日常管理中发生的各项成本进行的计量、检查、监督和指导，使其成本开支在满足业务活动需要的前提下，不超过事先规定的标准或预算。所以餐饮部应每日做好成本报表工作，填写“每天原材料使用明细表”隔日上报财务，每10天对毛利率报表进行分析；每月进行食品饮料成本核算，计算出食品成本率、饮料酒水成本率。

2. 召开成本分析会

餐饮部每月召集一次会议，与财务部、餐饮成本控制员召开财务分析会。结合当月的经营收入情况和成本支出以及与以前月度的成本进行对比分析，对于未达到或明显超出毛利率标准的查找、分析原因。

项目六　餐饮服务质量管理

教学目标

- **知识目标**：能识记餐饮服务质量的概念，识记客人对餐饮服务质量的需求和餐饮服务质量的内容，掌握餐饮服务质量的控制方法和监督检查方法。
- **能力目标**：能根据餐厅服务质量要求进行质量控制与监督；能正确处理餐厅宾客的投诉事故；能收集宾客的餐饮习惯，建立客史档案。
- **素质目标**：具备餐饮服务质量管理意识，具备提供优质餐饮服务的能力。

任务一　餐饮服务质量控制

案例导入

“周到服务”引起的思考

一天中午，王先生一家人来香溢大酒店雅苑西餐厅就餐，找了个比较僻静的座位坐下。刚入座，一位女服务员便热情地为他们服务起来。她先铺好餐巾，摆上碗碟、酒杯、刀叉，然后给他们斟满红酒，递上热毛巾。当一大盆“西湖龙井汤圆”端上来后，她先为他们报了菜名，接着为他们盛汤，盛了一碗又一碗。当盛到第三碗的时候，客人尴尬地拒绝了。在接下来的服务中这位女服务员满脸微笑，手疾眼快，一刻也不闲着：上菜后立刻报菜名，见客人杯子空了马上倒红酒，见骨碟里的骨刺皮壳多了随即就换，见手巾用过后立即换新的，她站在他们旁边忙上忙下，并时不时地询问他们还有何需要。服务员实在太热情，客人都透不过气来了，王先生只能对家人说：“我们还是赶快吃吧，这里的服务热情得有点过度，让人受不了。”于是，他们匆匆吃了几口，便结账离开了酒店。

思考：

(1) 如何把握“热情服务”和“无干扰服务”的尺度？

(2) 如何评价服务员的服务态度和服务质量？

(3) 一般情况下，如何为客人提供优质服务？

餐饮服务质量是指酒店以其所拥有的设备设施为依托，为顾客所提供的服务适合和满足顾客生理和心理需求的程度。餐饮服务质量包括设备质量、产品质量与服务水平三方面。设备质量是餐饮服务质量的物质要素，是为宾客提供餐饮服务的硬件设施，是服务的物质环境。产品质量是指在餐饮服务过程中，酒店为顾客提供的餐饮产品，主要包括菜肴、点心、酒水饮料等。服务水平是指在酒店运营过程中，服务员向顾客提供的满足顾客需求的服务水准，包括服务员的个人卫生、礼节礼貌、仪表仪容、服务态度、服务技能以及工作效率等。餐饮服务质量主要由环境质量、菜肴质量和服务水准组成。餐饮服务质量的控制，主要取决于餐饮部的管理水准。餐厅管理人员必须经常对餐饮工作进行督促、检查、指导，有效地把握餐饮服务工作的方向，促进餐饮服务质量的提高。

一、餐饮服务质量的需求

餐饮服务质量，是指餐饮服务能够给宾客带来满足的服务需求特性的总和。这里所说的“服务”，一方面包括为顾客所提供的无形产品和有形产品；另一方面，“服务需求”是指被服务者——顾客的需求。顾客的需求，既有精神方面的，又有物质方面的，具体反映在顾客对食品饮料的质量、价格、卫生以及服务的热情、周到、及时、礼貌等方面。

1. 物质方面的需求

(1) 物美与价廉。物美和价廉是辩证统一的，物美是建立在一定价格基础之上的。餐饮产品的色、香、味、名、形、声、器、养均佳，价格合理是服务质量好的基础。顾客要求以合理的费用得到满意的饮食和服务。

(2) 安全与卫生。安全与卫生，属人类最基本的生理需求之一。它包括三个方面：①就餐环境的安全，能够保证客人的人身和财产的安全。②餐厅所提供的食物清洁卫生，不会导致生病或中毒。③客人心理上的安全感。通过安全卫生的用餐环境、优质诱人的餐饮产品、清洁整齐的餐具用品等，使宾客产生安全感，并让其留下难忘的用餐经历。

(3) 及时与周到。要使客人满意，很重要一点就是服务的及时和周到。如果顾客候餐时间过长，而且送上的菜肴、饮料缺少必要的辅助进餐用具，服务程序混乱，即使菜肴、饮料质量再好，也会使顾客不满。及时需把握一个“度”，如上菜速度不能太慢也不能太快，在上虾蟹类带壳食品前要先上洗手盅等。而周到体现在当客人还没想到或只有潜意识的需求时，服务员就已经想到了，也做到了。及时与周到，是服务效率的体现。

(4) 舒适与方便。饭店完善先进的餐饮设施和服务气氛，使宾客感到在餐厅用餐是一种美好的享受，餐饮环境幽雅、怡人，将使宾客感到轻松愉悦。方便，是指餐厅有形设施的实用价值及完整的餐饮服务项目、员工主动的服务意识，使顾客感到饭店是他的家外之家，离开家如同在家一样方便，使顾客愉快舒心。方便既有进入餐厅的方便程度，又有营业时间满足客人生活节奏的因素。这是服务中最重要的方面。

2. 精神方面的需求

(1) 礼貌与尊重。餐饮服务强调员工应具有良好的礼仪、仪表、仪容、礼节、举止、服务态度和服务技能。在服务时要注意:①注重仪容仪表。②使用礼貌用语。③讲究操作礼节。要尊敬顾客,视顾客为上宾,认真做好每一项服务工作,使宾客的精神需求得到满足。

(2) 热情与诚恳。热情与诚恳是指餐饮员工对顾客微笑、积极、主动、暖人的服务。这种服务是发自内心的、真诚的、自觉的,它建立在敬业爱岗的基础上。因此,服务过程中员工应专心致志、精神饱满。它是服务态度的一种具体体现,是服务意识的具体表现。

(3) 亲切与友好。服务要人性化,要和善且友好地为顾客服务。在为客人服务时不得流露愤怒、冷淡、僵硬、厌烦、紧张和恐惧的表情。说话使用敬语,注意"请""谢谢"不离口。注意称呼客人姓氏,用友善和真诚的言行消除与客人的距离感。

(4) 谅解与安慰。餐饮服务的对象是宾客,他们来自不同国家或地区,信仰不同,价值观念各异,素质有高低。因此,在服务工作中会出现很多意想不到的状况,如沟通方面或宾客需求满意程度方面等。当出现问题时,服务人员要把"对"让给顾客,坚持"客人总是对的"原则,要理解、谅解顾客的各种心理,在善意的谦让过程中使宾客的心理需求得到最大限度的满足。

二、餐饮服务质量的特点

服务是无形的,无法像有形产品一样定出一系列标准的数量。那么,可以根据顾客对饭店服务的相同且普遍的要求对服务质量的特点进行详细的分析,有针对性地采取相应的对策,加强管理,实现最优质的服务。一般认为,服务质量有下述四个显著特性。

1. 综合性

餐饮服务是一个精细复杂的过程,而服务质量则是餐饮管理水平的综合反映。它的实现有赖于餐饮计划、餐饮业务物资、设备、劳动组合、控制、餐饮服务人员的素质、财务等多方面的保证。

2. 短暂性

餐饮产品现生产、现销售,生产与消费几乎同时进行。短暂的时间限制,对餐饮管理及餐饮工作人员的素质是一个考验。能否在短暂的时限内很好地完成一系列工作任务,也是对服务质量的一种检验。

3. 关联性

从饮食产品生产的后台服务到为宾客提供餐饮产品的前台服务有众多的环节,而每个环节的好坏都关系到服务质量的优劣。这众多的工序与人员只有协调配合、通力合作,发挥集体的才智与力量,才能保证实现优质服务。

4. 一致性

这里说的一致性是指餐饮服务与餐饮产品的一致性。质量标准是通过制定服务规程这个形式来表现的，因此服务标准和服务质量是一致的，即规格标准、产品质量、服务态度与产品价格保持一致。

三、餐饮优质服务的内容

餐饮服务质量包含两方面的内容，即餐厅的设施条件和服务水平。根据宾客需要配齐和增添新的设备，改善就餐条件，美化就餐环境和就餐气氛是提供餐饮服务和提高餐饮服务质量的物质基础。而服务水平则是检验服务质量的重要内容。餐饮服务水平主要包括：礼节礼貌，服务态度，清洁卫生，服务技能技巧，服务效率等方面。

餐饮优质服务包含高质量的实物产品和高质量的服务。实物产品的高质化主要取决于餐饮产品的内容与特色，包括食品的卫生与营养，菜点的色、香、味、形、质感、盛器、温度。高质量的服务，含有形服务和无形服务。有形服务是服务员付出各种劳动，无形服务是服务员与顾客的情感传达或交流，其作用有时比有形服务更大。高质量的餐饮服务包括服务技能、服务艺术、服务效率、高质量的设施设备、高质量的环境氛围、高素质的服务人员。

四、餐饮服务质量的控制

（一）餐饮服务质量有效控制的基本条件

1. 建立服务规程

餐饮服务质量的标准，就是服务过程的标准。服务规程即是餐饮服务所应达到的规范、程序和标准。为了提高和保证服务质量，我们应把服务规程视作工作人员必须遵守的准则，视作内部服务工作的法规。

餐饮服务规程必须根据餐厅的性质和特点（是快餐还是慢餐，是西餐还是中餐，是火锅还是传统宴席，是高档餐厅还是中低档餐厅，等等）来制定。应该结合具体服务项目的目标、内容和服务过程制定适合本餐饮企业的标准服务规格和程序。

餐厅的工种很多，各岗位的服务内容和操作要求都不相同。为了检查和控制服务质量，餐厅必须分别对零餐、团体餐、宴会以及咖啡厅、酒吧等的整个服务过程，制定出准备工作、迎宾、引座安座，点菜、斟酒走菜，值台服务、买单、收台复台、信息反馈等全套的服务程序。

制定服务规程时，先确定服务的程序和要点，再确定每个程序和要点的要求、规范、标准等。每套规程在首、尾处有和上套服务过程以及下套服务过程相联系、衔接的规定。

在制定服务规程时，不要完全照搬其他餐厅的服务程序，而应在广泛吸取国内外先进管理经验、接待方式的基础上，紧密结合本店大多数顾客的饮食习惯和本地的风味特点，创造性地推出全新的服务规范和程序。

管理人员的任务主要是执行和控制规程。特别要注意抓好各套规程，即各个服务过程之间的薄弱环节。一定要用服务规程来统一各项服务工作，从而使之做到服务质量标准化，服务岗位规范化和服务工作程序化、系统化。

2.收集质量信息

餐厅管理人员应该知道服务的结果如何，即宾客是否满意，从而采取改进服务、提高质量的措施；应该根据餐饮服务的目标和服务规程，通过巡视定量抽查、统计报表、听取顾客意见等方式来收集服务质量信息。

3. 抓好员工培训

企业之间服务质量的竞争主要是人才的竞争、员工素质的竞争。很难想象，没有经过良好训练的员工能有高质量的服务。因此，新员工上岗前，必须进行严格的基本功训练和业务知识培训，不允许未经职业技术培训、没有取得一定资格的人上岗操作。在职员工也必须利用淡季和空闲时间进行培训，以提高业务技术，丰富业务知识。

(1) 礼节礼貌。

(2) 服务态度。在餐厅工作中，要体现良好的服务态度就应做到以下几点。

① 微笑，问好，最好能重复宾客的名字。

② 主动接近宾客，但要保持适当距离。

③ 含蓄、冷静，在任何情况下都不急躁。

④ 遇到宾客投诉时，要虚心听取。最好是请其填写宾客意见书。如果事实证明是服务人员错了，应立即向宾客道歉并改正。

⑤ 遇有宾客提出无理要求或宾客错了，只需向宾客解释明白，不得要求宾客认错，坚持体现“宾客总是对的”。

⑥ 了解各国各阶层人士的不同心理特征，提供针对性服务。

⑦ 在时间上、方式上处处方便宾客，并在细节上下功夫，让宾客感到服务周到。

希尔顿饭店联号的创始人希尔顿先生的治业三训——勤奋、自信、微笑，对服务态度是十分重视的。而驰名世界的麦克唐纳快餐联号的总裁克拉克先生，把“微笑、热情、干净”看作是“达到企业旺盛的诀窍”。

这些成功者的经验，应该给我们以深刻的启迪。

(3) 清洁卫生。餐饮部门的清洁卫生工作要求高，体现着经营管理水平，是服务质量的重要内容，必须认真对待。要制定严格的清洁卫生标准，这些卫生标准如下。

① 在厨房生产布局方面，应有保证所有工艺流程符合法定要求的卫生标准。

② 餐厅及整个就餐环境的卫生标准。

③ 各工作岗位的卫生标准。

④ 餐饮工作人员个人卫生标准。

⑤ 要制定明确的清洁卫生规程和检查保证制度。

(4) 服务技能、技巧与服务效率。服务员的服务技能和服务技巧是服务水平的基本保证和重要标志。如果服务人员没有过硬的基本功，服务技能、技巧不高，那么，即使你的服务态度再好，微笑得再甜美，宾客也只会热情而有礼貌地拒绝。因为，顾客对这种没有服务质量和实际内容的空洞服务是不需要的。

服务效率是服务工作的时间概念，是提供某种服务的时限。它不但反映了服务水平，而且反映了管理的水平和服务员的素质。它是服务技能的体现与必然结果。

消费心理表明，就餐顾客对等候是最感到头痛的事情。等候会抵消我们在其他服务方面所做出的努力，稍长时间的等候，甚至会使我们前功尽弃。为此，在服务中一定要讲究效率，尽量缩短就餐宾客的等候时间。缩短候餐时间，是客我两便的事情，顾客高兴而来，满意而去，餐厅的餐位利用率提高，营业收入增加。

餐饮部门有必要对菜食烹制时间、翻台作业时间、顾客候餐时间做出明确的要求和规定，并将其纳入服务规程之中。在服务人员达到一定的时限标准后，再制定新的、先进合理的时限要求来确定效率标准。餐厅应该把尽量减少甚至消灭等候现象作为服务质量的一个目标来实现。

（二）餐饮服务质量控制的方法

根据餐饮服务的三个阶段（准备阶段、执行阶段和结果阶段），餐饮服务质量可以相应地分为以下几种。

1. 餐饮服务质量的预先控制

所谓预先控制，就是为使服务结果达到预定的目标、在开餐前所做的一切管理上的努力。预先控制的目的是防止开餐服务中听使用的各种资源在质和量上产生偏差。

预先控制的主要内容如下。

(1) 人力资源的预先控制。餐厅应根据自己的特点，灵活安排人员班次，以保证有足够的人力资源。那种“闲时无事干，忙时疲劳战”或者餐厅中顾客多而服务员少、顾客少而服务员多的现象，都是人力资源使用不当的不正常现象。

在开餐前，必须对员工的仪容仪表作一次检查。开餐前数分钟所有员工必须进入指定的岗位，姿势端正地站在最有利于服务的位置上。女服务员双手自然叠放于腹前或自然下垂于身体两侧，男服务员双手背后放或贴近裤缝线。全体服务员应面向餐厅入口等候宾客的到来，给宾客留下良好的第一印象。

(2) 物资资源的预先控制。开餐前，必须按规格摆好餐台；准备好餐车、托盘、菜单、点菜单、订单、开瓶工具及工作台小物件等。另外，还必须备足相当数量的“翻台”用品，如桌布、口布、餐纸、刀叉、调料、火柴、牙签、烟灰缸等。

(3) 卫生质量的预先控制。开餐前半小时对餐厅卫生从墙、天花板、灯具、通风口、地毯到餐具、转台、台布、台料、餐椅等都要作最后一遍检查。一旦发现不符合要求的，要安排迅速返工。

(4) 事故的预先控制。开餐前，餐厅主管必须与厨师长联系，核对前后台所接到的客情预报或宴会指令单是否一致，以避免因信息的传递失误而引起事故。另外，还要了解当天的菜肴供应情况，如个别菜肴缺货，应让全体服务员知道。这样，一旦宾客点到该菜肴，服务员就可以及时向宾客道歉，避免事后引起宾客不满。

2. 餐饮服务质量的现场控制

所谓现场控制，是指现场监督正在进行的餐饮服务，使其规范化、程序化，并迅速妥善地处理意外事件。这是餐厅主管的主要职责之一。餐饮部经理也应将现场控制作为管理工作的重要内容。

(1) 服务程序的控制。开餐期间，餐厅主管应始终站在第一线，通过亲身观察、判断、监督、指挥服务员按标准服务程序服务，发现偏差，及时纠正。

(2) 上菜时机的控制。掌握上菜时间要根据宾客用餐的速度、菜肴的烹制时间等，做到恰到好处，既不要宾客等待太久，也不应将所有菜肴一下子全上。餐厅主管应时常注意并提醒掌握好上菜时间，尤其是大型宴会，上菜的时机应由餐厅主管，甚至餐饮部经理掌握。

(3) 意外事件的控制。餐饮服务是面对面的直接服务，容易引起宾客的投诉。一旦引起投诉，主管一定要迅速采取弥补措施，以防止事态扩大，影响其他宾客的用餐情绪。如果是由服务态度引起的投诉，主管除向宾客道歉外，还应替宾客换一道菜。发现有醉酒或将要醉酒的宾客，应告诫服务员停止添加酒精性饮料。对已经醉酒的宾客，要设法让其早点离开，以保护餐厅的气氛。

(4) 人力控制。开餐期间，服务员虽然实行分区看台负责制，在固定区域服务(一般可按照每个服务员每小时能接待20名散客的工作量来安排服务区域)。但是，主管应根据客情变化，进行第二次分工、第三次分工……如果某一个区域的宾客突然来得太多，就应从另外区域抽调员工支援，等情况正常后再将其调回原服务区域。

当用餐高潮已经过去，则应让一部分员工先去休息一下，留下一部分人工作，到了一定的时间再交换，以提高工作效率。这种方法对于营业时间长的餐厅如咖啡厅等特别必要。

3. 服务质量的反馈控制

所谓反馈控制，就是通过质量信息的反馈，找出服务工作在准备阶段和执行阶段的不足，采取措施加强预先控制和现场控制，提高服务质量，使宾客更加满意。

信息反馈系统由内部系统和外部系统构成。内部系统是指信息来自服务员和经理等有关人员。因此，每餐结束后，应召开简短的总结会，以不断改进服务质量。信息反馈的外部系统，是指信息来自宾客。为了及时得到宾客的意见，餐桌上可放置宾客意见表，也可在宾客用餐后主动征求客人意见。宾客通过大堂、旅行社等反馈回来的投诉，属于强反馈，应予以高度重视，保证以后不再发生类似的质量偏差。建立和健全两个信息反馈系统，餐厅服务质量才能不断提高，更好地满足宾客的需求。

(三) 餐饮服务质量的监督检查

对服务质量进行监督检查和对员工进行长期不懈的培训是搞好餐饮经营管理的两大法宝。

1. 餐饮服务质量监督的内容

(1) 制定并负责执行各项管理制度和岗位规范。抓好礼貌待客，优质服务教育。实现服务质量标准化、规范化和程序化。

(2) 通过反馈系统了解服务质量情况，及时总结工作中的正反典型事例并及时处理投诉。

(3) 组织调查研究，提出改进和提高服务质量的方案、措施和建议，促进餐饮服务质量和经营管理水平的提高。

(4) 分析管理工作中的薄弱环节，改革规章制度，整顿纪律，纠正不正之风。

(5) 组织定期或不定期的现场检查，开展评比和优质服务竞赛活动。

2. 餐饮服务质量检查的主要项目

根据餐饮服务质量内容中的礼节礼貌、仪表仪容、服务态度、清洁卫生、服务技能和服务效率等方面的要求，将其归纳为服务规格、就餐环境、仪表仪容和工作纪律四项，并将其列表分述。这个检查表既可作为常规管理的细则，又可将其数量化，作为餐厅与餐厅之间、员工与员工之间竞赛评比或员工考核的标准。

阅读链接

餐饮服务质量量化标准

1. 中餐部服务效率量化标准

(1) 电话铃响3声内接听。

(2) 客人到达餐厅门口，迎宾员必须在5s内接待客人。

(3) 迎宾员因故离岗，1min内补位。

(4) 迎宾员引领客人进入包房就座后，服务员在3min内为客人上香巾。

(5) 客人落座之后在3min内为客人上好茶水、饮料(鲜榨果汁除外)。

(6) 客人预订包房后，服务员在客人到达前30min内准备好酒水、香巾。

(7) 零点客人，冷菜在5min内送到。

(8) 大型宴会提前15天与预订客人联系。

(9) 中小型宴会提前5天与预订客人联系。

(10) 大型宴会在宴会前提前1h准备好休息室及茶壶、茶叶及开水。

(11) 大型宴会提前1h按宴会标准取出相应的酒品饮料并摆放在服务台上。

(12) 宴会开始前30min，对宴会准备工作进行最后一次检查。

(13) 宴会开始前15min，楼面服务员站立在各自岗位上，准备迎接客人的到来。

(14) 客人入座后1min内为客人打开餐巾，脱下筷子套。

(15) 客人在用餐时，如餐具不慎掉地，20s内应补上干净餐具。

(16) 宴会开始前10min内上凉菜。

(17) 中餐宴会当中应提供3次以上香巾。

(18) 通知起菜后第一道菜须在8min内送上桌，并且每道菜之间的间隔不超过5min(特殊菜式除外)。

(19) 点好菜后，下单送到备餐间的时间不超过3min。

(20) 客人点完菜后在1min内推上凉菜车(在大厅内)。

(21) 客人点海鲜后，服务员应在6min内把海鲜送到包房给客人核对确认后，方可送到厨房。

(22) 为客人点菜的时间不可超过6min，点完菜后，上第一道菜的时间不可超过8min，整桌菜上完在30min以内。

(23) 为客人开红酒1min内完成。

(24) 为客人开啤酒30s内完成。

(25) 斟续酒10s/人。

(26) 高档菜必须在16min内出品。

(27) 备餐间员工送菜在同一楼层3min内送到包房。

(28) 备餐间员工送菜不在同一楼层4min内送到包房。

(29) 高档宴会分菜，服务员必须在3min内完成一道菜(10人台为标准)。

(30) 剔鱼刺3min内完成。

(31) 如点了需要配佐料或工具的菜时，应在上菜前5min内上齐所有佐料和工具。

(32) 客人拿出烟，服务员应在5s内为客人点上。

(33) 烟缸内有3个烟头就必须更换。

(34) 5s内换一个烟缸或骨碟。

(35) 骨碟内有烟灰、骨头等杂物时必须在5s内更换。

(36) 客人来用餐需要重新摆台时，服务员应在5s内完成所有准备工作(散餐)。

(37) 从包房到吧台来回4min。

(38) 客人对服务员提出服务要求时，服务员应在3s内应答客人。

(39) 用餐途中加点酒水时间不超过4min(包括下单、送单)

(40) 如用餐客人要求加位必须在1min之内完成。

(41) 掉地上的纸屑、杂物必须在5s内捡起。

(42) 客人用餐完毕后，在3min内清理台面，送水果。

(43) 从客人要求结账到结账完毕不超过5min。

(44) 客人走后服务员清场至复台：4～6人台15min。

(45) 客人走后服务员清场至复台：7～10人台20min。

(46) 客人走后服务员清场至复台：11～14人台30min。

(47) 用餐过程中菜式出现质量问题，客人要求更换时，在8min内上好客人所需菜式特殊菜式(除外)。

(48) 为客人斟白酒1min内完成10杯。

(49) 客人要求更换包房时，必须在3min内为客人更换安排好。

(50) 用餐过程中客人需要酒店没有的物品时，服务员应立即向客人讲明，在3min内给予答复。

2. 西餐部服务效率量化标准

(1) 电话铃响3声内接听。

(2) 客人到达餐厅1min内让客人就座。

(3) 当迎宾员引客入座时服务员应在10s内前来点酒水、饮料。

(4) 客人落座后1min内呈送菜单、酒单。

(5) 客人点零点时，为客人点单时间不得超过3min/位。

(6) 送单至厨房不超过2min。

(7) 客人点的酒水、饮料须在3min内上好(鲜榨果汁8min)。

(8) 为客人开红酒在1min内完成。

(9) 为客人开啤酒、斟酒1min内完成。

(10) 客人用完餐的空碟须在1min内撤走。

(11) 当客人杯中的酒水、饮料只剩 1/3 时应及时添加。
(12) 从客人拿起香烟至给客人点烟不得超过 3s。
(13) 为客人临时拼台，应在 2min 内完成(8 人位以内)。
(14) 客人点完零点后，撤换用餐餐具时间控制在 1min/位完成。
(15) 客人点餐前饮料 2min 内完成。
(16) 客人落座后，服务员在 2min 内为客人上好冰水。
(17) 客人点好菜，服务员在 2min 内为客人上好面包。
(18) 客人点沙拉 12min 送到餐桌。
(19) 客人点比萨 25min 送到餐桌。
(20) 客人点牛扒 18min 送到餐桌。
(21) 客人点意粉 10min 送到餐桌。
(22) 客人点汉堡 10min 送到餐桌。
(23) 客人点甜品 15min 送到餐桌。
(24) 为客人煎鸡蛋在 5min 内完成。
(25) 为客人煎蛋卷在 3min 内完成。
(26) 早餐点米粉在 3min 内完成。
(27) 零点点米粉在 5min 内完成。
(28) 客人餐桌烟灰缸有 3 个烟头要更换。
(29) 从客人要求结账到结账完毕不超过 5min。
(30) 客人用餐完毕后，服务员在 4min 内重新摆台。
(31) 下单至西厨房 3min 内完成。
(32) 送餐服务：6 道菜以内在 25min 内完成。
(33) 送餐服务 7～10 道菜在 30min 内完成。
(34) 早餐客人要的送餐服务 10min 内送到。
(35) 中、晚餐客人要的送餐服务 25min 内送到。
(36) 结账时间：挂账 3min、付现 5min。
(37) 摆位时间：餐车 2min、托盘 1min。
(38) 接客人通知收餐电话后，5min 内赶到房间。
(39) 电话点单不超过 4min。
(40) 用保鲜膜包菜，每道菜 5s 钟。
(41) 送餐到客房后，拆保鲜膜的时间为每道菜 5s 钟。
(42) 客人要求加餐具，5min 内送到房间。

3. 大堂吧、咖啡厅

(1) 客人在咖啡厅(大堂吧)就座后，服务员要在 30s 内前来接待客人。
(2) 客人在咖啡厅(大堂吧)点酒水、饮料，服务员在 3min 内送到。
(3) 30s 为客人加好位。
(4) 当客人水杯的水只剩下 1/3 时，要及时添加。
(5) 当客人烟灰缸有 3 个烟头时更换。

(6) 2min 内整理好 1 张台面。

(7) 客人点西厨出品的小吃,从客人点单至为客人送上的时间不得超过 12min。

(8) 上一杯鲜榨果汁 5min 内完成。

(9) 上一杯现磨咖啡 6min 内完成。

(10) 上一杯冲泡咖啡 4min 内完成。

(11) 从客人要求结账到结账完毕不超过 3min。

(12) 客人结账离开后在 3min 内重新摆台。

4. 酒吧

(1) 酒吧服务员拿任何一款无须调制的酒水 3min 内完成。

(2) 酒吧服务员在 5min 内调制好一种鸡尾酒。

(3) 酒吧服务员榨一杯果汁在 5min 内完成。

(4) 酒吧服务员榨一扎果汁在 8min 内完成。

(5) 现磨一杯咖啡:6min。

(6) 冲泡一杯咖啡:3min。

(7) 完成一份小份果盘 4min、中份 5min、大份 6min。

(8) 当客人烟灰缸有 3 个烟头时更换。

(9) 从客人要求结账到结账完毕,时间不超过 3min。

(资料来源:职业餐饮网,http://www.canyin168.com/glyy/cygl/ctfwlc/201108/33315.html)

任务二 餐饮服务投诉处理

案例导入

你们刚才点的就是这道菜

一天,赵先生在酒店的中餐厅请客户吃饭。点菜时,有一位客户点了一道"白灼基围虾",但记菜名的服务员没注意听,把它误写为"美极基围虾"。当菜端上来以后,赵先生感到很奇怪,立即把服务员叫来:"小姐,我们要的是'白灼基围虾',这道菜你上错了,请你赶快给我们换一下。"

服务员一听不乐意了,辩解说:"刚才这位先生点的就是'美极基围虾',肯定没错。不信把菜单拿来核对一下。"她的话把刚才点这道菜的客人弄得很不高兴,赵先生的脸也沉下来了说:"请小姐把点菜单拿来给我们看一下吧。要是你错了,得赶快给我们换。"服务员过去拿来点菜单,赵先生等人一看,上面果然写的"美极基围虾"。这一下,大家都感到奇怪了。刚才客人明明说的是"白灼基围虾",大家都听得很清楚,但现在怎么就成了"美极"了呢?

那位服务员心里知道,自己当时一定是走神了,根本就没听清楚到底是"白灼"还是"美极",但想到"美极基围虾"这道菜点的人多,想当然就记成"美极"了。可是她害怕赔偿,怎么也不肯主动承认是自己记错了。这时候,赵先生请的那位客人实在坐不住了,他有些气愤地说："把你们经理叫来，我有话对他(她)说。"

服务员极不情愿地去叫来了经理。这位经理大概已经听服务员汇报了情况，他走过来后便说："不好意思，你们刚才点的就是这道菜。我们店服务员都是经过严格考核和培训的，记忆力都很好，在客人点菜时会如实地记下每一道菜名。"

大家本以为这位经理会过来赔礼道歉，把菜给换了，但没想到他居然会说出这种话。经理这番话的意思很明显：不是店方错了，而是赵先生错了。事情到这种地步，完全没有回旋的余地了。客人愤怒地拂袖而起，说道："好吧，请你赶快给我们结账吧！"赵先生见此情景，也觉得很尴尬，劝也不是，不劝也不是。愣了一会儿之后，他才赶忙对那位客人赔不是说："真对不起，请原谅！以后再也不到这种餐厅来吃饭了！"

(资料来源：红餐网，http://www.canyin88.com/baodian/2015120836068.html)

思考：此案例中客人投诉的原因是什么？如果你是餐厅经理，会如何处理？

一、餐饮服务质量投诉的原因

宾客投诉的原因是多种多样的，有酒店方面的，也有客人方面的，通常顾客投诉内容大概有以下几种情况。

1. 对酒店工作人员服务态度的投诉

对服务员服务态度优劣的甄别评定，虽然不同消费经验、不同个性、不同心境的宾客对服务态度的敏感度不同，但评价标准不会有太大差异。尊重需要强烈的客人往往以服务态度欠佳作为投诉内容，具体表现为以下几种。

(1) 服务员待客不主动，给客人以被冷落、怠慢的感受。

(2) 服务员待客不热情，表情生硬、呆滞甚至冷淡，言语不亲切。

(3) 服务员缺乏修养，动作、语言粗俗、无礼，挖苦、嘲笑、辱骂客人。

(4) 服务员在大庭广众中态度咄咄逼人，使客人感到难堪。

(5) 服务员无根据地乱怀疑客人行为不轨。

2. 对酒店某项服务效率低下的投诉

如果说以上投诉是针对具体服务员的，那么，以下内容的投诉则往往是针对具体的事件而言的。如餐厅上菜、结账速度太慢使客人等候时间太长。在这方面进行投诉的客人有的是急性子，有的是要事在身，有的的确因酒店服务效率低而蒙受经济损失，有的因心境不佳而借题发挥。

3. 对酒店设施设备的投诉

因酒店设施设备使用不正常、不配套、不卫生、服务项目不完善而让客人感觉不便，也是客人投诉的主要内容，如空调控制不良、会议室未能配备所需的设备等。

4. 对服务方法欠妥的投诉

因服务方法欠妥，而对客人造成伤害，或使客人蒙受损失，如因与客人意外碰撞而烫伤客人等。

5. 对酒店违约行为的投诉

当客人发现酒店曾经做出的承诺未能兑现，会产生被欺骗、被愚弄的愤怒心情，如酒店未实现给予优惠的承诺,某项酒店接受的委托代办服务未能按要求完成等。

6. 对商品质量的投诉

酒店餐厅出售的商品主要表现为食品。餐厅食具、食品不洁、食品未熟、怀疑酒水假冒伪劣等,均可能引起投诉。

7. 其他方面的投诉

(1) 服务员行为不检、违反有关规定(如向客人索要小费),损坏、遗失客人的物品。

(2) 服务员不熟悉业务,一问三不知。

(3) 客人对价格有争议。

(4) 对周围环境、治安保卫工作不满意。

(5) 对管理人员的投诉处理有异议等。

二、餐饮服务质量投诉的种类

1. 控告性投诉

控告性投诉是指投诉人已被激怒,情绪激动,要求饭店做出某种承诺的一种投诉方式。

2. 批评性投诉

批评性投诉是指投诉人心怀不满,但情绪相对平静,只是把这种不满告诉对方,不一定要饭店做出什么承诺的一种投诉方法。

3. 建设性投诉

建设性投诉是指投诉人通常并非是在心情不佳的情况下投诉的,恰恰相反,这种投诉很可能是随着对饭店的赞誉而发生的。

三、餐饮投诉处理的原则

1. 有章可循

餐厅要有专门的制度和人员来管理顾客投诉问题。另外,还要做好各种预防工作,使顾客投诉防患未然。为此,需要经常不断地提高全体员工的素质和业务能力,树立全心全意为顾客服务的思想,加强酒店内外部的信息交流。

2. 宾客至上

对客人投诉要持欢迎态度,不与客人争吵,不为自己辩护。接待投诉客人,受理投诉,处理投诉,这本身就是酒店的服务项目之一。如果说客人投诉的原因总是与服务质量有关,那么,此时此刻代表酒店受理投诉的管理人员真诚地听取客人的意见,表现出愿为客人排忧解难的诚意,对失望痛心者好言安慰,深表同情,对脾气火爆者豁达礼让、理解为怀,争取完满解决问题,这本身就是酒店正常服务质量的展现。如果说投诉客人希望获得补偿,那么,在投诉过程中对方能以最佳的服务态度对待自己,这对通情达理的客人来说,也算得上是某种程度的补偿。

3. 兼顾客人和酒店双方的利益

管理人员在处理投诉时,身兼两种角色:首先,他是酒店的代表,代表酒店受理投诉,因此他不可能不考虑酒店的利益。其次，只要他受理了宾客的投诉，只要他仍然在此岗位工作，他也就同时成为客人的代表，既是代表酒店又是代表客人去调查事件的真相，给客人以合理的解释，为客人追讨损失赔偿。客人直接向酒店投诉，这种行为反映了客人相信酒店能公正妥善地解决当前的问题。为回报客人的信任，以实际行动鼓励这种“要投诉就在酒店投诉”的行为，管理人员必须以不偏不倚的态度公正地处理投诉。

4. 分清责任

处理投诉要分清责任。不仅要分清造成顾客投诉的责任部门和责任人，而且需要明确处理投诉的各部门、各类人员的具体责任与权限以及顾客投诉得不到及时圆满解决的责任。

四、餐饮投诉处理程序

1. 对投诉的快速处理程序

（1）专注地倾听客人诉说，准确领会客人意思，把握问题的关键所在。确认问题性质可按本程度处理。

（2）必要时察看投诉物，迅速做出判断。

（3）向客人致歉，作必要解释，请客人稍候，自己马上与有关部门取得联系。

（4）跟进处理情况，向客人询问对处理的意见，作简短祝词。

2. 对投诉的一般处理程序

（1）倾听客人诉说，确认问题较复杂，应按本程序处理。

（2）请客人移步至不引人注意的一角，对情绪冲动的客人或由外地刚抵埠的客人，应奉上茶水或其他不含酒精的饮料。

（3）耐心，专注地倾听客人陈述，不打断或反驳客人。用恰当的表情表示自己对客人遭遇的同情，必要时作记录。

（4）区别不同情况，妥善安置客人。对求宿客人，可安置于大堂吧稍事休息；对本地客人和离店客人，可请他们留下联系电话或地址，为不耽误他们的时间，请客人先离店，明确地告诉客人给予答复的时间。

（5）着手调查。必要时向上级汇报情况，请示处理方式。做出处理意见。

（6）把调查情况与客人进行沟通，向客人作必要解释。争取客人同意处理意见。

（7）向有关部门落实处理意见，监督、检查有关工作的完成情况。

（8）再次倾听客人的意见。

（9）把事件经过及处理整理成文字材料，存档备查。

五、餐饮投诉处理方法

1. 一站式服务法

一站式服务法就是宾客投诉的受理人从受理宾客投诉、信息收集、协调解决方案、处置宾客投诉的全过程跟踪服务。

一站式服务法的要求如下。

（1）快速。受理人直接与宾客沟通，了解宾客的需求，协商解决方案，指导宾客办理相关手续，简化处置流程，避免多人参与所延误的时间，提高办事效率。

（2）简捷。解决宾客投诉的问题，省去复杂的处理环节。

（3）无差错。避免因压缩流程、减少批准手续产生差错，造成宾客重复投诉。

一站式服务法的实施要点如下。

（1）授权。应给予服务人员处理宾客投诉时一定的授权，否则就有可能出现下述的情况，招致宾客的不满。

服务员："很抱歉，这是酒店的规定，我无权处理。"

宾客："让我去见你的经理。"

服务员："对不起，经理今天休息，请等明天好吗？"

（2）投诉流程整合。整合投诉处理中增值的流程，删减投诉处理中非增值流程。比如，处理宾客投诉时所面对的职能部门多、流程复杂，审批手续烦琐的情况。职能部门设专人负责，一站式解决问题。

2. 替换法

替换法是宾客因接受的产品或服务存在质量问题，为宾客替换同类型或不同类型产品或服务的投诉处理方法。

宾客对产品或服务的质量进行投诉，销售人员服务人员首先要做的事就是以主动、耐心、积极的服务赢得顾客的信赖，在了解宾客的需求后，进而可以向宾客推荐更换产品或服务。

替换法的要点如下。

（1）在接受投诉宾客返还的产品或服务时，需要核实投诉的真实性，并确认产品或服务存在的问题是否属于规定的退货、保修、更换的范围之内。

（2）对于产品或服务因宾客的责任造成，而又不属于更换范围之内的，应该耐心地向宾客澄清责任，与宾客耐心沟通，争得宾客的谅解，建议维修。

（3）产品或服务在退货、更换范围内的情况时，销售人员和服务人员可以推荐宾客替换类似商品或者其他替代品，并争取宾客的同意。

3. 补偿关照法

补偿关照法是体现在给予宾客物资或精神上补偿性关照的一种具体行动，其目的是让宾客知道这种事情不会再发生，且你很在意与他们保持业务联系。

补偿关照法的要点如下。

使用补偿关照法应首先去评估宾客损害或伤害，包括评估宾客受到损失或伤害的类别和影响程度，如宾客在酒店由于卫生间地滑，摔了一跤造成骨折，所产生的医疗费和耽误工作的损失等。在评估宾客损失或伤害程度时应尽可能对宾客造成的直接损失进行量化，不能量化的最好与宾客协商，达成共识，当然还是应该以事实证据为准。

授权可以理解为分级授权（部分授权）和全部授权。经验告诉我们，对服务人员分级授权往往可以有效、迅速地处理简单的宾客补偿照顾，提高工作效率，赢得宾客满意。

在提出补偿关照之前应该先倾听宾客有什么样的需求和想法，才能有针对地提出补偿关照方案，更准确和快速地达成共识。

宾客投诉处理人员可根据酒店授权范围灵活选择使用补偿关照的方法。

补偿性关照的方法：打折、免除费用、赠送、经济补偿、额外成本、精神补偿(电话致歉、赠送礼品慰问)。

4. 变通法

变通法是在酒店与宾客之间寻找解决对双方都有利，建立在双赢理论基础上让相关方感到满意的合作对策。

变通法的要点如下。

(1) 了解宾客的需求是什么?

(2) 明确酒店的需求是什么?

(3) 寻找对双方共赢的第三种变通方案是什么?

5. 外部评审法

外部评审法是在内部投诉处理过程行不通时，选择一种中立的路线来解决投诉的方法。酒店可以向宾客推荐使用外部评审程序，申请酒店与宾客之外的第三方机构进行调整或仲裁。

外部评审法的要点如下。

可以采用多种处理投诉的方法和技巧力争内部解决。如果到了双方僵持不下的地步，为防止事态扩大，避免进入法律程序，应该主动推荐进入外部评审程序。

在进入外部评审程序前应做好的准备工作，包括：澄清双方愿意接受的底线、收集投诉受理、双方沟通和已经采取的措施等用于外部评审时所需的证据。

外部评审机构有：行业主管部门(旅游局)、行业协会(饭店协会)、消费者协会、仲裁委员会等。

阅读链接

五步投诉处理，让顾客转怒为喜

酒店餐厅经营中，顾客投诉是很常见的，但是如何能将顾客的怨气化解，化干戈为玉帛呢？下面这些方法，值得各位餐饮工作者学习。

如何让顾客转怒为喜？这里有一个“CLEAR”方法，即顾客愤怒清空技巧。

CLEAR法则如下：

① C——控制你的情绪(control)；

② L——倾听顾客诉说(listen)；

③ E——建立与顾客共鸣的局面(establish)；

④ A——对顾客的情形表示歉意(apologize)；

⑤ R——提出应急和预见性的方案(resolve)。

1. 控制你的情绪(C)

坚持一项原则，那就是：可以不同意顾客的投诉内容，但不可以不同意顾客的投诉方式。

顾客投诉是因为他们有需求没有被满足，所以我们应该要充分理解顾客的投诉和他们可能表现出的失望、愤怒、沮丧、痛苦或其他过激情绪等，不要或是责怪任何人。

下边是一些面对顾客投诉，帮助你平复情绪的一些小技巧。

(1) 深呼吸，平复情绪。要注意呼气时千万不要大声叹气，避免给顾客不耐烦的感觉。

(2) 思考问题的严重程度。

(3) 登高几步。要记住，顾客不是对你个人有意见，即使看上去是如此。

(4) 以退为进。如果有可能的话给自己争取点时间。如“我需要调查一下，10min 内给您回复”，当然你接下来要确保在约定的时间内兑现承诺。

2. 倾听顾客诉说(L)

员工的情绪平复下来后，需要顾客也镇定下来才能解决好问题。先别急于解决问题，而应先抚平顾客的情绪，然后再来解决顾客的问题。

(1) 目的。为了管理好顾客的情绪，你首先要意识到这些情绪是什么，他们为什么投诉。静下心来积极、细心地聆听顾客愤怒的言辞，做一个好的听众，这样有助于达到以下效果。

① 字里行间把握顾客所投诉问题的实质和顾客的真实意图。餐厅顾客不满与投诉的类型五花八门，在处理时应先把握顾客所投诉问题的实质和顾客的真实意图。

② 了解顾客想表达的感觉与情绪。保持细心聆听的态度，辅以语言上的缓冲，为发生的事情道歉，声明你想要为其提供帮助，表示出与顾客合作的态度。这既让顾客将愤怒一吐为快，使愤怒的程度有所减轻，也为自己后面提出解决方案做好准备。

(2) 原则。倾听顾客诉说的不仅是事实，还有隐藏在事实之后的情绪，要遵循的原则是，为了理解而倾听，并非是为了回答而倾听。

(3) 有效技巧。在顾客很恼火时，有效、积极地听是很有必要的。

全方位倾听。要充分调动左右脑，直觉和感觉来听，比较你所听到、感到和想到的内容的一致性。用心体会、揣摩其弦外之音。

不要打断。要让顾客把心里想说的话都说出来，这是最起码的态度，中途打断顾客的陈述，可能遭遇顾客最大的反感。

向顾客传递被重视的信息，并且要明确对方的话。对于投诉的内容，如果觉得不是很清楚，要请对方进一步说明，但措辞要委婉。

3. 建立与顾客共鸣的局面(E)

共鸣被定义为站在他人的立场，理解他人的参照系的能力。它与同情不同，同情意味着被卷入他人的情绪，并丧失了客观的立场。

(1) 目的。对顾客的遭遇深表理解，这是化解怨气的有力武器。当顾客投诉时，他最希望自己的意见受到对方的尊重，自己能被别人理解。建立与顾客的共鸣就是要促使双方交换表达。在投诉处理中，有时一句体贴、温暖的话语，往往能起到化干戈为玉帛的作用。

(2) 原则。与顾客共鸣的原则是换位真诚地理解顾客,而非同情。只有站在顾客的角度,想顾客之所想,急顾客之所急,才能与顾客形成共鸣。学会换位思考:"如果我是顾客,碰到这种情况,我会怎么样?"

(3) 有效技巧。实现与顾客共鸣的技巧如下。

① 复述内容:用自己的话重述顾客难过的原因,描述并稍微夸大顾客的感受。

② 对其感受做出回应:把你从顾客那里感受到的情绪说出来。

③ 不要只是说:"我能够理解。"这像套话。你可能会听到顾客回答道"你才不能理解呢——不是你丢了包,也不是你连衣服都没得换了。"如果你想使用"我能够理解"这种说法的话,务必在后面加上你理解的内容(顾客难过的原因)和你听到的顾客的感受(他们表达的情绪)。

关于共鸣表达的最大挑战之一是使你说的话听起来很真诚,表现出对顾客观点的理解,听起来既不老套也不油嘴滑舌。

4. 对顾客的情形表示歉意(A)

(1) 原则。不要推卸责任。当问题发生时,一般人很容易逃避责任。即便你知道是餐厅里谁的错,也不要责备员工,这么做只会使人对公司整体留下不好的印象。

为使顾客的情绪更加平静,即使顾客是错的,但对他道歉总是对的,一定要为顾客情绪上受的伤害表示歉意。顾客不完全是对的,但顾客就是顾客,他永远都是第一位的。

道歉要有诚意。一定要发自内心地向顾客表示歉意,不能口是心非、皮笑肉不笑,否则就会让顾客觉得你是在心不在焉地敷衍他,自己被玩弄。当然,也不能一味地使用道歉的字眼儿来搪塞。

不要说"但是"。当道歉时,最大的诱惑之一就是说"我很抱歉,但是……"这个"但是"否定了前面说过的话,使道歉的效果大打折扣。差错的原因通常与内部管理有关,顾客并不想知晓。最经典的例子是,当一家餐厅说道"我很抱歉,但是我们太忙了","谁在乎?"这样往往会被人认为是在推卸责任。

(2) 有效技巧。要为情形道歉,而不是去责备谁。即使在问题的归属上还不是很明确,需要进一步认定责任承担者时,也要先向顾客表示歉意,但要注意,不要让顾客误以为餐厅已完全承认是自己的错误,我们只是为情形而道歉。例如,可以用这样的语言:"让您不方便,对不起。""给您添了麻烦,非常抱歉。"这样道歉既有助于平息顾客的愤怒,又没有承担可导致顾客误解的具体责任。

肯定式道歉。当顾客出了差错时,我们不能去责备。要记住,即使顾客做错了,他们也是正确的,他们也许不对,但他们仍是顾客。我们可能无法保证顾客在使用产品的过程中百分之百满意,但必须保证当顾客因不满而找上门来时,在态度上总是能够百分之百的满意。

5. 提出应急和预见性的方案(R)

在积极地倾听、共鸣和向顾客道歉之后,双方的情绪得到了控制,现在是时候把重点从互动转到解决问题上去了。平息顾客的不满与投诉,问题不在于谁对谁错,而在于争端各方如何沟通处理,解决顾客的问题。

(1) 目的。解决单次顾客投诉。为顾客服务提供改善建议。

(2) 原则。对于顾客投诉，要迅速做出应对，要针对这个问题提出应急方案；同时，提出杜绝类似事件发生或对类似事件进行处理的预见性方案，而不仅仅是解决手头的问题就万事大吉了。

(3) 有效技巧。应迅速就目前的具体问题，向顾客说明各种可能的解决办法，或者询问他们希望怎么办，充分听取顾客对问题解决的意见，对具体方案进行协商。然后确认方案，总结将要采取的各种行动——你的行动与他们的行动，进行解决。要重复顾客关切的问题，确认顾客已经理解，并向顾客承诺不会再有类似事件的发生。

深刻检讨，改善提高。在检查顾客投诉的过程中，负责投诉处理的员工要记录好投诉过程的每一个细节，把顾客投诉的意见，处理过程与处理方法在处理记录表上进行记录，深入分析顾客的想法，这样顾客也会有慎重的态度。而每一次的顾客投诉记录，餐厅都将存档，以便日后查询，并定期检讨产生投诉意见的原因，从而加以修改。

落实。对所有顾客的投诉意见及其产生的原因、处理结果、处理后顾客的满意程度以及餐厅今后改进的方法，均应及时用各种固定的方式，如例会、动员会、早班会或企业内部刊物等，告知所有员工，使全体员工迅速了解造成顾客投诉意见的种种，并充分了解处理投诉事件时应避免的不良影响，以防止类似事件再次发生。

反馈投诉的价值。顾客进行投诉是希望能跟你继续做生意，同时其对餐厅服务不满信息的反馈无疑也给餐厅提供了一次认识自身服务缺陷和改善服务质量的机会。于情于理，我们都要真诚地对顾客表示感谢。所以可以写一封感谢信感谢顾客所反映的问题，并就餐厅为防止以后类似事件的发生所做出的努力和改进的办法向顾客说明，真诚地欢迎顾客再次光临。

总之，餐厅在处理各种顾客投诉时，要掌握两大原则：一是顾客至上，永远把顾客的利益放在第一位；二是迅速补救，确定把顾客的每次抱怨看作餐厅发现弱点、改善管理的机会。只有这样才能重新获得顾客的信赖，提高餐厅的业绩。

(资料来源：职业餐饮网，http://www.canyin168.com/glyy/qtgl/tscl/201706/69510.html)

任务三　餐饮客史档案管理

案例导入

不吃蛋黄的客人

在某一西餐厅的早餐营业时间，服务员小芳注意到一位年老的顾客先用餐巾纸将鸡蛋上面的油擦掉，又把蛋黄和蛋白用餐刀切开，再就是用白面包把蛋白吃掉，而且在吃鸡蛋时没有像其他客人那样在鸡蛋上撒盐。小芳猜想客人可能是患有某种疾病，才会有这样特殊的饮食习惯。

第二天早晨，当这位客人又来到餐桌落座后，未等其开口，小芳便主动上前询问客人是否还享用和昨天一样的早餐。待客人应允后，服务员便将昨天一样的早餐摆在餐桌上。与昨天不同的是煎鸡蛋只有蛋白而没有蛋黄，客人见状非常高兴。边用餐边与小芳谈起，之所以有这样的饮食习惯，是因为他患有顽固的高血压症。以前在别的酒店餐厅用餐时，他的要求往往被服务员忽视，这次在这家酒店住宿用餐，他感到非常满意。

（资料来源：红餐网，http://www.canyin88.com/baodian/2015120836068.html）

思考：服务员小芳令客人满意的成功之处在哪里？如何准确掌握宾客的餐饮需求？

准确掌握顾客在消费过程中的各种需求，提高顾客满意度，培养酒店忠诚的消费群体，达到信息互动共享，全面提升服务质量的目的，客史档案在酒店餐饮管理的重要性日益凸显，客史档案管理已成为酒店基础管理工作之一。

一、酒店餐饮客源的分类

酒店客源按照年度餐饮消费金额大致可分为三类：A类，酒店大客户（VIP）；B类，酒店普通客户（机关、企事业单位）；C类，酒店普通散客（或新开发客户）。在这三类客户中，要特别注重A类和B类客户的客史档案建设。

二、客史档案的作用

1. 更好地提供有针对性的服务

通过客史档案来了解一些顾客的需求，并记录在案，下次为这个客人提供服务时就有了针对性。在客史档案里面有一个非常重要的内容，叫喜好禁忌，即记录客人的特别嗜好和禁忌，例如，客人对烟酒、原材料、菜肴、点心、服务方式等的特别嗜好。把这些在档案上一一列出来，就能够在餐饮营销当中发挥巨大的作用。

记录客史可以更好地为客人提供有针对性的服务。酒店可以根据客人的特殊需求提供有针对性的服务，而这种服务应该是在客人开口之前，给客人一种惊喜，这是一种超出他期望值的服务。所以，客史档案在提供超值服务当中发挥着重要作用。

2. 便于公关销售

建立客史档案便于公关销售，也就是在产品的销售过程当中，这个档案使得销售更有针对性。

3. 有利于研究改进产品

客史档案和产品质量的提升、产品的改进与创新都有着直接的关系。客史档案记录了客人的口味特征、特殊爱好等。这些信息情报，实际上可以帮助我们了解市场、关注市场、了解需求、研究需求，这样我们在进行产品设计的时候，也就有了方向，有了针对性，避免了现代餐饮企业拍脑袋搞创新菜肴的现象。

很多厨师长对顾客的需求并不了解，他们所设计出来的产品往往带有自己的主观臆断，甚至脱离了顾客的需求，有的新产品一推上餐桌就被“枪毙”，客人点过一次以后再也不点了。这说明酒店在进行产品设计的时候，忽视了对顾客需求的研究，忽视了对客人口味特征的研究，导致无论采取何种营销手段，产品都不能适销对路。

三、客史档案的信息收集

客史档案能够较好地反映酒店的服务意识，拉近与客户之间的距离，让顾客产生信任、安全、亲切和家外之家的感觉。作为酒店员工，在服务中要用心倾听、细心服务，认真感受客人的一举一动，捕捉机会，尽可能多地获取顾客信息。要想达到这一目的，必须要全员参与，共同进行客史档案的建设和管理工作。

迎宾员是最早接触顾客的岗位之一，一名优秀的迎宾员能够在客人到来时准确地用姓氏尊称顾客，同时能够将宾客详细的信息，如特殊喜好、生日、联系电话、喜爱的菜品、爱喝的酒水等准确地传达给值台服务员或点菜员，引领员在与顾客交流过程中可委婉地询问客人的姓氏，并做好传递和记录工作。点菜员主要是为客人做搭配营养、合理用餐的引导工作，具有娴熟服务知识的点菜员有一定的权威性，她可以做宾客的向导，也是酒店产品对外宣传的桥梁。因此，在点菜过程中可运用婉转的语言与顾客沟通，并进一步了解客人的姓氏及特殊的喜好。

值台员和楼层服务员也是获得顾客信息的重要渠道。服务员可以通过用餐过程的细心服务，借询问茶水、酒水等机会，及时与客人沟通，及时记下客人的姓氏尊称，在服务中注意客人的举动，特别是对某一菜品的爱好等。在服务过程中，服务员与客人交往较多，是获取客史信息的重要途径。

酒店管理人员要具有良好的沟通能力，在餐厅巡检过程中随机拜访客人，征求客人意见，用姓氏尊称客人应是管理人员与客人交往所具备的基本能力，这样会使客人产生一种受照顾的感觉。对于不熟悉的新客户，管理人员可以采取意见征询表的形式征询客人意见，同时运用婉转的语言与顾客沟通，问客人姓氏并即刻使用，然后形成文字记录备用。

总台接待员和吧台收银员也是接触顾客最多的岗位之一。优秀的收银员、接待员应熟悉关系单位及老客户的姓氏、结账方式或特殊需求、联系电话等，总台预订、宴会预订，客人出示证件时也是记忆客人姓氏、获取信息的极佳途径。另外，管理、服务人员也可通过客户的司机、朋友了解其相关信息，因为客户的司机、朋友也在想方设法让其领导满意。

四、客史档案的建立

收集到足够的顾客信息后，要有专人对信息进行筛选整理，然后分门别类进行汇总，贮存于计算机信息库中。对于没有进行计算机管理的酒店，可将客史档案编制成册，置放于各吧台和收银台处，以便及时查阅。

1. 客人常规档案

客人常规档案(见表 3-19)是指建立记录有关用餐客人的姓名、性别、年龄、来自的地区、工作单位、用餐形式、用餐的时间、消费规模等资料的档案，特别要记住客人的姓名。当客人第二次来消费时，只要服务员能够记住对方的姓名，客人就会倍感亲切，增加来用餐的信心和兴趣。

表 3-19　客史档案表

建档日期　　　　　　　　　　　　　　　　　　No.

姓名		性别		籍贯		出生日期	
工作单位				职业		职务	
单位地址				电话		传真	
家庭地址						电话	
健康特征							
用餐时间		消费次数		消费金额		积分	
用餐餐厅							
餐厅布置							
用餐效果		服务人员			服务评价		
用餐菜单							
喜好禁忌							
烟酒		菜肴			点心		
其他							
备注							

2. 客人个性档案

客人个性档案是指建立记录有关前来用餐的客人言谈、举止、外貌特征、服饰、性格、爱好、志趣、经历、交往、生日、结婚纪念日、家庭成员情况、性格、饮食习惯等资料档案。

3. 客人习俗档案

客人习俗档案是指建立记录有关客人的民族风俗、民族习惯、饮食习惯、宗教信仰、颜色习惯、各种忌讳等资料的档案，如应该全面了解用餐客人的饮食习惯，掌握客人喜欢吃的菜肴、口味、菜系、荤菜、素菜等。

4. 客人反馈意见档案

客人反馈意见档案是指建立记录有关客人对餐厅设施的要求、对餐饮服务质量的评价、对某个服务员的印象、对餐饮服务的批评意见和表扬信件以及投诉、对餐饮服务的建设性建议等资料的档案。

餐饮客户档案因对象不同、餐饮规模差异，客户档案内容也有所不同。如果企业素质比较高的可导入 CRM 客户管理软件进行信息化管理，但如果一般规模的企业可根据实际客情进行重点归类管理，亦不失为一个可行的办法。应该指出的是，客史档案设立后，要注意把顾客每次来就餐的宴会菜单收到客史档案中去，并注明顾客每次来就餐时对菜品的评价，以便做出相应的调整。这也是餐饮客史档案同其他客史档案不同、较易被人们忽略的地方。

五、客史档案的补充、更新与管理

营销部负责酒店总体客史档案的补充、更新与管理，餐饮部负责餐饮档案的补充、更新与管理，保持同步，信息互动共享。营销部每月对 A 类新开发的客户进行回访，并协同餐饮部每月进行有针对性的回访。营销部会同餐饮部负责人每月召开一次客史档案补充更新专题会，确定月度重点关注的客人名单。营销部会同餐饮部每季度召开一次消费分析会，并根据客户消费情况，对其进行 A、B、C 类客史档案动态转换，并做好 A、B、C 类客户上半年、下半年及年度消费的分析会议。

客史档案的管理和使用必须重视以下环节。

1. 树立全店的档案意识

客史档案信息来源于日常的对客服务细节中，绝不是少数管理者在办公室内就能得到的资源，它需要饭店全体员工高度重视，在对客服务的同时有意识地去收集，因此酒店在日常管理、培训中应向员工不断灌输“以客户为中心”的经营理念，宣传客史档案的重要性，培养员工的档案意识，形成人人关注，人人参与收集客户信息的良好氛围。

2. 建立科学的客户信息制度

客户信息的收集、分析应成为酒店日常工作的重要内容，应在服务程序中将客户信息的收集、分析工作予以制度化、规范化。如可规定每月高层管理者最少应接触 5 位顾客，中层管理者最少应接触 15 位顾客了解客户的需求，普通员工每天应提供 2 条以上客史信息等。在日常服务中应给员工提示观察客人消费情况的要点，如留意客人茶杯中茶叶的类别、空调调节的温度数、客人菜品选择的种类、味别、酒水的品牌。留意就餐过程中对酱油、醋、咸菜等的要求等，从这些细节中能够捕捉到客人的许多消费信息。同时应以班组为单位建立客户信息分析会议制度，每个员工参与，根据自身观察到的情况，对客人的消费习惯、爱好做出评价，形成有用的客史档案。

阅读链接

建立档案培养回头客

有一家中高档大酒店，开业之初笔者带朋友第一次去吃饭时，发现这家酒店装修豪华，硬件绝对一流，感觉带朋友来此地消费很有面子。但落座后在消费的过程中却逐渐发现这家酒店在服务管理上存在很多细节上的问题，出于职业的敏感性，总结出以下几个问题：①端菜上来后，服务员不知道菜名；②对特色菜的特色之处一无所知；③指甲没有认真修剪；④端菜上桌时，袖子沾到了菜水还不知道；⑤服务员端着菜时与旁边的服务员大声说话；⑥菜上齐后消费者就餐时，包间里的两个服务员要么呆若木鸡，要么嬉笑不止；⑦消费者让倒酒、倒茶时服务员才上来，而且不是把酒倒得流到桌上，就是把茶倒得流到消费者裤角上，也不道歉；⑧消费者埋单后，还没有离席，服务员就没有了踪影。后来通过朋友认识了这家酒店的大堂经理，笔者把发现的问题一一向他指出并提出以下建议。

(1) 立即对全员进行系统的服务培训，有必要时聘请专业老师来培训。

(2) 加强员工心态培训，提高全员工作热情，用心去工作；同时加强员工服务技能培训，包括菜名与特色、个人卫生、服装形象、礼貌用语、端菜动作要领、酒水服务标准、微笑服务规范。

(3) 在酒店大门设立迎宾小姐两名，热情接待并引导消费者。

(4) 开晨会和班后会，及时总结经验，查找不足，整体提升。

(5) 树立岗位标兵，表扬先进，培养岗位能手，开展传帮带活动。

(6) 建立健全服务管理制度，加强员工工作质量考评，奖优罚劣，淘汰低素质、低能力者。

大堂经理虚心听取了我的意见，并解释酒店刚开业员工培训和服务管理不到位，表示要按我的建议开展员工的全面培训，迅速提升服务质量。没有过多久，我又一次到该店消费，并提前电话订了房间。没想到我一进大门竟然有一个迎宾小姐热情地对我说："闫总好！欢迎光临！"我惊讶不已，没想到这家店变化这么快。入座后服务员的热情和服务的规范性让人耳目一新。后来，我又对其服务个性化方面提出新的建议。

(1) 建立重点消费者档案，凡首次消费200元以上消费者请其填写意见单并留下个人资料(姓名、单位、联系方式)，不定期通过手机短信问候；凡第二次来的消费者升级为二星级消费者，春节、元旦等重要节日寄贺卡问候；五次以上的消费者为五星级消费者，春节、元旦通过邮政礼仪送鲜花祝贺。

(2) 对建立档案的消费者，服务员要努力记下消费者的相貌特征，尽可能地在消费者第二次光临时，能一下子认出消费者，并准确地称呼，让消费者有宾至如归的亲切感。

(3) 如天气进入冬季，气温较低，消费者入座后首先为每人上一杯免费的姜汤，体现酒店人文关怀。

(4) 设立存酒柜，让消费者把喝剩下的酒存放起来，下次来可以继续消费。

这家酒店认真按照我的建议实施，尤其是消费者档案的建立和运用，取得了非常好的效果。短短三个月酒店生意已经非常好，而且消费者回头率经过测算达到70%，进入了健康快速发展的良性循环。直到现在我还经常收到来自这家酒店温馨祝福的手机短信，倍感亲切，平常一想到就餐，第一反应就是想到这家酒店来，我也成了这家酒店最忠诚的消费者之一，后来成为这家酒店的签约培训师和经营顾问。酒店培训要全程化和经常化，实行外聘和内培相结合的方式，强化全员服务意识和服务技能。要加强企业文化、企业理念的培训，要重视各项服务技能的培训，还要重视礼仪的培训。

(资料来源：搜狐网，http://www.sohu.com/a/147050528_715887)

能力训练

1. 制作菜单

请制作一份全面、时尚、现代的宴会菜单或者主题宴会菜单。制作过程中考虑这份菜单要成为宴会吸引顾客的主要原因之一，考虑菜单均衡配比、饮料与菜品内容相配、顾客口味趋势、经济上和季节上的约束。保证最后呈现的菜单内容清晰、术语正确、产品信息有效。附上菜单里菜品的菜谱，并展现给其他同学看。

2. 餐饮原料采供实训

(1) 酒店需要进咖啡豆和软饮料，请了解这两类物质的供货商，并根据选择标准对潜在供货商进行评估。

(2) 请模拟酒店咖啡豆和软饮料的采供管理，填写采购规格书、采购申请单、原料采购单、原料验收单、原料领料单、原料调拨单等各种单证，达到能够处理采购、验收过程中各式单证的能力。

3. 餐饮生产管理实训

以小组为单位，设计一家主题餐厅，进行厨房主要区域、环境和设备的设计，进行餐厅空间、气氛、主题菜单和餐用具的设计。

4. 编写餐饮产品促销策划方案

以 4～5 人为一小组、运用餐饮产品促销策划方案的编写方法，收集当地酒店餐饮推出的新产品相关信息资料，为该产品编写促销策划方案。

小组制作 PPT 汇报，教师点评，并填写评价表(见表 3-20)。

表 3-20 餐饮促销策划方案考核评价表

组别：________ 姓名：________

项 目	细 则	配 分	得 分
促销策划方案	主题明确	10	
	层次分明、内容完整	20	
	资料翔实	10	
	具有创意	20	
项目汇报	PPT 制作精美	20	
	汇报条理清晰、语言表达流畅，有感染力	20	

考评时间：________ 考评教师：________

5. 餐饮成本核算实训

(1) 已知干鱼白(鳝肚)每 500g 的进价是 100 元，经过涨发后的净料率是 450%，其中耗油约 300g，每 500g 食用油的价格是 8 元，求涨发后的鱼白净料成本。

(2) 某店为吸引顾客，推出了新的方案：如果顾客消费超过 300 元按八折收费，消费超过 200 元返还 50 元代金券。某顾客在一次消费中，消费了 500 元，请问采用哪种方案对酒店有利，为什么？

6. 餐饮成本控制实训

(1) 后厨应如何从节约能源方面来控制成本？

(2) 其他部门如何配合后厨来进行成本控制？

(3) 参观调研一家高星级酒店，找出酒店在成本控制方面存在的不足。

7. 餐饮成本分析实训

调研一家高星级酒店，对酒店餐饮部的各项成本进行分析，并给出一份分析报告。

8. 餐饮服务质量管理实训

设计投诉案例，分角色扮演服务员与宾客，按照投诉处理程序与标准，进行投诉处理模拟训练。

(1) 投诉处理程序：接受投诉—处理投诉—善后处理三个阶段。

(2) 标准：

① 做好接受投诉客人的心理准备，礼貌耐心接待。

② 设法使客人消气。

③ 认真倾听客人投诉，并注意做好记录。

④ 向客人表示同情和道歉。

⑤ 客人反映的问题立即着手解决。

⑥ 投诉的处理结果予以关注。

⑦ 通过发短信或打电话，与客人再次沟通，调查投诉处理结果客人的满意程度。

⑧ 将经典的投诉案例汇编成册，丰富培训资料。

参考文献

[1] 崔剑生，刘艳. 酒店管理综合实训[M]. 上海：上海交通大学出版社，2012.
[2] 刘勇. 饭店服务技能实训教程[M]. 北京：化学工业出版社，2013.
[3] 杜建华. 酒店餐饮服务技能实训[M]. 北京：清华大学出版社，北京交通大学出版社，2009.
[4] 宋春亭，李俊. 中西餐服务实训教程[M]. 北京：机械工业出版社，2010.
[5] 陈静，谢红勇. 餐饮服务与管理[M]. 上海：上海交通大学出版社，2014.
[6] 刘红专. 餐饮服务与管理[M]. 广西：广西师范大学出版社，2014.
[7] 谢红霞. 餐饮服务技能实训[M]. 北京：中国人民大学出版社，2011.
[8] 于英丽. 餐厅服务技能[M]. 大连：东北财经大学出版社，2012.
[9] 田哩，朱世蓉，苟兴功. 餐饮服务与管理实务[M]. 北京：电子工业出版社，2012.
[10] 沈建龙. 餐饮服务与管理实务[M]. 北京：中国人民大学出版社，2012.
[11] 吉根宝. 餐饮管理与服务[M]. 北京：清华大学出版社，2009.
[12] 李国茹，杨春梅. 餐饮服务与管理[M]. 北京：中国人民大学出版社，2012.
[13] 杨欣. 餐饮企业经营管理[M]. 北京：高等教育出版社，2015.
[14] 胡章鸿. 餐饮服务与管理实务[M]. 北京：高等教育出版社，2014.
[15] 胡爱娟. 餐饮运行与管理[M]. 杭州：浙江大学出版社，2010.
[16] 刘艳. 餐饮企业流程管理[M]. 北京：高等教育出版社，2014.
[17] 孙丽坤. 餐饮经营管理[M]. 北京：中国林业出版社，北京大学出版社，2010.
[18] 李贤政. 餐饮服务与管理[M]. 北京：高等教育出版社，2014.
[19] 刘勇. 餐饮服务与管理[M]. 广东：广东旅游出版社，2016
[20] 姜红. 餐饮服务与管理[M]. 大连：大连理工大学出版社，2009.
[21] 马丽涛，邓英. 餐饮服务管理[M]. 北京：电子工业出版社，2009.
[22] 李勇平. 餐厅服务与管理[M]. 大连：东北财经大学出版社，2010.
[23] 刘江海，郭秀峰. 餐饮服务管理[M]. 上海：上海交通大学出版社，2012.
[24] 刘悦. 酒店产品营销[M]. 北京：高等教育出版社，2016.
[25] 周宇，钟华，颜醒华. 餐饮企业管理与运作[M]. 北京：高等教育出版社，2014.
[26] 孙娴娴. 餐饮服务与管理综合实训[M]. 北京：中国人民大学出版社，2011.